KURT BAYERTZ

Interpretieren, um zu verändern

KURT BAYERTZ

Interpretieren, um zu verändern

Karl Marx und seine Philosophie

C.H.BECK

Satz: Janß GmbH, Pfungstadt
Druck und Bindung: CPI – Ebner & Spiegel, Ulm
Umschlaggestaltung: Kunst oder Reklame, München
Umschlagabbildung: Karl Marx, Porträtaufnahme, um 1856, © akg-images
Gedruckt auf säurefreiem, alterungsbeständigem Papier
(hergestellt aus chlorfrei gebleichtem Zellstoff)
Printed in Germany
ISBN 978 3 406 72130 4

www.chbeck.de

Mikuláš Teich
dem unbeirrten Freund
gewidmet

INHALT

VORWORT

Dieses Buch ist ein Versuch, die Theorie von Marx zu *verstehen*. Auch nach mehr als anderthalb Jahrhunderten der Rezeption und Interpretation, in denen viele Regalmeter Sekundärliteratur produziert wurden, sind wir von einem adäquaten Verständnis dieser Theorie noch weit entfernt. Vor allem dort, wo es um ihre philosophischen Grundlagen geht.

Philosophische Grundlagen? Hat sich Marx mit seinem berühmten Diktum, die Philosophen hätten die Welt nur verschieden interpretiert, während es doch darauf ankomme, sie zu verändern, nicht von aller Philosophie verabschiedet? Wir tun gut daran, solche Äußerungen zwar ernst, aber nicht für bare Münze zu nehmen. Schon allein deswegen nicht, weil Philosophiekritik immer selbst Philosophie ist. Vor allem aber, weil Marx sich programmatisch auf den Boden des Materialismus gestellt hat: auf den Boden einer genuin philosophischen Tradition des Denkens, die man aufgrund ihres Anspruchs, die ultimativen Bausteine der Wirklichkeit identifiziert zu haben, als metaphysisch klassifizieren kann. Wirklich frei gemacht hat er sich von der Philosophie also nicht. Philosophische Voraussetzungen prägen sein gesamtes Werk und lassen sich bis in seine ökonomischen Schriften hinein verfolgen. Auch seine politischen Ziele und seine Konzeption politischen Handelns bleiben ohne sie unverständlich.

Marx scheint die philosophischen Voraussetzungen seiner Theorie vor seinen Lesern, und wohl auch vor sich selbst, verborgen zu haben. Damit hat er es seinen Anhängern wie seinen Gegnern leicht gemacht, seine Theorie auf einige markige Formeln zu reduzieren. Wem solche Formeln nicht genügen, muss sich auf eine sorgfältige Lektüre seiner Schriften einlassen und muss ihren unausgesprochenen Vorannahmen nachspüren. Auf ein hermeneutisches Abenteuer dieser Art mochten sich in der Vergangenheit nur wenige Interpreten einlassen. Denn die Marxsche Theorie war von Beginn an mit einem revolutionären politischen Programm verknüpft, das die Rezipienten vor die Alternative stellte, dafür oder dagegen zu sein. Den Interpreten blieb unter diesen Bedingungen meist nur die Aufgabe, entweder die Wahrheit oder die Falschheit der Theorie zu beweisen; was sie genau besagte, wurde zu einer Nebenfrage. In diesem Buch soll sie zur Hauptfrage werden.

Natürlich ist es nicht irrelevant, ob eine Theorie wahr oder fruchtbar ist; um das entscheiden zu können, müssen wir aber Klarheit darüber haben, was sie behauptet. Im Übrigen lesen wir auch die Schriften von Aristoteles, Hegel oder Max Weber nicht, weil wir sie für wahr halten (allerdings auch nicht, weil wir sie für falsch halten). Wir lesen sie, weil sie wirkmächtig waren und sind; und wirkmächtig waren und sind sie, weil sie neue Denkwege erschlossen haben. Das Interesse an ihnen speist sich weniger aus der Überzeugung, dass sie Probleme gelöst, als dass sie Probleme *erzeugt*, d. h. eine noch nicht abgearbeitete Agenda formuliert haben.

Die folgende Untersuchung befasst sich allein mit Marx und seinen Schriften. Was sich später unter dem Namen ‹Marxismus› etabliert hat, ist nicht Gegenstand dieses Buches. Selbst Friedrich Engels wird nur am Rande zu Wort kommen. Desgleichen wird auf eine eingehendere Auseinandersetzung mit der Sekundärliteratur verzichtet. Zwar muss sich jeder Interpret darüber klar sein, dass er am (vorläufigen) Ende einer langen Rezeptions- und Interpretationsgeschichte steht, die sich nur allzu leicht wie eine Nebelwand vor die Originaltexte schiebt. Es gibt, gerade bei Marx, keine unschuldige und unvorbelastete Lektüre. Eine gründliche Analyse der Rezeptions- und Interpretationsgeschichte wäre aber Gegenstand eines anderen Buches. Mehr als einige selektive Seitenblicke auf konvergierende oder divergierende Deutungen der Marxschen Theorie wird der Leser daher nicht erwarten dürfen.

Als ein Versuch, Marx zu *verstehen*, folgt dieses Buch dem Prinzip der wohlwollenden Interpretation. Die Marxsche Theorie soll so stark gemacht werden wie möglich – aber nicht stärker. Wohlwollen zeigt sich nicht darin, dass man Unklarheiten und Inkonsistenzen kaschiert.

Ohne den Rat und die Hilfe vieler Kolleginnen und Kollegen hätte dieses Buch in der vorliegenden Form nicht geschrieben werden können. Einige haben an einem ganztägigen Workshop über die ersten vier Kapitel teilgenommen, der am 10. Juli 2017 an der Universität Münster stattfand; andere haben einzelne Kapitel gelesen und kommentiert. Ihnen allen gilt mein herzlicher Dank: Andreas Arndt (Berlin), Johannes Berger (Mannheim), Frieder Bögner (Osnabrück), Simon Derpmann (Münster), Martin Engelmeier (Münster), Thomas Gutmann (Münster), Carolyn Iselt (Münster), Nikola Kompa (Osnabrück), Christian Lavagno (Osnabrück), Teresa Löwe-Bahners

(München), Alexander Lückener (Münster), Amir Mohseni (Münster), Paul Näger (Münster), Hans Neumann (Münster), Christian Nimtz (Bielefeld), Michael Quante (Münster), Tim Rojek (Münster), Hans Jörg Sandkühler (Bremen), Sebastian Schmoranzer (Osnabrück), Ludwig Siep (Münster), Achim Stephan (Osnabrück), Niko Strobach (Münster), Christine Weckwerth (Berlin), Zi Yang (Shanghai). Aus zeitlichen und inhaltlichen Gründen habe ich nicht alle ihre Empfehlungen umsetzen können; die verbliebenen Irrtümer und Unzulänglichkeiten des Buches gehen daher allein zu meinen Lasten. Wertvolle Hilfe bei der Redaktion des Manuskripts haben Fabian Bonberg, Andreas Bruns, Jeremias Düring, Elena Haase und Angelika Niediek geleistet. Auch ihnen sei gedankt. Schließlich ist zu erwähnen, dass ein Teil der Arbeit an diesem Buch im Rahmen des Münsteraner Exzellenzclusters *Religion und Politik* erfolgte.

Zur Zitierweise

Zitate aus den Schriften von Karl Marx und Friedrich Engels werden im laufenden Text in Klammern nachgewiesen. Der Wortlaut folgt, soweit möglich, der seit 1975 sukzessive erscheinenden (noch nicht vollständigen) Ausgabe *Karl Marx, Friedrich Engels: Gesamtausgabe* (MEGA^2). Zitiert wird diese Ausgabe nach folgendem Muster: die römische Ziffer steht für die Abteilung, die durch ein Komma abgetrennte arabische Ziffer für den Band, die nach dem anschließenden Doppelpunkt folgende arabische Zahl steht für die Seite.

Da die ältere (1956 ff.) Ausgabe *Karl Marx, Friedrich Engels: Werke* (MEW) weiter in Gebrauch ist, wird nach dem Schrägstrich auch auf diese Ausgabe verwiesen. Das Muster ist: Die erste Zahl steht für den Band, nach dem Doppelpunkt folgt die Seitenzahl.

Beispiel: Die elfte Feuerbachthese von Marx lautet «Die Philosophen haben die Welt nur verschieden interpretirt, es kömmt drauf an, sie zu *verändern.*» Sie wird mit folgender Angabe nachgewiesen: (IV,3:21/3:7). Dabei bezieht sich

– die *vor* dem Schrägstrich stehende Zahl auf: MEGA^2 Abteilung IV, Band 3: Seite 21.
– die *nach* dem Schrägstrich stehende Zahl auf: MEW Band 3: Seite 7.

Sofern ein Zitat nur durch *eine* Angabe nachgewiesen wird, ist der entsprechende Text in der anderen Ausgabe (noch) nicht enthalten.

KAPITEL I

Das Materialismusproblem

Obwohl Marx mit Selbstetikettierungen eher sparsam war, hat er keinen Zweifel daran gelassen, dass er seine Theorie als materialistisch verstand und verstanden wissen wollte. Spätestens in den seit 1845 verfassten Texten zur *Deutschen Ideologie* wird dieses Selbstverständnis geradezu programmatisch ausgesprochen; und in späteren Texten findet sich nicht der geringste Hinweis auf einen diesbezüglichen Sinneswandel. Diese Zugehörigkeit war ihm so selbstverständlich geworden, dass er sich in Briefen mit beiläufigen Hinweisen vom Typ «ich Materialist, Hegel Idealist» (32:538) begnügte und im Vorwort zur zweiten Auflage des *Kapitals* nur en passant einfließen ließ, dass die Grundlage seiner Methode «materialistisch» (II,10:14/23:25) sei. Wir sehen: Die einschlägigen Selbstzeugnisse mögen spärlich sein, sie sind darum nicht weniger eindeutig. Dementsprechend steht auch für den Mainstream der Forschung fest, dass Marx Materialist war.

Erwartbarerweise haben weder die Eindeutigkeit der Selbstzeugnisse noch der Konsens der Forschung verhindern können, dass auch die gegenteilige Ansicht vertreten worden ist. Marx, so lesen wir dann, sei *kein* Materialist gewesen; und soweit er selbst dergleichen behauptet habe, handele es sich um eine zeitbedingte Selbstpositionierung ohne substantielle Relevanz. Vertreten wurde diese Ansicht bereits vor dem Ersten Weltkrieg von Max Adler. Seine Argumentation beruht auf einer scharfen Unterscheidung zwischen Weltanschauung, Philosophie und Metaphysik auf der einen Seite, Theorie und Wissenschaft auf der anderen. Der Materialismus gehört auf die erste der beiden Seiten, die Lehre von Marx auf die zweite, denn sie sei «der Anfang einer neuen exakten Theorie von der Gesellschaft». Als eine solche bleibe sie genauso unberührt von allen ontologischen Weltanschauungsfragen, «wie zum Beispiel das Gravitationsgesetz dasselbe bleibt für den Theisten und den Atheisten». Die Gleichstellung mit einer materialistischen Weltanschauung belaste «den Marxismus mit Problemen und Begriffen, die mit seinen eigentlichen Erkenntniszielen gar nichts zu tun haben und nur geeignet sein können, seine ohnehin nicht leicht zu fassenden Grundbegriffe mit der ganzen Mühseligkeit philosophischer Streitfragen zu verquicken». – Nicht anders argumentiert Joseph Schumpeter: Wenn auf die Marxsche Theorie, auch von ihm selbst, die Bezeichnung ‹materialistisch› angewandt worden sei, so habe das «bei einigen Leuten ihre Popularität, bei andern ihre Unpopularität stark vergrößert. Sie ist jedoch absolut bedeutungslos. Marxens Philosophie ist nicht materialistischer als die Hegels, und seine Geschichtsphilosophie ist nicht materialistischer als irgend ein anderer Versuch, den historischen Prozeß durch die der empirischen Wissenschaft zur Verfügung stehenden Mittel zu erklären. Es sollte klar sein, daß dies mit jedem metaphysischen oder religiösen Glauben logisch vereinbar ist, genau wie es jedes andere physikalische Weltbild ist.» – Deutliche Nachklänge der hier zum Ausdruck kommenden Weltanschauungs-Philosophie-Metaphysik-Materialismus-Aversion finden wir auch bei Gerald Cohen, der Marx nicht nur eine Geschichts*philosophie*, sondern eine Geschichts*theorie* zubilligt und in seiner (streckenweise erhellenden) Rekonstruktion der Letzteren über den Marxschen Materialismus nicht viel zu sagen weiß. – Schließlich sei noch Jon Elster mit seiner These erwähnt, Marx habe keine kohärenten materialistischen Ansichten gehabt; und selbst wenn dies der Fall gewesen wäre, hätten sie keine interessanten Beziehungen zum Historischen Materialismus gehabt.[1]

Man könnte diese Debatte über den Marxschen Materialismus natürlich auf sich beruhen lassen, wenn es dabei nur um ein Etikett ginge, das einer Theorie aus klassifikatorischen Gründen aufgeklebt wird. In den zitierten Stimmen deutet sich aber bereits an, dass es bei ihr um mehr geht. Es geht (a) um die Frage nach dem Charakter der Theorie: Haben wir es mit einer philosophischen Theorie zu tun oder hat Marx alle Philosophie hinter sich gelassen? Es geht (b) auch um damit zusammenhängende substantielle Deutungsalternativen: Schließt der Historische Materialismus eine Sozialontologie ein? Schließlich kann (c) auch der Platz, den die Marxsche Theorie in der Geschichte des Denkens einnimmt, nicht bestimmt werden, solange Unklarheit über den Marxschen Materialismus besteht. – Diese Unklarheit kann nicht auf der Basis seiner oben referierten Selbsteinschätzung allein entschieden werden. Marx hat selbst darauf hingewiesen, dass «im gewöhnlichen Leben jeder Shopkeeper sehr wohl zwischen Dem zu unterscheiden weiß, was Jemand zu sein vorgibt, & dem, was er wirklich ist» (I,5:66/3:49), und hat den Selbstetikettierungen seiner theoretischen Vorgänger und Rivalen kein großes Vertrauen entgegengebracht. Die Selbsteinschätzung eines Theoretikers ist nur ein Indiz; auch die von Marx. Ob er Materialist war oder nicht, kann also nur auf der Basis hinlänglich klarer *Kriterien* entschieden werden, die sich wiederum nur aus einem hinlänglich klaren Verständnis von dem ergeben können, was ‹Materialismus› überhaupt heißt. Eine Vorverständigung darüber ist daher unumgänglich.

1. Was heißt ‹Materialismus›?

> *«Der Philister versteht unter Materialismus Fressen, Saufen, Augenlust, Fleischeslust und hoffärtiges Wesen, Geldgier, Geiz, Habsucht, Profitmacherei und Börsenschwindel, kurz alle die schmierigen Laster, denen er selbst im stillen frönt ...»*
>
> Friedrich Engels

‹Materialismus› ist eine ziemlich junge Bezeichnung für eine ziemlich alte philosophische Theorienfamilie. Materialistische Theorien finden sich in der vorsokratischen Philosophie Griechenlands ebenso wie in der antiken indischen Philosophie. Friedrich Albert Lange beginnt seine klassische, noch immer lesenswerte *Geschichte des Materialismus* daher mit dem Satz: «Der Materialismus ist so alt wie die Philosophie, aber nicht älter.»[2] Obwohl er bereits in der Antike in den Verdacht politischer Gefährlichkeit gerückt und während der mehr als tausendjährigen Hegemonie des Christentums in Europa massiv unterdrückt wurde, ist der materialistische Denktypus immer präsent geblieben, sodass wir von einer durchgehenden Tradition sprechen können. – Der *Begriff* ‹Materialismus› taucht aber erst in der zweiten Hälfte des 17. Jahrhunderts auf. Er wird von den Gegnern dieses Denktypus eingeführt und fungiert von Beginn an als ein «Bezichtigungsbegriff»[3], der immer dann eingesetzt wird, wenn es darum geht, eine philosophische Ansicht an den Rand dessen zu drängen, was legitimerweise vertreten werden darf, möglichst auch über diesen Rand hinaus. Dieser Rand war zumindest teilweise durch religiöse oder religiös grundierte Überzeugungen definiert. Der Begriff wurde daher gern synonym mit ‹Atheismus›, ‹Fatalismus›, ‹Realismus› oder ‹Spinozismus› gebraucht. Obwohl er später auch von den Vertretern solcher Ansichten übernommen wurde, haften ihm negative Konnotationen bis heute an. Das ist einer der Gründe dafür, dass dieser Begriff auch heute noch gern vermieden und durch andere ersetzt wird: beispielsweise durch ‹Physikalismus› oder ‹Naturalismus›.

Drei Thesen. Die Grundzüge der materialistischen Denkweise werden deutlich, wenn wir uns die Antworten vergegenwärtigen, die ihre Protagonisten auf drei grundlegende philosophische Fragen geben. – Die *erste* ergibt sich, sobald wir die Welt, in der wir leben, nicht einfach hinnehmen, sondern über ihre grundlegenden Eigenschaften nachdenken. Womit haben wir es bei dieser Welt zu tun? Worin bestehen ihre allgemeinen und fundamentalen Bausteine? Und auf welche Prinzipien kann oder muss die Vielfalt der Erscheinungen zurückgeführt werden? Handelt es sich um eine selbständige und aus sich heraus erklärbare Realität oder liegt ihr ein geistiges, transzendentes Erzeugungs- und Ordnungsprinzip zugrunde? Auf diese *ontologische* Grundfrage sind zwei divergierende Antworten möglich: Die eine behauptet, dass die grundlegenden Bausteine der Welt ideeller Natur sind oder dass die Welt von geistigen Prinzipien beherrscht wird; nach der anderen ist die Wirklichkeit als ein objektiv-reales Sein aufzufassen, dessen Existenz und Struktur weder vom menschlichen noch von irgendeinem anderen (z. B. göttlichen) Bewusstsein abhängt. Natürlich kann man die ideellen und die materiellen Weltbestandteile als verschiedene Ausformungen *einer* Substanz oder *eines* Prinzips auffassen und die Entscheidung zwischen einer idealistischen und einer materialistischen Weltdeutung damit in der Schwebe zu halten versuchen. Dies gelingt aber immer nur bis zu gewissen neuralgischen Punkten, an denen dann eben doch eine Entscheidung für die eine oder andere Seite unvermeidlich wird. – Als Terminus technicus zur Bezeichnung des objektiv-realen, vom Bewusstsein unabhängigen Seins verwenden die Materialisten meist den Begriff ‹Materie›. Ungeachtet ihrer überwältigenden Komplexität und ihrer für uns möglicherweise niemals vollkommen durchschaubaren Vielschichtigkeit kann nach materialistischer Überzeugung doch so viel über diese objektive Welt gesagt werden: Es handelt sich um *eine* Welt in dem Sinne, dass es ‹hinter› ihr keine weitere Welt (oder Welten) gibt, die insofern ontologisch vollkommen verschieden wäre, als sie geistigen Erzeugungs- oder Strukturprinzipien gehorchen würde. Da alle wirklichen Phänomene einen in sich (kausal) geschlossenen Zusammenhang bilden, ist die Welt *aus sich selbst heraus verständlich*, sodass es zu ihrer Erklärung keines Rückgriffs auf transzendente oder geistige Prinzipien bedarf. Der Materialismus grenzt sich daher von allen Theorien ab, die materielle Phänomene auf geistige zurückführen: seien es Sinneswahrnehmungen, platonische Ideen oder transzendente Götter. Ebenso wendet er sich gegen die dualistische Annahme einer neben der objektiven materiellen Welt existierenden und von ihr unabhängigen geistigen Substanz; sein Programm ist also monistisch. Und schließlich lehnt er in der Regel auch die Annahme zielgerichteter Prozesse in der Natur ab; er ist antiteleologisch.

Nun besteht die Welt nicht nur aus äußeren Dingen und Prozessen, sondern auch aus uns selbst. Ein umfassendes Bild der Welt muss daher den Menschen einschließen und seine vielfältigen Lebensäußerungen in das Gefüge der Welt einordnen. Ein besonderes Problem bilden dabei die geistigen Lebensäußerungen des Menschen. Welchen Platz nehmen sie in der materiellen Welt ein? Die Antwort, die materialistische Denker auf diese *zweite* Grundfrage geben, besagt, dass den mentalen Vorgängen nicht der Status eines separaten Reiches eingeräumt werden könne; dass sie vielmehr als ein integraler Bestandteil der materiellen Welt anzusehen und von dieser nicht ablösbar seien. Besonders leicht kann das an der Tatsache illustriert werden, dass alle geistigen Leistungen an bestimmte materielle Träger und die sich in ihnen vollziehenden objektiven Prozesse gebunden sind: Es gibt kein Denken ohne Gehirn. Aus dem ontologischen Primat der Materie gegenüber dem Bewusstsein wurde oft weiter auf ihren erkenntnistheoretischen Primat geschlossen: Was eine wahre Erkenntnis ist, legt der jeweilige (materielle) Erkenntnisgegenstand fest. Die bevorzugte Erkenntnistheorie des Materialismus geht also davon aus, dass geistige Vorgänge nicht sui generis sind, sondern als Repräsentationen der objektiven Realität aufgefasst werden müssen.

Der Mensch ist allerdings nicht nur ein denkendes, sondern zuallererst ein *lebendes* Wesen. Genauer: Er ist ein biologisches Wesen und hat körperliche Bedürfnisse, die er in der äußeren Welt zu befriedigen sucht. Daraus ergibt sich eine *dritte* Grundfrage, auf die eine anthropologische und eine ethische Antwort gegeben werden können: Besteht die Differenz zwischen Mensch und Tier allein im Denken? Wie ist das Verhältnis zwischen den natürlich-körperlichen Bedürfnissen des Menschen und seinen geistigen Fähigkeiten zu bestimmen? Sind die ersteren als inferior anzusehen und dem Geist unterzuordnen? Aus mindestens zwei Gründen tendieren materialistische Autoren zu einer negativen Antwort. Zum einen ergeben sich diese körperlichen Empfindungen und materiellen Bedürfnisse aus der menschlichen Natur; sie sind daher ‹objektiv› und der geistigen Steuerung nur begrenzt zugänglich; ihre prinzipielle Unterdrückung ist unzumutbar, wenn nicht unmöglich. Zum anderen muss auf die transzendente Welt keine Rücksicht genommen werden, wenn es sie nicht gibt; weder ergeben sich aus ihr irgendwelche Imperative für uns, noch kann sie das Elend *dieser* Welt kompensieren. Kurz: in ethischer Hinsicht verteidigt der Materialismus den Anspruch der Menschen darauf, in *dieser* Welt glücklich zu werden. Und dieses Glück ist nicht unabhängig von der Befriedigung der materiellen Bedürfnisse.

Zusammenfassend können drei zentrale Thesen des materialistischen Denkens festgehalten werden, von denen eine grundlegend für die beiden anderen ist:

(1) Grundlegend ist die These vom Primat des Materiellen gegenüber dem Ideellen. Diese These wird zunächst *ontologisch* verstanden: als eine Aussage über die fundamentalen Bausteine der Realität.
 1.1 Die Materie existiert außerhalb und unabhängig von mentalen Zuständen, seien es die Zustände von menschlichen oder von übermenschlichen Wesen wie Gott oder der Weltgeist.
 1.2 Die Materie geht allen mentalen Zuständen voraus; Letztere sind aus der Materie hervorgegangen und bedürfen materieller Träger.
 1.3 Die materielle Welt ist kausal geschlossen.

(2) Gleichzeitig wird die These vom Primat des Materiellen gegenüber dem Ideellen als eine *epistemische* These verstanden.
 2.1 Erkenntnis ist in erster Linie Erkenntnis der Materie und ihrer Zustände.
 2.2 Da die materielle Welt kausal geschlossen ist, bedarf ihre Erkenntnis und Erklärung keines Rückgriffs auf übernatürliche Instanzen; auch teleologische Erklärungen sind abzulehnen.
 2.3 Wahrheit ist die Korrespondenz unserer Erkenntnisse mit der materiellen Welt und ihren Zuständen.

(3) Auf der *anthropologisch-ethischen* Ebene wird die These vom Primat so verstanden, dass der Mensch ein Teil der Natur und folglich ein primär materielles Wesen ist. Daraus ergeben sich folgende Teilthesen:
 3.1 Menschen haben natürliche, materielle, körperliche Bedürfnisse; ihr Handeln ist wesentlich durch diese Bedürfnisse bestimmt.
 3.2 Die Befriedigung dieser Bedürfnisse ist grundsätzlich legitim.

In der langen Geschichte des Materialismus haben nicht alle seine Vertreter *alle* diese Thesen vertreten und nicht *nur* diese Thesen. Wir können daher nicht damit rechnen, es mit einer homogenen und scharf umrissenen Theorie zu tun zu haben. Darauf werde ich weiter unten noch zu sprechen kommen. Vorher ist auf einen anderen, mindestens ebenso wichtigen Punkt aufmerksam zu machen.

Keine natürliche Weltauffassung. Wenn wir uns die drei basalen Thesen vor Augen halten, sollte leicht erkennbar sein, dass der Materialismus keine sich gleichsam von selbst aufdrängende Weltsicht ist. Wie mancher andere ihrer Verteidiger konnte auch Friedrich Engels nicht der Versuchung widerstehen, die materialistische Auffassung als die natürliche und ursprüngliche zu charakterisieren und dadurch von der irgendwie gekünstelten oder weltfremden Sichtweise des Idealismus abzugrenzen. Der Materialismus, so schreibt er (I,26:286/20:469), sei eine «einfache Auffassung der Natur so, wie sie sich gibt». Diese Charakterisierung ist falsch. So weit sich das menschliche Denken historisch zurückverfolgen lässt, scheint es in seinen frühen Entwicklungsstadien eher durch animistische, fetischistische oder totemistische Tendenzen geprägt zu sein, die wohl auch Engels nicht als materialistisch hätte durchgehen lassen. Er hätte die Vorstellung einer universellen Beseelung der Welt oder die Erklärung von Naturprozessen durch die Aktivität von Geistern im Gegenteil als idealistisch klassifiziert. Das materialistische Denken geht aus einer Abkehr von solchen Vorstellungen und Erklärungen hervor und entsteht daher in späteren Phasen der Entwicklung des menschlichen Denkens. Dies war wohl auch der Grund, der Lange zu jenem ein wenig rätselhaft anmutenden Nachsatz veranlasst hatte, nach dem der Materialismus so alt ist wie die Philosophie, «aber nicht älter.»

Der Materialismus ist auch deshalb keine Auffassung der Natur «so, wie sie sich gibt», weil er (wie die drei basalen Thesen erkennen lassen) eine Theorie *über alles* ist: Er sucht die Gesamtheit der äußeren Welt zu erfassen. Diese Gesamtheit ist aber niemals unmittelbar gegeben. Wir haben immer nur zu kleinen Ausschnitten davon Kontakt und können das Ganze nur indirekt gedanklich erschließen. Um eine Idee wie die *der* Natur, *der* Welt oder *der* Materie fassen und die Frage nach ihren allgemeinen und grundlegenden Eigenschaften stellen zu können, muss man sich von dem in der Erfahrung Zugänglichen bereits distanziert haben und eine theoretische Haltung ihm gegenüber einnehmen. Begriffe wie ‹Natur›, ‹Welt› oder ‹Materie› sind keine sich spontan aufdrängenden Erfahrungsbegriffe, sondern das Produkt einer Abstraktionsleistung. Das Gleiche gilt vom Gegenbegriff ‹Bewusstsein› und den mit ihm verwandten Begriffen wie ‹Geist› oder ‹Erkenntnis›. Alle diese Begriffe haben sich langsam aus Alltagsbegriffen entwickelt. Ähnlich wie der griechische Ausdruck ‹hyle› bezeichnet sein lateinisches Pendant ‹materia› (aus dem dann später der deutsche Ausdruck ‹Materie› werden sollte) zunächst ‹Holz›, ‹Nutzholz› oder ‹Bauholz›. Die philosophische Verwendung dieser Begriffe entsteht als Abstraktion von solchen Alltagsbedeutungen, ist also nicht ursprünglich oder einfach, sondern das Ergebnis eines langwierigen und voraussetzungsreichen intellektuellen Prozesses.

Dies wird bestätigt, wenn wir materialistische Theorien betrachten. Schon die in der frühen griechischen Naturphilosophie vorgenommene Reduktion aller Erscheinungen auf die vier Elemente Feuer, Wasser, Erde und Luft setzt eine Abstraktion voraus. Umso mehr gilt dies für den im fünften vorchristlichen Jahrhundert entstehenden Atomismus: Das Konzept nicht wahrnehmbarer, qualitätsloser und unteilbarer Partikel, aus denen sich die wahrnehmbare Realität zusammensetzt, ist kein spontanes Produkt der Alltagserfahrung. Das Konzept solcher Partikel ist ebenso ein Produkt spekulativen Denkens wie es etwa die ‹Ideen› Platons sind; und es bedarf zur Begründung und Ausformulierung dieses Konzepts komplexer Überlegungen, die sich nicht unter Alltagsbedingungen und ‹von selbst› einstellen. Kurzum: Die Charakterisierung des Materialismus als «einfache Auffassung der Natur so, wie sie sich gibt», geht an der Tatsache vorbei, dass es sich bei ihm um einen historisch wie intellektuell voraussetzungsreichen Typus des Denkens handelt; sie leistet dem von der Gegenseite oft erhobenen Einwand Vorschub, dass es sich bei ihm um eine naive oder gar primitive und letztlich unphilosophische Betrachtungsweise der Welt handele. – Wir können das alles auch so zusammenfassen: Wie der Idealismus ist auch der Materialismus eine genuin *metaphysische* Theorie, eine Theorie über die gesamte Realität und ihr ‹Wesen›.

Der Hinweis auf den genuin philosophischen Charakter ist auch deshalb wichtig, weil der Materialismus von jeher gern mit einer bestimmten Werthaltung identifiziert wurde: Mit einer Überbetonung ‹niederer› Bedürfnisse und einer Abwertung ‹höherer› Interessen. Vor allem in der außerphilosophischen Verwendung des Begriffs hat sich diese Unterstellung bis heute erhalten. Schon Friedrich Engels hat zu diesem Sprachgebrauch das Nötige gesagt: «Der Philister versteht unter Materialismus Fressen, Saufen, Augenlust, Fleischeslust und hoffärtiges Wesen, Geldgier, Geiz, Habsucht, Profitmacherei und Börsenschwindel, kurz alle die schmierigen Laster, denen er selbst im stillen frönt [...]» (I,30:140/21:282). Ob solche Verhaltenstendenzen unter Materialisten de facto weiter verbreitet sind als unter Idealisten, ist zweifelhaft. Tatsächlich dürfte der Zusammenhang zwischen philosophischen Überzeugungen und persönlichen Werthaltungen eher locker sein: So wie idealistische Theorien im Zweifelsfall niemanden davon abgehalten haben, seine materiellen Interessen zu vertreten, so haben materialistische Theorien niemanden daran gehindert, sich für Ideen oder Ideale zu opfern. Entscheidend ist etwas anderes: Als philosophische Theorie ist der Materialismus mit nahezu jeder Wertorientierung vereinbar. Wenn er nicht auf die These festgelegt ist, dass der menschliche Geist eine bloße Illusion ist, dann ist er auch nicht darauf festgelegt, die geistigen Bedürfnisse des Menschen abzulehnen oder gering zu schätzen. So propagierte die viel geschmähte Epikureische Schule statt eines Schlemmer- und Säuferlebens eine bescheidene, geradezu asketische Lebensweise.[4] Schließlich können auf materialistischer Grundlage sehr unterschiedliche praktische Strategien zur Befriedigung dieser Bedürfnisse entwickelt werden. Sie können ein zurückgezogenes und bescheidenes Leben im Garten Epikurs befürworten, sie können eine Politik des Wirtschaftswachstums und technokratischer Reformen fordern, sie können aber auch eine politisch-revolutionäre Umwälzung für unausweichlich halten.

Und Marx? Bevor ich auf die angekündigte Vielfalt von Materialismen zu sprechen komme, ist zu fragen, wie sich Marx zu den drei basalen Thesen verhalten hat. War er Materialist in dem durch sie umrissenen Sinne? Obwohl einige seiner Interpreten dies bestritten haben, kann die Antwort nur positiv sein. Diese Feststellung soll hier durch einige wenige einschlägige Äußerungen gestützt werden, bevor der Rest dieses Buches eine ausführlichere und genauere Begründung zu geben und die Spezifik des Marxschen Materialismus herauszuarbeiten versucht.

Im Hinblick auf die *erste* These haben sich Marx und Engels bereits sehr früh gegen den Idealismus der Hegelschen Schule gewandt und bei dieser Gelegenheit den ihrer Überzeugung nach unzweifelhaften Primat der Materie hervorgehoben. So machen sie geltend, «dass es eine Welt gibt, worin *Bewusstsein* und *Sein* unterschieden sind» und die durch Denken daher nicht verändert werden kann. An anderer Stelle des Buches betonen sie, dass der Mensch die Materie nicht geschaffen habe, sondern alles nur «unter der

Voraussetzung der Materie» schaffe. (2:49,204) Auch in den Manuskripten zur *Deutschen Ideologie* ist von der «Priorität der äußeren Natur» die Rede (I,5:22/3:44). Bezeichnenderweise finden sich diese Äußerungen in der frühen Entwicklungsphase der Marxschen Theorie, in der die Abgrenzung vom Idealismus im Vordergrund stand. In seinen späteren Schriften sind solche Äußerungen seltener; aber nicht, weil er seinen Materialismus widerrufen hätte, sondern weil seine theoretischen Interessen fokussierter geworden waren. Nachdem die Abgrenzung vom Idealismus vollzogen war, rückte die Ausarbeitung einer ökonomischen Theorie in den Vordergrund, die zwar materialistisch sein sollte, mit der aber keine philosophischen oder metaphysischen Ansprüche im Sinne einer ‹Theorie von allem› mehr erhoben werden sollten. Mit ihr verband sich, im Gegenteil, das Projekt einer Überwindung der Philosophie durch positive Wissenschaft; die Formulierung und Ausarbeitung eines allgemeinen philosophischen Materialismus blieb nun Engels überlassen.

Ähnliches gilt für die *zweite* Grundthese. Fragen der Philosophie des Geistes und der Erkenntnistheorie spielen nur eine Nebenrolle in Marx' Werk, sodass wir nicht erwarten können, ausführliche und umfassend begründete Ansichten über sie vorzufinden. Soweit er sich zu ihnen geäußert hat, lassen sie keinen Zweifel an einer materialistischen Deutung zu. Dies gilt zum einen für die These der ontologischen Abhängigkeit des Geistes von der Materie, die sich bei Marx und Engels in folgender Version findet: «Der ‹Geist› hat von vornherein den Fluch an sich, mit der Materie ‹behaftet› zu sein, die hier in der Form von bewegten Luftschichten, Tönen, kurz der Sprache auftritt.» (I,5:30/3:30) Und es gilt zum zweiten auch für den erkenntnistheoretischen Realismus, der in der methodologischen Einleitung zu den *Grundrissen* (II,1.1:24/42:22) klar zum Ausdruck kommt und uns im *Kapital* in folgender Formulierung begegnet: «Für Hegel ist der Denkprozeß, den er sogar unter dem Namen Idee in ein selbständiges Subjekt verwandelt, der Demiurg des Wirklichen, das nur seine äußere Erscheinung bildet. Bei mir ist umgekehrt das Ideelle nichts anderes als das im Menschenkopf umgesetzte und übersetzte Materielle.» (II,10:17/23:27) Auf die Frage, wie diese Äußerungen zu interpretieren und zu bewerten sind, soll es an dieser Stelle nicht ankommen. Die Marxsche Theorie des gesellschaftlichen Bewusstseins wird das Thema des vierten Kapitels sein. Es geht hier allein um die materialistische Grundtendenz dieser Äußerungen.

Schließlich dürfte der Befund auch im Hinblick auf die *dritte* Grundthese eindeutig sein. Dass die Menschen natürliche Wesen mit materiellen Bedürfnissen sind, ist eines der Themen, die in den einleitenden Fragmenten der *Deutschen Ideologie* ausführlich behandelt werden. Im Zentrum steht dabei allerdings nicht die Legitimität dieser Bedürfnisse, sie wird vorausgesetzt; sondern die Frage nach den sozialen Möglichkeiten ihrer Befriedigung. Damit tritt die Politik an die Stelle der Ethik. Im Jahr zuvor hatten Marx und Engels bereits einen Zusammenhang zwischen dem Materialismus des 18. Jahrhunderts und dem Kommunismus bzw. Sozialismus ihrer Tage hergestellt: «Es bedarf keines großen Scharfsinnes, um aus den Lehren des Materialismus von der ursprünglichen Güte und gleichen intelligenten Begabung der Menschen, der Allmacht der Erfahrung, Gewohnheit, Erziehung, dem Einflusse der äußeren Umgebung auf den Menschen, der hohen Bedeutung der Industrie, der Berechtigung des Genusses etc. seinen notwendigen Zusammenhang mit dem Kommunismus und Sozialismus einzusehen. Wenn der Mensch aus der Sinnenwelt und der Erfahrung in der Sinnenwelt alle Kenntnis, Empfindung etc. sich bildet, so kommt es also darauf an, die empirische Welt so einzurichten, daß er das wahrhaft Menschliche in ihr erfährt, sich angewöhnt, daß er sich als Mensch erfährt. Wenn das wohlverstandene Interesse das Prinzip aller Moral ist, so kommt es darauf an, daß das Privatinteresse des Menschen mit dem menschlichen Interesse zusammenfällt [...] Wenn der Mensch von den Umständen gebildet wird, so muß man die Umstände menschlich bilden.» (2:138) Hier wird ein direkter Zusammenhang zwischen der materialistischen Deutung des Menschen, der Legitimität «des Genusses» und der Politik hergestellt; ein Zusammenhang, der seine fundierende Bedeutung für das gesamte Marxsche Theoriegebäude behalten sollte, auch wenn er in den späteren Schriften nicht mehr explizit gemacht wurde. Zweifellos hat Marx seine politischen Ziele als eine Konkretisierung der allgemeinen ethischen Grundthese des Materialismus aufgefasst; die Politik tritt bei ihm an die Stelle der Ethik.

2. *Eine Vielfalt von Materialismen*

So eindeutig die Belege zugunsten eines Marxschen Materialismus sein mögen: Wir sollten nicht glauben, mit ihnen schon allzu viel über Marx und seine Theorie herausgefunden zu haben. Die interessante Frage ist nicht, *ob* Marx Materialist war, sondern *welche Art* von Materialismus er vertreten hat und welche Stellung er in der Geschichte des Materialismus einnimmt. – Dies gilt auch unabhängig von Marx: Wir wissen zwar *etwas* über einen Autor und seine Theorie, wenn wir sie zutreffend als ‹materialistisch› rubriziert haben; *viel* wissen wir damit aber noch nicht. Wie der Gegenbegriff ‹Idealismus› bezeichnet ‹Materialismus› einen *Typus* von Theorie, unter den sehr unterschiedliche Exemplare fallen können. Beide Begriffe beziehen sich auf eine Theorienfamilie, deren Mitglieder neben basalen Gemeinsamkeiten beliebig viele Differenzen haben können. Der Grund dafür ergibt sich daraus, dass die drei zentralen Thesen zum einen deutlich unterbestimmt sind und daher beträchtlichen Raum für unterschiedliche Deutungen lassen; und dass sie zum anderen keine Einheit bilden und daher nicht notwendigerweise gemeinsam vertreten werden müssen.

Unterbestimmtheiten. Mit der ontologischen Grundthese, dass die Materie gegenüber dem Bewusstsein primär sei, ist zwar etwas philosophisch Gehaltvolles und Relevantes ausgesagt; es schließen sich aber sofort weitere Fragen an, die mit ihr noch nicht beantwortet sind. Die wichtigste von ihnen lautet: Was haben wir überhaupt unter ‹Materie› zu verstehen? In der 2500-jährigen Geschichte des materialistischen Denkens ist eine Fülle verschiedenartiger Antworten auf sie gegeben worden. Es wurde bereits erwähnt, dass die Materie anfänglich mit dem Urstoff oder den Elementen identifiziert wurde, aus denen die sinnlichen Erscheinungen sich zusammensetzen; in einigen Theorien traten unsichtbare Atome an die Stelle des Urstoffs. In der Neuzeit wurde sie gern mit der Natur gleichgesetzt, mit der Gesamtheit aller Körper oder mit der Cartesischen res extensa. Gegenstand zahlreicher Kontroversen bis ins 19. Jahrhundert hinein war dabei die Frage nach den Eigenschaften der Materie, vor allem, ob sie formlos und passiv ist oder ob sie eine inhärente Struktur und eine inhärente Aktivität oder Spontaneität aufweist. Man könnte auch sagen: ob wir sie uns nach dem Muster physikalischer Stoffpartikel oder nach dem Muster biologischer Organismen vorzustellen haben. Ein besonderes Problem ergab sich für die genauere Bestimmung des Materiebegriffs, wenn der Versuch unternommen wurde, auf seiner Basis gesellschaftliche Phänomene zu verstehen: Ist die Gesellschaft im selben Sinn ‹materiell› wie die Natur? In aller Regel haben die Vertreter des Materialismus diese Frage positiv beantwortet. Es liegt auf der Hand, dass auch der Historische Materialismus sie beantworten muss; wir werden uns weiter unten [III, 2 und 3] ausführlich mit seiner Antwort befassen.

Ein anderes Problem ergibt sich, wenn die für das materialistische Denken fundamentale These vom Primat der Materie *begründet* werden soll. Die wohl wichtigste Begründung dafür ergibt sich aus der elementaren und fortdauernden Erfahrung der Widerständigkeit der äußeren Welt. Daraus, dass diese Welt sich nicht ohne weiteres dem menschlichen Wunsch und Willen fügt, kann man auf ihre Unabhängigkeit vom menschlichen Bewusstsein schließen. Auch Marx hat so geschlossen und seinen Materialismus begründet. Das ist ein plausibles Argument, doch seine Reichweite ist begrenzt. Denn auf diese Weise kann nur auf den Primat der Materie gegenüber dem *menschlichen* Bewusstsein geschlossen werden. Eine vom menschlichen Bewusstsein unabhängige Materie könnte ja gleichwohl eine Objektivierung ewiger Ideen sein; sie könnte auch ein Ergebnis göttlicher Schöpfung oder der Entäußerung des Weltgeistes sein, ohne deswegen ihren Primat vor dem menschlichen Bewusstsein zu verlieren. Ein theistischer Theoretiker kann daher materialistisch denken und argumentieren, *soweit* es um die empirische Welt geht. Er kann also behaupten, dass die Natur von Gott als Gesamtheit materieller Gegebenheiten geschaffen wurde, und wäre dann ein eingeschränkter, ein ‹Diesseitsmaterialist›.

Eine besondere Beachtung verdienen die Teilthesen 1.3 und 2.2, weil mit ihnen auch das Verhältnis von Philosophie und Naturwissenschaften angesprochen ist. Der philosophische Materialismus hat seit jeher die Auffassung vertreten, dass die Welt insofern eine Einheit darstellt, als alle wirklichen Phänomene sich auf materielle Objekte und Prozesse zurückführen lassen. Zur Erklärung beliebiger Phänomene bedarf es demnach keines Rückgriffs auf spirituelle Kräfte, auf transzendente Prinzipien oder göttliche Eingriffe. Auf genau diesem *Immanenzprinzip* beruhen auch die modernen Naturwissenschaften. Sie enthalten sich jeder Bezugnahme auf übernatürliche Instanzen und erklären die Welt aus sich heraus. Dies war der entscheidende Grund für das enge Verhältnis, das seit ihrer Entstehung zwischen den Naturwissenschaften und dem Materialismus angenommen wurde; und zwar sowohl von Seiten der Materialisten als auch der Antimaterialisten. Im 19. Jahrhundert gingen einige Autoren dann einen bedeutsamen Schritt weiter, indem sie statt eines Bündnisses zwischen Materialismus und Naturwissenschaft ein *Zusammenfallen* beider postulierten. Unter dem Eindruck der großen Erfolge der Naturwissenschaften, zunächst in Gestalt der Newtonschen Physik, später der Darwinschen Evolutionstheorie, kamen diese Autoren zu der Überzeugung, dass in den Resultaten der

Naturwissenschaften alles enthalten sei, was man über die Welt stichhaltig aussagen kann. Einer darüber hinausgehenden Philosophie bedürfe es nicht; jeder Versuch, mehr über die Natur zu sagen, als es die Naturwissenschaften tun, führe notwendigerweise in die Irre. Was für einen Materialisten zu tun bleibe, beschränke sich daher auf die Zusammenfassung und Systematisierung der Ergebnisse der naturwissenschaftlichen Forschung. Im 20. Jahrhundert wurde diese Auffassung methodologisch umgedeutet: Die Philosophie hat nicht mehr die Ergebnisse der Naturwissenschaften zusammenzufassen und zu verallgemeinern; sie hat sich vielmehr an ihren Methoden zu orientieren. In dieser naturalistisch-szientistischen Variante ist der Materialismus zur heute dominanten Philosophie geworden und wird häufig mit Materialismus überhaupt identifiziert.[5] Auch Marx und Engels sind gelegentlich als Vertreter dieser Variante betrachtet worden;[6] allerdings, wie wir sehen werden [III,2 und 3], zu Unrecht.

Mehrdeutig ist auch die *zweite*, die epistemische Kernthese. Zwar dürfte sie in der allgemeinen Formulierung, dass mentale Zustände sekundär und von der Materie abhängig sind, unter Materialisten unstrittig sein; doch sobald wir nachforschen, was hier mit ‹abhängig› gemeint ist, ergeben sich zahlreiche Fragen, die sehr unterschiedlich beantwortet wurden. In der gegenwärtigen Philosophie des Geistes zeichnet sich ein ganzes Spektrum von Ansichten ab, die zwar alle als ‹materialistisch› bezeichnet werden können, gleichwohl aber sehr unterschiedliche Ansichten über die Art und den Grad der Abhängigkeit mentaler von materiellen Zuständen behaupten. So erklärt der *eliminative* Materialismus alle geistigen Phänomene für illusorische Gebilde, die in einer exakten und objektiven Beschreibung der Welt keinen Platz haben. Der *reduktive* Materialismus akzeptiert Geist und Bewusstsein als ‹echte› Phänomene, hält sie aber für vollständig reduzierbar auf materielle Vorgänge. Für den *nicht-reduktiven* Materialismus sind Geist und Bewusstsein zwar insofern an Materie gebunden, als es sie ohne materielle Träger nicht geben kann; sie werden aber als emergente, d. h. qualitativ neuartige Phänomene aufgefasst, deren Eigenschaften nicht auf die ihrer materiellen Träger reduzierbar sind. – Ebenso unterschiedlich kann die erkenntnistheoretisch-semantische Subthese 2.3 gedeutet werden, in der es um die *Inhalte* des Bewusstseins und deren Beziehung zur Materie geht. Hier können Abbild- oder Isomorphiebeziehungen zwischen den Bewusstseinsinhalten und den jeweiligen Gegenständen behauptet werden, während andere Theoretiker sich mit funktionalen Entsprechungen begnügen, die uns eine Orientierung in der Welt ermöglichen. Schließlich können auch die Ansichten über die Reichweite und Zuverlässigkeit menschlicher Erkenntnis divergieren: Möglich waren und sind skeptische Auffassungen, nach denen wir die objektive Realität nicht oder nur sehr unvollkommen erkennen können, ebenso aber auch optimistische Auffassungen, die unserer Erkenntnis wesentlich mehr zutrauen.

Kaum geringer sind die Divergenzen hinsichtlich der *dritten* Kernthese. So kann 3.1 unterschiedlich stark interpretiert werden: entweder im Sinne einer Reduktion des Menschen auf ein Naturwesen oder in einem schwächeren Verständnis, nach dem der Mensch nicht *nur* ein Naturwesen ist, sondern auch ein soziales, kulturelles, intellektuelles etc. Wesen. Die ethische Grundintention des Materialismus in 3.2 besteht in der Sorge für das materielle Wohl des Menschen. Unter der Hegemonie der christlichen Religion hatte diese Intention vornehmlich defensiven Charakter, richtete sich also gegen die Abwertung der biologischen, körperlichen, materiellen Bedürfnisse. Möglich sind natürlich auch stärkere Deutungen, die diese Bedürfnisse auf Kosten ‹geistiger› Interessen in den Vordergrund rücken. Aber keine dieser Ansichten geht zwingend aus 3.2 hervor.

In unserem Kontext verdient der Zusammenhang mit der Politik besondere Beachtung. Zwar galten die Materialisten seit jeher als politisch unzuverlässig oder gefährlich, sodass bereits Platon empfohlen hatte, sie aus einem wohlgeordneten Staat auszuschließen.[7] Dass sie im christlichen Mittelalter unter das Atheismus-Verdikt fielen und mit allen christlich-polizeilichen Mitteln verfolgt wurden, versteht sich von selbst. Im 17. Jahrhundert sah sich Hobbes (das ‹Monster von Malmsbury›) einschlägigen Beschuldigungen ausgesetzt und noch im hohen Alter stand er unter der Drohung, entweder ins Gefängnis geworfen oder erneut ins Exil gezwungen zu werden. Im 18. Jahrhundert wurde Helvétius' Buch *De l'Esprit* öffentlich vom Henker verbrannt. Und noch im 19. Jahrhundert hatte ein Ludwig Feuerbach keine Chance auf eine Anstellung an einer deutschen Universität. – Ob dieser politische Verdacht sachlich gerechtfertigt ist, muss allerdings als fraglich gelten. So war der hellenistische Materialismus betont unpolitisch gewesen. Epikur hatte ein bescheidenes und zurückgezogenes Leben in Gemeinschaft mit seinen Schülern praktiziert und eine strikte Enthaltsamkeit in Bezug auf das politische Leben empfohlen. Auch die epikureische Religionskritik war nicht auf die öffentliche Rolle der Religion gemünzt, sondern auf die Beeinträchtigungen, die das persönliche Leben durch sie erfuhr. Im 18. und 19. Jahrhundert profilierten sich zumindest einige Vertreter des Materialismus hingegen als öffentliche Intellektuelle, die ein gesellschaftliches Reformprogramm vertraten. «Hier also ist der Unterschied zwischen antikem und neuerem Materialismus schneidend: der neuere war eine Brechstange der bürgerlichen Revolution, der antike – bei Demokrit wie Epikur – huldigt der Ruhe, dem Glück wunschloser Betrachtung der Dinge und ihrer Notwendigkeit.»[8] Das politische Engagement liegt also durchaus nicht im ‹Wesen› des Materialismus, wie sich an den heute dominierenden szientistischen Varianten dieser Denkströmung zeigt.

Keine separaten Lager. Angesichts dieses weiten Raums für unterschiedliche Deutungen, den die drei basalen Thesen bieten, sollten wir nicht erwarten, in der Geschichte der Philosophie einen Einheitsmaterialismus vorzufinden, sondern mit einer Vielfalt von Materialismen rechnen. Das ist aber nicht alles! Die drei Thesen sind nämlich nicht nur jede für sich inhaltlich unterbestimmt; auch ihr Zusammenhang untereinander ist locker. Man kann sich eine oder zwei von ihnen zu eigen machen, ohne sie alle drei zu akzeptieren und der Theoriebildung zugrunde zu legen. Zwar mag es für einen Theoretiker, der die erste These akzeptiert, naheliegen, auch die beiden anderen zu akzeptieren; logisch gezwungen ist er dazu aber nicht. Man kann also die objektiv-reale Existenz der materiellen Welt vertreten, ohne deshalb ihren erkenntnistheoretischen Primat behaupten zu müssen. Ein prominentes Beispiel dafür liefert Immanuel Kant, der auf der ontologischen Ebene materialistische Überzeugungen vertrat, in der Erkenntnistheorie aber keineswegs. Ebenso kann man den Menschen das Paradies auf Erden gönnen und die Theoriebildung auf die Befriedigung ihrer materiellen Bedürfnisse hin finalisieren, ohne deshalb schon auf eine materialistische Ontologie und einen erkenntnistheoretischen Realismus verpflichtet zu sein. Dies hat uns Descartes gezeigt. Kurz: Man kann auch teilweise Materialist und teilweise Idealist sein. Es ist daher nicht schwer, Theorien und Theorieströmungen anzugeben, in denen materialistische Elemente mit idealistischen kombiniert werden.[9] Obwohl beide Theorieströmungen in der Geschichte oft als erbitterte Feinde aufgetreten sind, scheiden sie sich doch nicht in «zwei große Lager», wie Engels (I,30:133/21:275) später schrieb. Eher bilden sie die Pole eines Spektrums, das Raum für viele Mischpositionen bietet. Es ist daher zweifelhaft, ob ‹Materialismus› und ‹Idealismus› abschließend sortierende Begriffe sind.

Im Unterschied zu manchen seiner späteren Adepten war Marx die Separierbarkeit der Thesen bewusst. In der *Heiligen Familie* wird Descartes zu den Stammvätern des französischen Materialismus gerechnet, weil er «seine *Physik* vollständig von seiner *Metaphysik* getrennt» und innerhalb der ersteren die Materie zur einzigen Substanz gemacht habe.[10] Descartes war demnach *nur* in seiner Physik ‹Materialist›; und tatsächlich hätte er einige der oben gelisteten basalen Thesen zurückgewiesen; vor allem sind natürlich 2.1 und 2.2. mit seinem Dualismus unvereinbar. – Von besonderem Interesse sind in diesem Zusammenhang die von materialistischer Seite entwickelten Theorien der Gesellschaft und der Geschichte. Darüber wird im folgenden Abschnitt noch mehr zu sagen sein. Hier soll vorerst der pauschale Hinweis darauf genügen, dass diese Theorien aus der Sicht von Marx durchweg unbefriedigend waren. Dafür hatte er mehrere Gründe, von denen hier nur einer genannt werden soll: Die materialistischen Theorien von Gesellschaft und Geschichte blieben für ihn nicht zuletzt deshalb problematisch, weil ihnen eben kein *konsequenter* Materialismus gelang und weil sie daher gezwungen waren, auf idealistische Denkelemente zurückzugreifen. Ein Beispiel, das Marx besonders deutlich vor Augen hatte, war Ludwig Feuerbach, von dem er schrieb: «Soweit Feuerbach Materialist ist, kommt die Geschichte bei ihm nicht vor, & soweit er die Geschichte in Betracht zieht ist er kein Materialist.» (I,5:26/3:45) Für Marx war das kein zufälliger Irrtum; Feuerbach und die übrigen traditionellen Materialisten hatten nicht einfach etwas übersehen; vielmehr hatte die Inkonsequenz systematische Gründe. Ihre Wurzeln lagen einerseits in einem verkürzten und einseitigen Verständnis von Materie und in einem unterkomplexen Verständnis von dem, was eine Theorie zu leisten hat, andererseits in der mangelnden Reife des Gegenstandes der Gesellschafts- und Geschichtstheorie, in einem unreifen Zustand der Gesellschaft selbst. Marx glaubte, dass erst unter den Bedingungen des Kapitalismus die *objektiven* Voraussetzungen für eine Variante von Materialismus entstanden waren, die mit den sich auf dem Gebiet von Gesellschaft und Geschichte stellenden spezifischen Problemen fertig werden konnte. Er glaubte daher, sich im Vergleich zu seinen materialistischen Vorgängern in einer privilegierten historischen Position zu befinden, die es ihm ermöglichte, eine solche Variante von Materialismus auszuarbeiten. Er hatte keine Bedenken, zur Lösung dieser Aufgabe auf Denkmotive zurückzugreifen, die bis dahin eher als idealistisch angesehen wurden.

Ungeachtet seiner wiederholten Bekenntnisse zum Materialismus war sein

Verhältnis zu dieser Theorietradition durchweg kritisch. Dies wird an den zahlreichen Äußerungen deutlich, die sich vor allem in seinen frühen Arbeiten finden. Es ist kein Zufall, dass die berühmten *Feuerbachthesen* mit einem Hinweis auf den «Hauptmangel alles bisherigen Materialismus» beginnen (IV,3:19/3:5) und dass auch in den weiteren Thesen vor allem dessen Schwächen betont werden. In den späteren Schriften findet eine eingehendere Auseinandersetzung mit älteren Materialismen kaum noch statt; und soweit es um seine zeitgenössischen Varianten geht, werden diese deutlich unfreundlicher beurteilt, als es die Zugehörigkeit zur gleichen Theoriefamilie vermuten lassen könnte. Dies betrifft vor allem den naturalistisch-szientistischen Materialismus, wie er von Karl Vogt, Jakob Moleschott und Ludwig Büchner propagiert wurde. Selbst wenn wir von Marx' heftiger, aber eher politisch als philosophisch motivierter Kontroverse mit Karl Vogt absehen, zeugen die wenigen einschlägigen Äußerungen von einer tiefen Geringschätzung dieser Form von Materialismus, «der den geschichtlichen Prozeß ausschließt» (II,10:303/23:393). Demgegenüber war sein Urteil über bestimmte Varianten des ‹Idealismus› vergleichsweise milde, in einigen Fällen sogar freundlich. Dies gilt natürlich vor allem für Hegel, als dessen «Schüler» er sich gern bezeichnete. (II,10:17/23:27) Mit einem Wort: Die Zugehörigkeit einer Theorie zur idealistischen Theoriefamilie war für Marx ebenso wenig ein Beweis für ihre Abwegigkeit wie er die Zugehörigkeit einer anderen zur materialistischen Theoriefamilie als Wahrheitsgarantie zu nehmen bereit war.

3. *Die Dominanz des Idealismus*

The rich man in his castle,
The poor man at his gate,
God made them high or lowly,
And order'd their estate.

Cecil Frances Alexander

Überblicken wir die Philosophiegeschichte seit ihren Anfängen, so dürfte schwer bestreitbar sein, dass sie insgesamt gesehen von idealistischen Theorien dominiert war. Dies gilt sowohl in quantitativer[11] als auch in qualitativer Hinsicht. Ernst Bloch hat seine Darstellung des «Materialismusproblems» folglich unter der Leitfrage in Angriff genommen, warum die großen

Philosophen meist keine Vertreter des Materialismus waren, und hat zur Antwort auf die Gefahr verwiesen, «worin dieser in Ansehung des Niveaus steht, aus seiner mechanistischen Gefahr, ins Decrescendo des Wurmisierens, des intellektuellen Verlustes, der All-Banalität abzugleiten».[12] So berechtigt die Blochsche Frage ist, so unbefriedigend bleibt diese Antwort, denn sie liefert nicht mehr als eine blumige Beschreibung des zu erklärenden Phänomens. Man möchte ja wissen, woher die «mechanistische Gefahr» rührt und worin die «All-Banalität» ihre Wurzel hat. – Die folgenden Überlegungen erheben nicht den Anspruch, eine bündige Lösung für das Materialismusproblem zu liefern, aber sie werden einen zentralen theoretischen Grund für die relative Schwäche des Materialismus identifizieren. Dabei geht es nicht primär darum zu verstehen, warum der Materialismus in der Philosophiegeschichte meist zweitrangig blieb, sondern vor allem darum, die Schwierigkeiten deutlich zu machen, vor denen Marx stand, als er seine Version von Materialismus zu entwickeln versuchte.

Das Problem der Ordnung. Obwohl der Materialismus eine Philosophie ‹von allem› ist, lag sein thematischer Schwerpunkt von Beginn an auf dem Feld der Natur. Die Natur liefert ja die deutlichsten Beispiele für jene Dinge und Prozesse, die uns objektiv vorgegeben sind und sich unabhängig von unserem Bewusstsein vollziehen. Es kann daher nicht verwundern, dass die materialistischen Philosophen zunächst von den natürlicherweise sichtbaren und fühlbaren Stoffen oder Elementen ausgegangen sind und später dann Atome als unsichtbare, aber doch stoffliche Bausteine der Natur postuliert haben. Auch im 17. und 18. Jahrhundert wurde ‹Materie› mit ‹Körper› oder ‹Natur› identifiziert. Die einzelnen natürlichen Stoffe und Körper bilden gewissermaßen die wahrnehmbare Außenseite dessen, was sich in philosophischer Verallgemeinerung dann als ‹Materie› bestimmen lässt. So definiert d'Alembert im zehnten Band der von ihm gemeinsam mit Diderot herausgegebenen *Encyclopédie* ‹Materie› folgendermaßen: «ausgedehnte, feste, teilbare, bewegliche und empfindungsfähige Substanz, die das erste Prinzip aller natürlichen Dinge ist und die durch ihre unterschiedlichen Anordnungen und Verbindungen alle Körper bildet.»[13] Bemerkenswert ist, dass der Materie hier (neben den üblichen Eigenschaften wie Ausdehnung und Teilbarkeit) Bewegung und Empfindung zugesprochen werden und dass damit ihre Fähigkeit betont wird, sich zu Körpern zu verbinden; die Materie ist also produktiv.

Damit wird eine wichtige Einsicht greifbar. Die Natur geht nicht in Materie auf; sie ist keine gigantische Ansammlung von Stoff, sondern von Stoff in «unterschiedlichen Anordnungen und Verbindungen» (arrangements & combinaisons). Sie weist also *Ordnung* auf. Man denke an so unterschiedliche Dinge wie das Sonnensystem, Kristalle und vor allem Organismen. Sie alle sind nicht Materie schlechthin, sondern geordnete Materie; oder, wenn der Ausdruck ‹Ordnung› zu harmonistisch klingen sollte: sie sind strukturierte Materie. – Man kann nicht behaupten, dass diese elementare Tatsache den Materialisten entgangen wäre; man wird aber einräumen müssen, dass sie mit ihr ihre liebe Not hatten. Nach Epikur und Lukrez gibt es für Ordnung oder Struktur nur eine Erklärung: Sie ist ein Produkt des Zufalls. Die Atome fallen senkrecht im unendlichen Raum und kommen durch zufällige Abweichungen von ihrer senkrechten Bahn mit anderen Atomen in Kontakt; dabei ‹verhaken› sie sich untereinander, sodass größere Materieklumpen entstehen. Indem sich diese wiederum mit anderen solcher Klumpen verbinden, entstehen die sichtbaren Dinge der Natur, einschließlich des Sonnensystems, der Kristalle und der Organismen; am Ende wachsen ganze Welten auf diese Weise heran. Solange es sich um Gewässer oder Gebirge handelt, mag man die Idee einer Entstehung durch Zufallskombinationen vielleicht durchgehen lassen. Spätestens bei Pflanzen oder Tieren werden aber Zweifel aufkommen, ob es ausreicht, dass verschiedene Atome zufällig aneinanderstoßen und sich untereinander ‹verhaken›, um dann Schritt um Schritt zu einem Apfelbaum oder zu einer Katze anzuwachsen. Um einen Organismus zu bilden, muss eine gigantische Zahl von Atomen auf sehr präzise Art und Weise angeordnet sein und auf sehr präzise Weise interagieren. Dass eine so komplexe Anordnung nicht durch Zufall erklärt werden kann, illustriert eine schon im Altertum bekannte Analogie zwischen der Kombination von Atomen und der Kombination von Buchstaben. Stellen wir uns eine sehr große Menge einzelner Buchstaben vor, die sich in einem Karton auf einem Tisch befindet. Jemand stößt den Karton an, sodass er auf den Boden fällt und die einzelnen Buchstaben verstreut werden. Würde man es nun für wahrscheinlich halten, dass diese Buchstaben auf dem Boden Goethes *Heideröslein* ergeben, von Marx' *Kapital* ganz zu schweigen? Offenbar nicht![14] Das war ein starkes Argument, dem der Materialismus zunächst nicht viel entgegenzuhalten hatte.

Daran hatte sich im 18. Jahrhundert nichts Grundsätzliches geändert, obwohl man jetzt über ein Konzept verfügte, das in der Antike noch unbekannt gewesen war und das eine Lösung des Ordnungsproblems zu versprechen schien: über den Begriff des Naturgesetzes. Hatte nicht Newton gezeigt, dass man eine bestimmte Ordnung oder Struktur, nämlich die unseres Sonnensystems, mit Hilfe des Gravitationsgesetzes zu erklären vermag? Es lag daher nahe, diesen Erklärungsmodus zu verallgemeinern und zu behaupten, «dass nach einem beständigen Gesetz bestimmte Körper geneigt sind, sich mehr oder weniger leicht zu vereinigen, während andere sich gar nicht verbinden können. Das Wasser verbindet sich mit Salzen und verbindet sich nicht mit Ölen [...] Auf diese Weise ziehen sich die ursprünglichen und nicht wahrnehmbaren Moleküle, aus denen alle Körper gebildet sind, gegenseitig an, werden wahrnehmbar, bilden Mischungen und zusammengesetzte Massen durch die Vereinigung verwandter und ähnlicher Stoffe, die auf Grund ihres Wesens fähig sind, sich zu vereinigen, um ein Ganzes zu bilden.»[15] Nun musste man allerdings *sehr* optimistisch sein, um erwarten und behaupten zu können, dass beispielsweise die Struktur einer Katze, ebenso wie die des Sonnensystems, auf der Basis des Gravitationsgesetzes erklärbar sei. Im Übrigen hätten wir mit der Lösung dieser Aufgabe noch lange nicht die Erklärungsprobleme ausgeräumt, die diese Tiere uns dadurch bereiten, dass sie viele Dinge tun, die Planetensysteme nicht tun: z. B. Mäuse fressen und sich fortpflanzen. Ob uns das Gravitationsgesetz dabei helfen würde, ist sehr fraglich. Der Optimismus d'Holbachs (den er mit seinen materialistischen Freunden und vielen Naturwissenschaftlern seiner Zeit teilte) beruhte darauf, dass er die Differenz ignorierte oder zu minimieren suchte, die zwischen «Mischungen und zusammengesetzten Massen» einerseits und Organismen andererseits existiert. Die materialistische Erklärung von Ordnung war mit der Idee von Naturgesetzen zwar einen Schritt vorangekommen, die Erklärung komplexer Systeme lag aber noch immer in weiter Ferne.

Vorzüge des Idealismus. Im Vergleich dazu hatten es die Nicht-Materialisten mit der Ordnung deutlich leichter. Ihnen stand nämlich eine theoretische Option zur Verfügung, die den Materialisten versagt war: die Berufung auf das, was heute ‹intelligent design› genannt wird, auf die Idee einer der Natur innewohnenden Intelligenz oder Vernunft also, die alle Prozesse leitet und zu geordneten Zuständen führt. Diese Idee konnte in zwei verschiedenen Versionen vertreten werden, die nicht notwendigerweise miteinander verknüpft waren, sich aber leicht verknüpfen ließen und tatsächlich auch gern verknüpft wurden. – Die *eine* Version geht zurück auf die klassische antike Philosophie, vor allem auf Aristoteles. Seiner Auffassung nach ist die Natur ein unerschaffenes, belebtes und rationales Wesen, das «wie ein verständiger Mensch»[16] handelt. Die sich in der Natur abspielenden produktiven Prozesse sind für Aristoteles strukturgleich mit dem produktiven Handeln von Menschen. Sie verlaufen daher nicht nach Maßgabe des Zufalls und haben auch keine zufälligen Resultate. Sofern keine störenden Faktoren auftreten, verläuft in der Natur alles zielgerichtet und notwendig. Auf der Basis dieser finalistischen Naturkonzeption bieten der funktionale Bau von Organismen und die Zweckmäßigkeit ihres Verhaltens kein spezielles Erklärungsproblem: Beides ist in der Natur der Dinge angelegt. «Aber es gibt keine Ordnungslosigkeit im Bereich der Naturprodukte und der naturgemäßen Prozesse. Denn die Natur ist ja gerade für alle Dinge der Grund ihrer Ordnung.»[17] Dieser Ordnungsgedanke kann über den Bau und das Verhalten von Organismen hinaus auch auf die ganze Natur ausgedehnt werden. Allen Dingen und Prozessen kommt demnach ein ihnen zugedachter Platz im Ganzen zu; sie erfüllen darin eine Funktion und gleichen darin den Organen eines kosmischen Gesamtorganismus. Diese Idee einer teleologischen Ordnung des Kosmos wurde vor allem von der Stoa propagiert; sie war zwar schon in der Antike umstritten, hat aber das Denken bis ins 19. Jahrhundert hinein maßgeblich geprägt. Den entscheidenden Grund dafür haben wir kennengelernt: Ohne den Rückgriff auf teleologisches Denken war es schwer, das Problem der Ordnung, der Struktur und der Funktion in der Natur theoretisch zu bewältigen.[18]

Geht man nun davon aus, dass ein intelligent design einen intelligenten Designer voraussetzt, so kommt man auf die *andere* Variante dieser Denkströmung, nach der das Bestehen von Ordnung in der Welt auf einen göttlichen Ratschluss zurückgeführt werden muss. Als das Christentum in der Spätantike seine intellektuelle Herrschaft über Europa zu errichten begann, wurde diese theistisch verschärfte Variante allgemein verbindlich: Sei es, dass die Ordnung der Welt als Produkt eines einmaligen Schöpfungsaktes angesehen wurde, wie er in der *Genesis* beschrieben wird; oder sei es, dass sie auf Prinzipien zurückgeführt wurde, die Gott zwar in die Welt eingebaut hat, die dann aber selbständig funktionieren. Mit der aristotelischen oder stoischen Teleologie ist diese zweite Deutung gut vereinbar; sie unterlegt ihr ein theistisches Fundament und sichert sie religiös ab. In dieser Fassung blieb das teleologische Denken nahezu die gesamte Neuzeit hindurch wirkmächtig, bis es unter dem Einfluss neuer Erklärungsverfahren seit dem 17. Jahrhundert aus der Physik und seit dem 19. Jahrhundert aus den biologischen Wissenschaften verschwand. Wir müssen uns mit dieser Variante hier nicht weiter befassen.

Zur Sprache kommen muss aber das Problem der *sozialen* Ordnung. Damit verhält es sich nämlich ähnlich wie mit dem der Naturordnung: Die Materialisten hatten es schwerer, mit ihr theoretisch ins Reine zu kommen, als die Idealisten. Obwohl die ersteren sich vornehmlich mit der Natur befasst haben, lagen die Gesellschaft und die Kultur doch nicht prinzipiell jenseits ihrer Wahrnehmung. Schon bei Demokrit, später bei Epikur und Lukrez finden sich einschlägige Überlegungen, ebenso bei ihren Nachfolgern in späteren Epochen. Charakteristisch ist dabei allerdings, dass die Gesellschaft als eine Verlängerung der Natur in den Blick genommen wird, pointiert gesagt, als ihr Anhängsel. Dies zeigt sich schon quantitativ, wenn Lukrez im fünften Buch seines Lehrgedichts *Über die Natur der Dinge* zunächst die Entstehung unserer Welt sowie des Himmels und der Himmelskörper darstellt, anschließend die Entstehung des Lebens auf der Erde, inklusive des Menschen. Es folgt eine kurze Schilderung der Lebensweise der ersten Menschen, die in kaum merklichen Schritten zur Ausbildung von Familien, zu Freundschaftsbünden zum gegenseitigen Schutz und schließlich zu größeren Sozialverbänden übergeht. Auch kulturelle und technische Errungenschaften werden erwähnt. Dabei sind der Gesellschaft und Kultur etwa 400 Verse von den insgesamt über 1400 Versen dieses fünften Buches (von insgesamt sechs) gewidmet. Wichtiger als diese quantitative Seite ist aber die qualitative: Für Lukrez ist die Gesellschaft ein Wirklichkeitsbereich, der durch dieselben Prinzipien erklärt werden kann und muss wie die Natur, durch die zufällige Aggregation von zunächst atomaren Individuen also. Dass eine Gesellschaft aber nicht bloß eine Ansammlung von Individuen auf einem bestimmten Territorium ist, dass die Individuen vielmehr in einer bestimmten Ordnung zusammenleben, dafür vermag seine Theorie ebenso wenig eine befriedigende Erklärung zu liefern wie für die Ordnungsphänomene in der Natur. – Wir sind nicht überrascht, bei d'Holbach auf dieselben Schwierigkeiten zu stoßen. Die menschliche Gesellschaft wächst bei ihm ebenso natürlich und selbstverständlich aus der Natur hervor wie eine Pflanze aus dem Boden; und sie gehorcht denselben Gesetzen, denen das Sonnensystem ebenso gehorcht wie Pflanzen, Metalle, Tiere oder Menschen. Die Gesetze der Physik sind dieselben wie die Gesetze der Moral;[19] auf sie lässt sich daher auch die Vereinigung vieler Menschen zu Ehen, Familien, Gesellschaften oder Freundschaften zurückführen. (Nur am Rande sei vermerkt, dass viele materialistische

Theorien der Gesellschaft heute nicht mehr der Physik folgen, sondern der Evolutionstheorie.)

Vor diesem Hintergrund wird die lang anhaltende Dominanz idealistischer Deutungen der Naturordnung, aber insbesondere auch der menschlichen Gesellschaft verständlich. Auf der Basis einer aristotelischen Teleologie war es nicht schwer zu erklären, wie Gesellschaft überhaupt zustande kam und warum sie bestimmte Strukturen annehmen musste. Als ein Zoon politikon war der Mensch von Natur aus auf das Leben in Gemeinschaft hin angelegt und sofern nach der Ordnung dieser Gemeinschaft gefragt wurde, konnte er leicht auf die heimische Polis verweisen, die auf natürliche Weise aus der Familie und dem Dorf erwuchs. Die christlichen Sozialtheoretiker hatten keine Schwierigkeiten, diese teleologische Erklärungsweise aufzugreifen und in ihren Denkrahmen einzupassen. Der Schöpfer selbst hatte ja frühzeitig verkündet, dass es nicht gut sei, wenn der Mensch allein bleibe (*Gen* 2.18) und damit die Bildung von Gesellschaften zu einem Gebot gemacht. Das soziale Denken orientierte sich daher über lange Zeit hinweg an der Idee einer göttlichen Providenz. Adam Smiths berühmte «unsichtbare Hand», die aus dem egoistischen Handeln der Individuen das Wohl des Ganzen erwachsen lässt, bleibt ohne diese Hintergrundannahme ebenso unverständlich wie Immanuel Kants Versuch, eine «*Naturabsicht*» hinter dem «widersinnigen Gang der menschlichen Dinge»[20] zu erkennen; auch Hegels «Weltgeist», der die Geschichte lenkt, lässt sich als teilsäkularisierte Version göttlicher Providenz deuten.

Dass es nach Aristoteles die Polis war, die in der menschlichen Natur angelegt war, lässt schon einen weiteren Vorzug erkennen, den die Teleologie bot. Sie konnte nicht nur soziale Ordnung erklären, sondern zugleich auch die bestehende soziale Ordnung *rechtfertigen*. Diese Doppelfunktion von Erklärung und Legitimation ist ein weiteres Erfolgsgeheimnis des teleologischen Denkens auf dem Gebiet der Gesellschaft. Unter christlichem Vorzeichen war es ein Leichtes, die soziale Natur des Menschen zu einer Anordnung Gottes zu machen und die jeweilige Ordnung der Gesellschaft, insbesondere natürlich auch die Strukturen der Unter- und Überordnung, auf seinen Willen zurückzuführen. Unter der mehr als tausendjährigen Hegemonie des Christentums in Europa blieb dieser Denktypus daher dominant, und auch in der frühen Neuzeit blieb er einflussreich.[21] Noch in der Mitte des 19. Jahrhunderts konnte Cecil Frances Alexander, die Gattin des Primas der Anglikanischen Kirche in Irland, folgende Zeilen dichten:

The rich man in his castle,
The poor man at his gate,
God made them high or lowly,
And order'd their estate.

Rückgriff auf den Willen. Die Schwierigkeiten, die materialistische Denker mit der Erklärung von Ordnung hatten, machen verständlich, warum auch sie der Idee eines intelligent design nicht immer zu widerstehen vermochten. Freilich blieben ihnen die kosmologische Teleologie und die göttliche Providenz suspekt; soweit es aber um *soziale* Ordnung ging, stand ihnen eine Option offen, die es im Hinblick auf die natürliche Ordnung nicht gab. Zwischen dem ‹Stoff›, aus dem die Gesellschaft zusammengesetzt ist, und dem ‹Stoff› der Natur besteht ja eine wichtige Differenz: bei dem ersteren handelt es sich um vernunftbegabte Wesen, die ihre Umgebung zu erkennen und durch rationales Handeln zu verändern vermögen. In sozialphilosophischen Kontexten lag es daher nahe, die Providenz von oben nach unten zu verlegen und Ordnung als ein Produkt zielgerichteten menschlichen Handelns zu erklären. Es musste dann keine zum vernünftigen Lebewesen subjektivierte Natur mehr bemüht und auch kein Gott in Anspruch genommen werden, der für seine Geschöpfe sorgt; es konnten nun gewöhnliche menschliche Wesen als Subjekte der vernünftigen Planung in Anschlag gebracht werden, um die Ursprünge sozialer Ordnung zu erklären. Die schon in der Antike konzipierte, später von Hobbes wiederbelebte Idee des Gesellschaftsvertrages erbrachte genau diese theoretische Leistung. Die Gesellschaft und ihre Ordnung ergaben sich aus der Erkenntnis der zunächst isoliert lebenden Individuen, dass es zu ihrem Vorteil ist, miteinander zu kooperieren und in Gemeinschaft zu leben. Die Attraktivität der Vertragstheorie gerade für materialistische Deutungen der Gesellschaft beruht darauf, dass sie eine plausible Möglichkeit zur *immanenten* Erklärung von sozialer Ordnung eröffnete.

Die Inanspruchnahme dieses Vorzugs wurde allerdings durch zwei Probleme erkauft. Das erste betrifft die epistemische Grundlage der Vertragstheorie. D'Holbach beispielsweise behauptet treuherzig: «Als die Menschen sich zusammenschlossen, um in Gesellschaft zu leben, haben sie entweder ausdrücklich oder stillschweigend einen Pakt geschlossen, durch den sie sich verpflichtet haben, sich gegenseitig Dienste zu leisten und sich nicht zu schaden.»[22] Aber woher weiß er das? Die Materialisten waren Empiristen und haben ihren Gegnern immer wieder vorgeworfen, mit unbeweisbaren Versicherungen zu operieren. Aber gehören nicht zwei der fundierenden Postulate der Vertragstheorie in eben diese Reihe unbeweisbarer Versicherungen: Zum einen das Postulat eines solitären Urzustandes und zweitens das eines Gesellschaftsvertrages? Weder das eine noch das andere ist jemals beobachtet worden. Und wenn der Vertrag nicht nur als eine kontrafaktische Annahme zu Begründungszwecken eingeführt, sondern als eine Tatsache behauptet wird: Wie plausibel ist die Behauptung angesichts der realen Verhältnisse in den Feudalgesellschaften des 17. und 18. Jahrhunderts? Bestand etwa zwischen dem absolutistischen Herrscher von Frankreich und seinen Untertanen ein Pakt, «sich gegenseitig Dienste zu leisten und sich nicht zu schaden»? Daran konnte man mit guten Gründen zweifeln. Die alternative Option einer normativen Deutung der Vertragstheorie war für die Materialisten deswegen heikel, weil sie ihre liebe Not mit dem Status normativer Aussagen hatten. Nicht umsonst changiert die Vertragstheorie schon bei Hobbes zwischen einer deskriptiv-historischen und einer normativ-legitimatorischen Verwendung.

Noch stärker fiel das zweite Problem ins Gewicht. Es resultiert daraus, dass sich Intentionalität in der Sicht des damaligen Materialismus als ein suspektes Phänomen darstellte. Wenn nämlich Menschen auf bestimmte Weise handeln, dann ergibt sich sofort die weitere Frage, *warum* sie so handeln, wie sie handeln. Hinsichtlich des Gesellschaftsvertrages kamen zwei Erklärungen in Frage: eine, die sich auf Interessen, und eine andere, die sich auf Ideen stützt. Sofern man den ersten dieser Wege einschlug, blieb die materialistische Welt in Ordnung. Den Ausgangspunkt bilden dann ja die natürlichen Bedürfnisse: Zum Abschluss eines Vertrages werden die Individuen gedrängt, weil sie ein Bedürfnis nach Sicherheit vor wilden Tieren oder vor der Schädigung durch Artgenossen haben oder weil sie die durch Kooperation zu erzielenden materiellen Vorteile nutzen möchten. Zwar müssen die Nachteile der Vereinzelung von den Individuen ebenso *erkannt* werden wie die Vorteile der Gemeinschaft; Bewusstsein und Denken waren also im Spiel. Ihre Rolle reduzierte sich aber auf die von Katalysatoren, die die Umsetzung von objektiven Interessen in subjektive Handlungen fördern. – Allerdings konnte man auch nicht einfach davon ausgehen, dass die Leistung dieser Katalysatoren trivial sei. Denn der Übergang vom solitären zum sozialen Zustand sollte schwierig gewesen sein und lange gedauert haben. Die bei weitem wichtigste materialistische Theorie der frühen Neuzeit hatte diesen Übergang sogar als einen Bruch mit der Natur dargestellt. Nach Hobbes ist die Gesellschaft nämlich ein Produkt menschlicher «Kunst» und ergibt sich nicht spontan aus natürlichen Prozessen: «Denn durch Kunst wird jener große *Leviathan* geschaffen, genannt *Gemeinwesen* oder *Staat*, auf lateinisch *civitas*, der nichts anderes ist als ein künstlicher Mensch, wenn auch von größerer Gestalt und Stärke als der natürliche, zu dessen Schutz und Verteidigung er ersonnen wurde.»[23] Damit wird die aktive Leistung des menschlichen Bewusstseins hervorgehoben und der Vernunftanteil am Zustandekommen der Gesellschaft wächst. Bei Hobbes ist dieser Anteil noch vergleichsweise gering, da die Vernunft bei ihm unter dem Diktat der Interessen steht; bei Kant treten dann aber apriorische Vernunftideen an die Stelle empirischer Nutzenerwägungen und Selbsterhaltungsinteressen, und die Vertragstheorie gerät in ein idealistisches Fahrwasser. Wir müssen uns nach Kant nämlich nicht durch die Erfahrung von der Gewalttätigkeit der Menschen belehren lassen und können uns sogar vorstellen, die Menschen seien friedlich und gut, «so liegt es doch *a priori* in der Vernunftidee eines solchen (nicht-rechtlichen) Zustandes, dass, bevor ein öffentlich gesetzlicher Zustand errichtet worden, vereinzelte Menschen, Völker und Staaten niemals vor Gewaltthätigkeit gegen einander sicher sein können [...].»[24] Der Kantische Gesellschaftsvertrag verdankt sich der reinen praktischen Vernunft und sprengt damit den Theorierahmen des Materialismus.

Halten wir also fest: Eine zufriedenstellende Lösung des Problems der Ordnung auf materialistischer Grundlage war am Übergang vom 18. zum 19. Jahrhundert nicht in Sicht. Mit dem Konzept des Naturgesetzes verfügte man zwar über ein leistungsfähiges Instrument zur Erklärung natürlicher Zusammenhänge; doch reichte diese Leistung nicht über vergleichsweise einfache Zusammenhänge hinaus; komplexe Strukturen und Systeme lagen außerhalb der Reichweite nomologischer, auf Gesetzen fußender Erklärungen. Soziale Strukturen und Systeme ließen sich demgegenüber leichter erklären. Doch musste man dazu auf die rationalen Entscheidungen und intentionalen Handlungen von Individuen zurückgreifen, die aus materialistischer Sicht als prekär galten. Man musste das eine oder andere Auge zudrücken, um angesichts dieser Schwierigkeiten nicht zum Idealismus überzulaufen.

KAPITEL II

Theorie und Praxis

Karl Marx wuchs in den 1820er und 30er Jahren in einem bürgerlichen Haushalt in Trier auf. Das in diesem Provinznest herrschende geistige und politische Klima war weniger hinterwäldlerisch, als man meinen könnte. Die Stadt hatte von 1794 bis 1813 unter französischer Herrschaft gestanden, und einige der fortschrittlichen Errungenschaften dieser Periode wirkten auch fort, nachdem sie preußisch geworden war. Es gibt Hinweise darauf, dass Marx nicht nur in seinem Elternhaus, sondern auch in der Schule mit den Ideen der Aufklärung in Berührung kam. Man wird aber nicht davon ausgehen können, dass dieses Klima einem philosophischen oder politischen Radikalismus besonders günstig war. Nach dem, was wir über den heranwachsenden Marx wissen, deutete zunächst nichts auf die Entwicklung hin, die er später einschlagen sollte; er zeigte sich als normal braver Oberschüler, der in einem Abituraufsatz über *Die Vereinigung der Gläubigen in Christo nach Joh. 15,1–14* Kluges zu sagen wusste und dafür von seinen Lehrern eine «gedankenreiche, blühende, kraftvolle Darstellung» attestiert bekam.

Einblicke in das Denken und Fühlen des Heranwachsenden gewährt die erhalten gebliebene reiche lyrische Produktion dieser Jahre. Sie weist die erwartbare Affinität zur romantischen Tagesmode auf. Wir finden in ihr die unvermeidlichen Topoi (die Nacht, die Sterne, die Sehnsucht) und gängigen Reime (Brust/Lust, Getriebe/Liebe und natürlich Herz/Schmerz) eines damals bereits in die Jahre gekommenen Dichtungstypus. Große Gefühle nehmen großen Raum ein und soweit philosophische Reflexionen überhaupt vorkommen, fallen sie nicht eben zugunsten des Materialismus aus. So mokiert sich der 19-jährige Student in einem um 1837 verfassten Gedicht über die *Mediziner-Metaphysik*:

> Es hat nie einen Geist gegeben, –
> Denn auch die Ochsen können leben,
> Die Seele ist eitel Phantasei, –

Man kann sie im Magen nicht finden,
Und wär sie irgendwo nur zu ergründen,
'ne jede Pille trieb' sie wohl herbei,
So daß in ganzen Strömen,
Die Geister aus den Leibern kämen. (I,1:678)

Die ästhetischen Qualitäten dieser Zeilen stehen hier nicht zur Debatte; auch seine inhaltliche Seite lohnt keine nähere Betrachtung, denn zu offenkundig ist der Rückgriff auf eine romantisch inspirierte Wissenschaftskritik, die ihrerseits auf deutlich älteren Motiven beruht. Wir haben es bei den Ärzten mit einer Bande von Atheisten zu tun, die sich verschworen hat, die Unabhängigkeit der menschlichen Seele vom Körper zu leugnen und damit auch ihre Unsterblichkeit: ‹tres medici, duo athei›. Es genügt hier, dieses Gedicht als ein Zeugnis dafür festzuhalten, dass Marx seine intellektuelle Laufbahn nicht als Materialist begonnen hat. – Während seines Studiums zunächst in Bonn, dann in Berlin hatte er Gelegenheit, entsprechende Abneigungen zu vertiefen und philosophisch zu untermauern. An der Berliner Universität galt die Hegelsche Schule als Dernier Cri, und Marx säumte nicht, diesem Schrei Folge zu leisten. Innerhalb kurzer Zeit wurde er zu einem passionierten Hegelianer, genauer gesagt: zu einem Junghegelianer. Zwar will die Wahl des Dissertationsthemas nicht recht in dieses Bild passen, denn mit Demokrit und Epikur behandelte er zwei Gründungsväter des antiken Materialismus. Bei der Lektüre der Dissertation verflüchtigt sich die Irritation allerdings, denn in ihr wird der eigentlich materialistische Gehalt der atomistischen Naturphilosophie weitgehend ausgespart. Marx folgte den von Hegel und seinen Schülern vorgezeichneten Deutungslinien und suchte den Atomismus als eine Philosophie des Selbstbewusstseins zu interpretieren.

Diese Materialismus-Ferne zeigt sich noch in seinen frühen Texten. Wenn er dort von ‹Materialismus› sprach, war damit in vielen Fällen keine philosophische Position oder Strömung gemeint; und schon gar keine, zu der er irgendwelche Affinitäten erkennen ließ. Gemeint waren stattdessen soziale Einstellungen und Gegebenheiten, die von materiellen Interessen geprägt sind. So unterschied er noch 1844 zwischen dem «Idealismus des Staates» und dem «Materialismus der bürgerlichen Gesellschaft», die er mit einem «egoistischen Geist» in Verbindung brachte. (I,2:161/1:369) Soweit es um die Philosophie ging, plädierte er in den *Ökonomisch-philosophischen*

Schriften desselben Jahres für einen an Feuerbach orientierten «Naturalismus», der sich «sowohl von dem Idealismus, als dem Materialismus unterscheidet» (I,1:408/40:577). Er suchte also eine Äquidistanz zu beiden Strömungen einzuhalten.

Wir sehen: Es war eine Konversion nötig, damit aus Marx ein Materialist werden konnte, eine Konversion, die biographisch keineswegs erwartbar war und daher erklärungsbedürftig ist. Eine solche Erklärung kann in den folgenden Abschnitten nur andeutungsweise gegeben werden. Es soll in ihnen aber plausibel gemacht werden, dass es sich bei dieser Konversion nicht um ein isoliertes biographisches Vorkommnis gehandelt hat, dass sie vielmehr Bestandteil eines breiten geistigen Umbruchs war. In Reaktion auf die tiefgreifenden politischen, gesellschaftlichen und ökonomischen Veränderungen, die sich seit dem letzten Drittel des 18. Jahrhunderts angebahnt hatten, kamen viele Intellektuelle zu der Überzeugung, dass die traditionellen Inhalte und Formen des Denkens der neuen Zeit nicht mehr angemessen waren, dass die Probleme dieser neuen Zeit auch einen neuen Typ des Denkens erforderlich machten. Da ich mich im Folgenden vor allem auf die Entwicklung der philosophischen Diskussion in Deutschland beschränken werde, sei vorab darauf hingewiesen, dass sich vergleichbare Entwicklungen auch in anderen europäischen Ländern vollzogen. Zu nennen ist hier der auf Jeremy Bentham zurückgehende Utilitarismus in Großbritannien und der von Auguste Comte begründete Positivismus in Frankreich. Bei allen Unterschieden zwischen diesen Ländern und den intellektuellen Strömungen in ihnen lassen sich doch auch Übereinstimmungen feststellen: (a) die Abwendung von einem spekulativen Denkstil zugunsten einer programmatischen Orientierung an der Realität und an den Fakten; (b) ein starkes Interesse an sozialen Phänomenen und ihrem historischen Wandel; (c) das Bemühen um eine Annäherung von Theorie und Praxis.

Marx' intellektuelle Entwicklung, insbesondere sein Übergang zum Materialismus, war Teil dieses epochalen intellektuellen Wandels. Verständlich werden die Konturen des Marxschen ‹Projekts› und die theoriestrategischen Entscheidungen, die er bei seiner Ausarbeitung traf, erst dann, wenn man sie als Antworten auf eine allgemeine Problemlage begreift und wenn man sich der Voraussetzungen vergewissert hat, von denen er dabei ausging. Dies gilt nicht zuletzt für seinen Materialismus. Nicht nur die Tatsache, dass er sich im Jahre 1845 auf die Seite dieser Denkrichtung schlug, sondern auch die Tatsache, dass er in den folgenden Jahren eine spezifische Version dieses

Theorietypus entwickelte, bleiben unverständlich, wenn wir die historischen Randbedingungen außer Acht lassen, unter denen dies erfolgte.

1. Eine Rehabilitation der Materie

Unsere Zeit ist rein materiell.
Georg Büchner

Marx war zwölf Jahre alt, als die Pariser Julirevolution von 1830 die nachnapoleonische Staatenordnung in Europa erschütterte und das restaurative Klima der Demagogenverfolgung in Deutschland beendete. Die liberale und nationale Bewegung bekam Auftrieb, die Verfassungsbestrebungen schritten fort, Georg Büchner und Ludwig Weidig brachten den *Hessischen Landboten* heraus, und erste sozialistische Schriften wurden publiziert. Der politische Klimawandel war verbunden mit einer intellektuellen Gärung, die sich in der Philosophie ebenso bemerkbar machte wie in der Literatur der nachfolgenden Zeit. Der Tod Hegels im Jahre 1831 verstärkte den Eindruck der Zeitgenossen, dass eine Epoche zu Ende gegangen war: die Epoche des absoluten Idealismus. So jedenfalls stellte es sich nur wenige Jahrzehnte später für Lange dar, als er in seiner *Geschichte des Materialismus* von 1866 festhielt: «Will man einen bestimmten Zeitpunkt angeben, der sich als das Ende der idealistischen Periode in Deutschland bezeichnen lässt, so bietet sich kein so entscheidendes Ereignis dar, als die französische *Julirevolution* des Jahres 1830.»[1] Natürlich war das eine nachträgliche Einschätzung aus einer bestimmten Perspektive, und natürlich endete die «idealistische Periode in Deutschland» nicht abrupt in einem bestimmten Jahr, wenn sie überhaupt endete. Gleichwohl aber setzte zu Beginn der 1830er Jahre ein kultureller und intellektueller Klimawandel ein.

Literarische Opposition. Noch bevor diese Prozesse die Philosophie erreichten, waren sie in der Literatur bemerkbar gewesen. Die romantische Dichtung, der eine innere Verwandtschaft zur Restauration nachgesagt wurde, hatte ihren Höhepunkt überschritten und das *Junge Deutschland* trat als oppositionelle literarische Bewegung auf. Das Thema ‹Materialismus› tauchte hier mit zwei unterschiedlichen Akzenten auf. Zum einen wurde es zeitdiagnostisch verwandt, wenn etwa Karl Gutzkow in seinem 1837 anonym veröffentlichten Text schrieb: «Der Materialismus unserer Zeit bedarf vollends weder der Lehre vom Schönen, noch vom Wahren, er verlangt sehr viel mechanische Kenntnisse, Sprachen und reelle Wissenschaften, und die Zeit und Anstrengung, welche die Erlernung derselben kostet, wird der Theilnahme an der Literatur in Abrechnung gebracht.»[2] Bereits ein Jahr vorher hatte Georg Büchner in einem Brief an Gutzkow eine ähnlich Diagnose gestellt: «Unsere Zeit ist rein materiell [...].»[3] Man konnte diesen Materialismus der Gegenwart für eine Abirrung halten; man konnte ihn aber auch begrüßen oder zumindest für teilweise berechtigt halten. Das war im zweiten Buch der *Geschichte der Religion und Philosophie in Deutschland* von Heinrich Heine der Fall. Heine, der selbst noch die Berliner Vorlesungen Hegels gehört hatte, stellte in diesem 1834 für das französische Publikum verfassten Werk die Geschichte der neueren Philosophie als eine fortlaufende Kontroverse zwischen Idealismus und Materialismus dar. Im Unterschied zu Frankreich habe in Deutschland allerdings von jeher eine Abneigung gegen den Materialismus bestanden. Vor diesem Hintergrund kam Heine dann auf das Christentum zu sprechen, dem er vorwarf, den menschlichen Körper und die Materie «als etwas Verwerfliches, als etwas Schlechtes, als das Übel selbst» betrachtet zu haben. Doch diese Abwertung sei gescheitert: «Die Menschheit ist aller Hostien überdrüssig und lechzt nach nahrhafter Speise, nach echtem Brot und schönem Fleisch [...] Die Menschheit huldigt jetzt dem irdischen Nützlichkeitssystem [...] Die nächste Aufgabe ist, gesund zu werden; denn wir fühlen uns noch sehr schwach in den Gliedern. Die heiligen Vampire des Mittelalters haben uns so viel Lebensblut ausgesaugt. Und dann müssen der Materie noch große Sühnopfer geschlachtet werden, damit sie die alten Beleidigungen verzeihe. Es wäre sogar ratsam, wenn wir Festspiele anordneten und der Materie noch mehr außerordentliche Entschädigungsehren erwiesen. Denn das Christentum, unfähig, die Materie zu vernichten, hat sie überall fletriert, es hat die edelsten Genüsse herabgewürdigt, und die Sinne mussten heucheln, und es entstand Lüge und Sünde.» Der seit 1831 im Pariser Exil lebende Heine griff eine Parole auf, die bei den Saint-Simonisten eine wichtige Rolle spielte: «Der nächste Zweck aller unserer neuen Institutionen ist solchermaßen die Rehabilitation der Materie, die Wiedereinsetzung derselben in ihre Würde, ihre moralische Anerkennung, ihre religiöse Heiligung, ihre Versöhnung mit dem Geiste.»[4] Es wäre voreilig, Heine aufgrund dieses Plädoyers dem philosophischen Materialismus zuzurechnen. Abgesehen davon, dass er zu keinem Zeitpunkt eine systematische philosophische Theorie vertreten hat, gehörten seine Sympathien eher einem von Spinoza inspirierten Pantheismus (von dem er später zugunsten des Theismus abrückte). Auch die Saint-Simonisten waren weder Materialisten noch Atheisten; Heines Kritik am Christentum hätten sie wohl kaum geteilt. Die Materie wollten sie dennoch rehabilitieren.

Die Ansichten Heines sind hier nur insofern relevant, als sie einen Hinweis auf die stärkere Beachtung geben, die das Thema ‹Materie› bzw. ‹Materialismus› in den 1830er Jahren fand. Es wurde von denjenigen aufgebracht, die den etablierten politischen Zuständen und dem herrschenden, christlich imprägnierten Weltbild kritisch gegenüberstanden. Dementsprechend fungiert der Ausdruck ‹Materie› nicht als ein Terminus technicus, sondern als Inbegriff für die Gesamtheit der materiellen Lebensbedingungen nicht nur einer Elite, sondern aller Menschen. Das Plädoyer für die «Rehabilitation der Materie» wurde damit zu einer politisch-sozialen Forderung, wie sie Heine auch an anderer Stelle einklagen sollte. Die berühmteste davon findet sich am Beginn von *Deutschland. Ein Wintermärchen*:

> Wir wollen hier auf Erden schon
> Das Himmelreich errichten.
> Wir wollen auf Erden glücklich sein,
> Und wollen nicht mehr darben;
> Verschlemmen soll nicht der faule Bauch,
> was fleißige Hände erwarben.[5]

Auf ähnliche Weise hatten auch die Saint-Simonisten ihre Parole «Rehabilitation der Materie» mit der Forderung nach sozialen Reformen verbunden, unter anderem mit der Forderung nach einer Befreiung der Sexualität und der Frau. Heine erwähnte diesen Aspekt der Parole nicht; man kann aber vermuten, dass er einen gewissen Reiz auf die freien Geister der Zeit ausübte und ihre Rezeption auch in Deutschland förderte. Die literarische Verarbeitung dürfte einiges zur Popularisierung der Idee einer «Rehabilitation der Materie» beigetragen haben, zumal sie eng mit der Überzeugung verbunden war, dass eine Verbesserung der Lebensbedingungen an der Zeit sei. Bei Heine kommt das zum Ausdruck, wenn er schreibt, die Menschheit huldige «jetzt» dem irdischen Nützlichkeitssystem und die «nächste Aufgabe» bestehe darin, gesund zu werden.

Zerfall der Hegelschen Schule. Das Bewusstsein, dass «jetzt» eine neue Situation eingetreten sei, dass eine Wende in der Geschichte anstehe, war keine Privatidee Heines, sondern unter den Zeitgenossen weit verbreitet; nicht zuletzt unter den linken Hegelianern, die nicht müde wurden, den Anbruch einer neuen Epoche zu diagnostizieren bzw. zu fordern. Nach Moses Heß lebte man 1837 in einer Zeit, «analog der der Wasser- und Völkerfluth. Diese Analogie ist wichtig; sie zeigt uns den Charakter unserer Zeit, ihre welthistorische Bedeutung, mit einer Bestimmtheit, zu der man von dem bisherigen Standpunkte der Geschichtsforschung aus unmöglich gelangen konnte.»[6] Die Idee einer Zeitenwende gehörte zu den zentralen Überzeugungen des linken Flügels der Hegelschen Schule, der sich während der 1830er Jahre herausgebildet hatte und dem sich später auch Marx anschloss. Wichtig war diese Überzeugung nicht nur aufgrund ihrer politischen Distanz zu den bestehenden Zuständen in Deutschland, sondern auch, weil aus ihr die Schlussfolgerung gezogen wurde, dass der traditionelle Typ des religiösen und philosophischen Denkens zu überwinden sei: Eine neue Zeit erfordert ein neues Denken. Sehr deutlich wird dieses Programm in einer kleinen Schrift Ludwig Feuerbachs, in der einleitend folgende Fragen aufgeworfen werden: «ist eine Veränderung, eine Reformation, eine Erneuerung der Philosophie erforderlich? Und wenn, *wie* kann, *wie* muß sie beschaffen sein? [...] handelt es sich um eine Philosophie *wie* die bisherige oder eine wesentlich andere? Handelt es sich um eine neue Philosophie? Oder um eine neue Zeit? Beide Fragen, *ob eine* Veränderung der Philosophie und *was für eine* notwendig ist, hängen von der Frage ab: stehen wir an der Tür einer neuen Zeit, einer neuen Periode der Menschheit, oder wandeln wir im alten Gleise fort [...]?»[7] Dass Feuerbach keine offenen, sondern längst beantwortete Fragen aufwarf, lässt der Titel des Textes erkennen: *Notwendigkeit einer Veränderung.*

Die Forderung nach einer neuen Philosophie, mehr noch: nach einer neuen *Art* von Philosophie, war innerhalb der Hegelschen Schule ein Novum. Als Hegel, dessen Philosophie eine hegemoniale Stellung in Deutschland errungen hatte, im Jahr 1831 starb, waren seine Anhänger noch davon ausgegangen, dass die Geschichte der Philosophie in dem System des Meisters zum Abschluss gekommen sei und ihnen selbst daher nicht viel mehr zu tun geblieben war als die Verwaltung seines Erbes und der detailliertere Ausbau seines Systems. Irgendwelche Neuerungen waren weder notwendig noch möglich, denn das hinterlassene System galt als unüberbietbar. In den folgenden Jahren zeigten sich dann aber doch Differenzen bei der Wahrnehmung der verbliebenen Aufgaben, und die Schule spaltete sich in philosophisch wie politisch divergierende Richtungen. Die Streitpunkte betrafen vor allem das Verhältnis von Philosophie und Religion: War von einer Einheit oder zumindest von einer friedlichen Koexistenz beider auszugehen, oder hatte die Philosophie ihr gegenüber eine kritische Position einzunehmen? Diese Alternative hatte von Beginn an eine politische Dimension, die später immer deutlicher in den Vordergrund trat: So wie die einen mit der Religion zugleich den Staat verteidigen wollten, suchten die anderen mit den Mitteln der Religionskritik zugleich die Legitimationsbasis der bestehenden staatlichen Ordnung anzugreifen. – Es war daher nur konsequent, wenn Feuerbach in dem zitierten Text die Forderung nach einer Erneuerung der Philosophie mit der nach einer Überwindung der Religion verknüpft. Da nach christlicher Auffassung jeder Mensch potentiell als «Bürger des Himmels» gelten könne, sei das Christentum «die Vorstellung eines Gemeinwesens, wo jeder gleichen Anteil, gleiche Rechte hat, wo keine Ausnahmen vor dem Gesetz des allgemeinen Wesens, kein Vorzug der Geburt gilt». Wenn in der Gegenwart die Politik allenthalben an die Stelle der Religion getreten sei, so sei damit die Zweckbestimmung der letzteren erfüllt. «Oder, die Teilnahme an der Politik, die sich aller Menschen fast bemächtigt, ist der Beweis, dass die Religion aufgehört hat, dass sie negiert, oder, wie man auch sagen kann, dass sie sich *realisiert* hat.»[8] Im Denken der Junghegelianer verbinden sich folgende Thesen miteinander: (a) Ein Zeitalter geht zu Ende und ein neues bricht an; (b) dieses neue Zeitalter macht eine neue Art des Denkens erforderlich, entweder eine neue Art von Philosophie oder eine Art des Denkens jenseits der Philosophie; (c) zu den überholten Denkweisen gehört auch die Religion, sie muss kritisiert und überwunden werden. Eine vierte These (d) besagt, dass die in Gang befindliche Zeitenwende auch den Übergang von der Theorie zur Praxis fordert; darauf wird im folgenden Abschnitt zurückzukommen sein.

Zuvor müssen wir uns der Religionskritik Feuerbachs näher zuwenden, da sie für das Thema ‹Materialismus› von zentraler Bedeutung ist und Marx von ihr massiv beeinflusst wurde. Feuerbach hatte sich schon recht früh vom Einfluss Hegels zu lösen begonnen und schlug in seinem 1841 publizierten Buch *Das Wesen des Christentums* eine Richtung ein, die den von Hegel gesetzten und von seinen Schülern weitgehend übernommenen Rahmen sprengte. Es ging in diesem Buch nicht mehr um das eine oder andere christliche Dogma, sondern um eine Offenlegung des dem religiösen Denken überhaupt zugrunde liegenden Denk-Mechanismus. Das religiöse Denken beruht demnach auf der Projektion menschlicher Eigenschaften auf ein transzendentes Wesen. Die göttlichen Prädikate (Liebe, Gerechtigkeit, Allmacht, Allwissenheit etc.) sind demnach idealisierte menschliche Eigenschaften. Was die Menschen nur unvollkommen sind, soll Gott in vollkommener Weise sein. Auf eine Formel gebracht: Alle Theologie ist idealisierte Anthropologie. Dieser Gedanke war natürlich nicht neu; Feuerbach arbeitete ihn aber detailliert aus, wandte ihn umfassend auf die christliche Glaubenslehre an und verallgemeinerte ihn zu einem religionsphilosophischen Analyseverfahren, mit dessen Hilfe die irdisch-materielle Grundlage beliebiger himmlisch-spiritueller Glaubensinhalte freigelegt werden konnte. Im Kern handelt es sich dabei um ein Umkehrverfahren: Wenn das Wesen des religiösen Denkens darin besteht, dass unvollkommene menschliche Eigenschaften auf ein transzendentes Wesen projiziert und dort als vollkommen angenommen werden, dann muss dieses Verhältnis umgekehrt werden, um seinem Geheimnis auf die Spur zu kommen: Im scheinbar Überirdischen muss das wirkliche Irdische kenntlich gemacht werden. Feuerbach beschreibt dieses Umkehrverfahren mit Hilfe der philosophischen Begriffe ‹Subjekt› und ‹Prädikat›. «Was nämlich die Religion zum *Prädikat* macht, das dürfen wir nur immer zum *Subjekt* und, was sie zum *Subjekt*, zum *Prädikat* machen, also die Orakelsprüche der Religion *umkehren*, contre-véritez auffassen, so haben wir das Wahre.»[9] Das religiöse Bewusstsein gibt als Subjekt aus, was in Wahrheit Prädikat ist, und umgekehrt.

In dieser verallgemeinerten Version war das Verfahren nicht auf religiöse Inhalte beschränkt, sondern konnte auch in anderen Bereichen des Denkens eingesetzt werden. In mehreren Schriften der Jahre 1842 und 1843 wandte Feuerbach seine Umkehrmethode explizit auf die Philosophie an, die für ihn weitgehend mit dem absoluten Idealismus Hegels zusammenfiel. Diese Übertragung von der Religion auf die Philosophie drängte sich schon deshalb auf, weil Hegel selbst die Identität von Philosophie und Religion behauptet hatte; zum anderen beruht die idealistische Philosophie auf derselben Denkbewegung, die nach Feuerbach die Religion kennzeichnet: Sinnliche, materielle Gegebenheiten werden als übersinnlich, immateriell ausgegeben. «Die Methode der reformatorischen Kritik der *spekulativen Philosophie überhaupt* unterscheidet sich nicht von der bereits in der *Religionsphilosophie* angewandten. Wir dürfen nur immer das *Prädikat* zum

Subjekt und so als *Subjekt* zum *Objekt* und *Prinzip* machen – also die spekulative Philosophie nur *umkehren*, so haben wir die unverhüllte, die pure, blanke Wahrheit.»[10] Die Philosophie gehe etwa von der Idee eines Unendlichen, Unbestimmten, Absoluten aus und versuche dann, daraus das Endliche, Bestimmte, Wirkliche abzuleiten; damit verkehre sie den tatsächlichen und richtigen Gang der gedanklichen Entwicklung, die stets beim Realen und Endlichen beginne und von dort auf dem Weg der Abstraktion zum Idealen und Unendlichen fortschreite. Sie mache auf diese Weise das Primäre zum Sekundären, genau wie die Religion den Menschen zum Geschöpf Gottes gemacht habe, anstatt zu erkennen, dass der Mensch der Schöpfer Gottes ist, indem er seine eigenen Eigenschaften idealisiert und auf ein jenseitiges Wesen projiziert. Es ist nicht schwer, in diesem Verfahren die spätere Marxsche Forderung vorauszuahnen, dass man Hegel vom Kopf auf die Füße stellen müsse.

Übergang zum Materialismus. In negativer Hinsicht zielte Feuerbachs «Reform der Philosophie» auf eine Abkehr vom spekulativen Idealismus Hegelscher Prägung und damit zugleich auch von anderen Versionen idealistischer Philosophie. In positiver Hinsicht forderte er das Denken dazu auf, bei der erfahrbaren Realität (er sprach gern von «Sinnlichkeit») anzusetzen und sie als Objekt des Erkennens philosophisch ernst zu nehmen. «Das wahre Verhältnis vom Denken zum Sein ist nur dieses: das *Sein* ist *Subjekt*, das *Denken Prädikat*. Das Denken ist aus dem Sein, aber das Sein nicht aus dem Denken. Sein ist aus sich und durch sich – Sein wird nur durch Sein gegeben, – Sein hat seinen Grund in sich, weil nur Sein Sinn, Vernunft, Notwendigkeit, Wahrheit, kurz Alles in Allem ist.»[11] Konkret handelt es sich bei diesem Sein um die *Natur* und um den *Menschen*. Um den Menschen allerdings nicht als ein bloß denkendes, sondern als wirkliches, leibliches, sinnliches Wesen. «Die neue Philosophie macht den *Menschen* mit *Einschluß der Natur*, als der Basis des Menschen, zum *alleinigen*, *universalen* und *höchsten Gegenstand* der Philosophie – die *Anthropologie* also, mit *Einschluß der Physiologie, zur Universalwissenschaft*.»[12] Obwohl Feuerbach sich selbst in den zitierten Schriften nicht explizit zum Materialismus bekannt hatte, dürfte unschwer zu erkennen sein, dass er sich de facto für genau diese Theorieoption entschieden hatte. Der Materialismus war die philosophische Alternative zum absoluten Idealismus Hegels ebenso wie zum religiösen Bewusstsein. Es galt, sich angesichts ihrer Illusionen auf die wirkliche Welt zurückzubesinnen; allerdings nicht so sehr auf die wirkliche Welt *an sich* als auf den Menschen und auf die Wirklichkeit, insofern sie Gegenstand seiner Sinne ist. In diesem Sinne hat man seinen philosophischen Ansatz treffend als ‹anthropologischen Materialismus› bezeichnet.

Unter den linken Hegelianern erregten die Arbeiten Feuerbachs erhebliches Aufsehen, aber nur wenige (darunter Marx und Engels) übernahmen seinen Materialismus. Breiteres Gehör fanden materialistische Ideen erst nach 1848. Die gewaltsame Niederschlagung der Revolution wurde von etlichen Zeitgenossen als ein Scheitern der ‹Ideen von 1848› an der Realität gedeutet. Die Ideale von Demokratie und Freiheit waren an den politischen und militärischen Realitäten gescheitert, und dieses Scheitern wurde nicht den Realitäten, sondern den Idealen zugeschrieben. Statt auf idealistische Hoffnungen müsse man von nun an auf harte Fakten bauen. Die Philosophie habe zugunsten einer Denkweise abzudanken, die diesen Fakten Rechnung trägt – und die Wissenschaften, insbesondere die Naturwissenschaften, waren das Paradigma dieser Denkweise. Was sich nach 1830 als ein schleichender Zerfallsprozess vorbereitet hatte, schien im eklatanten Scheitern der Revolution vollends offenbar geworden zu sein: Das Zeitalter des Idealismus und der Philosophie war vorüber.

Zu den ersten, die diese Schlussfolgerung zogen, gehörte wiederum Feuerbach. In einer 1850 veröffentlichten Rezension eines populären naturwissenschaftlichen Buches spielt er unverhohlen auf das Scheitern der Revolution und die nachfolgende Unterdrückung oppositionellen Denkens an. Höhnisch mokiert er sich darüber, dass der «beschränkte Regierungsverstand» vor allem die Philosophie unter polizeiliche Aufsicht stelle, die Naturwissenschaften aber frei gebe: «Nur die Philosophie! Wie thöricht! Wie unschädlich ist sie, wie arm, wie wehrlos im Vergleich zu den Naturwissenschaften! Wie leicht kann man ihre gefährlichen Wirkungen auf das Publicum verhindern! Was gehört dazu einen Philosophen zu widerlegen? Nichts weiter als ein Professor der Philosophie, und was ist leichter zu haben als ein solcher!» Zwar greife die Naturwissenschaft die religiösen und politischen Vorurteile nicht direkt an, untergrabe sie aber umso nachhaltiger; von ihr, nicht von der Philosophie, gehe daher die wahre Bedrohung der bestehenden politischen Ordnung aus. Und obwohl Feuerbach auch in diesem Text weder von ‹Idealismus› noch von ‹Materialismus› spricht, lässt er doch keinen Raum für Zweifel daran, auf welche Seite er sich schlägt und welche er für zeitgemäß hält: «Die alte Welt stellte den Leib auf den Kopf, die neue setzt den Kopf auf den Leib;

die alte Welt ließ die Materie aus dem Geiste, die neue lässt den Geist aus der Materie entspringen.»[13] Wer nicht in der «alten Welt» befangen bleiben wollte, konnte nicht länger Idealist bleiben und auch nicht länger Philosoph. Den Kopf auf den Leib zu stellen und den Geist aus der Materie entspringen zu lassen, hieß dann: sich auf den Boden der Naturwissenschaften zu stellen. – Was Feuerbach nahegelegt hatte, wurde von Autoren wie Karl Vogt, Jakob Moleschott und Ludwig Büchner zu einem publikumswirksamen Programm gemacht. Ihre Bücher fanden großen Absatz, weil in ihnen die alte idealistische Weltanschauung brüsk zur Seite geschoben und die Perspektive auf eine ‹neue Welt› eröffnet wurde: auf eine modernere und demokratischere Gesellschaft, die nicht mehr das Ergebnis revolutionärer politischer Aktionen sein sollte, sondern die Frucht eines evolutionären Fortschritts von Naturwissenschaft und Technik.[14]

Wie verbreitet diese Diagnose war, zeigt das folgende Zitat aus Rudolf Hayms 1857 veröffentlichtem Buch *Hegel und seine Zeit,* in dem er die intellektuelle Entwicklung in Deutschland seit dem Tod Hegels ganz ähnlich beschrieb, obwohl er alles andere als ein Freund des Materialismus war: «Wir befinden uns augenblicklich in einem großen und fast allgemeinen Schiffbruch des Geistes und des Glaubens an den Geist überhaupt. Werfen wir auch die letzte Scheu vor der nackten Wahrheit der Thatsachen von uns! Eine beispiellose und schlechthin entscheidende Umwälzung hat Statt gefunden. Das ist keine Zeit mehr der Systeme, keine Zeit mehr der Dichtung oder der Philosophie. Eine Zeit stattdessen, in welcher, Dank der großen technischen Erfindungen des Jahrhunderts, die Materie lebendig geworden zu sein scheint. Die untersten Grundlagen unseres physischen wie unseres geistigen Lebens werden durch diese Triumphe der Technik mitgerissen und neugestaltet. Die Existenz der Einzelnen wie der Völker wird auf neue Basen und in neue Verhältnisse gestellt. Die freie Construction im Elemente der Idee erscheint suspendirt, so lange die Wirkungen jener ungeheuren materiellen Neuerungen, diese unabsehbaren Wirkungen noch in der Entwickelung begriffen sind, welche auszurechnen unmöglich ist, und welche die Einbildungskraft zu fassen in Verzweiflung geräth. Aller Spiritualismus und Idealismus scheint verstummen zu müssen, weil die den Zwecken des Menschenlebens dienstbar gemachten Naturkräfte sich in einer neuen nach Gestaltung ringenden Gährung befinden.» Auch Haym betont die einschneidenden Konsequenzen des Scheiterns der Revolution von 1848 für die Glaubwürdigkeit des Idealismus: «Der allmächtig geglaubte Idealismus hatte sich ohnmächtig erwiesen. […] Wie durch einen scharf gezogenen Strich ist die Empfindungs- und Ansichtswelt des vorigen Jahrzehnts von unserer gegenwärtigen getrennt. Diejenige Philosophie, an welche unser deutscher Spiritualismus sich zuletzt anlehnte, hat die ihr gestellte Probe nicht bestanden. Die Interessen, die Bedürfnisse der Gegenwart sind über sie mächtig geworden. Sie ist mehr als widerlegt: sie ist gerichtet worden. Sie ist nicht durch ein System – sie ist einstweilen durch *den Fortschritt der Welt* und durch *die lebendige Geschichte* beseitigt worden.»[15]

Selbst wenn diese Darstellung übertrieben gewesen sein mag, gibt sie doch einen Eindruck von dem einschneidenden intellektuellen Klimawandel in dem Zeitraum zwischen 1830 und 1860, in den ja auch die wichtigsten Weichenstellungen für die Ausbildung der Marxschen Theorie fallen: (a) Der am Beginn dieses Zeitraums noch einflussreiche Denktypus, der in Hegels System des absoluten Idealismus seine prägnanteste Ausformulierung gefunden hatte, galt vielen als nicht länger glaubwürdig. Favorisiert wurde nun eine weniger spekulative und bodenständigere Weltdeutung, die nüchtern und den Tatsachen verbunden sein sollte, die sich am Vorbild der Naturwissenschaften orientierte und den praktischen Bedürfnissen der Zeit entgegenkam. (b) Der Philosophie trauten viele eine solche Wendung nicht mehr zu. Ihre enge Verkoppelung mit dem Idealismus, dem Apriorismus und der Systemkonstruktion ließen ihre Überwindung als unausweichlich erscheinen, wenn man sich den genannten Forderungen der Zeit stellen wollte. Von den Junghegelianern über Marx bis zu Vogt, Moleschott und Büchner teilten viele die Diagnose vom notwendigen Ende der Philosophie; und auf eine ganz andere Weise haben auch Autoren wie Kierkegaard oder Nietzsche zumindest die klassischen Typen philosophischer Theoriebildung überwinden wollen. Meist sollte die Wissenschaft an ihre Stelle treten. (c) Natürlich führte die Überwindung der Philosophie nicht notwendig zum Materialismus. Auch in anderen europäischen Ländern suchte man eine engere Hinwendung zur Realität und einen engeren Anschluss an die (Natur-)Wissenschaften, ohne dass sich starke Bataillone unter dem Banner des Materialismus versammelt hätten. Aber der Materialismus galt als die radikalste Variante dieser Hinwendung; und dort, wo die ehrgeizigste Variante des idealistischen Denktypus hegemonial gewesen war, bot sich diese radikalste Variante am dringlichsten an. Als materialistisch profilierte man sich schließlich auch wegen der kaum überbietbaren polemischen Qualität dieses Ausdrucks: Mit ihm schien die größtmögliche Distanz zu allen Varianten traditionellen (philosophischen wie religiösen) Denkens markiert zu sein.

2. Das Theorie-Praxis-Problem

Die Waffe der Kritik kann allerdings die Kritik der Waffen nicht ersetzen, die materielle Gewalt muß gestürzt werden durch materielle Gewalt ...

Karl Marx

Der Forderung nach einer stärkeren Orientierung an den Tatsachen schlossen sich nicht zuletzt diejenigen an, die nach Hebeln für praktische Eingriffe in die Realität suchten. Das traditionelle Denken, die idealistische Philosophie eingeschlossen, schien ihnen dafür vollkommen ungeeignet. So finden sich bei Hegel zwar ausführliche Reflexionen über die Beziehung zwischen Theorie und Praxis; eine direkte Verbindung zwischen ihnen, eine Anleitung zum Handeln, hatte er aber weder angestrebt noch für möglich gehalten. Nach einem berühmten Diktum kommt die Philosophie im Hinblick auf die Belehrung, wie die Welt sein solle, immer zu spät, denn die Eule der Minerva beginne ihren Flug mit der einbrechenden Dämmerung.[16] Selbst unter seinen Anhängern galt dieses Diktum als skandalös. Die Philosophie dürfe sich nicht mit Rückblicken in die Vergangenheit begnügen, sondern müsse sich auch der Gegenwart und Zukunft zuwenden und Einfluss auf sie nehmen. Dies gerade jetzt, wo die Geschichte einen Krisen-, Kulminations- und Wendepunkt erreicht habe, der sie reif für die «Verwirklichung der Philosophie» gemacht habe. So hatte der Hegelianer August von Cieszkowski angekündigt, die Philosophie müsse es sich «künftig gefallen lassen, hauptsächlich *angewandt* zu werden [...]. Die practische Philosophie, oder eigentlicher gesagt, die *Philosophie der Praxis*, – deren concreteste Einwirkung auf das Leben und die socialen Verhältnisse, die Entwicklung der Wahrheit in der *concreten Thätigkeit* – dies ist das künftige Loos der Philosophie überhaupt.»[17] Das war keine vereinzelte Ansicht. Der linke Flügel der Hegelschen Schule hielt es seit Ende der 30er Jahre für unausweichlich, über das kontemplative Philosophieverständnis hinauszugehen: «Es ist jetzt die Aufgabe der Philosophie des Geistes, Philosophie der That zu werden.»[18] Für Moses Heß handelte es sich bei dieser ‹Philosophie der

That› zwar noch um eine gedankliche Tat, er ließ aber keinen Zweifel daran, dass sie zugleich eine *politische* sein sollte. Weder die geistige Revolution in Deutschland (durch den Idealismus) noch die politische Revolution in Frankreich hatten nach Heß die angestrebte Befreiung realisiert. Die Revolution war unvollendet geblieben, die Freiheit war noch nicht real geworden. Beides hatte durch die ‹Philosophie der That› endlich zu geschehen.

Die Junghegelianer waren nicht die ersten gewesen, die eine Verbindung zwischen Theorie und Praxis gefordert hatten. Beginnend mit Platon und Aristoteles hatten die meisten Philosophen *irgendeine* Verbindung zwischen Theorie und Praxis behauptet, sodass man die Geschichte der Philosophie über weite Strecken als eine Geschichte divergierender und konvergierender Bestimmungen des Theorie-Praxis-Verhältnisses schreiben könnte. Dabei würde sich herausstellen, dass wir es nicht mit *einem* Problem zu tun haben, sondern mit einem ganzen Problembündel. Charakteristisch für die junghegelianische Fassung des Problems war zum einen ihr explizit gesellschaftskritischer Ausgangspunkt; Praxis wurde als eine auf die Veränderung der Gesellschaft gerichtete politische Praxis verstanden. Zum anderen wurde die Praxis als Moment des geschichtlichen Prozesses gesehen; sie ergab sich aus einem Verständnis von Geschichte als einem nach vorn offenen Prozess, der neben der Vergangenheit auch die Zukunft umfasst. Die Idee einer gestaltbaren Zukunft war im 18. Jahrhundert aufgekommen und hatte in den ersten Jahrzehnten des 19. Jahrhunderts einflussreiche Anhänger gefunden; zu ihnen gehört beispielsweise auch Auguste Comte. Damit hatte sich ein grundlegender Perspektivenwechsel vollzogen: Der Theoretiker betrachtete die Geschichte nicht mehr (wie noch Kant und Hegel) als ein entfernter Beobachter, der sich ein Bild vom historischen Geschehen macht, sondern als ein Teilnehmer dieses Geschehens, das zumindest teilweise von ihm selbst abhängt. Marx wird diesen Perspektivenwechsel nachvollziehen; Gesellschaft und Geschichte waren nicht nur zu interpretieren, sondern auch zu verändern.

Drei Modelle. Als Marx zu Beginn der 1840er Jahre seine theoretische Laufbahn begann, stand er auf dem Boden der junghegelianischen Auffassung des Theorie-Praxis-Verhältnisses, neben der noch andere Modelle kursierten. In idealtypischer Schematisierung können drei Modelle des Theorie-Praxis-Verhältnisses unterschieden werden, die grundlegende Gemeinsamkeiten haben und sich daher nicht scharf trennen lassen.

Das wahrscheinlich einflussreichste von ihnen beruht auf dem Vertrauen in die immanente Durchsetzungskraft der Vernunft, des Ideals, der Wahrheit. Diesem Modell folgen die vielen, oft am antiken Vorbild von Platons *Politeia* orientierten Sozialutopien, die seit Thomas Morus die Geschichte der Neuzeit bis ins 19. Jahrhundert und darüber hinaus begleitet haben. Diese Utopien zeichnen ein konkretes, oft minutiös ausgemaltes Gegenbild zu den tatsächlichen gesellschaftlichen Verhältnissen und enthalten die meist implizite, aber darum nicht weniger eindrückliche Forderung, diese tatsächlichen Verhältnisse der Utopie anzugleichen. – Dem ersten Modell sind aber auch die abstrakteren Normen oder Normensysteme zuzurechnen, die der sozialen Realität entgegengehalten werden und als Maßstab ihrer Beurteilung sowie als Richtmaß ihrer Umgestaltung dienen sollen. In beiden Varianten geht es um Offenlegung einer Kluft zwischen Ideal und Wirklichkeit oder zwischen Sein und Sollen. Die konkreten Möglichkeiten zur praktischen Überbrückung dieser Kluft bleiben dabei meist im Vagen. So kritisiert etwa Kant jene Theoretiker, die nicht daran glauben wollen, dass die Friedenskonzeptionen eines Abbé St. Pierre oder J.-J. Rousseau eine Chance haben, von den Potentaten dieser Welt akzeptiert und realisiert zu werden: «Ich meinerseits vertraue dagegen doch auf die Theorie, die von dem Rechtsprinzip ausgeht, wie das Verhältnis unter Menschen und Staaten *sein soll* […].»[19] Das Verhältnis zwischen Theorie und Praxis ist demnach das zwischen Norm und Handeln. Die Theorie legt die Ideale und Normen fest und gibt deren praktische Umsetzung gänzlich in externe Hände. «Die Vernunft hat geleistet, was sie leisten kann, wenn sie das Gesetz findet und aufstellt; vollstrecken muß es der mutige Wille und das lebendige Gefühl.»[20] Das Modell beruht auf der Zuversicht, dass diese Hände sich finden werden und dass die Macht der Wahrheit groß genug ist, um alle Widerstände zu überwinden. – Es waren nicht nur Kantianer, die so dachten. Auch einige der radikalsten Aufklärungsmaterialisten waren von der Unaufhaltsamkeit dieser Macht fest überzeugt: «Gleich der Sonne kann sich die *Wahrheit* nicht rückläufig bewegen, und deutlich weichen die Schatten der Finsternis.»[21] Und ein halbes Jahrhundert später finden wir eine ähnliche Zuversicht in die Kraft der Ideen bei den Frühsozialisten. Claude-Henri de Saint-Simon ließ seine Leser 1821 wissen: «Ich verfolge die Absicht, alle Wissenschaftler und Künstler, die sich zu philosophischen Betrachtungen aufzuschwingen vermögen, zu veranlassen, mit der Arbeit an der Vervollkommnung der Wissenschaften und einzelnen Künste auszusetzen, um ein moralisches und politisches System zu schaffen, das so klar und positiv ist, dass Regierende wie Regierte sich zu seiner Annahme bemüßigt sehen.»[22] Bezeichnend ist hier die Abstraktion von allen Interessen; die den Wissenschaften immanente Überzeugungskraft reicht aus, um nicht nur die Regierten, sondern auch die Regierenden von der Notwendigkeit einer gesellschaftlichen Neuordnung zu überzeugen. Der Positivismus Comtes und der Szientismus von Autoren wie Karl Vogt und Ludwig Büchner konnte daran leicht anschließen.

Die Vertreter des zweiten Modells begnügten sich nicht mehr mit der Konfrontation von Ideal und Wirklichkeit und mochten sich auch nicht auf die immanente Kraft der Wahrheit verlassen: Sie forderten konkrete politische Maßnahmen zur Veränderung der Realität. Bisweilen wurden diese Maßnahmen nur grob umrissen, bisweilen aber auch detailverliebt ausgearbeitet. Der springende Punkt ist, dass die entsprechenden Pläne an einen (mehr oder weniger präzise bestimmten) Adressaten gerichtet waren, dem die Realisierung der Forderungen nahegelegt wurde. Da eine solche Realisierung natürlich Macht voraussetzt, konnte es sich bei dem Adressaten nur um einflussreiche Kreise der bestehenden Gesellschaft handeln. Viele Verfassungsentwürfe und Friedenspläne des 18. Jahrhunderts folgen diesem zweiten Modell, das eine *Reform von oben* propagierte. Die deutschen Aufklärer neigten dazu, absoluten Herrschern wie Friedrich II. die Rolle eines Philosophenkönigs zuzuschreiben, der die philosophischen Grundsätze in Politik überführt.[23] In Frankreich hingegen hatte man mit der Herrschaft des Sonnenkönigs schlechte Erfahrungen gemacht, sodass die Illusionen über die Reformfreudigkeit der Herrscher hier weniger stark ausgeprägt waren. Aber es blieben kaum Alternativen. Für Helvétius war ein schlechter Zustand der Gesellschaft stets das Produkt einer schlechten Erziehung; diese wiederum das Resultat schlechter Gesetze. Es waren daher doch wieder aufgeklärte Fürsten oder Minister notwendig, um entsprechende Gesetze zu erlassen, in deren Folge die gesellschaftlichen Zustände sich dann zwangsläufig verbessern. «Die gute oder schlechte Erziehung ist fast vollkommen das Werk der Gesetze. Aber, so wird man einwenden, wie viele große Geister braucht es, um sie gut zu machen! Weniger als man denkt. Es genügt zu diesem Zwecke, dass der Minister ein Interesse daran und den Willen dazu hat, sie zu einer solchen zu machen.»[24] – Auf solche Appelle an die Obrigkeit wollten auch die Frühsozialisten nicht verzichten. Im zweiten Teil seiner oben zitierten Schrift wandte sich Saint-Simon unmittelbar an den König, um ihn von der Tatsache in Kenntnis zu setzen, dass die Schaffung eines neuen Gesellschaftssystems unvermeidlich sei: «Dem Lauf der Dinge zufolge ist offenbar das einzige Mittel zur Beendigung der Krise, jenes politische System durch gemeinsame Übereinkunft zu begründen, dessen unmittelbare Organisation der gegenwärtige Stand der Zivilisation unwiderstehlich erfordert [...].» Das Ziel aller Wohlmeinenden müsse darin bestehen, «die Völker und die Könige zu dieser Auffassung zu bekehren.» Das Königtum sollte sogar «an der Spitze» der unaufhaltsamen Bewegung stehen: «Majestät, meine Schrift gelangt also zu der allgemeinen Schlussfolgerung, daß Eure Majestät das Amt eines königlichen Begründers des industriellen und wissenschaftlichen Systems bekleiden» müsse.[25]

Das dritte Modell kann unter der Parole *Reform des Bewusstseins* zusammengefasst werden. Ausgehend davon, dass eine Veränderung der Überzeugungen der Menschen früher oder später auch zu einer Veränderung der Gesellschaft selbst führen werde, verfolgen die Protagonisten dieses Modells eine zweistufige Strategie. Zunächst sind die Theoretiker, die Philosophen, die Wissenschaftler oder die Intellektuellen aufgefordert, bestehende Vorurteile zu bekämpfen und Kritik an den bestehenden Verhältnissen zu üben. Damit soll ein weiterer Kreis von Adressaten erreicht werden, der alle Gebildeten umfasst, möglicherweise auch das ganze Volk. Gegenüber dem zweiten Modell kann hier von einem Demokratisierungsschritt gesprochen werden, insofern das Volk oder die Massen nicht mehr nur als nutznießende Objekte des sozialen Wandels vorkommen, sondern auch als Subjekte dieses Wandels. Freilich bedürften sie der Leitung durch die Theoretiker. – Diesem dritten Modell folgten offensichtlich die Junghegelianer. Die Praxis der Philosophie war für sie vor allem eine Praxis der *Kritik*. Zuerst eine Kritik der Religion, wie sie in den bahnbrechenden Werken von David Friedrich Strauss und Ludwig Feuerbach entwickelt worden war; dann eine Kritik der herrschenden politischen Zustände. Religion und Politik wurden als zwei Aspekte desselben Syndroms angesehen. Ausgehend von der Überzeugung, dass die politische Welt wesentlich von Ideen, vor allem von religiösen Ideen, beherrscht war, konnten Politik und Praxis einerseits mit Theorie und Kritik andererseits weitgehend zusammenfallen. Die Theorie, so schrieb Bruno Bauer 1842, sei «unsere einzige Hilfe, um uns und andere frei zu machen».[26] Zwei Jahre später bekräftigte sein Bruder Edgar diese Zuversicht: «Das Mittel, uns frei zu machen, ist die Kritik: sie vertreibt Schwäche und Glauben und spießbürgerliche Demuth. Sie zeigt, dass der Mensch die Verhältnisse, nicht die Verhältnisse den Menschen zu schaffen und zu beherrschen haben.» Und wenige Seiten später: «Die Stärke der Kritik liegt darin, dass sie Kritik ist, schon ihr bloßes Auftreten, das klare Aussprechen ihrer Resultate ist der halbe Sieg. Um ihr zum Siege zu verhelfen, dazu ist nichts weiter nöthig, als dass man auf der einen Seite sie selber, was sie wolle, charakterisirt und auf der anderen Seite die Meinungen und Widerlegungsversuche ihrer Gegner in ihrer ganzen Blöße aufzudecken sucht.»[27]

Die Gemeinsamkeiten der drei Modelle liegen auf der Hand. Sie bestehen (a) in einem nahezu unbegrenzten Vertrauen auf die *Macht der Ideen* und (b) auf der Vorstellung, dass diese Macht unabhängig von allen politischen, sozialen und ökonomischen *Interessen* sei. Den Reformideen wurde eine Überzeugungskraft zugeschrieben, die groß genug war, um selbst die Profiteure der bestehenden Ordnung zu überwältigen. Die einzigen Widerstände, die zu überwinden waren, resultierten aus der Trägheit des Denkens; war diese überwunden, würden alle sich die Reformideen zu eigen machen.[28] Wenn sich die Politik auf die Propaganda von Reformideen beschränken kann, wird (c) die Frage nach dem Adressaten der Propaganda zu einer Nebenfrage. Ein besonderes *Subjekt*, das die Ideen realisiert und die Reformen durchsetzt, war nicht erforderlich; jede einsichtige und einflussreiche Person konnte diese Rolle übernehmen.

Kritik der Waffen. Wenn wir uns Marx zuwenden, so werden wir im Verlauf des dritten Jahrzehnts seiner Biographie auf drei verschiedene Versionen des Theorie-Praxis-Problems stoßen. Zu Beginn seines Studiums war er dem ersten der drei Modelle gefolgt. Aus einem Brief an seinen Vater vom November 1837 wissen wir, dass er ein umfangreiches Manuskript zur Rechtsphilosophie verfasst hatte, in dem der «Gegensatz des Wirklichen und Sollenden» eine Schlüsselrolle spielte, ein Gegensatz, «der dem Idealismus eigen» ist und den Marx ausdrücklich mit Kant und Fichte in Verbindung brachte. (40:4f,8) Der Brief beschreibt diese Konzeption aber als bereits überwunden und lässt ein eben erwachtes Interesse an Hegel erkennen. In Berlin hatte er sich den Junghegelianern angeschlossen und übernahm ihre Konzeption des Theorie-Praxis-Verhältnisses. In seiner 1841 abgeschlossenen Dissertation ist bereits die Rede von gewissen Knotenpunkten der Geschichte der Philosophie, an denen diese «die Augen in die Außenwelt kehrt, nicht mehr begreifend, sondern als eine praktische Person gleichsam Intrigen mit der Welt spinnt». Gemeint war damit die Hegelsche

Philosophie, von der er behauptete, sie habe «zu einer vollendeten, totalen Welt sich abgeschlossen» (I,1,9/40:214) und eben diese Totalität sei die Bedingung für «ihr Umschlagen in ein praktisches Verhältnis zur Wirklichkeit». Das ist purer Hegelianismus; und es kann nicht überraschen, wenn es an anderer Stelle heißt: «Allein die *Praxis* der Philosophie ist selbst *theoretisch*. Es ist die *Kritik*, die die einzelne Existenz am Wesen, die besondere Wirklichkeit an der Idee mißt.» (I,1:68/40:327f) Die Praxis ergab sich nun aus der Differenz zwischen Idee und Wirklichkeit und reduzierte sich auf die Kritik dieser Differenz. Marx war vom ersten zum dritten Modell übergelaufen. Noch drei Jahre später stoßen wir in den *Deutsch-französischen Jahrbüchern* auf die zentralen Elemente der junghegelianischen Theorie-Praxis-Konzeption. Marx bestimmte die Aufgabe dieser Zeitschrift als «Kritik» und ließ keinen Zweifel daran, dass Religion und Politik die Gegenstände waren, die dabei das «Hauptinteresse» bildeten. Es ging um eine «Reform des Bewußtseins» und es werde sich zeigen, «daß die Welt längst den Traum von einer Sache besitzt, von der sie nur das Bewußtsein besitzen muß, um sie wirklich zu besitzen» (I,2:487f/1:346). Dieser Optimismus unterschied sich kaum von dem der Junghegelianer: Man muss nur die richtigen Ideen haben und allen anderen mitteilen; die Kritik bewirkt eine ‹Reform des Bewusstseins› und diese führt geradewegs zur Umgestaltung der politischen Verhältnisse.

Als die *Deutsch-französischen Jahrbücher* 1844 im Druck erschienen, hatte Marx auch diese Auffassung hinter sich gelassen. Seine philosophischen wie politischen Überzeugungen waren in einem ebenso raschen wie tiefen Wandel begriffen und schon zum Jahresende sollte er zu einem bissigen Kritiker der junghegelianischen Ansichten geworden sein, die er wenige Monate zuvor noch geteilt hatte. Eine wichtige Rolle dürften dabei zwei Erfahrungen gespielt haben, die er in den wenigen Jahren nach seinem Abgang von der Universität gemacht hatte. Nachdem sich seine Hoffnungen auf eine Universitätslaufbahn zerschlagen hatten, war Marx 1843 in die Redaktion der *Rheinischen Zeitung* eingetreten; und seine journalistische Tätigkeit, sagte er selbst im Rückblick, habe ihn in die Verlegenheit gebracht, «über sogenannte materielle Interessen mitsprechen zu müssen» (13:7). Diese Formulierung deutet darauf hin, dass der frisch gebackene Doktor der Philosophie die journalistische Begegnung mit der sozialen Realität als eine Konfrontation erlebt hat, aus der er lernte, dass Menschen nicht allein von Ideen, sondern vor allem von materiellen Interessen geleitet werden. Hinzu kam weiter, dass seine Zeitung nach einigen Monaten verboten wurde; nach der akademischen war damit auch seine journalistische Karriere zunichte gemacht. Das war nicht nur eine persönliche Katastrophe, sondern vor allem ein Anlass für die Schlussfolgerung, dass (außerhalb philosophischer Zirkel) nicht Argumente und Ideen entscheiden, sondern die Verfügung über Macht. Mit der Macht der Ideen, auf die die drei traditionellen Modelle der Theorie-Praxis-Beziehung bauten, war es offenbar nicht allzu weit her; jedenfalls reichte sie nicht an die von Polizei und Armee heran. Es gab außerhalb des Reichs der Ideen Faktoren, über die man sich nicht leicht hinwegsetzen konnte und die sich durch Ideen nicht entfernen ließen. Das Programm einer ‹Reform des Bewusstseins› erschien damit nicht länger plausibel. Wenn Gesellschaft und Geschichte nicht primär von Ideen gesteuert werden, reichen Veränderungen des Bewusstseins nicht aus, um in die Geschichte einzugreifen und die Gesellschaft umzugestalten.

In einem anderen seiner Beiträge zu den *Deutsch-französischen Jahrbüchern* hatte Marx die fällige Konsequenz bereits angedeutet: «Die Waffe der Kritik kann allerdings die Kritik der Waffen nicht ersetzen, die materielle Gewalt muß gestürzt werden durch materielle Gewalt [...].» (I,2:177/1:385) Was hier in martialischer Sprache zum Ausdruck gebracht wird, ist die einfache Einsicht, dass soziale Machtverhältnisse nicht allein durch Denken verändert werden können; auch nicht durch kritisches Denken. In der gemeinsam mit Friedrich Engels verfassten *Heiligen Familie* (1845) wird diese Einsicht explizit formuliert: «*Ideen* können nie über einen alten Weltzustand, sondern immer nur über die Ideen des alten Weltzustandes hinausführen. Ideen können überhaupt *nichts ausführen*. Zum Ausführen der Ideen bedarf es der Menschen, welche eine praktische Gewalt aufbieten.» (2:126) Damit war nicht nur die junghegelianische Lösung des Theorie-Praxis-Problems hinfällig geworden, sondern der Junghegelianismus überhaupt. Kritik mochte eine notwendige Bedingung gesellschaftlicher Veränderungen sein, aber sie war keinesfalls eine *hinreichende* Bedingung. Wenn die zu überwindende Macht nicht bloß ideell, sondern materiell ist, dann bedarf es einer anderen, ebenso materiellen Macht, um sie zu überwinden; und es bedarf menschlicher Akteure, die diese Macht aufbieten.

Diese Schlussfolgerungen bekamen einen entscheidenden Dreh durch die Lektüre der Schriften Feuerbachs, die Marx eine Möglichkeit eröffneten, seine biographisch-politischen Erfahrungen in einen philosophischen Rahmen einzufügen. Feuerbachs Grundidee, dass die religiösen Ideen von Gott, vom ewigen Leben etc. keine originären Tatsachen sind, sondern aus Projektionen lebendiger, sinnlicher, materieller Menschen hervorgehen, konnte man ja, wie oben skizziert, auf beliebige andere Ideen ausdehnen, philosophische und politische Ideen eingeschlossen. Die von den Junghegelianern propagierte Strategie der Kritik beruhte aber auf der Voraussetzung, dass die Ideen die tatsächlich treibende Kraft und somit auch der praktische Ansatzpunkt für die Veränderung der Gesellschaft sind: Sind die Ideen erst reformiert, hält die Realität nicht länger stand. Wenn Feuerbach Recht hatte, beruhte diese Strategie auf der Voraussetzung, dass der Schwanz mit dem Hund wedelt. Sie machte die religiösen und politischen Ideen zur Basis der tatsächlichen gesellschaftlichen Verhältnisse. Der Junghegelianismus ging von derselben Verkehrung von Idee und Realität aus wie das religiöse Bewusstsein, das er kritisierte. – In diesen Überlegungen verknüpft Marx zwei verschiedene Gedanken. Der *eine* von ihnen besagt, dass eine erfolgversprechende politische Strategie ihre Hebel nicht an den Ideen anzusetzen habe, sondern an den ihnen zugrunde liegenden gesellschaftlichen Verhältnissen. Der *andere* ist philosophisch-metaphysischer Natur und besagt, dass die Ideen nicht mit der Realität zusammenfallen, dass Sein und Bewusstsein verschieden sind. In der *Heiligen Familie* wird diese Verknüpfung in der folgenden Passage deutlich, in der Marx den Junghegelianern vorwirft, nicht auf den Gedanken zu kommen, «daß es eine Welt gibt, worin *Bewußtsein* und *Sein* unterschieden sind, eine Welt, die nach wie vor stehenbleibt, wenn ich bloß ihr Gedankendasein, ihr Dasein als Kategorie, als Standpunkt aufhebe, d. h., wenn ich mein eignes subjektives Bewußtsein modifiziere, ohne die gegenständliche Wirklichkeit auf wirklich gegenständliche Weise zu verändern, d. h., ohne meine eigne *gegenständliche* Wirklichkeit zu verändern, meine eigne und die der andern Menschen. Die spekulative *mystische Identität* von *Sein* und *Denken* wiederholt sich daher in der Kritik als die gleich mystische Identität von *Praxis* und *Theorie.*» (2:204) Marx stellt einen engen Zusammenhang zwischen Politik und Metaphysik her: zwischen dem Verhältnis von Theorie und Praxis einerseits und dem Verhältnis von Bewusstsein und Sein andererseits. Er nimmt die *objektiven* Widerstände, denen sich die politische Praxis gegenübersieht, als Argument für den Primat des Seins gegenüber dem Denken; als Argument für den Materialismus. Seine Konversion zum Materialismus war also keine bloß philosophische Entscheidung; sie war politisch motiviert und vollzog sich auf dem Boden des gesellschaftstheoretischen Denkens. Kurz: Die

Frage nach Idealismus oder Materialismus war für Marx keine spekulative, sondern eine politisch-praktische Frage.

Auftritt des Emanzipators. Das allgemeine Theorie-Praxis-Problem hatte sich für Marx auch deshalb zugespitzt, weil sich seine politischen Überzeugungen in den Jahren 1843–45 deutlich radikalisiert hatten. War er sich mit den übrigen Junghegelianern zunächst noch darin einig gewesen, dass in Deutschland eine Demokratisierung der staatlichen Zustände anzustreben sei, so genügten ihm politische Reformen bald nicht mehr. Für nötig hielt er nun eine Umwälzung der Grundlagen der bestehenden Gesellschaft, insbesondere die Abschaffung des Privateigentums. Marx war nicht der einzige Junghegelianer, der den Schritt von der politischen Reform zur sozialen Revolution tat. Aber er war derjenige, der diesen Schritt am intensivsten reflektierte und philosophisch zu untermauern suchte. Das Theorie-Praxis-Problem verwandelte sich für ihn damit in die spezifischere Frage, wie eine soziale Revolution möglich ist, wenn entsprechende Ideen oder Wünsche dafür nicht ausreichen. Die Antwort bestand, wie bereits angedeutet, darin, dass eine solche Revolution zwei Voraussetzungen hat:

– Die Gesellschaft muss *objektiv* ‹reif› für sie sein. Dieser Gedanke hatte sich schon abgezeichnet, als Marx darauf insistierte, dass die Revolution «einer *materiellen* Grundlage» bedarf: «Es genügt nicht, daß der Gedanke zur Verwirklichung drängt, die Wirklichkeit muß sich selbst zum Gedanken drängen.» (I,2:178/1:386) Die Arbeiten seit 1844 kommen immer wieder auf diesen Gedanken zurück; auch sein späteres ökonomisches Werk bis hin zum *Kapital* kann als der Versuch verstanden werden, die objektiven Bedingungen revolutionärer Veränderungen der Gesellschaft zu identifizieren. Darauf werden wir an späteren Stellen dieses Buches noch ausführlich zurückkommen.
– Es müssen *subjektive* Voraussetzungen gegeben sein; es muss also Menschen geben, die bereit und in der Lage sind, die revolutionären Ziele durch ihr Handeln zu realisieren.

Damit stand Marx vor einem Folgeproblem. Solange man eine ‹Reform des Bewusstseins› für ausreichend hält, können Philosophen oder Kritiker als Subjekte fungieren; begreift man eine Revolution jedoch als eine Umwälzung der materiellen gesellschaftlichen Verhältnisse, so wird man sie nicht den Theoretikern allein zutrauen können. Die Rede von der «Kritik der Waffen» (Genitivus subjectivus!) provoziert die Frage, *wer* diese Waffen führen soll.

Die in traditionellen Philosophien oft waltenden abstrakten Mächte (‹der Fortschritt› oder ‹die Geschichte›) sind, wie schon in der *Heiligen Familie* betont wird, keine handlungsfähigen Subjekte. «*Die Geschichte* tut *nichts*, sie ‹besitzt *keinen* ungeheuren Reichtum›, sie ‹kämpft *keine* Kämpfe›! Es ist vielmehr *der Mensch*, der wirkliche, lebendige Mensch, der das alles tut, besitzt, kämpft; es ist nicht etwa die ‹Geschichte›, die den Menschen zum Mittel braucht, um *ihre* – als ob sie eine aparte Person wäre – Zwecke durchzuarbeiten, sondern sie ist *nichts* als die Tätigkeit des seine Zwecke verfolgenden Menschen.» (2:98) Allgemein gilt: Gesellschaft und Geschichte sind nicht das Produkt abstrakter Mächte, sondern das Resultat des Handelns realer menschlicher Subjekte; für revolutionäre Prozesse gilt dies a fortiori. Es musste also ein *Subjekt der Veränderung* identifiziert werden. Dass diese Rolle nur der «wirkliche, lebendige Mensch» spielen konnte, war zwar richtig, aber zu unbestimmt. Wer kam für diese Rolle in Frage? Natürlich nicht die damals Mächtigen, die Angehörigen des Feudaladels also; sie waren die Nutznießer der bestehenden Zustände und folglich an ihrer Veränderung nicht interessiert. Auch dem Bürgertum traute er nach seinen Kölner Erfahrungen keinen revolutionären Umsturz mehr zu. War damit das zweite Modell der Theorie-Praxis-Beziehung ad acta gelegt, so stand es um das dritte nicht besser: Die Intellektuellen mochten an einer Revolution mitwirken, konnten aber nicht als deren ausschlaggebendes Subjekt fungieren. Diese Rolle sollte bekanntlich das *Proletariat* übernehmen.

Seinen ersten Auftritt hatte das Proletariat bei Marx in der Ende 1843 verfassten *Kritik der Hegelschen Rechtsphilosophie. Einleitung*. Diesen ersten Auftritt musste es sich allerdings noch mit der Philosophie teilen: «Wie die Philosophie im Proletariat ihre *materiellen*, so findet das Proletariat in der Philosophie seine *geistigen* Waffen [...].» (I,2:182/1:391) Mit dem Proletariat schien das gesuchte Subjekt gesellschaftlicher Veränderungen gefunden zu sein. Für die «Rolle des *Emanzipators*» (I,2:181/1:390) war es deshalb qualifiziert, weil es sich von den anderen Subjekten, die in der Diskussion waren, durch drei Merkmale unterschied. Zum einen war es eine unterdrückte, entrechtete und notleidende Klasse, der im Unterschied zu den genannten anderen Hauptklassen der Gesellschaft ein starkes materielles *Interesse* an einer Umwälzung der bestehenden Gesellschaft unterstellt werden konnte. Es brauchte von der Notwendigkeit solcher Veränderungen nicht durch theoretische Überlegungen überzeugt zu werden, sondern erlebte diese Notwendigkeit tagtäglich. Es war zweitens keine winzige Minderheit wie die Intellektuellen, sondern eine deutlich größere Gruppe (wenn auch nicht die Mehrheit der Bevölkerung). Hinzu kam drittens, dass es sich in Gestalt sozialistischer Vereinigungen bereits politisch zu organisieren begonnen hatte; dieser wichtige Punkt wird im folgenden Abschnitt näher zu betrachten sein. – Doch so wenig man die Bedeutung dieser Entdeckung des Proletariats für Marx und seine Theorie unterschätzen kann, so wenig darf man übersehen, dass Marx zu diesem Zeitpunkt (a) noch mit einem Bein auf dem Boden des Junghegelianismus stand und sich folglich noch nicht zum Materialismus durchgerungen hatte; dass er (b) über keine elaborierte Gesellschaftstheorie verfügte, mit der er seine Entdeckung hätte stützen können; und dass er (c) vermutlich noch nie engere Kontakte zu Angehörigen dieser Klasse gehabt hatte. Zu vergessen ist schließlich (d) auch nicht, dass es sich beim Proletariat dieser Zeit noch nicht um das Industrieproletariat gehandelt hat, das Jahrzehnte später zum Träger der Arbeiterbewegung werden sollte, sondern hauptsächlich um Handwerker. Kurzum: Es waren weniger empirische Einsichten als theoretische (wenn man will: spekulative) Gründe, die ihn veranlassten, dem Proletariat eine Schlüsselrolle für die Umwälzung der Gesellschaft zuzuschreiben und damit auch eine Schlüsselrolle in seiner Theorie.

Marx war nicht der erste, der die Existenz des Proletariats bemerkt hatte und in ihm eine neuartige soziale Erscheinung, ein Ferment gesellschaftlichen Wandels oder der Umwälzung sah. Diese neue Erscheinung war unter dem Stichwort ‹Pauperismus› im Vormärz zu einem vielbesprochenen Thema[29] geworden, das auch in den folgenden Jahren nichts an Aktualität einbüßte, sodass der Hegelianer Rosenkranz noch 1853 das «welthistorische Auftreten des Proletariats»[30] beschwor. Dabei wurde diese neuartige Gesellschaftsklasse teils als Opfer gesehen, dem durch Armenfürsorge geholfen werden musste, teils als Bedrohung für die Sittlichkeit und den Staat, der durch polizeiliche Maßnahmen vorzubeugen war. Beide Rollen waren für Marx gleichermaßen wichtig; seine Einschätzung des Proletariats ging aus einer Kombination beider Rollen hervor. Als ein Opfer war es ihm schon in der oben zitierten *Kritik der Hegelschen Rechtsphilosophie. Einleitung*, vor allem aber in den *Ökonomisch-philosophischen Manuskripten* des Jahres 1844 erschienen, in denen die berühmte Entfremdungstheorie erstmals vorgestellt wird. Aber war es durch genau diese Opferrolle nicht zugleich auch prädestiniert, die Gesellschaft umzustürzen, die es in diese Rolle zwang? Marx stand mit dieser Erwartung nicht allein; auch viele andere sahen im

Proletariat eine Gefahr für die bestehende Ordnung. Vor allem galt das für den vormärzlichen Konservatismus. So hatte der Freiherr vom Stein schon 1830, unter dem Eindruck der Pariser Revolution also, geschrieben: «Wir leben in einer Zeit, wo man weniger vom Despotismus der Fürsten als vom Despotismus der aufständischen Proletarier zu fürchten hat.»[31] Was Marx vom Freiherrn vom Stein unterschied, war nicht die Diagnose, sondern die Bewertung der Gefährlichkeit des Proletariats: Der Freiherr wollte vor dem Umsturz der bestehenden Ordnung durch das Proletariat warnen, Marx wollte ihn befördern und beschleunigen. Wäre das Proletariat keine Gefahr für die bestehende Ordnung gewesen, hätte es sich für die ‹Rolle des Emanzipators› nicht geeignet.

Wissenschaftlicher Sozialismus. Ungeachtet ihrer zunächst eher spekulativen Grundlagen war die Inthronisation des Proletariats als Emanzipator eine biographisch wie theoretisch entscheidende Weichenstellung, der kurz darauf eine weitere folgte. In seinem Pariser Exil kam Marx nämlich in Kontakt mit den dortigen sozialistischen bzw. kommunistischen Gruppierungen sowie mit verschiedenen sozialistischen bzw. kommunistischen Theoretikern, darunter Pierre-Joseph Proudhon. In diese Zeit fallen auch seine ersten Begegnungen mit Friedrich Engels und Michail Bakunin. Im Verlauf dieses Jahres kam es zu einer zweiten Konversion: Marx wurde Sozialist bzw. Kommunist (eine klare semantische Differenz zwischen beiden Ausdrücken gab es damals nicht).

Ähnlich wie dem Materialismus hatte Marx bis dahin auch dem Sozialismus reserviert bis ablehnend gegenübergestanden. Dies zeigte sich schon bei seiner ersten Konfrontation mit dieser Strömung während der Kölner Zeit (I,1:237ff/1:105ff); und noch in den *Deutsch-französischen Jahrbüchern* hatte er den Kommunismus als eine «dogmatische Abstraktion» charakterisiert, der nur eine «aparte von seinem Gegensatz, dem Privatwesen, inficierte Erscheinung des humanistischen Princips» sei. Auch das «socialistische Prinzip» beziehe sich nur auf die eine, die materielle Seite des wahren menschlichen Wesens und vernachlässige die andere, die theoretische Seite. (I,2:487/1:344) – Zu diesem Zeitpunkt waren Sozialismus und Kommunismus keine vollkommen neuen Erscheinungen; seit den 1830er Jahren gab es in Deutschland eine Rezeption des französischen Frühsozialismus (man erinnere sich an Heines Anleihen bei Saint-Simon), die sich seit dem Jahre 1842 noch einmal verstärkte, als Lorenz Stein sein Buch *Der Socialismus und Communismus des heutigen Frankreichs* herausbrachte. Stein war kein Anhänger der von ihm beschriebenen Tendenzen, sein Buch spielte aber eine Schlüsselrolle bei der Ausbreitung der Begriffe ‹Sozialismus› und ‹Kommunismus› in Deutschland und ebenso bei der Ausbreitung der entsprechenden Theorien. Vier Punkte hob er in dieser Beschreibung hervor: (a) Beide Strömungen sind Reaktionen auf die Ausbreitung des Industriekapitalismus und die damit einhergehenden sozialen Verwerfungen; (b) beide sind Bewegungen des Proletariats und artikulieren dessen soziale Interessen; (c) beide streben Veränderungen der Gesellschaft zugunsten des Proletariats an; (d) im Unterschied zum Kommunismus sei der Sozialismus nicht bloß ein politisch-soziales Programm zur Verbesserung der Lage der Proletarier, «sondern er ist selbst eine *Wissenschaft*».[32] Es überrascht nicht, dass diese Beschreibung das Interesse radikalerer Vertreter der deutschen Opposition fand; so etwa das von Moses Heß, einem engen junghegelianischen Freund von Marx, der 1843 eine eingehende Besprechung des Buches veröffentlichte.[33] Darin verteidigt er den Kommunismus gegen die Steinsche Kritik und stellt eine enge Beziehung zwischen dem französischen Kommunismus (insbesondere Fourier) und der deutschen Philosophie (insbesondere Hegel) her. Er stellte sich selbst auf den Boden des Sozialismus bzw. Kommunismus, überzeugte Friedrich Engels und beeinflusste sicher auch Marx in diesem Sinne, der sich aber erst im Laufe des folgenden Jahres durchringen konnte, diesen Schritt zu tun.

Um diese zweite Marxsche Konversion zu verstehen, muss man sich klarmachen, was sie zur Lösung des Theorie-Praxis-Problems beitrug. Indem er die bestehenden sozialistischen bzw. kommunistischen Gruppierungen als Avantgarde des Proletariats anerkannte, verschaffte sich Marx ein Argument dafür, dass er dem Proletariat seine revolutionäre Rolle nicht willkürlich zugeschrieben hatte: Es hatte diese Rolle ja bereits praktisch übernommen. Dieses Argument schimmert durch, wenn Marx und Engels zu erkennen geben, was sie unter ‹Sozialismus› bzw. ‹Kommunismus› verstanden wissen wollen. Diese Ausdrücke können ja drei verschiedene Bedeutungen haben: Sie können sich (a) auf eine Reihe von *Theorien* beziehen; (b) auf bestimmte Gruppierungen und ihre Aktivitäten, d. h. auf eine soziale *Bewegung*; und (c) auf eine angestrebte künftige *Gesellschaftsordnung*. Marx und Engels haben keinen Zweifel daran gelassen, welche von diesen Bedeutungen für sie die entscheidende war: «Der Communismus ist für uns nicht ein *Zustand*, der hergestellt werden soll, ein *Ideal*, wonach die Wirklichkeit sich zu richten haben [wird]. Wir nennen Communismus die *wirkliche* Bewegung welche den jetzigen Zustand aufhebt. Die Bedingungen dieser Bewegung ergeben sich aus der jezt bestehenden Voraussetzung.» (I,5:37/3:35) Indem er die tatsächlich bestehenden Organisationen des Proletariats und die von ihnen ausgehenden Aktivitäten hervorhob, konnte Marx seine Lösung des Theorie-Praxis-Problems auf ein *Faktum* stützen. Das Proletariat war nicht mehr nur eine potentielle Gefahr für die bestehende Ordnung, es hatte in Gestalt der sozialistischen Gruppierungen und ihrer Aktivitäten den Kampf bereits tatsächlich aufgenommen und war damit zu einer *wirklichen* Gefahr geworden. Dass diese Bewegung Mitte der 1840er Jahre winzig war, irritierte Marx nicht; er war sicher, dass sie ebenso wachsen würde wie das Proletariat.

Auf dieser Bestimmung von ‹Sozialismus› als der «wirklichen Bewegung, welche den jetzigen Zustand aufhebt», beruht die Marxsche Lösung des Theorie-Praxis-Problems. Einige Jahrzehnte später haben Marx und Engels für diese Lösung den Ausdruck «wissenschaftlicher Sozialismus»[34] eingeführt. Gemeint war damit eine sozialistische Theorie, die nicht (wie der ‹utopische› Sozialismus) aus einer Idee geboren war und einen künftigen sozialen Idealzustand ausmalte, sondern die als Ausdruck einer real existierenden sozialen Bewegung gelten konnte. Es wird sich weiter unten [V,3] noch zeigen, dass die Idee eines wissenschaftlichen Sozialismus anspruchsvolle philosophische Grundlagen hat; hier geht es zunächst nur um eine der Konsequenzen dieser Idee. Obwohl Marx sich natürlich auch weiterhin als ein Theoretiker verstand, ging es ihm fortan doch auch um die Verbindung von Theorie und Praxis nicht nur in dem Sinne, dass er ein Konzept dieser Verbindung entwickeln, sondern dass er sie auch biographisch realisieren wollte. Gemeinsam mit Engels trat er 1847 in den *Bund der Kommunisten* ein und war 1864 an der Gründung der *Internationalen Arbeiterassoziation* beteiligt; in beiden Organisationen übernahm er wichtige Aufgaben. Er verstand sich als *Teil* der «wirklichen Bewegung» und wollte seine Lösung des Theorie-Praxis-Problems mit seinem Engagement *realisieren*:

(1) Er versuchte auf die programmatische Entwicklung der Organisationen der Arbeiterbewegung Einfluss zu nehmen. Das *Manifest der kommunistischen Partei* ist die bekannteste Frucht dieser Arbeit; später hat er anlässlich des *Gothaer Programms* der deutschen Sozialdemokratie deren programmatische Entwicklung zu korrigieren versucht (I,25:5–25/19:13–32). In den Jahren 1864–72 hat er über 50 Dokumente des

Generalrates der *Internationalen Arbeiterassoziation* mit einem Umfang von mehr als 200 Druckseiten verfasst oder redigiert.[35]

(2) Seine umfangreiche journalistische Arbeit diente zum einen dem Lebensunterhalt, zum anderen sah er in ihr auch einen Weg zur direkten Wirkung auf die allgemeine Öffentlichkeit und die Arbeiterbewegung. Hervorzuheben ist hier seine Tätigkeit als Herausgeber der *Neuen Rheinischen Zeitung* während der Revolution von 1848.

(3) Er setzte sich kritisch mit konkurrierenden sozialistischen Theoretikern auseinander, darunter Hermann Kriege (4:3–17), Proudhon (I,30:238–333/4:63–182), Karl Heinzen (4:321–59) und viele andere. In diesen Debatten ging es nicht allein um die Wahrheit oder Unwahrheit von Theorien, sondern vor allem um die Erfolgsaussichten der aus ihnen resultierenden praktischen Orientierungen.

(4) Er engagierte sich im Rahmen der Arbeiterbildung und suchte damit seine Theorie zu popularisieren. Einige seiner kleineren ökonomischen Schriften wie *Lohnarbeit und Kapital* (1849) oder *Lohn, Preis, Profit* (1865) sind aus Vorträgen vor Arbeitern hervorgegangen.

(5) Schließlich war natürlich auch die theoretische Arbeit selbst als ein Beitrag zur sozialistischen Bewegung intendiert. Dies galt insbesondere auch für seine ökonomische Theorie. In einem Brief aus dem Jahre 1867 heißt es, auf eine eben überwundene lebensbedrohliche Krankheit anspielend, die die Arbeit am *Kapital* verzögert hatte: «Aber ich hätte mich wirklich für *unpraktisch* gehalten, wenn ich krepiert wäre, ohne mein Buch, wenigstens im Manuskript, ganz fertigzumachen.» (31:542)

Der nur selten wahrgenommene Umfang seines praktischen Engagements lässt erkennen, dass Marx nicht nur eine Theorie der Gesellschaft erarbeiten wollte, sondern ein darüber hinausgehendes ‹Projekt› verfolgt hat: das Projekt einer Verbindung von Theorie und Praxis. Genauer: Das Projekt einer Integration der Theorie und der Theoretiker in eine real existierende soziale Bewegung. In einem Entwurf zur Grabrede für Marx brachte Engels diese transtheoretische Zielstellung so zum Ausdruck: «So teuer ihm die Wissenschaft war, hat sie ihn dennoch nicht vollständig ausgefüllt. Niemand empfand reinere Freude als er, wenn ein neuer wissenschaftlicher Fortschritt erzielt wurde, gleichgültig, ob praktisch anwendbar oder nicht. Vor allem aber sah er in der Wissenschaft einen großen Hebel der Geschichte, eine revolutionäre Kraft im wahrsten Sinne des Wortes.» (19:333) Man wird daher unterscheiden müssen zwischen (a) dem Marxschen *Projekt* eines wissenschaftlichen Sozialismus als der Verbindung von Theorie und sozialer Bewegung; und (b) den *theoretischen Beiträgen*, die Marx für diese Bewegung lieferte. – Im historischen Rückblick wird man das Projekt als gescheitert ansehen müssen. Das Proletariat hat die Marxschen Erwartungen zu keinem Zeitpunkt erfüllt, und eine «wirkliche Bewegung», mit der sich seine Theorie verbinden könnte, existiert heute nicht mehr. Die entscheidende außertheoretische Grundlage der Idee eines wissenschaftlichen Sozialismus ist damit inexistent. Gleichwohl ist diese Idee nicht vernachlässigbar, weil sie eine zentrale Stellung im Selbstverständnis von Marx einnahm und weil die Verflechtung von theoretischem Beobachter- und praktischem Teilnehmerstandpunkt ein Strukturmerkmal seiner Theorie ist. Einige der inneren Spannungen in ihr gehen auf diese Verflechtung zurück.

3. *Von der Philosophie zur Wissenschaft*

Philosophie & Studium der wirklichen Welt verhalten sich zueinander wie Onanie & Geschlechtsliebe.

Karl Marx

Für Marx waren die sozialistischen Theoretiker ein «Organ» (I,30:302/4:143,357) der sozialistischen Bewegung. Mit dieser Metapher ist einerseits daran erinnert, dass ein Organ nicht selbständig existiert, sondern immer Teil eines Organismus ist, zu dessen Leben und Handeln es durch seine Leistung beiträgt. Andererseits braucht der Organismus das Organ, um leben und handeln zu können. Eine analoge Doppelrolle haben nach Marx auch die sozialistischen Theoretiker zu spielen. Sie sind keine freischwebenden und autonomen Intellektuellen, sondern haben sich in den Dienst für die revolutionären Ziele der sozialistischen Bewegung zu stellen. Sie sind zugleich aber auch notwendig für das Erreichen dieser Ziele. Marx war der Überzeugung, dass die Politik der Arbeiterbewegung theoriegeleitet sein muss und hat daher im Zuge seines politisch-praktischen Engagements gegenüber theorie- oder intelligenzkritischen Rivalen stets auf der Notwendigkeit von Theorie für die Arbeiterbewegung bestanden. Überliefert ist eine Debatte mit Wilhelm Weitling bei einer Zusammenkunft des *Kommunistischen Korrespondenz-Komitees* im Jahre 1846, in deren Verlauf Marx mit der Faust auf den Tisch geschlagen und gerufen haben soll: «Niemals noch hat die Unwissenheit jemandem genützt!»[36] – Darüber hinaus war er aber auch der Auffassung, dass sich nicht jede beliebige Theorie dafür gleichermaßen eignet. Als Marx sich für den Sozialismus bzw. Kommunismus zu interessieren begann, fand er bereits eine Fülle von einschlägigen Theorien vor. Nach einer anfänglich sehr wohlwollenden Rezeption distanzierte er sich zunehmend von ihnen; sie konnten den gelernten Hegelianer nicht dauerhaft zufriedenstellen.

Jenseits der Moral. Marx sah das Grundproblem dieser älteren sozialistischen Theorien darin, dass sie keine Basis in einer real existierenden sozialen Bewegung hatten und daher mehr oder weniger gut ausgedachte ‹Kopfgeburten› blieben. So kühn die Zukunftsentwürfe der Frühsozialisten auch waren, so gering war ihre Bodenhaftung. Wir haben ihre Überlegungen zum Theorie-Praxis-Problem im Umriss kennengelernt und gesehen, dass sie gänzlich auf der normativen Kraft der Ideen aufbauten. Die französischen Frühsozialisten beriefen sich ganz selbstverständlich auf Gott, auf die Religion und die Moral. So forderte Saint-Simon in seinem letzten Buch ein *Neues Christentum*, dessen Moral der Brüderlichkeit als Basisprinzip einer neuen Gesellschaft dienen sollte. Das Buch schließt mit einem Appell an die Fürsten Europas, der so lautet: «Fürsten, hört auf die Stimme Gottes, der aus meinem Munde zu Euch spricht, werdet wieder gute Christen […], vereinigt Euch im Namen des Christentums und erfüllt alle Pflichten, die es den Mächtigen auferlegt; denkt daran, daß es ihnen befiehlt, ihre ganze Kraft für die möglichst rasche Mehrung des gesellschaftlichen Glücks der Armen aufzuwenden!»[37] Auch Wilhelm Weitling, der erste Theoretiker des Kommunismus in Deutschland, gab folgende Antwort auf die selbstgestellte Frage, was zu tun sei, wenn die herrschenden Mächte sich einer Realisierung der kommunistischen Ideen widersetzten: «Dann muß eine Moral gepredigt werden, die noch niemand zu predigen wagte und die jede Regierung des Eigennutzes unmöglich macht […] eine Moral, welche die Auflösung und Niederlage der Herrschaft der persönlichen Interessen mit sich führen wird.»[38]

Solche normativistischen Konzepte lagen Marx fern. Dies gilt nicht nur für die Berufung auf Gott, sondern auch für moralische Begründungen jeglicher Art. Schon der bereits zitierte Brief an den Vater aus dem Jahre 1837 zeugt von dieser Aversion; stattdessen gelte es, «im Wirklichen selbst die Idee zu suchen» (40:4f,8), wie es in der Philosophie Hegels der Fall sei, die er zu rezipieren begonnen habe. Tatsächlich hatte Hegel alle Beschwörungen des Gegensatzes von Ideal und Wirklichkeit, Sein und Sollen abgelehnt. In der *Phänomenologie des Geistes* und in der *Rechtsphilosophie* finden sich kritische Auseinandersetzungen mit der «moralischen Weltanschauung». Dasselbe gilt auch für die *Vorlesungen über die Philosophie der Geschichte*, die einen Phänomenbereich behandeln, an dem Marx später ein besonderes Interesse entwickeln sollte. Das Wollen des Guten und die Tugenden, deklariert Hegel hier, «stehen in einem unbedeutenden Verhältnisse zur Welt». Als etwas Subjektives und Privates berühren sie den objektiven und allgemeinen historischen Prozess nur marginal: «Denn die Weltgeschichte bewegt sich auf einem höhern Boden, als der ist, auf dem die Moralität ihre eigentümliche Stätte hat, welche die Privatgesinnung, das Gewissen der Individuen, ihr eigentümlicher Wille und ihre Handlungsweise ist.»[39] – Einen zusätzlichen antinormativistischen Impuls dürfte das 1844 erschienene Buch *Der Einzige und sein Eigentum* gegeben haben, in dem Max Stirner eine scharfe Kritik an der gesamten damaligen Opposition formuliert hatte: an den Junghegelianern, am Liberalismus und am Kommunismus. Einer seiner Vorwürfe bestand darin, dass sie alle nicht wesentlich über das religiöse Denken hinausgekommen seien: Sie hypostasierten überindividuelle Instanzen wie die Gesellschaft, das Recht oder die Moral und unterwürfen ihnen die Individuen. Was Marx besonders ärgern musste, war die Invektive gegen die zeitgenössischen Kommunisten (Proudhon und Weitling werden genannt), auf deren Seite Marx sich eben geschlagen hatte. Stirner warf ihnen vor, gegen den Egoismus zu kämpfen: «Darum sind sie Fortsetzungen und Konsequenzen des christlichen Prinzips, des Prinzips der Liebe, der Aufopferung für ein Allgemeines, ein Fremdes.»[40] Damit war ein Stachel gesetzt, den Marx wohl nur dadurch loswerden konnte, dass er eine von aller Religion und aller Moral unabhängige Grundlage seines Konzepts von Sozialismus ins Feld führte; ein Konzept, das auf Tatsachen fußte: vor allem auf der Tatsache einer real existierenden sozialen Bewegung der Proletarier. Und wichtig war weiterhin, dass diese Bewegung ihrerseits nicht auf Ideen beruhte, insbesondere nicht auf normativen Ideen wie Nächstenliebe oder Gerechtigkeit. Was die Proletarier zu Sozialisten oder Kommunisten machte, war vielmehr ihre Stellung in der bestehenden Gesellschaft und ihre daraus erwachsenden materiellen Interessen.

In dieser Einsicht sah Marx eine zentrale *theoretische* Differenz zwischen utopischem und wissenschaftlichem Sozialismus. Der erstere war zu einem

Zeitpunkt entstanden, an dem der Kapitalismus noch in seinen Anfängen steckte, die sozialen Widersprüche noch wenig zutage getreten waren und die Arbeiterbewegung noch schwach war. Mit dem Fortschreiten der ökonomischen Entwicklung des Kapitalismus wird das Proletariat zahlreicher und die Entfremdung verschärft sich; das Proletariat nimmt den Kampf gegen seine depravierten Lebensbedingungen auf und die Arbeiterbewegung wird stärker; die Sozialisten haben es nun nicht mehr nötig, ein moralisches Sollen zu bemühen oder auf sonstige Ideen, Ideale, Wünsche zurückzugreifen; sie haben sich lediglich «Rechenschaft abzulegen von dem, was sich vor ihren Augen abspielt und sich zum Organ desselben zu machen». (I,30:302/4:143) Marx und Engels glaubten schon 1845/46, dass dieses Stadium erreicht sei und proklamierten daher: «Die Kommunisten predigen überhaupt keine *Moral* [...].» (I, 5:302/3:229) Die Gesellschaft der Zukunft hatte ihre Basis nicht im Gerechtigkeitsempfinden der Proletarier; auch nicht in den Ideen und Entwürfen genialer Theoretiker, sondern in den Tatsachen und Tendenzen der bestehenden sozialen Realität. Die Aufgabe der Theorie bestand darin, diese Tatsachen und Tendenzen zu analysieren und die daraus gewonnenen Kenntnisse für die Befreiungsbemühungen der sozialistischen Bewegung fruchtbar zu machen. In diesem Sinne hatte die sozialistische Theorie wissenschaftlich zu sein.

Positive Wissenschaft. Nun hatte der Begriff ‹Wissenschaft› in den 1840er Jahren eine breitere Bedeutung als später; auch die Philosophie wurde unter ihn subsumiert. Was war also gemeint, als Marx die sozialistische Theorie zu einer Wissenschaft machen wollte? Als er die Suche nach einer Lösung des Theorie-Praxis-Problems aufgenommen und in diesem Kontext auch bereits das Proletariat in Augenschein genommen hatte, war er noch davon ausgegangen, dass die aus seiner Sicht unzulänglichen sozialistischen Theorien mit Hilfe der Philosophie elaboriert werden könnten. Den kleineren Schriften Feuerbachs bescheinigte er, «dem Socialismus eine philosophische Grundlage gegeben» zu haben (III,1:63/27:425). Und in der *Kritik der Hegelschen Rechtsphilosophie. Einleitung* schrieb er, noch mit einem Fuß auf junghegelianischem Boden stehend, der Philosophie ein emanzipatorisches Potential zu, wenn sie sich nur mit dem Proletariat verbünde: «Der *Kopf* dieser Emanzipation ist die *Philosophie*, ihr *Herz* das *Proletariat*.» (I,2:182/1:391) – Dieses Konzept einer Art von Bündnis zwischen Philosophie und Proletariat hatte aber nicht lange Bestand. Es blieb noch zu eng mit den

Auffassungen verbunden, von denen sich Marx immer weiter entfernte und entfernen wollte. Und je größer die Distanz wurde, desto kritischer wurde sein Verhältnis zur Philosophie, das sich rasch bis zur höhnischen Ablehnung steigerte. In den Manuskripten zur *Deutschen Ideologie* findet sich dann die denkwürdige Formulierung: «Philosophie & Studium der wirklichen Welt verhalten sich zueinander wie Onanie & Geschlechtsliebe.» (I,5:291/3:218) Man müsse daher aus der Philosophie «herausspringen» und sich stattdessen dem Studium der Wirklichkeit zuwenden. Damit ist der zentrale Vorwurf benannt: Die Philosophie ist realitätsfern. Sie befasst sich (a) mit abwegigen scholastischen, metaphysischen Fragen und ignoriert die realen Probleme, insbesondere die soziale Realität; sie bedient sich (b) unfruchtbarer, apriorischer Methoden und kommt daher zu beliebigen Resultaten; sie ist daher (c) nutzlos, wenn es um ihre praktische Anwendung geht.

Mit diesen Einwänden war Marx alles andere als originell. Die Philosophiekritik war zeitgenössisch weit verbreitet und sollte es in der Zukunft bleiben, nicht nur in Deutschland, sondern auch in anderen Ländern. Die neue Epoche, deren Anbruch allenthalben diagnostiziert wurde, schien einen neuen, nicht-spekulativen und praxisbezogenen Typ des Denkens zu erfordern. Mit seinen Einwänden schwamm Marx in einem breiten philosophiekritischen Strom mit, zu dem auch der Utilitarismus in England, der Positivismus in Frankreich und der naturwissenschaftliche Materialismus in Deutschland gehörten. Allerdings wies die Situation in Deutschland insofern eine Besonderheit auf, als hier der Einfluss der idealistischen Systemphilosophie besonders stark gewesen war, insbesondere natürlich der Einfluss Hegels. In seinem System hatte die Philosophiegeschichte nach Ansicht seiner Nachfolger ihren unüberbietbaren Abschluss gefunden. Auch die Junghegelianer waren davon überzeugt und mit ihnen Marx, für den die Hegelsche Dialektik noch im Jahre 1858 «unbedingt das letzte Wort aller Philosophie» (III,9:155/29:561) war. Wie Thomas von Aquin ‹der Philosoph› sagte, wenn er Aristoteles meinte, so meinte Marx Hegel, wenn er von ‹Philosophie› sprach. – Wenn nun Hegel nicht nur *irgendein* Philosoph war, sondern Repräsentant *der* Philosophie, dann war die Marxsche Philosophiekritik in erster Linie Kritik der Hegelschen Philosophie; oder auch Kritik des von Hegel repräsentierten Typus von Philosophie. Damit war nicht ausgeschlossen, dass auch andere philosophische Theorien für Marx kritikwürdig waren; einige seiner Bedenken gegenüber älteren Varianten des Materialismus, den Feuerbachs inklusive, sind oben referiert worden. Der Unterschied besteht darin, dass hier die jeweiligen inhaltlichen Aussagen der betreffenden Theorien im Vordergrund standen, während die Kritik an idealistischen Theorien à la Hegel auf den in ihnen zum Ausdruck kommenden Denktypus zielte. Die Marxsche Philosophiekritik ist mithin vor allem Kritik an einer *bestimmten Art* von Philosophie.

Ihr stellte er einen Denk- und Theorietypus gegenüber, der sich durch einen engen Realitätsbezug auszeichnen sollte. In den Manuskripten zur *Deutschen Ideologie* liest sich das so: «Da wo die Spekulation aufhört, beim wirklichen Leben, beginnt also die wirkliche, positive Wissenschaft [...].» (I,5:136/3:27) Als Gegenbegriff zu ‹Philosophie› fungiert also ‹Wissenschaft›, genauer «wirkliche, positive Wissenschaft», ein damals nicht nur in Deutschland (Schelling), sondern auch in Frankreich (Saint-Simon, Comte) gängiger Ausdruck mit einer breiten Bedeutung, die vor allem eine enge Bezugnahme auf die Realität einschloss sowie einen sich daraus ergebenden praktischen Nutzen. Genau diese Eigenschaften waren es, die eine Theorie besitzen musste, um sich für die Verknüpfung mit der Arbeiterbewegung als theorieexternem Verwirklichungsfaktor zu qualifizieren. Damit kommt ein zweiter Aspekt des Begriffs ‹wissenschaftlicher Sozialismus› ins Spiel. Wissenschaftlich sollte dieser Sozialismus erstens dadurch sein, dass er einen objektiven Bezugspunkt in der sozialen Realität hatte, in der Arbeiterbewegung; zweitens durch ein an der Realität ausgerichtetes Theoriedesign: er musste «wirkliche, positive Wissenschaft» sein.

Aus den Texten zur *Deutschen Ideologie* wird deutlich, dass Marx Theorien dieser Art nicht nur als ‹wissenschaftlich›, sondern auch als ‹materialistisch› bezeichnete. Von anderen zeitgenössischen Theoretikern (etwa Comte), die ebenfalls eine Überwindung der Philosophie durch positive Wissenschaft forderten und darunter ebenfalls eine empirische und praktisch relevante Theorie der Gesellschaft verstanden, unterschied sich Marx darin, dass die Hinwendung zur Wirklichkeit für ihn gleichbedeutend mit einem Bekenntnis zum Materialismus war. Dieser Begriff hat drei Bedeutungsnuancen:

(1) Er hat eine ausgeprägt *polemische* Stoßrichtung gegen alles das, was zeitgenössisch als ‹Philosophie› angesehen wurde. Das Bekenntnis zum Materialismus war zuallererst eine Auflehnung gegen die Spekulation, gegen den Apriorismus, gegen den Idealismus; gegen das, was heute gern als ‹armchair philosophy› ironisiert wird. Diese polemische Note hat Marx' Verwendung des Begriffs ‹Materialismus› niemals ganz verloren.

(2) Er betont eine *methodologische* Orientierung, die negativ als Abkehr von der Spekulation und positiv als Hinwendung zur (sozialen) Realität bestimmt ist. Das war schon in den Manuskripten zur *Deutschen Ideologie* hervorgehoben worden: «Die Voraussetzungen mit denen wir beginnen, sind keine willkürlichen, keine Dogmen, es sind die wirklichen Voraussetzungen von denen man nur in der Einbildung abstrahieren kann […]. Diese Voraussetzungen sind also auf rein empirischem Wege konstatierbar.» (I,5:8/3:20) Noch im *Kapital* wird der Ausdruck «materialistisch» eng mit «Methode» und mit «Wissenschaft» in Zusammenhang gebracht. (II,5:303/23:393 und II,10:14/23:25) Dabei sind allerdings zwei Punkte zu beachten. Zum einen darf die Betonung der Empirie nicht mit einem Bekenntnis zum Empirismus verwechselt werden. Zum anderen ist die Betonung der Empirie weniger im Sinne der Erhebung als der *Verwendung* von Daten zu verstehen; Marx hat keine empirische Sozialforschung betrieben, sondern eine empirisch *informierte* Theoriebildung. Der Prototyp des ‹Materialisten› ist für Marx nicht der in seinem Studierzimmer theoretisierende Gelehrte, sondern der die Resultate der internationalen Forschung zur Kenntnis nehmende und verarbeitende Wissenschaftler. Sein berühmtes Literaturstudium im Lesesaal des British Museum ist in diesem Zusammenhang zu sehen.

(3) Schließlich bezeichnet er eine *substantielle* Auffassung über den Aufbau der sozialen Realität und den Verlauf der Geschichte. Nach dieser Auffassung sind die das soziale Leben und die Geschichte determinierenden Faktoren in erster Linie materieller Art. Genauer sind es drei zentrale Thesen, die bereits in den Texten zur *Deutschen Ideologie* enthalten sind und in den späteren Arbeiten weiter entfaltet werden. Die *erste* betrifft die Bausteine der Gesellschaft und ihre Anordnung zu einer Struktur. Die *zweite* betrifft das Verhältnis von Bewusstsein und sozialer Realität und der verschiedenen sozialen Subsysteme untereinander. Die *dritte* bezieht sich auf die Mechanismen der gesellschaftlichen Entwicklung, auf die Triebkräfte der Geschichte also.

Für Marx gab es zwischen diesen drei Bedeutungen keinen relevanten Unterschied; gleichwohl aber nimmt die dritte insofern eine herausgehobene Stellung ein, als mit ihr die mit dem Namen von Marx verbundene *spezifische* materialistische Theorie von Gesellschaft und Geschichte angesprochen ist. Auf einen autoritativen Namen für sie hat sich Marx nicht festgelegt; und auch Engels hat mit verschiedenen Selbstbezeichnungen experimentiert, von denen sich in den 1890er Jahren dann eine Variante durchsetzen sollte: *Historischer Materialismus* (z. B. 37:437). Ich behalte diesen Sprachgebrauch bei und werde ‹Historischer Materialismus› verwenden, um die spezifische Variante von Materialismus zu charakterisieren, die Marx (gemeinsam mit Engels) entwickelt hat. Was der Historische Materialismus behauptet, wird in den drei folgenden Kapiteln genauer zu betrachten sein.

Dabei ist nicht aus dem Auge zu verlieren, dass Marx diesen Historischen Materialismus niemals systematisch dargestellt hat. Das mag seinen widrigen Lebensumständen geschuldet sein, die durch Krankheit, Exil und einen ständigen Kampf um den Lebensunterhalt geprägt waren. Davon abgesehen ist aber auch fraglich, ob Marx seinen Historischen Materialismus überhaupt als eine kohärente, in sich geschlossene Theorie verstanden, oder ob er ihn nicht eher als eine *theoretische Perspektive*, als eine *Art des Denkens* über Gesellschaft und Geschichte betrachtet hat. Es gibt eine Reihe von Äußerungen (I,5:136/3:27; II,2:100/13:8), die in diese Richtung weisen; auch Engels hat von einer «Anleitung beim Studium» (37:436) gesprochen. Konträr zu späteren Interpretationen haben Marx und Engels in ihrem Materialismus wahrscheinlich weniger ein theoretisches System, sondern eher das gesehen, was heute als ‹Forschungsprogramm› bezeichnet wird.

Politische Ökonomie. Betrachtet man den Historischen Materialismus als ein solches Forschungsprogramm, so ergeben sich daraus Aufschlüsse über seine Zusammenhänge mit dem ökonomischen Werk von Marx. Bekanntlich hatte er sich auf Anregung von Moses Heß und Friedrich Engels bereits 1844 in Paris mit der ökonomischen Literatur auseinandergesetzt, setzte diese Studien zunächst aber nur sporadisch fort, bis er sich ihnen nach der gescheiterten Revolution von 1848 wieder zuwandte und sie bis zu seinem Tod weiterverfolgte. Da Marx in den drei Jahrzehnten seines Londoner Exils keine einzige Publikation mehr verfasste, die in irgendeinem gängigen Sinne als ‹philosophisch› charakterisiert werden könnte, hat man in der Sekundärliteratur oft zwischen einem jungen und philosophischen Marx einerseits und einem späten und ökonomischen Marx andererseits unterschieden. Bekannt geworden ist vor allem Louis Althussers These von einem «wissenschaftstheoretischen Einschnitt»[41] im Marxschen Denken, durch den er mit dem Humanismus seiner Frühschriften gebrochen und einen

Durchbruch zur Wissenschaft vollzogen habe. Während Althusser diesen Bruch begrüßt hat, haben andere ihn bedauert, weil die anthropologisch-humanistischen Motive des Frühwerks sich in den späteren Schriften verflüchtigt hätten; wiederum andere haben die Kontinuität im Marxschen Werk betont. Auf die mit dieser Kontroverse verbundenen Fragen kann hier nicht näher eingegangen werden. Meine Überlegungen beschränken sich auf die Frage, (a) inwieweit der Historische Materialismus als eine philosophische Theorie angesprochen werden kann und (b) inwieweit sich Marx mit seiner ökonomischen Theorie von den philosophischen Gehalten des Historischen Materialismus emanzipiert hat.

Klarheit ist im Hinblick auf beide Fragen, vor allem aber im Hinblick auf die zweite, nur zu gewinnen, wenn wir von der Problemlage ausgehen, in der sich Marx mit dem befand, was ich sein ‹Projekt› genannt habe. Es ging ihm nicht allein um irgendeine Art von Theorie, sei sie philosophischer oder nicht-philosophischer Natur, sondern um eine Lösung des Theorie-Praxis-Problems. Die Überzeugung, zu der er in den Jahren 1843/44 gekommen war, besagte, dass grundlegende Veränderungen der Gesellschaft (die nach seinem Eindruck bereits damals fällig waren) nicht von subjektiven Einstellungen abhängig sind, sondern vom objektiven Weltverlauf einerseits und dem Handeln eines revolutionären Subjekts andererseits. Dabei war für ihn unzweifelhaft, dass zwischen diesen beiden Faktoren ein Zusammenhang besteht, dass also auch die Existenz und die Aktion eines revolutionären Subjekts ihre Basis im objektiven Zustand der Welt hatten. Mit einem Wort: Die Fragen, die sich im Zusammenhang des Marxschen Projekts stellten, ließen sich nur auf der Basis einer Analyse des objektiven Zustands der sozialen Welt beantworten. – Da die Philosophie dafür nicht in Frage kam, stellte sich für Marx die Frage, was an ihre Stelle treten sollte. Um aus ihr «herauszuspringen», war die Frage zu beantworten: wohin? Wir wissen, dass seine Wahl auf die politische Ökonomie fiel, aber warum gerade auf sie? Zunächst dürfte die Attraktivität der politischen Ökonomie vor allem daraus zu erklären sein, dass sie bis zur Mitte des 19. Jahrhunderts die einzige elaborierte Sozialwissenschaft war. Marx konnte ihr Einsichten über die bestehende Gesellschaft entnehmen, die ihm keine andere Wissenschaft zu liefern vermochte; damit bot sie ihm das gesuchte Sprungbrett für die Entwicklung einer eigenen Theorie der Gesellschaft. Obwohl er von Beginn an ein kritisches Verhältnis zur ‹bürgerlichen› Ökonomie hatte, repräsentierten ihre Einsichten in das Getriebe der kapitalistischen Produktionsweise doch bis zuletzt einen Standard, hinter den er in seiner eigenen Theorie nicht zurückfallen wollte.

Nachdem in den Manuskripten zur *Deutschen Ideologie* die Grundideen des Historischen Materialismus umrissen worden waren, stellte die Ökonomie sich als vollends unentbehrlich dar. Wenn die gesamte Struktur und Dynamik der Gesellschaft von der Art und Weise abhängt, «in der die Menschen ihre Lebensmittel produziren» (I,5:11/3:21), dann war genau diese Produktion der Lebensmittel zu untersuchen. Die Ausführungen im Kontext der *Deutschen Ideologie* konnten, das war Marx und Engels bewusst, nicht als eine solche Untersuchung gelten; sie waren skizzenhaft, blieben auf einer hohen Abstraktionsstufe und konnten nicht eben als empiriegesättigt gelten. Sie skizzierten ein Forschungsprogramm, das noch der Philosophie ähnelte, die es doch zu überwinden galt, und das erst noch in eine «wirkliche, positive Wissenschaft» zu transformieren war. Die Lebensumstände im Brüsseler Exil und das dort aufgenommene politische Engagement sowie die journalistische Tätigkeit in Köln während der Revolution von 1848 ließen zunächst keinen Raum für die Ausarbeitung dieses Programms; erst in London hatte Marx wieder Gelegenheit, seine ökonomischen Studien neu aufzunehmen und mit ihrer Hilfe dem Historischen Materialismus ein stärkeres empirisches Fundament und eine größere analytische Tiefenschärfe zu geben. – In dieser Perspektive erweist sich die ökonomische Theorie von Marx als eine Fortsetzung des Historischen Materialismus mit anderen, wissenschaftlichen Mitteln. Er selbst hat das im *Vorwort* seiner ersten größeren ökonomischen Publikation, der 1859 veröffentlichten *Kritik der politischen Ökonomie*, klar genug zum Ausdruck gebracht. Hier gibt er eine Zusammenfassung seiner allgemeinen sozial- und geschichtsphilosophischen Ansichten, wie sie in den Manuskripten zur *Deutschen Ideologie* vorgestellt worden waren; auf diese berühmte Passage werde ich noch ausführlich eingehen. Hervorzuheben ist hier lediglich, dass diese Zusammenfassung als Ausgangspunkt und allgemeine Grundlage der im Haupttext entwickelten ökonomischen Theorie präsentiert wird. Anders ausgedrückt: Die im Haupttext entwickelte ökonomische Theorie wird als detailliertere und präzisere Fortführung der ursprünglich auf einem hohen Abstraktionsniveau präsentierten Thesen des Historischen Materialismus vorgestellt. Marx selbst sah in seiner ökonomischen Theorie also nur einen methodischen, keinen inhaltlichen Bruch mit den in der *Deutschen Ideologie* formulierten Ansichten. Er sah in ihr eine konsequente Umsetzung des dort nur skizzierten Theorieprogramms – eine Umsetzung mit avancierteren, mit wissenschaftlichen Mitteln.

Geht man nun davon aus, dass Ziele und Mittel nicht ganz unabhängig voneinander sind, so stellt sich allerdings die Frage, ob das Marxsche Theorieprogramm wirklich dasselbe bleiben konnte, wenn es nun mit anderen Mitteln verfolgt wurde. War die Verwissenschaftlichung dieses Programms nicht zugleich auch eine Verengung? Tatsächlich wird man nicht übersehen dürfen, dass sich der Marxsche Übergang von der Philosophie zur Wissenschaft vor dem Hintergrund eines generellen Wandels im Wissenschaftsverständnis vollzog. Spätestens in der zweiten Hälfte des 19. Jahrhunderts trat die etymologische Nähe von ‹Wissen› und ‹Wissenschaft› in den Hintergrund und Letztere wurde zunehmend mit methodisch betriebener empirischer Forschung identifiziert. Die Naturwissenschaften übernahmen die Rolle eines Paradigmas, an dem sich auch die Gesellschaftswissenschaften zu orientieren hatten. Es gibt Indizien dafür, dass auch Marx sich an diesem Paradigma orientiert hat[42] und dass seine Rede von der «wirklichen, positiven Wissenschaft» daher auf die Übernahme eines positivistischen oder szientistischen Wissenschaftsideals hindeutet. Dafür könnte auch die Tatsache sprechen, dass er sich kaum noch mit den philosophischen Debatten seiner Zeit auseinandersetzte, sondern nahezu ausschließlich fachwissenschaftliche Literatur rezipierte: in erster Linie ökonomische, aber auch naturwissenschaftliche, mathematische und historische Schriften. Die philosophische Literatur, die sich im Nachlass von Marx und Engels nachweisen lässt,[43] ist spärlich, zumal wenn es um zeitgenössische Autoren geht. Es blieb daher nicht aus, dass die ursprünglichen Ziele im späteren ökonomischen Werk von Marx hinter den theoretischen Mitteln zurücktreten und bisweilen nahezu unkenntlich werden.

Man kann schwer bestreiten, dass es eine solche positivistische Tendenz im Werk von Marx gibt. Seine Theoriebildung vollzog sich nicht unter Bedingungen der Autarkie gegenüber zeitgenössischen Denkströmungen. Der Kontext, in dem sie sich vollzog, *reduzierte* sich aber nicht auf den Positivismus und Szientismus des 19. Jahrhunderts, sondern schloss andere Traditionen ein, insbesondere natürlich die der Hegelschen Schule, die Marx während seines Studiums durchlaufen hatte und der er sich (ungeachtet aller Distanzierungen) bis zu seinem Tode zugehörig fühlte. Auch die in der jüngeren Marx-Forschung betonte Aristoteles-Rezeption darf nicht übersehen werden. Es kann daher nicht überraschen, dass wir in seinem Werk, die ökonomischen Arbeiten eingeschlossen, deutliche Spuren verschiedener, teilweise gegenläufiger Theorietraditionen finden:

(1) Einerseits war seine Theoriebildung nicht nur in einem allgemeinen Sinne politisch motiviert, sondern explizit auf eine revolutionäre politisch-gesellschaftliche Zielsetzung finalisiert; andererseits sollte sie frei von allen normativen Gehalten sein. Sowohl Marx als auch Engels haben sich energisch gegen alle Bestrebungen gewandt, «die Wissenschaft einem nicht aus ihr selbst (wie irrtümlich sie immer sein mag), sondern *von außen*, ihr *fremden, äußerlichen Interessen* entlehnten Standpunkt zu *akkomodieren*» (II,3.3:769/26.2:112). Von einem Postulat der ‹Parteilichkeit› kann keine Rede sein: Wissenschaft setzt Objektivität und Neutralität voraus.

(2) Einerseits finden sich in den ökonomischen Arbeiten zahlreiche Bezugnahmen auf Hegelsche Theoriestücke, insbesondere natürlich auf dessen Dialektik. Zu nennen ist vor allem die vielinterpretierte Wertformanalyse im ersten Kapitel des *Kapitals*, die der Hegelschen Dialektik stark verpflichtet ist. Andererseits hat Marx diese Bezugnahmen in späteren Auflagen und Übersetzungen deutlich zurückgenommen; im Nachwort zur zweiten Auflage betont er seine Differenz zu Hegels Idealismus und im Text dieser Auflage beruft er sich auf den «großen Forscher […], der die Werthform, wie so viele Denkformen, Gesellschaftsformen und Naturformen zuerst analysirt hat. Es ist dieß Aristoteles.» (II,6:91/23:73)

(3) Einerseits ließ Marx keine Neigung zu metaphysischen Theorien über die Welt als Ganze erkennen; andererseits begnügte er sich nicht mit empirischer Detailforschung. Indem seine Theorie auf die *soziale* Welt als eine ‹Totalität› im Sinne Hegels zielt, übernahm er zugleich auch ein Ideal der Theoriebildung, das eine systematisch wie historisch umfassende Erkenntnis des Gegenstandes forderte.

(4) Einerseits betonte Marx immer wieder den empirischen Charakter seines Theorieprogramms; andererseits grenzte er sich scharf von jenen Theoretikern ab, die sich mit der Konstatierung der Phänomene begnügten. Die Wissenschaft musste die ‹Erscheinungen› durchdringen und zum ‹Wesen› der Dinge und Prozesse vorstoßen. (II,6:498–504/23:559–64; II,15:207,222,306,791/25:219,235,324,825) Auch seine ausgiebigen Methodenreflexionen, deren bekannteste sich in der Einleitung zu den

Grundrissen der Kritik der politischen Ökonomie (II,1:17–45/13:615–42) findet, bezogen sich nicht auf empirische Methoden, sondern auf Probleme der Theoriekonstruktion und auf Darstellungsfragen.

Wie auch immer es um das Marxsche Wissenschaftsverständnis und seine inneren Spannungen bestellt sein mag: Die für uns entscheidende Frage besteht darin, ob man zutreffend sagen kann, dass Marx *zunächst* philosophisch, *dann* aber wissenschaftlich gedacht hat; dass er sich also in seiner ökonomischen Theorie von philosophischen Gehalten befreien konnte. In diesem Sinne würde ich die beiden oben erwähnten Adjektive ‹positivistisch› und ‹szientistisch› verstehen: ‹Positivistisch› ist der Anspruch, sich im wissenschaftlichen Denken von allen philosophischen Kontaminationen freimachen zu können. Selbst wenn Marx ein solches Selbstverständnis gehabt haben sollte (was nicht eindeutig ist), kann doch bezweifelt werden, dass es *zutreffend* ist, dass es ihm in seinen späteren Werken also *tatsächlich* gelungen ist, aus der Philosophie «herauszuspringen». Wir werden dieser Frage im folgenden Kapitel nachgehen und diese Zweifel bestätigt finden: Die ökonomische Theorie von Marx bietet kein Dementi seines Historischen Materialismus, sondern greift dessen sozialontologische Annahmen auf und bekräftigt sie.

KAPITEL III

Die Gesellschaft und ihre Basis

Was wir heute mit einiger Selbstverständlichkeit als ‹Gesellschaft› bezeichnen, war in der ersten Hälfte des 19. Jahrhunderts noch eine terra incognita, die von der Theoriebildung zwar bereits entdeckt, aber nur ansatzweise durchmessen worden war. In einem programmatischen Aufsatz aus dem Jahre 1851 wies Robert Mohl darauf hin, dass die Menschen zwar schon immer in Gesellschaften gelebt, dies aber kaum bemerkt und schon gar nicht systematisch durchdacht haben. Erst seit einem halben Jahrhundert trete uns jetzt «auf diesem Gebiete etwas völlig Neues entgegen. Das Wort *Gesellschaft* hat ertönt. Es wird mit tiefer Besorgnis, von Anderen mit giftiger Drohung ausgesprochen; es dient zum Stichworte des Streites auf der Rednerbühne und in der Schenke; es werden mächtige Partheien und Absichten, ganze Lehrgebäude damit bezeichnet. In Leben und Wissenschaft drängt sich der Begriff, das besondere Daseyn, das Bedürfnis, die Gegenwart und Zukunft der Gesellschaft auf, und bringt einen ganz neuen Gegenstand des Bewusstseyns, des Wollens, des Denkens.»[1] Eine neue Wissenschaft, eine von den Staats-Wissenschaften unterschiedene Gesellschafts-Wissenschaft, sei notwendig, um diesen «ganz neuen Gegenstand» zu erforschen. Tatsächlich hatte sich die Theoriebildung seit der Antike intensiv mit Staat und Verfassung einerseits und mit den vielfältigen menschlichen Gemeinschaften, vor allem der Familie, andererseits befasst; die davon unterschiedenen, oft anonymen, instrumentellen und weitflächigen ‹gesellschaftlichen› Strukturen waren aber in traditionellen Gesellschaften zu schwach ausgeprägt und blieben den Theoretikern daher verborgen. Erst als diese Strukturen, vor allem in Gestalt des Marktes, im Verlauf des 18. Jahrhunderts stärker hervortraten, begann sich der Begriff ‹Gesellschaft› semantisch von ‹Staat› und ‹Gemeinschaft› deutlicher abzugrenzen. Die Gesellschaft wurde sichtbar und zu einem Gegenstand der Theoriebildung.

Mit einiger Verspätung gegenüber Großbritannien oder Frankreich entstanden auch in Deutschland solche Ansätze; darunter das von Hegel in seiner Rechtsphilosophie vorgestellte Konzept der ‹bürgerlichen Gesellschaft›, das die Debatten der Junghegelianer und damit auch Marx stark beeinflusste. Die ‹bürgerliche Gesellschaft› ist nach diesem Konzept ein Zwischenreich, das sich über der Sphäre der Familie erhebt, aber unter der staatlichen Sphäre bleibt. Grundlegend für Hegels Konzept sind drei Thesen. (a) Was die Individuen in diesem Zwischenreich zusammenführt und zusammenhält, ist zunächst kein rationaler Entschluss und kein gemeinsames Interesse, sondern die aus ihren Bedürfnissen resultierende Notwendigkeit; die Bedürfnisse müssen durch Arbeit befriedigt werden. ‹Bürgerlich› ist die bürgerliche Gesellschaft nicht zuletzt deshalb, weil die Individuen sich hier nicht als Staatsbürger gegenübertreten, sondern als «Bourgeois», die ihre jeweiligen privaten Interessen vertreten. (b) Doch obwohl sie ein «Kampfplatz des individuellen Privatinteresses aller gegen alle» ist, versinkt die bürgerliche Gesellschaft nicht im Chaos, denn die «im Systeme menschlicher Bedürfnisse und ihrer Bewegungen immanente Vernunft» gliedert sie zu einem «organischen Ganzen». Dem Egoismus der Individuen werden durch den Schutz des Eigentums und durch die öffentliche Ordnung rechtliche Grenzen gesetzt. Außerdem greift Hegel aus dem ökonomischen Schrifttum (Adam Smith, Jean-Baptiste Say, David Ricardo werden genannt) die These auf, dass «die subjektive Selbstsucht» auf dem Feld der Ökonomie «in den Beitrag zur Befriedigung der Bedürfnisse aller anderen» umschlägt. (c) Dennoch ist die bürgerliche Gesellschaft nicht immun gegen Konflikte; sich selbst überlassen, kann sie durch die Verelendung großer Bevölkerungsteile und die daraus erwachsenden sozialen Spannungen destabilisiert werden.[2]

Es ist nicht schwer, in dieser Konzeption Elemente ausfindig zu machen, die uns bei Marx wieder begegnen werden. Obwohl Marx mit Hegel und dem von ihm repräsentierten philosophischen Theorietypus brechen wollte, blieb er beiden eng verbunden und knüpfte in seiner eigenen Theoriekonstruktion stärker an sie an als an die Konzeptionen materialistischer Autoren wie Hobbes, Helvétius oder d'Holbach. Dies hat zum einen sicher damit zu tun, dass diese Theoretiker im Unterschied zu Hegel noch nicht über einen Begriff von Gesellschaft verfügten und auch nicht den Grad theoretischer Komplexität erreicht hatten, der bei Hegel zu finden war; zum anderen aber auch damit, dass ihr Materialismus unbeholfen und inkonsequent war, spätestens wenn es um die Gesellschaft ging. Obwohl er ihre Schriften zur Kenntnis genommen hat, blieben sie für seine Theoriebildung daher randständig. Stattdessen wandte er sich, sobald er den Junghegelianismus hinter sich gelassen hatte, dem Schrifttum der damals avanciertesten Gesellschaftstheorie zu: der Politischen Ökonomie (die ja auch schon Hegel rezipiert hatte). Ihm war offenbar rasch klar geworden, dass die ihm vorschwebende Theorie der Gesellschaft von dem, was *bisher* ‹Materialismus› geheißen hatte, ebenso weit entfernt war wie vom Idealismus.

1. Natur und Arbeit

Daß jede Nation verrecken würde, die, ich will nicht sagen für ein Jahr, sondern für ein paar Wochen die Arbeit einstellte, weiß jedes Kind.

Karl Marx

Auf materialistische Wege wurde Marx durch seine Rezeption der Religionsphilosophie Feuerbachs und ihrer Verallgemeinerung in dessen kleineren Arbeiten der frühen 1840er Jahre geführt. Sie beeindruckte ihn durch die prinzipielle Kritik am spekulativen Idealismus der Philosophie Hegels und eröffnete ihm eine Perspektive auf die Möglichkeit einer empiristisch-materialistischen Gegenposition. Näherhin war es die Feuerbachsche Anthropologie, die für Marx richtungweisend wurde: die Betonung der Tatsache, dass der Mensch kein primär denkendes, sondern ein primär leibliches, «sinnliches» Wesen ist; und dass er kein isoliertes Individuum, sondern ein «Gattungswesen» ist. Seit 1842 zeugen die Marxschen Schriften von einem wachsenden Einfluss Feuerbachs, der 1844 seinen Höhepunkt erreichte, aber ungeachtet der in den *Feuerbachthesen* von 1845 deutlich artikulierten Kritik noch in den Arbeiten an der *Deutschen Ideologie* spürbar bleibt.

Aktivität. In diesen Arbeiten griffen Marx und Engels zwar den zentralen Gedanken der Feuerbachschen Anthropologie auf, gaben ihm aber eine besondere Wendung. Der Hinweis auf die Leiblichkeit, Sinnlichkeit des Menschen und auf seine existentielle Angewiesenheit auf die Natur gehörte von jeher zu den klassischen Topoi des philosophischen Materialismus; er ließ allerdings mehrere Deutungsmöglichkeiten offen. In den meisten Fällen hatten die älteren Materialisten den Menschen als einen Teil der Natur betrachtet und seine Abhängigkeit von ihr hervorgehoben. Sehr deutlich wird das in den einleitenden Sätzen von d'Holbachs *System der Natur*: «Der Mensch ist das Werk der Natur, er existiert in der Natur, er ist ihren Gesetzen unterworfen, er kann sich nicht von ihr frei machen, er kann nicht einmal durch das Denken von ihr loskommen; vergeblich strebt sein Geist über die Grenzen der sichtbaren Welt hinaus, immer ist er gezwungen, zu ihr zurückzukehren. Für ein Ding, das durch die Natur geformt und durch sie begrenzt ist, existiert nichts außerhalb des großen Ganzen, zu dem es gehört und unter dessen Einflüssen es steht.»[3] Die antitheologische Stoßrichtung dieser Passage ist ebenso deutlich wie ihre naturalistische Kehrseite. Der Mensch wird aus der Abhängigkeit von Gott befreit, indem er den Gesetzen der Natur «unterworfen» wird. Er erscheint als ein passives Wesen, das durch die Natur vor allem «begrenzt» wird. Dieselbe Tendenz findet sich auch bei Feuerbach, der den Menschen vornehmlich als einen Teil der Natur in den Blick nimmt, weniger als einen aktiven Gegenspieler. – Genau diesen Gesichtspunkt rückt Marx in den Mittelpunkt. Obwohl er nicht geleugnet hätte, dass der Mensch durch die Natur stets begrenzt ist, legte er den Akzent auf die *Aktivitäten*, durch die er die Begrenzungen zu erweitern und seine Abhängigkeit zu lockern versucht. Es ist zwar zutreffend, dass der Mensch zum Leben auf die Natur angewiesen ist und ihr die Mittel zur Befriedigung seiner leiblich-sinnlichen Bedürfnisse entnehmen muss; das Entnehmen ist aber ein aktiver Prozess. Die Natur liefert ihm diese Mittel nicht frei Haus; er muss sie ihr abringen.

Marx hat diesen Prozess bekanntlich als *Arbeit* bzw. als *Produktion* bezeichnet; und er hat ihm eine wichtige Stellung in seiner Theorie zugeschrieben, die vor allem in den Manuskripten zur *Deutschen Ideologie* immer wieder bekräftigt wird. «Man kann die Menschen durch das Bewußtsein, durch die Religion, durch was man sonst will, von den Thieren unterscheiden. Sie selbst fangen an sich von den Thieren zu unterscheiden, sobald sie anfangen ihre Lebensmittel zu *produziren*, ein Schritt der durch ihre körperliche Organisation bedingt ist. Indem die Menschen ihre Lebensmittel produziren, produziren sie indirekt ihr materielles Leben selbst.» (I,5:8/3:21) In Formulierungen wie dieser wird eine Abgrenzung von idealistischen Theorien vorgenommen, die den Unterschied zwischen Mensch und Tier in das Denken gelegt hatten,[4] zugleich aber auch eine Abgrenzung von materialistischen Theorien, die die praktische Seite des menschlichen Naturverhältnisses natürlich nicht geleugnet, ihr aber keine strategische Bedeutung im Aufbau ihrer Theorien zugebilligt hatten. Kann man im Hinblick auf d'Holbach sagen, dass er sie einfach unberücksichtigt gelassen hat, so hat Feuerbach sie geradezu diskreditiert. Für ihn ist es gerade die Religion, die die Welt unter praktischen Gesichtspunkten betrachtet und die uneigennützige Freude an der reinen Betrachtung (theoria) des Universums geringschätzt. «Die praktische Anschauung ist eine *schmutzige*, vom Egoismus befleckte Anschauung. Ich verhalte mich hier zu einem Dinge nur um meinetwillen. Um sein selbst willen schaue ich es nicht an; [...] Die theoretische Anschauung dagegen ist eine *freudenvolle, in sich befriedigte, selige* Anschauung, denn ihr ist der Gegenstand ein Gegenstand der *Liebe* und *Bewunderung*, [...] die Anschauung der Theorie ist eine *ästhetische* Anschauung, die praktische dagegen eine *unästhetische*.»[5] – Diesen Lobpreis der Kontemplation hatte Marx vor Augen, als er seine *Thesen über Feuerbach* notierte: «Der Hauptmangel alles bisherigen Materialismus (den Feuerbach'schen mit eingerechnet) ist, daß der Gegenstand, die Wirklichkeit, Sinnlichkeit, nur unter der Form des *Objekts od. der Anschauung* gefaßt wird; nicht aber als *sinnlich menschliche Thätigkeit, Praxis*; nicht subjektiv. Daher die *thätige* Seite abstrakt im Gegensatz zu dem Materialismus von dem Idealismus – der natürlich die wirkliche, sinnliche Thätigkeit als solche nicht kennt – entwickelt.» (IV,3:19/3:5) Drei Punkte sind hier festzuhalten: (a) Die Tätigkeit, Praxis, Arbeit, Produktion, d. h. die aktive Seite des Mensch-Natur-Verhältnisses ist nicht bloß irgendein Faktum, sondern muss den systematischen Ausgangspunkt der zu erarbeitenden Theorie bilden. (b) Damit greift die Theoriebildung eine Deutungsperspektive auf, die in der philosophischen Tradition bis dahin vor allem von idealistischer Seite hervorgehoben worden war. (c) Im Unterschied zu dieser idealistischen Deutung muss die Tätigkeit, Praxis, Arbeit aber nicht als vornehmlich geistige, sondern als «wirkliche, sinnliche», d. h. materielle Tätigkeit, Praxis, Arbeit verstanden werden. – Marx reklamiert die idealistische Subjektivitätsthese für den von ihm ins Auge gefassten Materialismus und durchkreuzt damit die traditionellen Frontlinien zwischen Materialismus und Idealismus. Er interessiert sich für den Menschen nicht primär als Objekt, sondern als Subjekt, interpretiert diese Subjektivität aber als eine materielle Leistung.

Nur sehr beiläufig kommt zum Ausdruck, dass dem Menschen diese Leistung aufgezwungen ist. Für Marx war klar, dass die menschliche Existenz keine Selbstverständlichkeit ist, die durch eine anthropozentrische Ordnung des Kosmos oder durch die providentielle Fürsorge eines gütigen Gottes als gesichert gelten könnte. Seine Anthropologie und seine Gesellschaftstheorie beruhen daher auf dem Selbsterhaltungsparadigma, das seit Hobbes die ‹Grundstruktur der modernen Philosophie›[6] konstituiert. Im Unterschied zu Hobbes stellt sich die Selbsterhaltung für Marx allerdings nicht als ein Problem des Individuums dar, das seine Existenz gegenüber anderen Individuen behaupten muss; sondern als ein Problem der Gattung, die ihre Lebensmittel (im weitesten Sinne des Wortes) einer gleichgültigen Natur abgewinnen muss. Als Drama erscheint dieser Prozess bei ihm aber nicht; er beschreibt ihn nicht in den agonalen Termini des Kampfes, sondern in den irenischen Termini des Austauschs: als «Stoffwechsel» mit der Natur (II,5:23; II,8:192,197/23:57; 192,198). In dieser Rolle ist die Arbeit eine «ewige Naturbedingung des menschlichen Lebens» (II,8:198; II,5:23/23:57; 198), eine echte anthropologische Konstante also. Denn nach Marx (32:552) weiß jedes Kind, dass «jede Nation verrecken würde, die, ich will nicht sagen für ein Jahr, sondern für ein paar Wochen die Arbeit einstellte».

Was ist Arbeit? Obwohl der Arbeitsbegriff schon in den *Ökonomisch-philosophischen Manuskripten* von 1844 eine zentrale Stellung eingenommen hatte, hat Marx ihn erst viel später genauer bestimmt. Ausgehend davon, dass es sich bei ihr um einen Stoffwechsel mit der Natur handelt, zählt er drei «einfache Momente» auf, die in ihrem Zusammenwirken die Arbeit ausmachen. – Das erste dieser Momente ist die *Arbeitstätigkeit* selbst, die als ein Naturprozess aufgefasst wird, in dem der arbeitende Mensch dem Naturstoff als eine Naturmacht gegenübertritt und auf ihn einwirkt, um ihn sich «in einer für sein eignes Leben brauchbaren Form anzueignen» (II,8:192/23:192). Dabei unterstellt Marx den Arbeitsprozess in seiner für den Menschen charakteristischen Form, die nicht mehr instinktgeleitet vonstattengeht, sondern ein mehr oder weniger klares Bewusstsein des Arbeitenden von seinen Zielen und den zu ihrer Realisierung notwendigen Mitteln voraussetzt. – Als ein Prozess der Umformung und Aneignung setzt die Arbeit zweitens einen *Gegenstand* voraus, der umgeformt und angeeignet wird. Ursprünglich handelt es sich dabei um Materialien, die in der Natur vorgefunden werden; später kommen Rohstoffe hinzu, d. h. Arbeitsgegenstände, die selbst bereits Arbeitsprodukte sind. – Drittens geschieht die Umformung des Arbeitsgegenstandes mit Hilfe von *Arbeitsmitteln*: Dinge oder Komplexe von Dingen, «die der Arbeiter zwischen sich und den Arbeitsgegenstand schiebt und die ihm als Leiter seiner Thätigkeit auf diesen Gegenstand dienen. Er benutzt die mechanischen, physikalischen, chemischen Eigenschaften der Dinge, um sie als Machtmittel auf andre Dinge, seinem Zweck gemäß, wirken zu lassen.» Die Arbeitsmittel spielen in mehrfacher Hinsicht eine wichtige Rolle für Marx. So fungieren sie neben dem antizipativen Bewusstsein des arbeitenden Menschen als eine zweite Differenz zwischen dem tierischen und dem menschlichen Einwirken auf die Natur. «Der Gebrauch und die Schöpfung von Arbeitsmitteln, obgleich im Keim schon gewissen Thierarten eigen, charakterisiren den specifisch menschlichen Arbeitsproceß und Franklin definiert daher den Menschen als ‹a toolmaking animal›, ein Werkzeuge fabricirendes Thier.» (II,8:193f/23:194) Auf weitere Aspekte der Bedeutung der Arbeitsmittel gehe ich weiter unten ein.

Auffällig an der Marxschen Darstellung des *Arbeitsprozesses* ist die Betonung des antizipatorischen Bewusstseins auf Seiten des arbeitenden Menschen. «Eine Spinne verrichtet Operationen, die denen des Webers ähneln, und eine Biene beschämt durch den Bau ihrer Wachszellen manchen menschlichen Baumeister. Was aber von vornherein den schlechtesten Baumeister vor der besten Biene auszeichnet, ist, daß er die Zelle in seinem Kopf gebaut hat, bevor er sie in Wachs baut. Am Ende des Arbeitsprocesses kommt ein Resultat heraus, das beim Beginn desselben schon in der Vorstellung des Arbeiters, also schon ideell vorhanden war. Nicht daß er nur eine Formveränderung des Natürlichen bewirkt; verwirklicht er im Natürlichen zugleich seinen Zweck, den er weiß, der die Art und Weise seines Thuns als Gesetz bestimmt und dem er seinen Willen unterordnen muß.» (II,8:192f/23:193) Diese berühmte Stelle kann als eine anthropologische Differenzbestimmung gelesen werden: Von den Tätigkeiten der Tiere unterscheidet sich die menschliche Arbeit durch die antizipatorischen und zwecksetzenden Fähigkeiten des Arbeitenden und weiter durch den Gebrauch und die Erzeugung von Werkzeugen. – Überraschend mag daran sein, dass die Mensch-Tier-Differenz auf ein *intellektuelles* Merkmal zurückgeführt wird. War das nicht von jeher eine idealistische Annahme, die zu den Marxschen Bemühungen um eine materialistische Anthropologie quer stehen sollte? Bei der Antwort auf diese Frage ist zunächst darauf hinzuweisen, dass Marx die Differenz zwischen Mensch und Tier nicht auf das Denken oder das Bewusstsein zurückführt, sondern auf die *bewusste Tätigkeit*. Das Denken, um das es hier geht, ist also kein autarkes, sondern ein mit der (materiellen) Praxis verbundenes Denken. Weiter ist festzuhalten, dass Marx kein eliminativer Materialist war. Das Denken war für ihn ein wirksamer und insofern auch wirklicher Faktor; und die Frage war für ihn nicht, *ob* die Theorie das Denken zu berücksichtigen hat, sondern *wie*. Dazu wird später mehr zu sagen sein. In jedem Fall war Marx der Überzeugung, dass

Antizipation und Zwecksetzung zentrale Elemente des Arbeitsprozesses sind. In diesem Punkt konnte er sich nicht nur auf Hegel berufen, sondern auch auf Aristoteles, der in seiner *Metaphysik* verschiedene Arten des Entstehens unterschieden hatte. Über eine von ihnen, über das Herstellen (=poiesis), heißt es dann: «Alle Werktätigkeiten aber gehen entweder von der Kunst oder von dem Vermögen oder vom Denken aus. Durch Kunst aber entsteht dasjenige, dessen Form in der Seele vorhanden ist.»[7] Das entspricht recht genau dem im *Kapital* geäußerten Gedanken der Antizipation: Hergestellt wird etwas, das zuvor intellektuell antizipiert wurde.

Antizipieren reicht aber nicht, um etwas herzustellen. Die in der Antizipation präsente «Form» muss in einem zweiten Schritt dem jeweiligen Arbeits*gegenstand* mitgeteilt und aufgeprägt werden. Damit sind wir beim zweiten der drei ‹einfachen Momente des Arbeitsprozesses›. In den *Grundrissen* beschreibt Marx diesen Prozess unter Verwendung teils Aristotelischer («Form», «Substanz»), teils Hegelscher Kategorien («setzen»). Ich zitiere ausführlich: «Indem so die lebendige Arbeit durch ihre Verwirklichung im Material dieses selbst verändert, eine Veränderung, die durch den Zweck die Arbeit bestimmt, und die zweckmäßige Thätigkeit derselben – (eine Veränderung, die nicht wie im todten Gegenstand das Setzen der Form als äusserlich dem Stoff, bloser verschwindender Schein seines Bestehns) – wird das Material so in bestimmter Form erhalten, der Formwechsel des Stoffs dem Zweck der Arbeit unterworfen. Die Arbeit ist das lebendige, gestaltende Feuer; die Vergänglichkeit der Dinge, ihre Zeitlichkeit, als ihre Formung durch die lebendige Zeit. Im einfachen Produktionsprozeß – abgesehn vom Verwerthungsprocess – wird die Vergänglichkeit der Form der Dinge benutzt um ihre Brauchbarkeit zu setzen. Indem aus der Baumwolle Garn wird, aus dem Garn Gewebe, aus dem Gewebe gedrucktes etc Gewebe, oder gefärbtes etc, und aus diesem sage ein Kleid hat sich 1) die Substanz der Baumwolle in allen diesen Formen erhalten [...]; 2) in allen diesen subsequenten Processen hat der Stoff eine nützlichere Form erhalten, weil eine ihn mehr dem Consum aneignende [...].» (II,1.1:272/42:278) Die Arbeit beginnt für Marx zwar mit der Antizipation, mit etwas Ideellem also; sie geht dann aber in einen Prozess über, der in doppelter Hinsicht als ‹materiell› charakterisiert werden kann. Zum einen setzt er einen materiellen Gegenstand voraus, der menschlichen Bedürfnissen angepasst, d.h. umgeformt wird. – Zum anderen ist die Formveränderung zwar ein intentionaler Akt, muss aber zugleich ein Naturprozess sein. Denn: «Der Mensch kann in seiner Produktion nur verfahren, wie die Natur selbst, d. h. nur die Formen der Stoffe ändern.» (II,5:23/23:57) So kreativ die Arbeit daher auch sein mag, eine freie Schöpfung ist sie nicht. Sie bleibt hinsichtlich ihrer *Funktion* eine «ewige Naturbedingung des menschlichen Lebens» und hinsichtlich ihrer *Struktur* ein «Naturprozeß».

Expression und Vergegenständlichung. Nun ist nach den bisher referierten Überlegungen aber noch nicht klar, worin die theoriestrategische Bedeutung der Arbeit liegen könnte. Es leuchtet zwar ein, dass natürliche Wesen wie der Mensch ohne Arbeit nicht (über-)leben können; diese Tatsache allein besagt aber noch nicht sehr viel und rechtfertigt es nicht, ihr einen zentralen Platz in einer Anthropologie oder in einer Gesellschaftstheorie einzuräumen. Man kann sich das leicht durch eine Analogie klarmachen: Der Mensch kann weder (über-)leben, noch kann er arbeiten, ohne zu atmen. Müsste daher nicht der Begriff des Atmens in den Rang einer anthropologischen oder gesellschaftstheoretischen Schlüsselkategorie erhoben werden? Wer diese Frage negativ beantwortet, der Arbeit aber die Bedeutung reservieren möchte, die Marx ihr zuschreibt, muss die Differenz herausarbeiten; muss also plausibel machen, inwiefern es mit der Arbeit *mehr* auf sich hat als die Tatsache ihrer (Über-)Lebensnotwendigkeit. – Ich werde im Folgenden vier Punkte benennen, an denen sich dieses ‹Mehr› zeigt. Sie können mit den Begriffen *Vergegenständlichung*, *Expression*, *Selbsterzeugung* und *Kooperation* bezeichnet werden.

Wenn wir von der Antizipation des Produkts im Kopf des Produzenten ausgehen, so stellt sich der Arbeitsprozess und sein Produkt als eine *Materialisierung* oder *Vergegenständlichung* der (antizipierten) Form im Stoff dar. Die damit verbundene Problematik kann hier nicht eingehend diskutiert werden; zwei kurze Hinweise müssen genügen. Zum einen bildet das Vergegenständlichungstheorem eine essentielle Voraussetzung der Marxschen Entfremdungstheorie; denn nur wenn die Produkte der eigenen Arbeit eine äußere gegenständliche Realität annehmen, können sie sich gegenüber ihrem Produzenten verselbständigen, unter die Kontrolle anderer geraten und damit zu einer fremden und feindlichen Macht werden. Zum anderen spielt dieses Theorem auch in der Marxschen Geschichtstheorie eine Schlüsselrolle. Die vergegenständlichende Arbeit erzeugt ja zwei verschiedene Arten von Produkten: Konsumtionsmittel und Produktionsmittel. Die ersten werden, wie ihr Name sagt, konsumiert und verschwinden; die zweiten hingegen bleiben erhalten und können intergenerationell weitergegeben werden. Jede Generation erbt auf diese Weise die vergegenständlichten Fähigkeiten und Kenntnisse der vorangegangenen Generationen, sodass eine Art materielles Rückgrat entsteht, das die verschiedenen Generationen zu *einer Geschichte* miteinander verknüpft. «Die Geschichte ist nichts als die Aufeinanderfolge der einzelnen Generationen, von denen Jede die ihr von allen vorhergegangenen übermachten Materiale, Kapitalien, Produktionskräfte exploitirt, daher also einerseits unter ganz veränderten Umständen die überkommene Tätigkeit fortsetzt & andrerseits mit einer ganz veränderten Tätigkeit die alten Umstände modifiziert [...].» (I,5:40/3:45) Für eine materialistische Auffassung von Geschichte ist dieser Gedanke grundlegend; in Kapitel V wird dazu mehr zu sagen sein.

Aus einer etwas anderen Perspektive kann die Vergegenständlichung auch als die *Expression* der zunächst inneren Zwecke angesehen werden. Aristoteles hatte das mit dem Hinweis auf die in der Seele vorhandene Form bereits angedeutet. Marx hebt diesen Punkt deutlich stärker hervor: Arbeit ist für ihn ein expressiver Akt, in dem das arbeitende Subjekt seine inneren Kräfte und Eigenschaften nach außen projiziert und im Stoff materialisiert. Die Wurzeln dieser Idee liegen in der zweiten Hälfte des 18. Jahrhunderts, als Autoren wie Johann Gottfried Herder eine ‹expressivistische› Anthropologie begründeten, nach der das menschliche Handeln und seine Produkte als äußerer Ausdruck der inneren Potenzen des handelnden Subjekts aufzufassen sind.[8] Besondere Prominenz erhielt dieser Gedanke in der romantischen Ästhetik, die das Kunstwerk nicht mehr als eine Nachahmung der Natur auffasst, sondern als den Ausdruck der einzigartigen Individualität des schaffenden Künstlers. Er blieb aber nicht auf die Ästhetik begrenzt; Marx kannte ihn aus Hegels *Phänomenologie des Geistes*, in deren berühmtem Herr-Knecht-Abschnitt die Arbeit als ein Prozess der Formung und «Bildung» der Natur durch den Knecht dargestellt wird. Indem er seine eigenen Ideen im äußeren Stoff materialisiert, vergegenständlicht er sich in ihm; er formt die Natur nach seinem Bild und erkennt sich in ihm wieder: «das arbeitende Bewußtseyn kommt also hiedurch zur Anschauung des selbständigen Seyns, *als seiner selbst*.»[9] Der Herr kann diese Erfahrung nicht machen, da er nicht arbeitet. Auch Feuerbach bedient sich dieses Gedankens mit großer Selbstverständlichkeit. Wenn es um die Plausibilisierung der zentralen Idee geht, dass Gott ein Geschöpf des Menschen, also vom Menschen ‹gemacht› sei, greift er zu der rhetorischen Frage: «Was heißt denn Machen, Schaffen, Hervorbringen anders als etwas, was zunächst nur ein Subjektives, insofern Unsichtbares, Nichtseiendes ist, gegenständlich machen, versinnlichen, so dass nun auch andre, von mir unterschiedne Wesen es erkennen und genießen, also etwas außer mich setzen, zu etwas von mir Unterschiedenem machen?»[10]

Marx stellt sich in die Tradition dieser expressivistischen Handlungstheorie, nimmt aber zwei wichtige Änderungen vor. Erstens geht es ihm nicht um Kunst oder andere Formen intellektuellen Handelns. Zwar hätte er nicht bestritten, dass der Mensch seine Potenzen auch in Kunst, Philosophie oder Religion zum Ausdruck bringt; doch eben nicht *nur* in ihnen und nicht einmal *primär* in ihnen. Die primäre Form der Entäußerung innerer Potenzen ist für ihn die materielle Arbeit. – Zweitens wandte sich Marx gegen die Tendenz zur Individualisierung, die mit der expressivistischen Anthropologie oft verbunden war und die in der romantischen Kunsttheorie ihre elitäre Zuspitzung erfahren hatte: Kreativ sind demnach nur die besonderen Individuen, die Genies. In der Arbeit werden aber nicht primär die besonderen Eigenschaften und Potenzen der Individuen verwirklicht, sondern allgemeine Gattungseigenschaften und -potenzen. In den *Ökonomisch-philosophischen Manuskripten* schwelgt Marx geradezu in einem auf diese Weise verallgemeinerten und Feuerbachianisch interpretierten Expressivismus: «Eben in der Bearbeitung der gegenständlichen Welt bewährt sich der Mensch daher erst wirklich als ein *Gattungswesen*. Diese Production ist sein Werkthätiges Gattungsleben.» In der Arbeit und ihren Produkten haben wir daher «das *aufgeschlagne* Buch der *menschlichen Wesenskräfte*» vor uns (I,2:370,395/40:517,542). Man kann also von einem ‹materialisierten› und ‹demokratisierten› Expressivismus sprechen, da Marx die Vergegenständlichung und Materialisierung innerer Eigenschaften in den Arbeitsprodukten behauptet und dies zu einer Leistung erklärt, die nicht auf eine kreative Elite beschränkt bleibt, sondern jedem offensteht. – Die begriffliche Konsequenz davon ist, dass der Aristoteliker Marx die Aristotelische Differenzierung zwischen *praxis* und *poiesis* negiert. In der Herstellung äußern sich die «menschlichen Wesenskräfte» genauso wie es in biologischen oder sozialen Aktivitäten der Fall ist. Das heißt natürlich nicht, dass er die Differenzen negiert, die zwischen verschiedenen Tätigkeitsarten bestehen. Doch die essentielle Wertdifferenz, die Aristoteles zwischen *praxis* und *poiesis* behauptet hatte, ist bei Marx verschwunden.

Diese Egalisierung impliziert eine anthropologische Aufwertung der Arbeit, die bei Marx als ein essentielles Lebensbedürfnis des Menschen erscheint, aristotelisch gesprochen als das *ergon* des Menschen: als *die* Art von Tätigkeit, in der sich das Gattungswesen des Menschen realisiert. Sofern wir von der gegebenen sozialen Realität der (entfremdeten) Arbeit abstrahieren, gibt es keinen Grund, sie zu beklagen oder für eine Sündenstrafe zu halten. Adressiert an den frommen Christen Adam Smith schrieb Marx daher: «Du sollst arbeiten im Schweiß deines Angesichts! war Jehovas Fluch, den er Adam mitgab. Und so als Fluch nimmt A. Smith die Arbeit. Die ‹Ruhe› erscheint als der adäquate Zustand, als identisch mit ‹Freiheit› und ‹Glück›. Daß das Individuum ‹in seinem normalen Zustand von Gesundheit, Kraft, Thätigkeit, Geschicklichkeit, Gewandtheit› auch das Bedürfnis nach einer normalen Portion von Arbeit hat, und von Aufhebung der Ruhe, scheint A. Smith ganz fern zu liegen. Allerdings erscheint das Maaß der Arbeit selbst äusserlich gegeben, durch den zu erreichenden Zweck und die Hindernisse, die zu seiner Erreichung durch die Arbeit zu überwinden. Daß aber diese Ueberwindung von Hindernissen an sich Bethätigung der Freiheit – und daß ferner die äusseren Zwecke den Schein blos äusserer Naturnothwendigkeit abgestreift erhalten und als Zwecke, die das Individuum selbst erst setzt, gesetzt werden – also als Selbstverwirklichung, Vergegenständlichung des Subjects, daher reale Freiheit, deren Action eben die Arbeit ahnt A. Smith ebenso wenig.» (II,1.2:498f/42:512) Die Nützlichkeit der Arbeit bleibt natürlich unbestritten, ihre Bedeutung für Marx geht aber weit darüber hinaus.

Vor diesem Hintergrund wird das Gewicht der Entfremdungsthese verständlich. Die Entfremdung ist nicht nur irgendein suboptimaler sozialer Zustand, sondern zerstört die Möglichkeit der Verwirklichung der humanen Potenzen des Menschen. «Die Arbeit ist aber die eigene Lebenstätigkeit des Arbeiters, seine eigne Lebensäußerung. Und diese *Lebenstätigkeit* verkauft er an einen Dritten, um sich die nötigen *Lebensmittel* zu sichern. Seine Lebenstätigkeit ist für ihn also nur ein Mittel, um existieren zu können. Er arbeitet, um zu leben. Er rechnet die Arbeit nicht selbst in sein Leben ein, sie ist vielmehr ein Opfer seines Lebens. Sie ist eine Ware, die er an einen Dritten zugeschlagen hat. Das Produkt seiner Tätigkeit ist daher auch nicht der Zweck seiner Tätigkeit. Was er für sich selbst produziert, ist nicht die Seide, die er webt, nicht das Gold, das er aus dem Bergschacht zieht, nicht der Palast, den er baut. Was er für sich selbst produziert, ist der *Arbeitslohn*, und Seide, Gold, Palast lösen sich für ihn auf in ein bestimmtes Quantum von Lebensmitteln, vielleicht in eine Baumwollenjacke, in Kupfermünze und in eine Kellerwohnung. Und der Arbeiter, der zwölf Stunden webt, spinnt, bohrt, dreht, baut, schaufelt, Steine klopft, trägt usw. – gilt ihm dies zwölfstündige Weben, Spinnen, Bohren, Drehen, Bauen, Schaufeln, Steinklopfen als Äußerung seines Lebens, als Leben? Umgekehrt. Das Leben fängt da für ihn an, wo diese Tätigkeit aufhört, am Tisch, auf der Wirtshausbank, im Bett. Die zwölfstündige Arbeit dagegen hat ihm keinen Sinn als Weben, Spinnen, Bohren usw., sondern als *Verdienen*, das ihn an den Tisch, auf die Wirtshausbank, ins Bett bringt. Wenn der Seidenwurm spänne, um seine Existenz als Raupe zu fristen, so wäre er ein vollständiger Lohnarbeiter.» (6:400f) Die Entfremdung der Arbeit ist für Marx also keine besondere, auf einen bestimmten Lebensbereich beschränkte Erscheinung sozialen Elends; sie ist der Inbegriff des sozialen Elends, denn sie schließt die Entfremdung des Menschen von seinem eigenen Wesen ein.

Selbsterzeugung. Es dürfte deutlich geworden sein, dass Marx einen emphatischen Begriff von Arbeit vertritt. Insbesondere ist Arbeit für ihn mehr als die Produktion nützlicher Güter; sie konstituiert vielmehr die jeweils konkrete Lebensweise der Menschen. Diese These findet sich schon in den Manuskripten zur *Deutschen Ideologie*: «Diese Weise der Produktion ist nicht bloß nach der Seite hin zu betrachten, daß sie die Reproduktion der physischen Existenz der Individuen ist. Sie ist vielmehr schon eine bestimmte Art der Thätigkeit dieser Individuen, eine bestimmte Art, ihr Leben zu äußern, eine bestimmte *Lebensweise* derselben. Wie die Individuen ihr Leben äußern, so sind sie. Was sie sind, fällt also zusammen mit ihrer Produktion, sowohl damit, *was* sie produziren, als auch damit, *wie* sie produziren. Was die Individuen also sind, das hängt ab von den materiellen Bedingungen ihrer Produktion.» (I,5:11/3:21) Diese Passage verdeutlicht noch einmal die anthropologische Tragweite des Arbeitsbegriffs bei Marx. Die Arbeit ist diejenige Tätigkeit des Menschen, von der alle anderen seiner Tätigkeiten abhängen und von der vor allem *er selbst* abhängt. Dies nicht nur in dem selbstverständlichen Sinne, dass sie ihn mit den für seine Existenz unabdingbaren Gütern versorgt, sondern in dem weitergehenden Sinne, dass seine Eigenschaften durch sie erzeugt werden. Die Arbeit interessiert ihn als ein den Menschen in seiner konkreten Lebensweise hervorbringender Prozess: Der Mensch ist, was er arbeitet.

Entscheidend zum Verständnis dieser These ist nun zum einen, dass sie nicht nur für die Individuen gelten sollte (etwa derart, dass eine Person, die tagein tagaus stupide Tätigkeiten zu verrichten hat, selbst stupide wird), sondern für die Gattung insgesamt. Die Menschen setzen in der Arbeit nicht nur ihre Wesenskräfte ein, sondern *entwickeln* sie zugleich in ihr; ihre Bedürfnisse und Fähigkeiten sind Produkte der Arbeit. «Man sieht, wie die Geschichte der *Industrie* und das gewordne *gegenständliche* Dasein der Industrie das *aufgeschlagne* Buch der *menschlichen Wesenskräfte*, die sinnlich vorliegende menschliche *Psychologie* ist, die bisher nicht in ihrem Zusammenhang mit dem *Wesen* des Menschen, sondern immer nur in einer äussern Nützlichkeitsbeziehung gefaßt wurde [...].» (I,2:395/40:542) Bei der Natur oder dem Wesen des Menschen handelt es sich also nicht um eine fixe Tatsache, sondern um einen historischen Prozess. Marx geht an manchen Stellen so weit, die Existenz einer menschlichen Natur zu bestreiten. Das ist eine Übertreibung, die der Polemik gegen jene Theorien geschuldet ist, die eine unveränderliche Natur postulieren und zur Legitimation der bestehenden Gesellschaft instrumentalisieren. Grundsätzlich legt das Marxsche Theoriedesign eine soziale ‹Formung› der menschlichen Natur nahe, die ebenso durch deren natürliche Eigenschaften eingeschränkt wird, wie es bei der Formung des natürlichen Stoffs in der materiellen Arbeit der Fall ist. – Der zweite entscheidende Punkt besteht darin, dass dieser Prozess vom Menschen selbst in Gang gesetzt wird. Die ‹Natur› oder das ‹Wesen› des Menschen sind nicht einfach nur veränderlich, sondern werden von ihm selbst, d. h. durch seine eigene Tätigkeit verändert. Indem der Mensch nämlich «auf die Natur außer ihm wirkt und sie verändert, verändert er zugleich seine eigne Natur. Er entwickelt die in ihr schlummernden Potenzen und unterwirft das Spiel ihrer Kräfte seiner eignen Botmäßigkeit.» (II,8:192/23:192) Das in der Arbeit realisierte Verhältnis zwischen Mensch und Natur weist also eine spezifische Rückwirkung auf den Menschen selbst auf; und durch diese Rückwirkung nimmt das Naturverhältnis zugleich eine historische Dimension an. Die Produzenten produzieren sich selbst.

Das ist natürlich nicht als eine freie Selbstschöpfung à la Sartre zu verstehen. Für Marx versteht sich von selbst, (a) dass für die Selbsterzeugung des Menschen dasselbe gilt, was für die Arbeit allgemein gilt: Sie setzt einen Gegenstand voraus und kann nur verfahren, wie die Natur verfährt. (b) Weiter wird nicht behauptet, dass es sich um eine intentionale Selbsterzeugung handelt; vielmehr ergibt sie sich, wie das letzte Zitat erkennen lässt, als ein Nebenprodukt aus der Bearbeitung der Natur. Und schließlich (c) ist hier mit ‹Mensch› nicht das Individuum, sondern die Gattung gemeint. –

Originell war die Selbsterzeugungsthese im Übrigen nicht; mit ihr griff Marx ein älteres Denkmotiv auf, das vornehmlich von idealistischer Seite vertreten und entwickelt worden war. In den *Ökonomisch-philosophischen Manuskripten* rühmt er Hegel als den für ihn entscheidenden Gewährsmann: «Das Grosse an der Hegelschen *Phänomenologie* und ihrem Endresultate – der Dialektik, der Negativität als dem bewegenden und erzeugenden Princip – ist also, einmal daß Hegel die Selbsterzeugung des Menschen als einen Proceß faßt […]; daß er also das Wesen der *Arbeit* faßt und den gegenständlichen Menschen, wahren, weil wirklichen Menschen, als Resultat seiner *eignen Arbeit* begreift. Das *wirkliche, thätige* Verhalten des Menschen zu sich als Gattungswesen, oder die Bethätigung seiner als eines wirklichen Gattungswesens, d. h. als menschlichen Wesens, ist nur möglich dadurch, daß er wirklich alle seine *Gattungskräfte* – was wieder nur durch das Gesammtwirken der Menschen möglich ist, nur als Resultat der Geschichte – heraus schafft, sich zu ihnen als Gegenständen verhält […].» (I,2:404f/40:574) Allerdings hatte Hegel unter ‹Arbeit› vornehmlich *gedankliche* Arbeit verstanden und die ‹Selbsterzeugung› des Menschen daher als Selbst*erkenntnis.* Diese idealistische Version der Selbsterzeugungsthese findet sich dann auch bei den Junghegelianern: «Der Mensch ist ein Produkt der Geschichte, nicht der Natur, er ist das Erzeugnis seiner Selbst und seiner eignen That.»[11] Dabei war aber an gedankliche ‹Thaten› gedacht. Kurzum: Marx hatte das Selbsterzeugungstheorem nicht erfunden, er hat ihm aber durch die Verknüpfung mit der Arbeit eine neue materialistische Deutung gegeben.

Doppeltes Verhältnis. In manchen Darstellungen erscheint ‹Arbeit› als der Zentralbegriff der Marxschen Theorie. Das lässt sich vertreten, soweit man damit auf deren anthropologische Teile abhebt; für den Historischen Materialismus insgesamt wäre die Zuspitzung auf *eine* Kategorie nicht adäquat. Das zeigt sich schon daran, dass die bisher referierten Ansichten zur Arbeit überaus allgemein sind; sie abstrahieren nicht nur von den konkreten Arten von Arbeit, sondern auch von den unterschiedlichen Formen, die sie im Verlauf der historischen Entwicklung annimmt. Vor allem aber lassen sie die Arbeit als einen Prozess zwischen einem einzelnen Arbeiter und der Natur erscheinen. Marx selbst war sich über diese Abstraktheit im Klaren (II,8:198f/23:198f) und auch darüber, dass vom Arbeitsbegriff noch ein Stück Wegs bis zum Historischen Materialismus zurückzulegen ist, von seiner politischen Ökonomie ganz zu schweigen. Denn so aufschlussreich der Arbeitsbegriff für die Anthropologie auch immer sein mag, es ist nicht ohne weiteres zu sehen, welche Tragweite er im Hinblick auf eine Theorie der *Gesellschaft* und der *Geschichte* haben könnte.

Nun kann man sich leicht ein Argument vorstellen, das von der Anthropologie rasch zur Gesellschaftstheorie führt und dabei auch die Arbeit nicht übersieht. Das Argument geht so: Der Mensch ist ein Zoon politikon, ein in Gemeinschaft mit anderen lebendes Wesen, die Gesellschaft ist ihm also natürlich; da er stets mit anderen zusammenlebt, arbeitet er auch mit ihnen zusammen. – Marx hätte dieses Argument nicht rundheraus abgelehnt, aber als trivial beiseitegeschoben. Er war, wie in mancher anderen Hinsicht, auch in der Anthropologie ein Aristoteliker; das Theorem vom Menschen als Zoon politikon hat er oft und gern angeführt.[12] Er hätte daher gegenüber dem Materialisten Hobbes und dem Nichtmaterialisten Rousseau energisch bestritten, dass der solitäre Zustand des Menschen der natürliche und der soziale Zustand der künstliche sei. Für die seit dem 18. Jahrhundert nicht nur literarisch beliebten, sondern auch in der ökonomischen Literatur weit verbreiteten ‹Robinsonaden› hatte er nur Spott übrig; nicht weil sie fiktiv, sondern weil sie irreführend waren, indem sie die essentiell soziale Natur des Menschen vernebelten. Soweit wir auch immer in die Geschichte zurückgehen mögen: auf einen Zustand, in dem isolierte Individuen der Natur gegenüberstehen, werden wir niemals stoßen; stattdessen treffen wir stets Gruppen oder Gemeinschaften von Menschen, die gemeinsam leben und sich die Natur kooperativ und arbeitsteilig aneignen. In diesem Sinne ist Arbeit immer eine gesellschaftliche Tätigkeit. Es mag daher naheliegen, die folgende Passage aus den Manuskripten zur *Deutschen Ideologie* als eine Variante des genannten Arguments zu lesen. Die Passage knüpft an eine knappe Exposition an, in der Marx und Engels drei Voraussetzungen «aller menschlichen Existenz, also auch aller Geschichte» skizzieren. Die erste dieser Voraussetzungen ist die Erzeugung der Mittel zur Befriedigung der elementaren Bedürfnisse, d. h. die Arbeit; die zweite besteht darin, dass diese Befriedigung gemeinsam mit den dazu notwendigen Instrumenten zu neuen Bedürfnissen führt; hinzu kommt drittens die Erzeugung neuer Menschen durch Fortpflanzung. Im Anschluss daran heißt es: «Die Produktion des Lebens, sowohl des eignen in der Arbeit wie des fremden in der Zeugung erscheint nun schon sogleich als ein doppeltes Verhältniß – einerseits als ein natürliches, andrerseits als gesellschaftliches Verhältnis – gesellschaftlich in dem Sinne, als hierunter das Zusammenwirken mehrerer Individuen, gleichviel unter welchen Bedingungen, auf welcher Weise & zu welchem Zweck, verstanden wird. Hieraus geht hervor, daß eine bestimmte Produktionsweise oder industrielle Stufe stets mit einer bestimmten Weise des Zusammenwirkens oder gesellschaftlichen Stufe vereinigt ist, & diese Weise des Zusammenwirkens ist selbst eine ‹Produktivkraft›, daß die Menge der den Menschen zugänglichen Produktivkräfte den gesellschaftlichen Zustand bedingt & also die ‹Geschichte der Menschheit› stets im Zusammenhange mit der Geschichte der Industrie und des Austausches studirt und bearbeitet werden muß.» (I,5:28f/3:29f)

Auch wenn diese Stelle skizzenhaft bleibt und Gedankensprünge enthält, ist sie doch als eine Gelenkstelle der Marxschen Theorie erkennbar, an der die Anthropologie mit der Gesellschaftstheorie einerseits verbunden ist, zugleich aber die Letztere sich von der Ersteren löst. Drei Punkte sind hervorzuheben. – *Zunächst* wird behauptet, dass Menschen von jeher miteinander kooperieren und dass ihre Lebensweise daher von Beginn an gesellschaftlich ist. Dieser These dient die auffallend enge Parallelisierung der biologischen Produktion (=Zeugung) mit der Produktion von Lebensmitteln; die Verfasser legen Wert darauf, das sexuelle Verhalten als einen Spezialfall von Kooperation erscheinen zu lassen. Beide werden als ein «doppeltes Verhältnis» charakterisiert, d. h. als ein sowohl natürliches wie gesellschaftliches Verhältnis. Zu dieser Betonung der Natürlichkeit passt, dass auch die Teilung der Arbeit biologische Grundlagen hat, wie kurz darauf behauptet (I,5:30f/3:31) und im *Kapital* (II,10:317/23:372) noch einmal bestätigt wird. Wir können annehmen, dass hier auf eine sehr frühe Epoche angespielt wird, in der sich die menschliche Lebensweise noch nicht allzu scharf von der der Tiere unterschied; denn alles, was über die «Produktion des Lebens» gesagt wird, trifft offensichtlich genauso auf jene Tiere zu, die bei der Fortpflanzung und bei der Nahrungsbeschaffung kooperieren. – Hier setzt ein *zweiter* Gedanke an, der im zitierten Text in Gestalt einer einschränkenden Bemerkung eher angedeutet als explizit zum Ausdruck gebracht wird, wenn es heißt: «gesellschaftlich in dem Sinne als hierunter das Zusammenwirken mehrerer Individuen verstanden wird […].». Dies lässt erkennen, dass es mit der Gesellschaft noch mehr auf sich hat, als mit dem Begriff «Zusammenwirken» zum Ausdruck gebracht werden kann. Wenn es um humanspezifische gesellschaftliche Beziehungen geht, lassen diese sich nach Marx offenbar nicht auf Kooperationsbeziehungen reduzieren. Es muss etwas hinzukommen, damit aus kooperativen Verhältnissen soziale Verhältnisse werden. Ungeachtet aller Gemeinsamkeiten zwischen tierischer und menschlicher Kooperation, entwickelt sich die Letztere im Verlauf der Geschichte zu Formen, die kein Pendant im Tierreich haben. – Damit ist der *dritte* Gedanke angesprochen, den der zitierte Text enthält. Die Stelle legt in dem anschließenden Satz den Akzent nämlich darauf, dass es um eine jeweils *bestimmte* Produktionsweise, eine *bestimmte* industrielle Stufe und eine *bestimmte* Weise des Zusammenwirkens geht (wobei ‹Industrie› in einem weiten Sinne als ‹Gewerbe› zu verstehen ist). Das mag harmlos klingen, gewinnt aber insofern Gewicht, als damit das Explanandum der Marxschen Theorie bestimmt wird: Es geht nicht darum zu erklären, *dass* Menschen kooperieren und *dass* sie Gesellschaften bilden; beides sind Voraussetzungen, die im Rahmen seiner Theorie nicht als erklärungsbedürftig gelten. Erklärungsbedürftig ist aber, *wie* sie kooperieren und *welche Arten* von Gesellschaft sie bilden. Mit anderen Worten: Erklärungsbedürftig ist die ‹Form› der Gesellschaft und sind die Veränderungen dieser ‹Form›. – *Viertens* schließlich deutet der Text noch an, dass diese Veränderungen der Kooperationsformen in einem (noch nicht spezifizierten) Zusammenhang mit der ‹Geschichte der Menschheit› stehen.

Marx und Engels haben ihre Leser damit in nur wenigen, aber riesigen Schritten von der Anthropologie über die Gesellschaftstheorie zur Geschichtsphilosophie geführt. Wir werden im Folgenden versuchen, diese Schritte nachzuvollziehen. Dafür ist es hilfreich, sich an ihren Ausgangspunkt zu erinnern: Er bestand in dem «doppelten Verhältnis», das die Menschen in der «Produktion ihres Lebens» eingehen, einem sowohl natürlichen wie gesellschaftlichen Verhältnis. Wie wichtig dieses doppelte Verhältnis war, zeigt die Tatsache, dass er es auch in späteren Arbeiten mehrfach betont hat. Ich führe nur zwei Stellen an. In *Lohnarbeit und Kapital* aus dem Jahre 1849 heißt es: «In der Produktion wirken die Menschen nicht allein auf die Natur, sondern auch aufeinander. Sie produzieren nur, indem sie auf eine bestimmte Weise zusammenwirken und ihre Tätigkeiten gegeneinander austauschen. Um zu produzieren, treten sie in bestimmte Beziehungen und Verhältnisse zueinander, und nur innerhalb dieser gesellschaftlichen Beziehungen und Verhältnisse findet ihre Einwirkung auf die Natur, findet die Produktion statt.» (6:407) Ein Jahrzehnt später ist in den *Grundrissen* von einer jeweils bestimmten Weise der Produktion die Rede, «die ebensosehr als Verhalten der Individuen zu einander erscheint, wie ihr bestimmtes thätiges Verhalten zur unorganischen Natur» (II,1.2:398f/42:403). In diesen späteren Arbeiten ist zwar nicht mehr von der Produktion fremden Lebens (=Zeugung) die Rede, sondern nur noch von der Produktion des eigenen Lebens (=Arbeit). Die kooperativen Beziehungen, die die Menschen in ihr eingehen, gelten aber nach wie vor als der Schlüssel zum Verständnis von Gesellschaft und Geschichte.

2. *Materielle gesellschaftliche Verhältnisse*

In der gesellschaftlichen Produktion ihres Lebens gehen die Menschen bestimmte, notwendige, von ihrem Willen unabhängige Verhältnisse ein, Produktionsverhältnisse.

Karl Marx

Wenn wir uns nun seiner Theorie der Gesellschaft zuwenden, so stoßen wir auf das Problem, dass Marx keine hinreichend präzise und ausführliche Darstellung seiner Ansichten hinterlassen hat. Unter dieser Voraussetzung konnte das *Vorwort* der 1859 veröffentlichten Schrift *Zur Kritik der politischen Ökonomie* in den unverdienten Rang einer autoritativen Exposition aufsteigen. Dass Marx vorab erklärt, er habe eine «allgemeine Einleitung» unterdrückt, «weil mir bei näherem Nachdenken jede Vorwegnahme erst zu beweisender Resultate störend scheint» (II,2:99/13:7), hat die Rezipienten ebenso wenig gestört wie die Tatsache, dass die beliebte und vielzitierte Darstellung nicht einmal anderthalb Druckseiten lang und in einem stakkatoähnlichen Duktus formuliert ist. Freunde wie Feinde waren gleichermaßen glücklich, eine doktrinär klingende Ultrakurzzusammenfassung vor sich zu haben, die auf alle Begründungen und auf alle Differenzierungen verzichtet und damit der Bequemlichkeit des Denkens entgegenkam. – Auch ich gehe von ihr aus! Aber nicht der Üblichkeit oder Bequemlichkeit wegen, sondern um die Theoriekonstruktion sichtbar zu machen, die durch sie eher verdeckt als zusammengefasst wird. Die Aussagen des *Vorworts* werden als Startpunkte einer genauen Lektüre anderer Texte von Marx dienen und im Lichte dieser Texte interpretiert. Es soll damit erkennbar werden, vor welche Interpretationsaufgaben uns die Marxsche Neigung stellt, philosophisch bedeutsame Voraussetzungen und Implikationen der eigenen Theorie unerwähnt zu lassen.

Die fragliche Passage lässt sich in drei Abschnitte gliedern, deren erster die Grundidee der Marxschen Sozialontologie skizziert. Ich werde mich im Folgenden zunächst auf diesen ersten Abschnitt konzentrieren. Der zweite, sehr kurze Abschnitt, betrifft das Bewusstsein und den Überbau; auf ihn werde ich im anschließenden Kapitel [IV] näher eingehen. Im dritten Abschnitt geht es um die Geschichtstheorie; sie ist der Gegenstand des letzten Kapitels [V]. – Der erste Teil der Passage lautet so: «Das allgemeine Resultat, das sich mir ergab und, einmal gewonnen, meinen Studien zum Leitfaden diente, kann kurz so formuliert werden: In der gesellschaftlichen Produktion ihres Lebens gehen die Menschen bestimmte, notwendige, von ihrem Willen unabhängige Verhältnisse ein, Produktionsverhältnisse, die einer bestimmten Entwicklungsstufe ihrer materiellen Produktivkräfte entsprechen. Die Gesamtheit dieser Produktionsverhältnisse bildet die ökonomische Struktur der Gesellschaft, die reale Basis, worauf sich ein juristischer und politischer Überbau erhebt, und welcher bestimmte gesellschaftliche Bewußtseinsformen entsprechen.» (II,2:100f/13:8f) Aus diesem atemlosen Selbstreferat lassen sich fünf Thesen herauspräparieren:

V_1 In der gesellschaftlichen Produktion ihres Lebens (=Arbeit) gehen die Individuen bestimmte Verhältnisse untereinander ein: ‹Produktionsverhältnisse›.

V_2 Diese Produktionsverhältnisse sind notwendig und vom Willen der Individuen unabhängig.

V_3 Die Produktionsverhältnisse entsprechen einer bestimmten Entwicklungsstufe der ‹Produktivkräfte›.

V_4 Die Gesamtheit der Produktionsverhältnisse bildet die ‹ökonomische Struktur› der Gesellschaft.

V_5 Diese ökonomische Struktur ist die ‹reale Basis›, auf der sich ein ‹Überbau› der Gesellschaft erhebt und der ‹gesellschaftliche Bewusstseinsformen› entsprechen.

In den ersten vier Thesen ist von ‹Produktionsverhältnissen› die Rede; in der fünften These kommt der Begriff indirekt vor. Dies deutet bereits auf das Gewicht dieser Kategorie hin; eine Vermutung, die dadurch erhärtet wird, dass sie als zentrales Element der Definition des Begriffs ‹ökonomische Struktur› fungiert, der wiederum synonym mit dem der ‹Basis› ist. Damit dürfte klar sein, dass ein angemessenes Verständnis der Marxschen Sozialphilosophie vor allem Klarheit über den Begriff ‹Produktionsverhältnisse› voraussetzt. Vorerst sollen die Thesen V_1 und V_2 näher betrachtet werden; im folgenden Kapitel dann die These V_5, bevor im letzten Kapitel dann auf V_3 mit dem wichtigen Begriff ‹Produktivkräfte› einzugehen ist.

Produktionsverhältnisse. Wie viele andere seiner Begriffe hat Marx auch diesen nirgends explizit und mit der wünschenswerten Präzision definiert.[13] Er begnügt sich in These V_1 mit der Aussage, dass die Menschen sie in der gesellschaftlichen Produktion ihres Lebens ‹eingehen›; ähnlich karg sind andere Stellen (etwa II,15:850/25:885). Dabei sind von vornherein zwei mögliche Missverständnisse auszuräumen. *Erstens* sollte nach dem, was wir über die Marxsche Anthropologie bereits wissen, klar sein, dass sich das Verb ‹eingehen› nicht auf einen Prozess beziehen kann, in dem ursprünglich isolierte Individuen zu kooperieren beginnen; das Leben in Gemeinschaft schließt von Beginn an kooperative Arbeit ein. Es geht nicht um Kooperation schlechthin, sondern um die Art und Weise der Kooperation. *Zweitens* behauptet Marx weder im *Vorwort* noch in anderen Werken, dass die Produktionsverhältnisse die *einzigen* Beziehungen sind, die in einer Gesellschaft zwischen den Individuen bestehen; oder auch nur die einzigen Beziehungen, die die Individuen in der Produktion ‹eingehen›. Die Produktionsverhältnisse koexistieren in der Gesellschaft mit vielen anderen Arten von Beziehungen; vor allem mit natürlichen (sexuellen, verwandtschaftlichen) Beziehungen, ohne die eine Gesellschaft trivialerweise nicht fortexistieren kann; weitere Arten von Verhältnissen lassen sich nach Belieben ergänzen. Auch in der Produktion können beliebig viele Beziehungen zwischen den Individuen bestehen: Kollegen können sich beispielsweise mögen oder mobben. Es geht Marx nicht um beliebige zwischenmenschliche Beziehungen, auch nicht um die aus der ‹technischen› Koordination des Arbeitsprozesses resultierenden instrumentellen Beziehungen zwischen den Beteiligten; sondern allein um die Identifikation der für die *soziale* Dimension der Produktion konstitutiven Beziehungen; Marx spricht von ‹ökonomischen› Beziehungen. Das sind diejenigen, von denen erstens die ‹Weise der Produktion› und zweitens die Ordnung oder die ‹ökonomische Struktur› der ganzen Gesellschaft abhängt. Die Botschaft der Thesen V_1 bis V_5 besagt, dass es die Produktionsverhältnisse sind, die diese fundamentale Rolle spielen. Zu den vielen Problemen des *Vorworts* gehört, dass es diese Thesen zwar aufstellt, aber weder erläutert noch begründet. Es lässt noch nicht einmal erkennen, dass wir es bei ‹Produktionsverhältnisse› mit einem Terminus technicus zu tun haben.

Um zu verstehen, was Produktionsverhältnisse sind, müssen wir noch einmal zusammentragen, was wir bisher über die Marxsche Anthropologie erfahren haben. Um ihre Bedürfnisse zu befriedigen, müssen die Menschen arbeiten; gleichzeitig sind sie als soziale Wesen nur innerhalb einer Gemeinschaft überlebensfähig. Daraus ergibt sich zunächst nur, *dass* die Individuen in der Produktion stets in einem doppelten Verhältnis stehen: einerseits in einem Verhältnis zur Natur, andererseits in einem Verhältnis zu anderen Individuen. Wir wollen aber mehr erfahren: Wir wollen wissen, von *welcher Art* die Verhältnisse sind, die die Individuen untereinander eingehen, wenn sie arbeiten. Kommen wir noch einmal auf das bereits angeführte Zitat zurück, in dem Marx diesen Punkt einigermaßen deutlich macht: «In der Produktion wirken die Menschen nicht allein auf die Natur, sondern auch aufeinander. Sie produzieren nur, indem sie auf eine *bestimmte* Weise zusammenwirken und ihre Tätigkeiten gegeneinander austauschen. Um zu produzieren, treten sie in *bestimmte* Beziehungen und Verhältnisse zueinander, und nur innerhalb dieser gesellschaftlichen Beziehungen und Verhältnisse findet ihre Einwirkung auf die Natur, findet die Produktion statt.» (Hervorhebungen K. B.) Wovon diese Bestimmtheit abhängt, hatte er uns im *Vorwort* merkwürdigerweise verschwiegen; er sagt es aber im Anschluss an das eben wiederholte Zitat: «Je nach dem Charakter der Produktionsmittel werden natürlich diese gesellschaftlichen Verhältnisse, worin die Produzenten zueinander treten, die Bedingungen, unter welchen sie ihre Tätigkeiten austauschen und an dem Gesamtakt der Produktion teilnehmen, verschieden sein.» (6:407) Hier kommt ein neuer Begriff ins Spiel: ‹Produktionsmittel›. Wir sind auf ihn indirekt aber im Zusammenhang der drei ‹einfachen Momente› des Arbeitsprozesses gestoßen; mit ihm fasst Marx nämlich die beiden unabdingbaren objektiven Voraussetzungen dieses Prozesses zusammen: Arbeitsgegenstände und Arbeitsmittel. Behauptet wird also, dass *die Art* des doppelten Verhältnisses, das die Individuen in der materiellen Produktion ihres Lebens eingehen, von den Produktionsmitteln abhängt; dass die Produktionsmittel also sowohl die ‹vertikalen› Beziehungen zwischen Mensch und Natur strukturieren als auch die ‹horizontalen› Beziehungen, die die Individuen in der Produktion untereinander eingehen.

Diese Behauptung ist nicht selbstevident und bedarf der Erläuterung. Ich möchte sie anhand zweier einfacher Beispiele illustrieren. Wir stellen uns zu diesem Zweck zwei Gruppen von Individuen vor, die zusammen leben und produzieren; es kann sich auch um dieselbe Gruppe handeln, die wir zu zwei verschiedenen, historisch weit auseinanderliegenden Zeitpunkten betrachten. Im Fall A haben wir es mit einer Gruppe vorzeitlicher Jäger und Sammler zu tun. Ihnen steht ein gemeinsames Jagdrevier zur Verfügung und jeder von ihnen verfügt über eigene Jagdwerkzeuge. Im Fall B haben unsere Jäger die neolithische Revolution hinter sich gebracht und betreiben Landwirtschaft. Sie leben in einem Dorf zusammen, aber nur einige von ihnen verfügen über das Produktionsmittel Land. Das könnte daran liegen, dass das bebaubare Land knapp und nicht beliebig erweiterbar ist. Demgegenüber konnten die einzelnen Jäger im Fall A ihre Produktionsmittel jederzeit neu herstellen, sodass ihre Monopolisierung durch einige Gruppenmitglieder ausgeschlossen war. – Unser Interesse an dieser holzschnittartigen Gegenüberstellung gilt nicht den unterschiedlichen Mensch-Natur-Beziehungen und Lebensweisen, sondern den Kooperationsweisen, die jeweils charakteristisch sind. In ebenso holzschnittartiger Vereinfachung springen zwei Unterschiede ins Auge.

Erstens werden die Individuen im Fall A auf der Basis von Gleichheit miteinander kooperieren, denn keiner von ihnen hat einen Grund, sich dem anderen unterzuordnen. Entscheidend dafür ist, dass jeder Beteiligte über eigene Produktionsmittel verfügt. Damit sind Ungleichheiten anderer Art nicht ausgeschlossen; so kann einer der Jäger über größere Erfahrungen verfügen oder den anderen durch eine andere natürliche Eigenschaft überlegen sein; daraus können auch Unterschiede im Status erwachsen. Diese Unterschiede sind aber zufällig und von begrenzter Dauer; sie begründen keinen *systematischen* sozialen Unterschied zwischen den Beteiligten, wie es im Fall B durch die Ungleichheit des Eigentums der Fall ist. Demgegenüber sind einige Individuen im zweiten Beispiel darauf angewiesen, dass andere ihnen Land zur Bebauung überlassen. Ihre Kooperation ist daher asymmetrisch: Die einen stellen das Produktionsmittel Boden zur Verfügung, die anderen pachten es von ihnen. Das Produktionsverhältnis zwischen ihnen schließt eine systematische soziale Abhängigkeit der einen Gruppe von der anderen ein.

Zweitens zeigt sich die Differenz zwischen den Produktionsverhältnissen in A und B auch dann, wenn es um die Verteilung der kooperativ erwirtschafteten Erträge geht. Im ersten Fall gibt es keinen systematischen Grund, die Beute zwischen den beteiligten Jägern ungleich zu verteilen. Sofern es ad hoc-Anlässe für ungleiche Verteilung geben sollte, werden diese zeitlich und räumlich beschränkt bleiben. In Fall B hingegen wird man erwarten müssen, dass die soziale Abhängigkeit zu einer ungleichen Verteilung führt. Denn die Landeigentümer werden den Nichteigentümern ihr Land in aller Regel nicht umsonst überlassen; sie werden irgendeine Art von ‹Gebühr› verlangen und den Nichteigentümern wird keine andere Wahl bleiben, als sie zu entrichten. Sofern ihr Landbesitz groß genug ist, um vielen anderen Teile davon zu verpachten, werden sie genug Einkünfte haben, um sich aus der unmittelbaren Produktion zurückzuziehen und sich auf die Überwachung und Leitung der Arbeit anderer zu beschränken.

Eigentum. Wenn wir diese Gegenüberstellung von A und B akzeptieren, dann ergibt sich der Schluss, dass sich die grob angedeuteten sozialen Unterschiede zwischen den beiden Fällen aus den jeweils unterschiedlichen Arten der Verfügung über die Produktionsmittel ergeben. Strukturierend für die Produktionsverhältnisse ist also nicht, ob die kooperierenden Individuen einander mögen, ob einer von ihnen größer, älter, stärker ist, ob sie miteinander verwandt sind, verfeindeten Fußballvereinen oder derselben Glaubensgemeinschaft angehören. Alle diese Faktoren mögen in einzelnen Fällen bedeutsam sein; so ist es möglich, dass in dem zweiten Beispielfall ein Landbesitzer einem eigentumslosen Individuum sein Land (aus Gründen der Sympathie oder weil beide derselben Glaubensgemeinschaft angehören) kostenfrei überlässt. Das bliebe aber eine individuelle Entscheidung, die (a) nichts an der *strukturellen* Ungleichheit zwischen beiden ändern würde und die (b) nur geringe Chancen hätte, allgemeine Praxis zu werden, und daher auf diesen individuellen Fall beschränkt bliebe. Wie jede andere Theorie der Gesellschaft ist auch die von Marx nicht an Einzelfällen, sondern am Regelfall interessiert. These V_1 zielt also auf diejenigen Verhältnisse zwischen den Individuen, die konstitutiv für die betreffende soziale Ordnung der Produktion sind; zielt also auf die *strukturellen* Abhängigkeitsverhältnisse zwischen den beteiligten Individuen, auf die *strukturellen* Bedingungen ihrer Gleichheit oder Ungleichheit und auf die *strukturellen* Grundlagen von Ausbeutung.

Dass der dafür entscheidende Faktor in der Verfügung über die Produktionsmittel bzw. Produktionsbedingungen besteht, kommt im folgenden Zitat gut zum Ausdruck: «Es ist jedesmal das unmittelbare Verhältniß der Eigenthümer der Produktionsbedingungen zu den unmittelbaren Producenten – ein Verhältniß, dessen jedesmalige Form stets naturgemäß einer bestimmten Entwicklungsstufe der Art und Weise der Arbeit und daher ihrer gesellschaftlichen Produktivkraft entspricht –, worin wir das innerste Geheimniß, die verborgne Grundlage der ganzen gesellschaftlichen Konstruktion, und daher auch der politischen Form des Souveränitäts- und Abhängigkeitsverhältnisses, kurz, der jedesmaligen specifischen Staatsform finden.» (II,15:766f/25:799f) Gut zum Ausdruck kommt in diesem Zitat auch, dass es Marx weder um die Produktion *im Allgemeinen* noch um die Verhältnisse zwischen den Individuen *überhaupt* geht, sondern um die «jedesmalige Form», die diese Verhältnisse annehmen. Wir sind dem Formbegriff bereits begegnet und später wird über seine Bedeutung bei Marx noch mehr zu sagen sein. Festzuhalten bleibt die Behauptung, dass von der Verfügung über die Produktionsmittel die jedesmalige Form der sozialen Beziehungen zwischen den in der Produktion kooperierenden Individuen abhängt, d. h. die konkrete Gestalt der Produktionsverhältnisse. Die weitergehende Behauptung, dass auch die politische Struktur der Gesellschaft von ihnen abhängt, wollen wir einstweilen ignorieren. Der Schritt von den Produktionsverhältnissen zur Gesellschaft insgesamt und ihrem ‹Überbau›, den Marx in These V_5 gegangen war, bedarf einer separaten Erläuterung und Rechtfertigung.

Die Verfügungsgewalt über Produktionsmittel bezeichnet Marx als ‹Eigentum›. Damit legt sich Marx auf eine Verwendung dieses Begriffs fest, die sich ausschließlich auf Produktionsmittel bezieht. Dass man auch an Konsumtionsmitteln Eigentum erwerben kann, hätte er wohl nicht bestritten, erschien ihm aber für die Zwecke seiner Theorie als uninteressant. Außerdem legt sich der Jurist Marx damit auf einen nicht-juristischen (sondern, wie er sagt: ‹ökonomischen›) Eigentumsbegriff fest. Denn mit diesem Begriff ist, wie er nachdrücklich betont, nur die tatsächliche Verfügung eines Produzenten über die materiellen Voraussetzungen seines Produzierens gemeint, über die Arbeitsmittel und Arbeitsgegenstände also. Das ist eine sehr allgemeine Verwendungsweise, denn unter dieser Definition ist das Eigentum eine Voraussetzung jeglicher Produktion: «Alle Production ist Aneignung der Natur von Seiten des Individuums innerhalb und vermittelst einer bestimmten Gesellschaftsform. In diesem Sinn ist es Tautologie zu sagen, daß Eigenthum (Aneignen) eine Bedingung der Production sei. Lächerlich aber ist es hiervon einen Sprung auf eine bestimmte Form des Eigenthums, z. B. das Privateigenthum zu machen.» (II,1.1:25/42:23) Selbst wenn man einräumt, dass der Sprung von ‹Eigentum› zu ‹Privateigentum› unzulässig ist, wird man den Marxschen Sprung von ‹Aneignen› zu ‹Eigentum› doch nicht ohne weiteres mitzumachen bereit sein. Unser Autor beharrt aber auf ihm; an einer späteren Stelle der *Grundrisse* heißt es: «*Eigenthum* meint also ursprünglich nichts als Verhalten des Menschen zu seinen natürlichen Productionsbedingungen als ihm gehörigen, als den seinen, als mit seinem *eignen Dasein vorausgesetzten*; Verhalten zu denselben als *natürlichen Voraussetzungen* seiner selbst, die so zu sagen nur seinen verlängerten Leib bilden.» (II,1.2:395/42:399) Mit dem Wort ‹ursprünglich› wird zwar eine Einschränkung vorgenommen und gesagt, dass zu der tatsächlichen Verfügung später noch etwas hinzukommen wird; worum es sich dabei handelt, möchte er hier aber noch nicht verraten. Tatsächlich versteckt sich hinter dieser Zurückhaltung ein systematisches Problem, auf das wir im folgenden Kapitel [IV,2] ausführlicher eingehen müssen. Wichtig ist an dieser Stelle nur, dass wir nun in der Lage sind, den Begriff ‹Produktionsverhältnisse› genauer zu bestimmen. Es handelt sich dabei um Beziehungen zwischen menschlichen Individuen, die

- in der Produktion ‹eingegangen› werden; die
- konstitutiv für den sozialen bzw. ‹ökonomischen› Charakter der Produktion sind; und die
- über das Eigentum an Produktionsmitteln vermittelt sind.

Aufgrund der Zentralstellung des Eigentums können die Produktionsverhältnisse auch als ‹Eigentumsverhältnisse› charakterisiert werden. Genauer: ‹Eigentumsverhältnisse› ist «nur ein juristischer Ausdruck» (II,2:100/13:9) für ‹Produktionsverhältnisse›.

Der letzte dieser Punkte verdient eine besondere Beachtung, die er in der Sekundärliteratur nur selten bekommt. Er besagt nämlich, dass es sich bei Produktionsverhältnissen um eine *dreistellige Relation* handelt.[14] Die beteiligten Individuen stehen vermittels des Eigentums an den Produktionsmitteln in Beziehung zueinander. Im oben skizzierten Fall B bestünde das Produktionsverhältnis zwischen (a) dem Eigentümer und (b) dem Pächter, vermittelt durch (c) das Produktionsmittel Boden. Diese Dreistelligkeit ist *fundamental* für die Marxsche Theorie der Gesellschaft, insbesondere für den mit ihr vertretenen Materialismus. Bevor ich darauf näher eingehe [III,3], vorab drei Hinweise zur Bedeutung der Dreistelligkeit.

Erstens steht die Dreistelligkeit der Produktionsverhältnisse in einem nicht allzu schwer erkennbaren Zusammenhang mit der Marxschen Anthropologie (der Mensch als ‹toolmaking animal›) und seinem Arbeitsbegriff, der ja die Werkzeugvermitteltheit der produktiven Tätigkeit hervorgehoben hatte. Das in der Arbeit realisierte ‹doppelte Verhältnis› ist sowohl in seiner ‹vertikalen› wie in seiner ‹horizontalen› Dimension durch Werkzeuge vermittelt.

Zweitens ist die Dreistelligkeit grundlegend für die Marxsche Klassentheorie. ‹Klassen› sind ihr zufolge Gruppen von Individuen, die eine gleichartige Stellung im Produktionsprozess einnehmen; aber ‹gleichartig› nicht in irgendeinem Sinne, sondern gleichartig im Hinblick auf ihr Eigentum an den Produktionsmitteln. ‹Kapitalist› wird man nicht dadurch, dass man reich ist, sondern dadurch, dass man Produktionsmittel besitzt, mit denen andere, die keine besitzen, arbeiten. Dadurch entsteht ein Produktionsverhältnis zwischen den betreffenden Individuen; und da dies nicht nur für einzelne Individuen gilt, sondern für Gruppen von Individuen, sind die Produktionsverhältnisse stets Klassenverhältnisse, wie Marx ausdrücklich betont (4:356f).[15]

Drittens bliebe auch der Zusammenhang zwischen Gesellschaftstheorie und politischer Programmatik unverständlich, wenn die Dreistelligkeit der Produktionsverhältnisse entfiele. Die politische Programmatik von Marx (und anderen Sozialisten) zielt ja auf eine Umwälzung der Eigentumsverhältnisse, d. h. auf die Vergesellschaftung der Produktionsmittel. Wie die meisten anderen Sozialisten hat Marx stets behauptet, «dass die Produzenten nur dann frei sein können, wenn sie im Besitz der Produktionsmittel sind» (19:238). Diese Behauptung erhält ihren Sinn aber daraus, dass die Produktionsmittel (bzw. das Eigentum an ihnen) der entscheidende Faktor sind, der die sozialen Verhältnisse zwischen den Individuen determiniert; dass diese sozialen Verhältnisse also durch das Eigentum vermittelt und mithin dreistellig sind.

Materialität. In These V_2 des *Vorworts* hatte Marx behauptet, dass die Individuen in der gesellschaftlichen Produktion ihres Lebens «bestimmte, notwendige, von ihrem Willen unabhängige Verhältnisse» eingehen. Das klingt so harmlos, dass viele Interpreten die Tragweite dieser These übersehen haben. Sie enthält die sozialontologisch zentrale Botschaft der Marxschen Gesellschaftstheorie. Oder anders gesagt: Sie formuliert die zentrale Idee des Historischen *Materialismus.* Denn mit der Aussage, dass die Produktionsverhältnisse (a) notwendig und (b) vom Willen der Beteiligten unabhängig seien, legt Marx sein Verständnis von ‹Materialität› in Bezug auf soziale Phänomene fest.

Dass die Produktionsverhältnisse materiell seien, behauptet Marx erstmalig in den Manuskripten zur *Deutschen Ideologie*, wo es im Zusammenhang mit der oben zitierten Aussage über das doppelte Verhältnis, das die Individuen in der Produktion eingehen, heißt: «Es zeigt sich also schon von vorn herein ein materialistischer Zusammenhang der Menschen unter einander der durch die Bedürfnisse & die Weise der Produktion bedingt & so alt ist wie die Menschen selbst – ein Zusammenhang, der stets neue Formen annimmt & also eine ‹Geschichte› darbietet, auch ohne daß irgend ein politischer oder religiöser Nonsens existirt, der die Menschen noch extra zusammenhalte.» (I,5:29/3:30) Leicht erkennbar ist die polemische Abgrenzung von idealistischen Konzeptionen von sozialer Integration, die den Zusammenhang und Zusammenhalt der Gesellschaft auf ideelle oder psychische Phänomene gründen wollen: auf den göttlichen Willen, auf die Moral, auf die Sympathie, auf die Vernunft oder auf das Kollektivbewusstsein. Obwohl Marx und Engels die Existenz und Wirksamkeit von Bewusstseinsphänomenen nicht bestreiten, wollen sie ihnen doch nicht den Rang gesellschaftskonstituierender Phänomene zubilligen. Es ist nicht «irgend ein politischer oder religiöser Nonsens», der die Gesellschaft zusammenhält und ihre Struktur erklärt; die soziale Integration beruht vielmehr auf einem «materialistischen» (gemeint ist: materiellen) Zusammenhang. In späteren Äußerungen ist dann gelegentlich von «materiellen Verhältnissen» (um nur ein Beispiel anzuführen: II,1.1:96/42:97) die Rede, aber meist beiläufig und ohne nähere Erläuterung.

Wir haben bereits erfahren, dass einige Marx-Interpreten diese Redeweise nicht sehr ernst genommen und eine Erläuterung daher nicht für erforderlich gehalten haben. Andere haben sie so verstanden, dass die Verhältnisse materiell seien, weil sie in der materiellen Produktion, d. h. in der Produktion materieller Güter eingegangen werden; oder dass die Verhältnisse ‹materiell› seien, weil sie durch materielle Produktionsmittel vermittelt seien. Der grundlegende Irrtum dieser Deutungsversuche besteht darin, dass sie die Materialität der Produktionsverhältnisse auf irgendwelche stofflich-handgreiflichen Entitäten zurückzuführen suchen: auf materielle Güter, auf die materiellen Produktionsmittel. Es ist aber, wie wir sehen werden, von entscheidender Bedeutung für ein adäquates Verständnis des Historischen Materialismus, sich von der Identifikation von Materialität mit Stofflichkeit zu verabschieden. – Einen Schritt nach vorn bedeutet es demgegenüber, wenn behauptet wird, die Materialität der Produktionsverhältnisse ergebe sich «aus ihrem Platz und ihrer Funktion in der gesellschaftlichen Totalität hinsichtlich der ideellen und ideologischen Erscheinungen» sowie aus ihrer Beziehung zu den Produktivkräften «und, dadurch vermittelt, zur Natur».[16] Zwar wird auch hier nach einem letzten Materialitätsanker in der Natur gesucht, doch wird die Materialität immerhin mit dem Aufbau der Gesellschaft in Zusammenhang gebracht und somit funktional bestimmt. Unbeantwortet bleibt damit allerdings, (a) warum Marx die Produktionsverhältnisse *materiell* nennt (und nicht einfach nur ‹besonders wichtig›) und (b) *warum* sie nach Marx einen ausgezeichneten Platz im gesellschaftlichen Gefüge einnehmen (nämlich grundlegend für den ‹Überbau› sind).

Um zu verstehen, was mit der ‹Materialität› der Produktionsverhältnisse gemeint ist, muss vorab die Marxsche Ablehnung des gesellschaftstheoretischen Naturalismus unterstrichen werden. Jeder Versuch, soziale Prozesse als Naturprozesse zu deuten, war ihm (a) unter ideologiekritischen Gesichtspunkten verdächtig. Er unterstellte ihnen eine Tendenz zur Verklärung bestehender sozialer Verhältnisse als ‹natürlich› oder ‹naturgegeben› und damit als unvermeidlich, unüberwindbar und legitim. Er hielt sie (b) für theoretisch unbefriedigend, da sie auf eine Subsumtion konkreter historischer Verhältnisse und Prozesse auf abstrakt-allgemeine Formeln wie etwa ‹Kampf um das Dasein› hinausliefen und damit das detaillierte empirische Studium dieser Verhältnisse und Prozesse überflüssig zu machen schienen. Philosophisch entscheidend ist (c), dass der Naturalismus eine zentrale Differenz zwischen Natur und Gesellschaft unterschlägt: Soziale Phänomene sind von Menschen erzeugt. Das gilt auch für die Produktionsverhältnisse, von denen Marx immer wieder sagt, dass die Menschen sie in der Produktion ‹eingehen› (was dieser Ausdruck bedeutet, wird weiter unten noch zu klären sein). Daneben gibt es eine Reihe expliziter Äußerungen wie: «Die Natur producirt nicht auf der einen Seite Geld- oder Warenbesitzer und auf der andren bloße Besitzer der eignen Arbeitskräfte.» (II,8:185/23:183) Die Produktionsverhältnisse sind also das Produkt menschlichen Handelns und in diesem Sinne ‹Kultur› anstatt Natur. – Daraus ergibt sich ein Problem. Auf der einen Seite sollen die Produktionsverhältnisse materiell sein, auf der anderen sollen sie das Produkt menschlichen Handelns (Arbeit) sein, und Marx hatte, wie wir uns erinnern, die Bewusstseinskomponente der

Arbeit hervorgehoben. Beides schließt sich natürlich nicht aus, denn der Tisch eines Tischlers ist auch das Produkt intentionaler menschlicher Arbeit und doch offensichtlich materiell. Warum sollte das nicht auch für die Produktionsverhältnisse gelten? Gleichwohl gibt es hier eine Disanalogie: Der Tisch nimmt eine von der Tätigkeit des Tischlers unabhängige und selbständige Gestalt an; er ist eine Substanz im Aristotelischen Sinne. Von Produktionsverhältnissen kann man das nicht sagen; sie manifestieren sich ausschließlich *im* Handeln der Beteiligten und nehmen *keine* selbständige Gestalt an. In welchem Sinne können sie dann materiell sein?

Es ist schwer zu entscheiden, ob Marx übersehen hat, dass hier ein Problem vorliegt, oder ob er angenommen hat, es durch seine Theorie gelöst zu haben, sodass sich eine eingehendere Erörterung erübrige. An den Irrwegen der Rezeption lässt sich allerdings leicht ablesen, dass diese Lösung weniger offensichtlich ist, als er angenommen zu haben scheint. Die Voraussetzungen und Implikationen der harmlos daherkommenden Thesen V_1 bis V_3 liegen nicht ohne weiteres auf der Hand, sondern müssen rekonstruiert werden. Als hilfreich dafür werden sich Teile des heutigen wissenschaftstheoretischen Vokabulars (das Marx natürlich noch nicht zur Verfügung stand) erweisen, insbesondere die Begriffe ‹Emergenz› und ‹Supervenienz›.[17] Sie erlauben es, die von Marx eher intuitiv postulierten Zusammenhänge terminologisch präziser zu reformulieren. – Der die Thesen V_1 bis V_3 enthaltende Satz lautete: «In der gesellschaftlichen Produktion ihres Lebens gehen die Menschen bestimmte, notwendige, von ihrem Willen unabhängige Verhältnisse ein, Produktionsverhältnisse, die einer bestimmten Entwicklungsstufe ihrer materiellen Produktivkräfte entsprechen.» Er lässt sich als eine Sequenz von drei Behauptungen reformulieren, die zusammen einen Prozess *emergenter Strukturbildung* umreißen; einen Prozess also, der zur Entstehung von Struktur (oder Ordnung) führt, ohne dass diese Struktur in ihren Komponenten bereits präformiert gewesen wäre:

(1) Vorausgesetzt, dass die Menschen arbeiten müssen, um zu überleben, und weiter vorausgesetzt, dass die Arbeit die Merkmale aufweist, die wir oben kennengelernt haben, stellt sich die gesellschaftliche Produktion als ein Prozess dar, der zwei verschiedene Ebenen aufweist:
  - eine untere Ebene, die sich aus den konkreten produktiven *Handlungen der Individuen* zusammensetzt; wir können allgemeiner auch von einer ‹Mikroebene› sprechen; und

- eine obere Ebene, die aus den einzelnen *Verhältnissen* besteht, die die Individuen in der Arbeit eingehen; dies ist die ‹Makroebene› der Produktionsverhältnisse.

(2) Die obere Ebene der Produktionsverhältnisse geht aus dem konkreten Produktionshandeln hervor und hängt von ihm ab. Dabei ist mit ‹abhängen› gemeint: Die Produktionsverhältnisse ändern sich (nur), wenn sich das produktive Handeln der Individuen ändert. Es besteht ein einseitiges Abhängigkeitsverhältnis zwischen den Produktionsverhältnissen und dem Produktionshandeln: Die Makroebene ‹superveniert› auf der Mikroebene. – Auf die Frage, warum die Individuen in der Produktion auf eine bestimmte *Weise* handeln, antwortet Marx mit dem Begriff ‹Produktivkräfte›. Dieser wichtige Begriff wird weiter unten [V,1] genauer expliziert werden. Im Vorgriff darauf muss an dieser Stelle der Hinweis genügen, dass mit den Produktivkräften ein dynamischer Faktor ins Spiel kommt: Da sie in einem langsameren oder schnelleren Wachstum begriffen sind, werden die Individuen veranlasst, die Art und Weise ihres Produktionshandelns zu ändern; und damit *ändern* sich nach Marx notwendigerweise auch die Produktionsverhältnisse.

(3) Zumindest einige der Eigenschaften und Gesetzmäßigkeiten, die wir auf der oberen Ebene antreffen, sind neu im Vergleich zu den Eigenschaften und Gesetzmäßigkeiten, die wir auf der unteren Ebene antreffen. Diese neuen Eigenschaften sind ‹emergent›, insofern sie kein Pendant auf der Mikroebene haben und nicht auf die dort anzutreffenden Eigenschaften reduzierbar sind. (a) So werden aus menschlichen Individuen, indem sie bestimmte Produktionsverhältnisse eingehen, plötzlich Leibeigene und Grundherren oder Arbeiter und Kapitalisten. (b) In gesellschaftstheoretischer Perspektive ist festzuhalten, dass (nur) auf der Makroebene jene ökonomischen Gesetze gelten, die Marx im Rahmen seiner Schriften zur politischen Ökonomie analysiert hat. (c) Die im Hinblick auf die Materialismusthese entscheidende Differenz besteht darin, dass die Individuen auf der Mikroebene intentional und bewusstseinsgesteuert handeln; dass die daraus resultierenden Produktionsverhältnisse jedoch von ihrem Willen und ihren Wünschen unabhängig sind.

Dieser letzte Punkt (c) erhellt, dass die Sequenz der drei Behauptungen als eine Explikation der Marxschen Verwendung des Ausdrucks ‹materiell› verstanden werden kann. Die Produktionsverhältnisse sind *nicht* materiell, weil sie etwa in der Produktion materieller Güter eingegangen werden. Vielmehr sind sie materiell, weil sie zum einen aus dem *Handeln* der Individuen hervorgehen. Es sind zwar intentional und bewusst handelnde Individuen, die sie eingehen; sie gehen aber nicht aus ihrem Bewusstsein hervor, sondern aus ihrem Handeln. Sie sind ein objektives, kein intentionales Resultat ihres Handelns. Die Pointe dieser Auffassung wird deutlich, wenn man sie mit prominenten gegenwärtigen sozialontologischen Theorien vergleicht, für die kollektive Intentionalität die Basis von sozialen Institutionen ist.[18] Grundlegend ist hier nicht das Handeln, sondern sind der (kollektive) Wille oder die (kollektiven) Überzeugungen der Individuen. – Zweitens sind sie materiell, insofern sie nicht frei wählbar, sondern notwendig sind. Das sind sie in einem doppelten Sinne: Sie sind erstens notwendig, weil weder die Individuen noch die Menschheit insgesamt ohne kooperative Arbeit überlebensfähig wäre; es müssen also *irgendwelche* Produktionsverhältnisse eingegangen werden. Notwendig ist aber zweitens nicht nur, *dass* Produktionsverhältnisse eingegangen werden, sondern auch die jeweilige *Art* des Produktionsverhältnisses. Es steht den beteiligten Individuen nicht frei, ein Produktionsverhältnis zu wählen. So werden sich zwischen (wie Marx sagt: ‹doppelt freien›) Lohnarbeitern und Fabrikbesitzern keine feudalen Produktionsverhältnisse einstellen; die Lohnarbeiter werden also keine Leibeigenen oder Pächter werden. Welcher *Art* die ökonomischen Verhältnisse zwischen den Beteiligten sind, hängt davon ab, wie die verfügbaren Produktionsmittel unter ihnen verteilt sind. Anders ausgedrückt: Bestimmte Eigentumsverhältnisse vorausgesetzt, ergeben sich im kollektiven Arbeitsprozess einer Gesellschaft mit Notwendigkeit und unabhängig vom Willen der Beteiligten bestimmte Produktionsverhältnisse.

3. Eine relationale Sozialontologie

> *Die Gesellschaft besteht nicht aus Individuen, sondern drückt die Summe der Beziehungen, Verhältnisse aus, worin diese Individuen zueinander stehen.*
>
> Karl Marx

Fassen wir die Überlegungen des letzten Abschnitts zusammen, so ergeben sie die These, dass die menschliche Gesellschaft aus einem Gefüge von *Verhältnissen*, *Beziehungen* oder *Relationen* besteht; und dass diese Verhältnisse *materiell* sind. Man kann diese These als den ersten Hauptsatz des Historischen Materialismus charakterisieren; er macht, zusammen mit zwei weiteren (die in den Kapiteln IV und V vorgestellt werden) den ‹harten Kern› dieses Forschungsprogramms aus. Der erste Hauptsatz statuiert eine Sozialontologie, die sich von der gesamten vorhergehenden Tradition des gesellschaftstheoretischen Materialismus abgrenzt, die meist von atomistischen Voraussetzungen ausgegangen war. Die Gründe für diesen Atomismus sind leicht erkennbar: Für Theoretiker, die allen idealistischen Wolkengebilden abhold sein und sich stattdessen strikt an die Realität halten möchten, liegt es nahe, sich ganz auf das Sichtbare und Greifbare zu konzentrieren. Sichtbar und greifbar sind aber, soweit es um gesellschaftliche Phänomene handelt, in erster Linie die menschlichen Individuen. In den atomistischen Sozialtheorien der Antike (Demokrit, Epikur und Lukrez) und der Moderne (Hobbes und die Materialisten des 18. Jahrhunderts) wird die Gesellschaft folgerichtig als ein Aggregat unabhängiger menschlicher Individuen aufgefasst. So kündigte Hobbes in der Einleitung seines *Leviathan* eine Untersuchung des Staates an, die damit beginnen soll, den «Werkstoff» (matter) und den «Konstrukteur» (artificer) dieses «künstlichen Menschen» zu analysieren; beides ist der Mensch.[19] Dieser Atomismus war wohl einer der Hauptgründe dafür, dass Marx sich bei der Ausarbeitung seiner Theorie nur selten auf den gesellschaftstheoretischen Materialismus bezog.

Verhältnisse zwischen Individuen. Theoriegeschichtlich kann diese Ablehnung auf Marx' Wurzeln in der Hegelschen Schule zurückgeführt werden. Hegel hatte den Atomismus aus prinzipiellen philosophischen Gründen abgelehnt und massive Einwände gegen seine Übertragung auf die Gesellschaft formuliert.[20] Marx kannte diese Kritik und griff sie in seiner frühen Auseinandersetzung mit Hegels Rechtsphilosophie zustimmend auf: Der politisch-gesellschaftliche Atomismus wird als ein Produkt der Spaltung zwischen bürgerlicher Gesellschaft und Staat (I,2:88f/1:283) dechiffriert. Ein gutes Jahr später erscheint das Thema im Zusammenhang einer Polemik gegen den von Bruno Bauer und anderen Junghegelianern vertretenen Individualismus von neuem: «Genau und im prosaischen Sinne zu reden, sind die Mitglieder der bürgerlichen Gesellschaft keine *Atome*. Die *charakteristische Eigenschaft* des Atoms besteht darin, *keine* Eigenschaften und darum keine durch seine eigne *Naturnotwendigkeit* bedingte Beziehung zu andern Wesen außer ihm zu haben. Das Atom ist *bedürfnislos*, *selbstgenügsam*; die

Welt außer ihm ist die absolute *Leere*, d. h. sie ist inhaltslos, sinnlos, nichtssagend, eben weil es *alle Fülle* in sich selbst besitzt. Das egoistische Individuum der bürgerlichen Gesellschaft mag sich in seiner unsinnlichen Vorstellung und unlebendigen Abstraktion zum *Atom* aufblähen, d. h. zum beziehungslosen, selbstgenügsamen, bedürfnislosen, *absolut vollen*, seligen Wesen. Die unselige *sinnliche Wirklichkeit* kümmert sich nicht um seine Einbildung, jeder seiner Sinne zwingt es, an den Sinn der Welt und der Individuen außer ihm zu glauben, und selbst sein *profaner* Magen erinnert es täglich daran, dass die Welt *außer* ihm nicht *leer*, sondern das eigentlich *Erfüllende* ist.» (2:127) Der Tenor dieser Polemik ist ideologiekritisch; es klingen aber auch systematische Einwände an, die über die Junghegelianer hinaus genauso den materialistischen Atomismus treffen. Wenn der Mensch ein von Natur aus soziales Wesen ist, beruht die Idee einer nachträglichen Vergesellschaftung ursprünglich separater Individuen auf falschen Voraussetzungen.

Die Aristotelische Anthropologie ist aber nur der Startpunkt, von dem aus Marx zu einer sozialontologischen These weitergeht. Er macht einen Schritt von der anthropologischen These, dass die Menschen von jeher soziale Wesen waren, zu der gesellschaftstheoretischen These, dass die Gesellschaft nicht als eine Summe von Individuen verstanden werden kann, sondern als die Gesamtheit der *Verhältnisse* zwischen ihnen. In den *Grundrissen* findet sich eine der seltenen Äußerungen, mit denen Marx seine sozialontologische Katze aus dem Sack lässt: «Die Gesellschaft besteht nicht aus Individuen, sondern drückt die Summe der Beziehungen, Verhältnisse aus, worin diese Individuen zu einander stehen.» (II,1.1:188/42:189) Diese Äußerung ist in der Sekundärliteratur zwar zur Kenntnis genommen, in ihrer Tragweite aber nicht immer erfasst worden. Mit der Bestimmung von Gesellschaft als der «Summe der Beziehungen, Verhältnisse» zwischen den Individuen formuliert Marx eine relationale Sozialontologie, die als ‹strukturalistisch› oder ‹systemtheoretisch› avant la lettre charakterisiert werden kann. Die Gemeinsamkeit mit dem Strukturalismus und der Systemtheorie besteht in der Weigerung, die sozialen Verhältnisse theoretisch auf ihre individuellen Träger zu reduzieren. Die sozialen Verhältnisse stellen eine von diesen Trägern zwar nicht unabhängige, aber unterscheidbare Realität sui generis dar. – Wenn die Marxsche Formulierung, die Gesellschaft bestehe «nicht aus Individuen», allzu extravagant klingt, so hängt das damit zusammen, dass der Begriff ‹Gesellschaft› mehrdeutig ist. Sofern wir ihn auf die

Strukturen beziehen, ist die von Marx gewählte Formulierung leicht zu verteidigen.[21] Wenn wir an eine Brücke denken, so besteht diese (a) aus bestimmten Teilen, wie Träger, Stützen etc., die (b) in bestimmten Beziehungen zueinander stehen und somit eine Struktur bilden. Die Teile gehören zweifellos zur Brücke, aber sie gehören nicht zur Struktur der Brücke; diese besteht allein aus den *Relationen* zwischen den Teilen.

Auf die Kluft zwischen Anthropologie und Gesellschaftstheorie hat seinerzeit Louis Althusser mit seiner Diagnose aufmerksam gemacht, dass Marx einen «Bruch mit jeder philosophischen Anthropologie» vollzogen und einen «*theoretischen Anti-Humanismus*» begründet habe.[22] Es ist zwar übertrieben, von einem Bruch mit *jeder* philosophischen Anthropologie zu sprechen; denn Marx greift in allen Phasen seines Werkes implizit und explizit auf die aristotelische Anthropologie zurück; und sicher ist ‹theoretischer Anti-Humanismus› eine allzu dramatisierende Charakterisierung. Zutreffend ist aber, dass die Gesellschaft bei Marx eben keine Summe von Individuen ist, sondern eine (relativ autonome) Struktur bzw. ein System; und dass daher seine Gesellschaftstheorie keine Extrapolation der Anthropologie ist. – Im Unterschied zu Althusser war Niklas Luhmann allerdings der Ansicht, dass Marx mit dem zitierten Statement nicht weit genug gegangen sei. Wenn Marx einräume, dass die Gesellschaft nicht aus Individuen bestehe, so sei er damit noch nicht bis zu der Einsicht vorgedrungen, die notwendig sei, um das Potential der Systemtheorie auszuschöpfen: zu der Einsicht, «dass die konkreten Individuen zur *Umwelt* des Gesellschaftssystems und aller anderen sozialen Systeme gehören».[23] Hätte Luhmann mehr als den von ihm zitierten Marxschen Halbsatz gelesen und diesen in seinem Kontext betrachtet, wäre er möglicherweise zu einer anderen Einschätzung gekommen. Ich zitiere ausführlich: «Das s. g. Betrachten vom Standpunkt der Gesellschaft aus heißt nichts als die *Unterschiede* übersehen, die grade die *gesellschaftliche Beziehung* (Beziehung der bürgerlichen Gesellschaft) ausdrücken. Die Gesellschaft besteht nicht aus Individuen, sondern drückt die Summe der Beziehungen, Verhältnisse aus, worin diese Individuen zueinander stehn. Als ob Einer sagen wollte: Vom Standpunkt der Gesellschaft aus existiren Sklaven und citizens nicht: sind beide Menschen. Vielmehr sind sie das ausser der Gesellschaft. Sklav sein und citizen sein, sind gesellschaftliche Bestimmungen, Beziehungen der Menschen A und B. Der Mensch A ist als solcher nicht Sklav. Sklav ist er in der und durch die Gesellschaft.» (I,1.1:188/42:189) Marx unterscheidet offenbar sehr deutlich, was er nach Luhmann durcheinanderbringt: Als ‹Menschen› erscheinen die Individuen, sofern man von ihrer Stellung in der Gesellschaft abstrahiert; insofern sie als Mitglieder der Gesellschaft in den Blick kommen, treten sie demgegenüber als Sklaven oder Bürger auf.

Diese Differenz übersieht Carol Gould in ihrer Deutung der Marxschen Sozialontologie. Ihr zufolge besteht die Gesellschaft bei Marx aus «individuals-in-relations»; Individuen seien die «basic entities of social reality» und ihnen komme daher ein ontologischer Primat zu.[24] Wie sich diese Deutung mit der zitierten Äußerung von Marx (die Gould anführt) vereinbaren lässt, ist nicht leicht zu sehen. Es ist zwar zutreffend, dass die gesellschaftlichen Verhältnisse nicht unabhängig von menschlichen Individuen existieren, aber daraus folgt keineswegs, dass sie bei Marx als die «basic entities of social reality» fungieren. Die Unklarheit entsteht daraus, dass nicht zwischen zwei verschiedenen Fragen unterschieden wird, deren eine sich auf das Zustandekommen und die Existenz der Gesellschaft bezieht, die andere auf ihre Zusammensetzung. (a) Wenn wir fragen, wie die Gesellschaft in die Welt kommt und wodurch ihre Existenz aufrechterhalten wird, werden wir mit dem Hinweis auf die Menschen und ihr Handeln antworten. Die menschlichen Individuen bringen die Gesellschaft hervor und in diesem Sinne ist sie von ihnen abhängig. Marx hatte diese Abhängigkeit dadurch zum Ausdruck gebracht, dass er schrieb, die Menschen gingen Produktionsverhältnisse ein. (b) Wenn wir hingegen nach den Bausteinen oder Bestandteilen der Gesellschaft fragen, führt Marx nicht Individuen an, sondern Beziehungen oder Verhältnisse. Um eine Analogie zu bemühen: Ein Fußballspiel wird von Menschen gespielt und es ist sicher zutreffend, dass es ohne Menschen keine Fußballspiele gibt. Daraus folgt aber nicht, dass ein Fußballspiel aus Menschen (oder aus Individuen-in-Beziehungen) besteht.

Verhältnisse zwischen Handlungsweisen. Diese Analogie ist noch in weiteren Hinsichten aufschlussreich. Ein Fußballspiel kommt nur dadurch zustande, dass es gespielt wird; es setzt sich nicht aus Spielern, sondern aus den Handlungen der Spieler zusammen. Wir haben es mit einem Vorgang, einem Prozess, einem Geschehen, genauer: mit einer *Praxis* zu tun. Wenn wir von dieser Feststellung per analogiam auf die Gesellschaft zurückschließen, stellt sich die Frage, ob dasselbe nicht auch von ihr gilt. Muss nicht auch die Gesellschaft als ein Vorgang, ein Prozess, ein Geschehen aufgefasst werden? Oder besser: als eine Gesamtheit von Vorgängen, Prozessen, Geschehnissen; kurz: als eine Praxis? Es kann keinem Zweifel unterliegen, dass dies die Marxsche Auffassung war. Man denke nur an die erste *Feuerbachthese*, in der er am «bisherigen Materialismus» bemängelt, «daß der Gegenstand, die Wirklichkeit, Sinnlichkeit nur unter der Form des *Objekts od. der Anschauung* gefaßt wird; nicht aber als *sinnlich menschliche Thätigkeit, Praxis*» (IV,3:19/3:5). Diese vielzitierte Stelle ist nicht nur als eine allgemeine Abgrenzung vom bisherigen Materialismus zu lesen; auch nicht nur als ein Insistieren auf der Bedeutung der praktischen Auseinandersetzung mit der Natur, der Arbeit also; sondern auch als ein sozialontologisches Statement. (Zumindest als ein Vorgriff auf ein solches Statement, da nicht klar ist, ob Marx zum Zeitpunkt der Abfassung der *Feuerbachthesen* bereits über den Begriff ‹Produktionsverhältnisse› und über das Konzept einer Gesellschaft als ‹Summe von Beziehungen› verfügte.) Wenn sich diese Deutung erhärten ließe, würde die an mehreren Stellen seines Werkes gebrauchte Formulierung, dass die Produktionsverhältnisse Verhältnisse sind, die die Menschen in der Produktion «eingehen», in einem deutlich präziseren Sinn zu lesen sein: als Beschreibung eines aktiven Verhaltens, einer Praxis.

Es liegt auf der Hand, dass die Marxsche Sozialontologie damit eine überraschende Wendung nimmt, in der zwar die These von der Gesellschaft als einem Gefüge von Relationen erhalten bleibt; mit der aber die Relata neu bestimmt werden. In den *Grundrissen* hatte sich Marx selbst klar genug über diesen Punkt geäußert, als er schrieb, dass die Gesellschaft nicht aus Individuen besteht, sondern die Summe der Beziehungen zwischen ihnen ausdrückt. *Gegen* diese Äußerung drängt sich nun aber die Vermutung auf, dass wir nicht die Individuen, sondern ihre Produktionsaktivitäten als die Relata anzusetzen haben, die in ihren Verhältnissen die ökonomische Struktur der Gesellschaft ausmachen. Welche dieser Alternativen hat Marx selbst vertreten wollen? – Wir haben uns schon daran gewöhnt, dass Marx sich überall dort schweigsam verhält, wo es philosophisch kitzlig wird. Das ist auch hier der Fall. Ob ihm die Möglichkeit einer solchen aktivistischen Deutung seiner Sozialontologie entgangen ist oder ob ihm die ganze Frage als zu ‹philosophisch› erschien, ist schwer entscheidbar. Immerhin steht der klaren Äußerung in den *Grundrissen* eine Reihe von Äußerungen gegenüber, die auf die gegenläufige Alternative hindeuten. So ist in den Manuskripten zur *Deutschen Ideologie* beiläufig von einem Typus objektiver Geschichtsschreibung die Rede, der darin bestand, «die geschichtlichen Verhältnisse getrennt von der Tätigkeit aufzufassen. Reaktionärer Charakter.» Deutlicher ist eine spätere Stelle, an der es heißt: «die Verhältnisse der Individuen können unter allen Umständen nichts andres [sein] als ihr wechselseitiges Verhalten». (I,5:495/3:40,423) In dem kurz darauf geschriebenen Brief an Annenkow findet sich folgender Satz: «Diese materiellen Verhältnisse sind nichts andres als die notwendigen Formen, in denen ihre materielle und individuelle Tätigkeit sich realisiert.» (III,2:71(fr.)/27:453) Auch in den zehn Jahre später entstandenen *Grundrissen* spricht Marx die gesellschaftlichen Verhältnisse als das wechselseitige *Verhalten* von Individuen an. (II,1.1:89,105/42:75,373) Weitere Belege für diese aktivistische Verschärfung seiner relationalen Sozialontologie werden weiter unten folgen. – Auf eine Formel gebracht, könnte man von den Produktionsverhältnissen mithin als von *Verhältnissen zwischen Handlungsweisen* sprechen.[25] Der gelegentlich als ‹praxisphilosophisch› charakterisierte Ansatz, den Marx vor allem in den *Feuerbachthesen* und anderen Arbeiten dieser Phase akzentuiert hat, würde sich damit als ein sozialontologischer Ansatz herausstellen; als das Gegenteil von dem also, wofür dieser Ansatz von denen gehalten wurde, die dem ontologischen Denken eine Neigung zur Verdinglichung unterstellen. Die Pointe besteht darin, dass die Produktionsverhältnisse zwar Produkte menschlichen Handelns sind, aber keine von diesem Handeln unabhängige Existenz besitzen. Sie manifestieren sich im Handeln der Individuen, genauer: in bestimmten ihrer Handlungsweisen. Sie sind in diesen ‹instantiiert›, so wie das ‹Fußballspiel› nur im Vollzug von konkreten Spielen instantiiert ist. Kurz: Die Produktionsverhältnisse *sind* Praxis.

An nur wenigen Stellen seines Werkes war Marx philosophisch weiter entfernt von Aristoteles als mit dieser aktivitätsbasierten Ontologie; umso näher aber war er an Hegel, der in der Vorrede zu seiner *Phänomenologie des Geistes* verkündet hatte, *alles* komme darauf an, «das Wahre nicht als *Substanz*, sondern eben so sehr als *Subject* aufzufassen und auszudrücken». Und weiter: «Die lebendige Substanz ist ferner das Seyn, welches in Wahrheit *Subject*, oder was dasselbe heißt, welches in Wahrheit wirklich ist, nur insofern sie die Bewegung des sich selbst Setzens, oder die Vermittlung des sich anders Werdens mit sich selbst ist.»[26] Es steht außer Zweifel, dass Marx seit seinem Studium in Berlin mit dieser für Hegels Philosophie grundlegenden Auffassung gut vertraut war. In seiner Pariser Zeit hatte er sich noch einmal intensiv mit der *Phänomenologie* befasst; auch wenn er die hier zitierte Schlüsselidee in seinen Notizen nicht erwähnt, war sie ihm doch bewusst: die Idee nämlich, dass die Realität nicht ruhig, in sich fest und passiv ist, sondern als eine in sich bewegte, aktive und in ständiger Selbstdifferenzierung und Selbstreflexion fortschreitende Substanz konzipiert werden muss. – Das war eine allgemeine metaphysische These, die ihr Echo in Marx' Dissertation fand, in der er den Versuch unternahm, die Epikureische Atomistik «*als die Naturwissenschaft des Selbstbewußtseins*» zu interpretieren. Epikur hatte den Atomen ja eine zufällige Abweichung von ihrem senkrechten Fall im leeren Raum zugesprochen, die es ihnen ermöglicht, in Kontakt zueinander zu geraten, sich miteinander zu verbinden und auf diese Weise die uns zugänglichen makroskopischen Körper zu bilden. Diese Deklination von der senkrechten Linie stellt sich für Marx als Ausdruck eines den Atomen inhärenten aktiven Prinzips dar, als «die wirkliche Seele des Atoms». Er geht so weit, vom Atom zu sagen, «die Deklination sei das Etwas in seiner Brust, was entgegenkämpfen und widerstehen kann.» (I,1:58; 36 f./40:305; 281 f.) Kurz: Die Atome erscheinen in dieser Darstellung nicht nur als Substanzen, sondern ebenso sehr als Subjekte. Marx hat solche allgemeinen metaphysischen Überlegungen in den späteren Arbeiten gemieden; es ist aber nicht schwer zu sehen, dass sich seine sozialontologischen Auffassungen auf ihrer Linie bewegen. Die Basis der Gesellschaft besteht aus Relationen zwischen Aktivitäten: aus Verhältnissen zwischen Handlungsweisen.

Genese von Ordnung. Wenn es zutrifft, dass die Gesellschaft keine Substanz im klassischen Sinne ist, also kein selbständiges Sein hat, sondern als ein Gefüge von Relationen zwischen menschlichen Aktivitäten existiert, dann ergibt sich ein Folgeproblem, für dessen Charakterisierung wir noch einmal auf die Fußballanalogie zurückgreifen können. 22 Personen, die irgendwo mit einem Ball spielen, erzeugen damit nicht eo ipso ein Fußballspiel; vielmehr ist das nur dann der Fall, wenn sie sich grosso modo an das einschlägige Regelwerk halten. Wo aber wäre das Regelwerk, nach dem eine Gruppe von Individuen zusammenzuwirken hat, damit daraus ein bestimmtes Produktionsverhältnis oder gar eine ‹Gesamtheit von Produktionsverhältnissen› entsteht? Genauso wie Fußball eine bestimmte *Art* von Spielen mit dem Ball ist, so sind Produktionsverhältnisse bestimmte *Arten* von Kooperation bei der Arbeit. Zu erklären ist die jeweilige Ordnung oder Struktur der Interaktionen, die dann zu einem Fußballspiel oder zu einem Produktionsverhältnis führt. Und damit fällt eine Differenz ins Auge: Beim Fußballspiel können wir auf ein Regelwerk verweisen, bei den Produktionsverhältnissen offenbar nicht. Marx muss uns also erklären, wie solche Verhältnisse ohne ein Regelwerk in die Welt kommen. – Nun hat sich das Ordnungsproblem als eine harte Nuss für den Materialismus herausgestellt [I,3], die im Fall der Vertragstheorie nur mit einem Rückgriff auf die rationalen Entschlüsse der Individuen geknackt werden konnte. Die Frage ist also, ob es eine Alternative zur intentionalistischen Erklärung der Genese von sozialer Ordnung gibt und ob Marx über eine solche Alternative verfügte.

Was wir in den Marxschen Texten über diese Frage finden, geht nicht sehr weit über das hinaus, was wir schon wissen: Behauptet wird ausdrücklich nur, dass die Menschen Produktionsverhältnisse ‹eingehen›; nähere Erläuterungen dieses Vorgangs gibt es nicht. Wenn wir mehr darüber wissen wollen, sind wir auf eine Rekonstruktion möglicher Hintergrundannahmen angewiesen; auf eine Rekonstruktion von Annahmen also, die Marx nicht explizit gemacht hat, die ihm aber prinzipiell zur Verfügung standen und die seine Behauptung plausibilisieren. Diese beiden Bedingungen werden durch eine Denkfigur erfüllt, die sich auf das Phänomen der nichtintendierten Handlungsfolgen bezieht. – Natürlich ist seit jeher bekannt, dass menschliches Handeln nicht nur die beabsichtigten, sondern auch unbeabsichtigte Folgen hat. Soweit diese Tatsache in älteren Theorien der Politik oder der Gesellschaft überhaupt Beachtung fand, wurde sie als ein unerwünschter, negativer Effekt klassifiziert: als ein Effekt, der den vom Handelnden angestrebten Erfolg zunichtemachen kann. So tritt der Effekt bei Machiavelli unter dem berühmten Begriff ‹fortuna› auf, die er einerseits mit einem reißenden Strom vergleicht, der die Ebene überschwemmt, Häuser fortreißt etc., andererseits mit einem kapriziösen Weib, mit dem man streiten muss, um es zu unterwerfen.[27] Während die nichtintendierten Konsequenzen des Handelns in der klassischen Tradition als ein ordnungsgefährdender Faktor aufgefasst wurden, kam im 18. Jahrhundert die gegenläufige Idee einer *konstruktiven* Rolle solcher Konsequenzen auf. Unter geeigneten Bedingungen, so der entscheidende Gedanke, können die vom einzelnen Akteur nicht intendierten Folgen seines Handelns insgesamt gesehen oder auf lange Sicht positive Konsequenzen nach sich ziehen: Sie zerstören nicht eine intendierte, sondern schaffen eine nichtintendierte Ordnung. In der gesellschafts- und geschichtstheoretischen Literatur des 18. Jahrhunderts taucht dieser Gedanke (in unterschiedlichen Versionen) unter anderem bei Giambattista Vico, Bernard Mandeville, Montesquieu, Adam Smith, Adam Ferguson und Hegel auf.[28] Marx hat alle diese Autoren gekannt, gelesen, geschätzt und zitiert; wir können daher voraussetzen, dass er mit der Idee vertraut war.

Zu einiger Berühmtheit ist diese Idee vor allem durch Adam Smith gelangt, der sie an genau einer Stelle seines ökonomischen Hauptwerks in Gestalt der Metapher des Eingreifens einer ‹unsichtbaren Hand› aufgreift. Die Stelle, auf die auch Marx gelegentlich angespielt hat (I,5:37/3:35), lautet so: «Da also jeder einzelne Mensch, so gut er kann, versucht, sowohl sein Kapital zur Unterstützung des heimischen Gewerbefleißes zu beschäftigen als auch diesen Gewerbefleiß so zu lenken, dass sein Produkt den größten Wert einnimmt, arbeitet er notwendigerweise darauf hin, das jährliche Einkommen der Gesellschaft so groß zu machen, wie er es vermag. Allerdings strebt er im allgemeinen weder danach, das öffentliche Interesse zu fördern, noch weiß er, in welchem Maße er es fördert. Indem er die Unterstützung der heimischen gegenüber der auswärtigen Gewerbetätigkeit bevorzugt, verfolgt er lediglich seine eigene Sicherheit. Indem er diese Gewerbetätigkeit in solch einer Weise lenkt, dass ihr Produkt den höchsten Wert erlangen kann, hat er lediglich seinen eigenen Gewinn im Auge. Er wird hierbei wie in vielen anderen Fällen durch eine unsichtbare Hand geleitet, einen Endzweck zu fördern, der keinen Teil seiner Zielstellung ausgemacht hatte.»[29] Die Berühmtheit der Metapher einer ‹unsichtbaren Hand› rührt daher, dass sie als eine Verklärung des Marktes zu einer Instanz, die immer alles zum Besten richtet, missverstanden[30] worden ist und sich daher gut zu legitimatorischen Zwecken einsetzen ließ. – Grundsätzlich besagt die fragliche Idee nur das: Nichtintendierte Handlungsfolgen können unter bestimmten Randbedingungen eine konstruktive Rolle spielen. Dabei wurde ‹konstruktiv› meist im Sinne von ‹alles wird gut› verstanden: Die Individuen handeln egoistisch, fördern damit aber gegen ihren Willen das Allgemeinwohl. Bei einigen ihrer Protagonisten (auch bei A. Smith) war diese harmonisierende Version der Idee nur eine neutral klingende Umschreibung für die göttliche Providenz oder für das Wirken teleologischer Prinzipien. Marx hatte aufgrund ihrer legitimatorischen Tendenz natürlich erhebliche Einwände gegen sie. (II,1.1:89/42:90) Die Idee kann aber auch in einem allgemeineren und normativ weniger aufgeladenen Sinne verstanden werden. Sie besagt in dieser zweiten Version nur, dass menschliches Handeln auch dann Strukturen beliebiger Art hervorbringen kann, wenn dies von den beteiligten Individuen nicht intendiert war. Wir haben damit den metaphorisch formulierten Kern einer genetischen Erklärung sozialer Ordnungsphänomene vor uns:[31]

- Das *Explanandum* einer solchen Erklärung besteht in einem sozialen Ordnungszustand, der den Anschein erweckt, er sei das Resultat bewusster Planung und gezielten Handelns.
- Das *Explanans* umfasst zwei Teile, nämlich (a) das soziale Handeln von Akteuren, die nicht auf den jeweiligen Ordnungszustand hinarbeiten; und (b) einen Prozess, der die Konsequenzen des Handelns der Akteure in den Ordnungszustand transformiert.

Meine These ist nun: Obwohl Marx nicht zur Kenntnis genommen zu haben scheint, dass sich hinter dem Smithschen Argument ein genereller Erklärungstypus verbirgt, *benutzt* er genau diesen Erklärungstypus in seinem ökonomischen Werk mit schöner Regelmäßigkeit. Ein Beispiel dafür liefert seine Darstellung der Warenzirkulation in den *Grundrissen*; ich zitiere ausführlich: «So sehr nun das Ganze dieser Bewegung [der Zirkulation] als gesellschaftlicher Process erscheint, und so sehr die einzelnen Momente dieser Bewegung vom bewussten Willen und besondern Zwecken der Individuen ausgehn, so sehr erscheint die Totalität des Processes als ein objektiver Zusammenhang, der naturwüchsig entsteht; zwar aus dem Aufeinanderwirken der bewussten Individuen hervorgeht, aber weder in ihrem Bewußtsein liegt, noch als Ganzes unter sie subsumiert wird. Ihr eignes Aufeinanderstossen producirt ihnen eine über ihnen stehende, *fremde* gesellschaftliche Macht; ihre Wechselwirkung als von ihnen unabhängigen Process und Gewalt. Die Cirkulation, weil eine Totalität des gesellschaftlichen Processes, ist auch die erste Form, worin nicht nur wie etwa in einem Geldstück, oder im Tauschwert, das gesellschaftliche Verhältniß als etwas von den Individuen Unabhängiges erscheint, sondern das Ganze der gesellschaftlichen Bewegung selbst. Die gesellschaftliche Beziehung der Individuen aufeinander als verselbstständigte Macht über den Individuen, werde sie nun vorgestellt als Naturmacht, Zufall oder in sonst beliebiger Form, ist nothwendiges Resultat dessen daß der Ausgangspunkt nicht das Freie gesellschaftliche Individuum ist. Die Cirkulation als erste Totalität unter den ökonomischen Categorieen gut, um dies zur Anschauung zu bringen.» (II,1.1:126/42:127) Zwei Bemerkungen zu dieser charakteristischen Stelle. Zum einen dürfte leicht erkennbar sein, dass Marx sich in dieser Passage des oben skizzierten Argumenttypus bedient: Er gibt eine Invisible-hand-Erklärung, die einen geordneten makroskopischen Prozess (die Warenzirkulation) als nichtintendierte Folge des Handelns vieler Individuen deutet. Auffällig dabei ist, dass Marx (wie vor ihm Smith) keine genauen Angaben über das Wie des Prozesses macht, der aus dem individuellen Handeln die jeweiligen Ordnungszustände hervorgehen lässt. Das ist nicht ungewöhnlich; genetische Erklärungen dieser Art begnügen sich in vielen Fällen mit der These, *dass* eine solche Transformation stattfindet. Genauso leicht erkennbar dürfte zweitens sein, dass Marx diesen Strukturbildungsprozess nicht nur konstatiert, sondern zugleich kritisiert. Eben weil das makroskopische Resultat von den beteiligten Individuen nicht intendiert wird, weil es sich ‹naturwüchsig› einstellt, handelt es sich um ein Entfremdungsphänomen. Man könnte daher auch sagen: Marx will einen bestimmten Typus sozialer *Un*ordnung erklären; ein Strukturmerkmal der kapitalistischen Produktionsweise, das in einer künftigen sozialistischen Gesellschaft überwunden werden muss. Er greift aber offensichtlich, ungeachtet seiner negativen Bewertung dieses Strukturmerkmals, in seiner Theorie auf Invisible-hand-Erklärungen zurück.

Aus diesen Überlegungen kann nun geschlossen werden, dass dieser Erklärungstypus auch für die Produktionsverhältnisse relevant ist. Demnach wäre der Mechanismus emergenter Strukturbildung auf der Basis einer Invisible-hand-Erklärung als ein Prozess reformulierbar: Das Produktionshandeln der Individuen resultiert in einer bestimmten Art von Struktur (= Produktionsverhältnisse), unabhängig davon, ob die Beteiligten dies beabsichtigt haben. Im Hinblick auf ihre Beziehung zum menschlichen Handeln können fünf Merkmale der Produktionsverhältnisse festgehalten werden:

(1) Sie sind nicht naturgegeben, sondern Produkt menschlichen Handelns; in *diesem* Sinne sind sie, wie Hobbes gesagt hätte, nicht ‹natürlich›, sondern ‹künstlich›.
(2) Sie sind nicht das von den Individuen bewusst angestrebte Ziel ihres Handelns, sondern ergeben sich notwendig und ohne ihren Willen. In *diesem* Sinne sind sie, wie es bei Marx oft heißt, ‹naturwüchsig›.
(3) Sie haben keine Realität außerhalb menschlichen Handelns.
(4) Sie sind nur im wirklichen Produktionshandeln der Individuen instantiiert, nicht in ihrem Denken. In diesem Sinne sind sie materiell.
(5) Sie kommen als *bestimmte* (z. B. feudale oder kapitalistische) Produktionsverhältnisse dadurch zustande, (a) dass die Individuen Produktionsmittel benutzen müssen, um arbeiten zu können; und (b) dass die Produktionsmittel in verschiedenen Gesellschaften auf verschiedene

Weise unter den Gesellschaftsmitgliedern verteilt sind. Die Individuen gehen daher in Abhängigkeit von dieser Verteilung unterschiedliche ‹ökonomische› Verhältnisse zueinander ein, wenn sie arbeiten. Die Eigentumsverhältnisse fungieren als Kristallisationspunkt für die ‹Form›, Struktur oder Ordnung der Beziehung zwischen den Individuen.

Strukturenrealismus. Mit seiner sozialontologischen Zentralthese, dass der Gesellschaft objektiv-reale Relationen zugrunde liegen, erweist sich der Historische Materialismus als eine sozialphilosophische Variante des Strukturenrealismus.[32] Mit ihr legte Marx dar, wie er den materialistischen Zentralbegriff ‹Materie› verstand. Er hat dieses Substantiv zwar nie auf die Gesellschaft angewandt, hat also nie von der Gesellschaft als ‹Materie› gesprochen; er hat aber das entsprechende Adjektiv benutzt und damit deutlich genug zu erkennen gegeben, dass er die Basis der Gesellschaft als eine besondere Art von Materie ansah. – Damit verschmilzt der Historische Materialismus zwei verschiedene Positionen miteinander, die bis dahin als unvereinbar angesehen wurden: eine *relationale* und eine *materialistische* Sozialontologie. Als überraschend stellt sich diese Kombination deshalb dar, weil in der vorangegangenen Philosophiegeschichte Materialität eher mit Substanzen als mit Relationen verbunden worden war. Für die Aristotelische Metaphysik war die Kategorie der Substanz fundamental und dem Relativen wurde eine nachrangige Rolle zugeschrieben.[33] Da die Beziehungen, in denen etwas zu etwas anderem steht, keine ihm inhärente Eigenschaften sind, hatte das Relative für Aristoteles nur in geringerem Maße Existenz: Es ist im Vergleich zu den anderen Kategorien «am wenigsten eine Wesenheit und etwas Seiendes».[34] Dieser substanzorientierte Typus des Denkens hat die europäische Philosophie stark geprägt; nicht zuletzt auch das materialistische Denken, das (nicht nur in gesellschaftstheoretischer Hinsicht) vorwiegend atomistisch, nominalistisch und empiristisch ausgerichtet blieb; Relationen konnten im Rahmen dieser Denkweise ontologisch nicht wirklich ernst genommen werden. Locke, der in seinem *Versuch über den menschlichen Verstand* einigermaßen ausführlich auf Relationen eingeht, identifizierte sie als «ein Verfahren, bei dem man zwei Dinge miteinander vergleicht oder zusammen betrachtet», nicht als etwas Wirkliches mithin, sondern als eine erkenntnistheoretische Operation. Ausdrücklich fügt er hinzu: Die Relation sei «in der realen Existenz der Dinge nicht enthalten; sie liegt außer ihr und ist nachträglich hinzugefügt.»[35] Kurz: In der materialistischen Theorietradition wurden Relationen meist als möglicherweise nützliche, aber wenig realitätshaltige ‹Fiktionen› angesehen; darin den Allgemeinbegriffen ähnlich.

Darüber setzte sich Marx hinweg. Für ihn war der Nominalismus zwar «der *erste Ausdruck* des Materialismus» (2:135), aber eben nur der *erste*.[36] In seiner eigenen Theoriebildung knüpfte er weder auf der anthropologischen noch auf der gesellschaftstheoretischen Ebene an diese Tradition an, sondern setzte Gedankenlinien fort, die bis dahin eher von idealistischer Seite vertreten worden waren. Natürlich wurden Relationen in dieser Gedankenlinie als ideell angesehen;[37] ihnen wurde hier aber eine deutlich größere Bedeutung zugemessen. So gibt es nach Leibniz keine gänzlich isolierten, selbständigen Substanzen, denn es gibt «keinen Terminus, der so absolut und so losgelöst von allen anderen wäre, dass er nicht Relationen in sich schließt und dessen vollständige Analyse nicht auf andere Dinge, ja auf die Gesamtheit aller anderen Dinge führt».[38] Es steht also alles mit allem in Beziehung; die Welt ist letztlich *ein* durchgängiger und harmonischer Zusammenhang, eine Ordnung. Marx bewunderte Leibniz und kannte einige seiner Arbeiten;[39] doch lassen sich direkte Spuren seiner Rezeption nur schwer nachweisen. Leichter feststellbar ist demgegenüber die Marxsche Nähe zu Hegel, dessen metaphysische Ansichten von der zitierten Leibnizschen Auffassung nicht weit entfernt waren. Hegel wollte die Wirklichkeit nicht als eine Summe einzelner Dinge betrachtet wissen, sondern als ein zusammenhängendes Ganzes von notwendigen Beziehungen. Die einzelnen Dinge sind nicht selbstgenügsam, sondern müssen als ‹Momente› einer ‹Totalität› erkannt werden, der ein Geflecht von Notwendigkeiten bzw. Gesetzen zugrunde liegt.[40] Es ist leicht erkennbar, dass hier die relativen Gewichte von Substanzen einerseits, Relationen andererseits verschoben sind: Die Welt wird als ein Geflecht von Relationen aufgefasst, die sich selbst reflektieren und in aufsteigender Entwicklung begriffen sind. Marx ist mit dieser Sicht der Welt philosophisch groß geworden; er hat sich vor allem während der Arbeit am *Kapital* noch einmal gründlich mit der *Wissenschaft der Logik* befasst und sie an zahlreichen Stellen seines Werkes erwähnt.[41] Für sein ökonomisches Werk war dieser Einfluss von erheblicher Bedeutung.

Die Differenz zu Hegel und Leibniz, aber auch zu Locke und anderen Theoretikern besteht darin, dass Marx *einige* (natürlich nicht alle) der Relationen, die die Welt ausmachen, als ‹materiell› charakterisiert. Wie wir gesehen haben, ergibt sich diese Materialität daraus, dass sie notwendig und vom Willen der Individuen unabhängig sind. Aus der Materialität der Produktionsverhältnisse ergibt sich dann weiter, dass sie als Produkte menschlichen Handelns zugleich auf dieses Handeln zurückwirken. Sie verändern, einmal geschaffen, die Kontextbedingungen des Handelns, aber auch des Denkens; sodass die handelnden Individuen einerseits die Produzenten dieser Verhältnisse sind, andererseits aber auch ihr Produkt. Marx sprach zwar, wenn es um die Produktionsverhältnisse und um ihre ‹Gesamtheit› ging, nicht von ‹Materie›, aber von ‹materiellen Verhältnissen›. Damit reformulierte er den traditionell eher substantialistisch verstandenen Materiebegriff in relationalen Termini: Prototypisch für Materie sind nicht mehr Substanzen oder Dinge, sondern Relationen. Die Materie wird *entstofflicht*.

Diese Entstofflichung der Materie hat eine bemerkenswerte Parallele in den Naturwissenschaften des 19. Jahrhunderts, vor allem in dessen letztem Drittel. Die physikalische Theoriebildung und das zunehmende Interesse für nichtstoffliche Phänomene wie Elektrizität, Magnetismus oder Strahlung setzten das traditionelle Verständnis von Materie als ‹Stoff› erheblich unter Druck; spätestens am Beginn des 20. Jahrhunderts wurde dieses Verständnis aufgegeben. Wo in der klassischen Physik von Atomen die Rede war, wurde nun zunehmend von Energie gesprochen; wo zuvor von Stoff die Rede war, sprach man nun zunehmend von Prozessen, Relationen oder Wechselwirkungen.[42] – Dieses Zerbröseln der *traditionellen* Materiedeutung wurde von zeitgenössischen Theoretikern zum Anlass genommen, *den* Materialismus für überwunden zu halten: «die Beseitigung der mechanistischen Weltconstruction trifft die Grundlage der gesammten materialistischen Weltauffassung».[43] Eine analoge Position kann natürlich auch im Hinblick auf Marx eingenommen werden: Wenn seine Theorie auf die hier beschriebene Weise Relationen ins Zentrum stellt, dann haben wir es nicht mehr mit einem Materialismus zu tun! Einige Interpreten haben tatsächlich bestritten, dass die Marxsche Theorie sinnvollerweise unter dieses Etikett fällt.[44] Grundsätzlich lohnt es sich nicht, um Namen zu streiten; Marx selbst wäre der letzte gewesen, dem an Etiketten gelegen war. Im historischen Rückblick ist unschwer zu erkennen, dass Marx an der Selbstbezeichnung ‹Materialist› *auch* aus kontingenten philosophiegeschichtlichen Gründen festgehalten hat: Es ging um die Abgrenzung von der idealistischen Systemphilosophie à la Hegel, die für ihn bis zuletzt der Inbegriff von Philosophie war.

Aber das ist nicht alles. Der Ostwaldsche Schluss, dass mit dem Zusammenbruch der ‹mechanistischen Weltconstruction› auch der Materialismus zusammengebrochen sei, ist offenbar nur dann zwingend, wenn man zuvor ein Gleichheitszeichen zwischen Materialismus und Mechanik gesetzt hat oder zwischen Materie und Stoff. Entfällt dieses Gleichheitszeichen, wird der Blick frei für eine Konzeption von Materie, die sich nicht mehr auf dinghafte Entitäten reduzieren lässt und die ihre Dynamik und Prozesshaftigkeit in den Vordergrund rückt. In *dieser* Hinsicht ist das von Marx gezeichnete Bild der sozialen Realität dem von den modernen Wissenschaften gezeichneten Bild der Natur ähnlicher geworden, als es unter der Vorherrschaft des mechanischen Weltbildes je hätte der Fall sein können. Ungeachtet dieser Parallelen darf eine wichtige Differenz zwischen der natürlichen und der sozialen Materie (sit venia verbo!) nicht übersehen werden: So ‹materiell› bestimmte gesellschaftliche Verhältnisse auch sein mögen, sie sind nicht Natur, sondern Kultur. Sie sind von Menschen durch ihr Handeln erzeugt und können daher prinzipiell auch durch menschliches Handeln verändert werden. Der Marxsche Materialismus ist weder ein Material-Ismus, der nur das Handgreifliche (Dinge, Substanzen, Stoff) als real gelten lässt, noch ist er ein Naturalismus.

Ökonomie der Relationen. Man könnte einwenden, dass diese strukturenrealistische Deutung an den Intentionen von Marx vorbeigeht, der 1845 angetreten war, aus der Philosophie ‹herauszuspringen› und eine ‹positive Wissenschaft› an ihre Stelle zu setzen. Insofern sich Marx mit dem Beginn des Londoner Exils (1849) auf sein ökonomisches Werk konzentriert hat und an davon unabhängigen philosophischen Fragen nur noch mäßig interessiert war, wäre dieser Einwand auch zutreffend. Marx hat seinen Strukturenrealismus nirgends als eine *allgemeine metaphysische Theorie* formuliert und vertreten. Aber er hat ihn in seinem ökonomischen Werk implizit vorausgesetzt und zumindest an der oben zitierten Stelle der *Grundrisse* auch explizit formuliert. Mehr noch: Er hat diesen Strukturenrealismus in seinen ökonomischen Arbeiten auch vertieft und konkretisiert. Diese Arbeiten entfalten eine relational-materialistische Sozialontologie zwar nicht in philosophischer Allgemeinheit, aber in Gestalt einer ökonomischen Theorie. Man kann daher sagen, dass Marx auch dort noch philosophisch *denkt*, wo er die Philosophie am weitesten hinter sich gelassen zu haben glaubte.

Dem philosophischen Gehalt seiner Ökonomie kommt man am besten auf die Spur, indem man sich ihren Gegenstand klarmacht. Obwohl Marx große Teile der älteren und auch zeitgenössischen ‹bürgerlichen› Ökonomie rezipiert hat, sind seine Theorieziele wesentlich andere. Der klassischen politischen Ökonomie war es, wie schon der Titel von Adam Smiths bahnbrechendem Werk ankündigt, um «das Wesen und die Ursachen des Reichtums der Nationen» gegangen. Dieser Reichtum wurde als die Summe der Güter aufgefasst, die eine ‹Nation› produziert; politische Ökonomie wird hier als die Lehre von den Faktoren verstanden, die die Produktion von Gütern bestimmen. Heute wird der Gegenstand der Wirtschaftswissenschaften meist abstrakter formuliert. Nach einer sehr einflussreichen Definition von Lionel Robbins untersucht sie das menschliche Verhalten als eine Beziehung zwischen Zielen und knappen Mitteln, die unterschiedlich eingesetzt werden können; sie hat es also mit beliebigen Optimierungs- bzw. Maximierungsproblemen zu tun.[45] – Weder diese abstrakte noch die ältere und konkretere Definition erfasst das Theorieziel der Marxschen Ökonomie. Wir erinnern uns daran, dass Marx schon recht früh davon gesprochen hatte, dass die Menschen in der Produktion eine doppelte Beziehung eingehen: Einerseits treten sie in eine Beziehung zur Natur, andererseits zu anderen Menschen. Der lebensnotwendige Stoffwechsel mit der Natur gibt also Anlass zur Entstehung von Produktionsverhältnissen, die wiederum die ‹ökonomische Struktur› der Gesellschaft ausmachen. Entscheidend für das Verständnis der Marxschen Ökonomie ist nun, dass er an einer *Theorie der Gesellschaft* interessiert war und daher vornehmlich an den Beziehungen zwischen den Menschen bzw. zwischen ihren Tätigkeiten. Als Stoffwechsel mit der Natur ist die Arbeit für ihn nur insofern von theoretischem Interesse, als sie den Anlass für die Ausbildung sozialer Beziehungen liefert. Gegenstand seiner ökonomischen Theorie ist daher nicht die vertikale, sondern die horizontale Dimension des doppelten Verhältnisses. Ihn interessieren nicht die Gesetze der Güterproduktion oder die Regeln effizienten Handelns, sondern die Beziehungen zwischen den arbeitenden Individuen: die Produktionsverhältnisse.

Marx selbst hat diese Differenz schon in einem frühen Stadium der Entwicklung seiner Theorie angedeutet. Die Ökonomen, so schreibt er im Kontext seiner Auseinandersetzung mit Proudhon, setzten die «bürgerlichen Produktionsverhältnisse» als gegeben voraus und erklärten dann, «wie man unter den obigen gegebenen Verhältnissen produziert; was sie uns aber nicht erklären, ist, wie diese Verhältnisse selbst produziert werden, d. h. die historische Bewegung, die sie ins Leben ruft». Mit der Konzentration auf die Produktion von Gütern gerate also die Produktion der sozialen Verhältnisse, unter denen die Güter produziert werden, aus dem Blick. Auch Proudhon blende diese Verhältnisse aus, obwohl er als ihr Kritiker auftrete: «Herr Proudhon, der Ökonom, hat ganz gut begriffen, daß die Menschen Tuch, Leinwand, Seidenstoffe unter bestimmten Produktionsverhältnissen anfertigen. Aber was er nicht begriffen hat, ist, daß diese bestimmten sozialen Verhältnisse ebensogut Produkte der Menschen sind wie Tuch, Leinen etc.» (4:126,130) Hier kommt sehr klar zum Ausdruck, dass sich die theoretische Aufmerksamkeit bei Marx nicht auf die Naturbeziehung der Arbeit richtet, sondern auf die sozialen Beziehungen, die die Individuen in der Produktion eingehen.[46] Es geht nicht um ‹Wirtschaft›, sondern um Gesellschaft; und wenn er von ‹Ökonomie› spricht, dann hat er die soziale Dimension der Produktion im Sinn. – Im Kontext seiner Auseinandersetzung mit Proudhon beginnt Marx, diese soziale Dimension mit dem Formbegriff zu bezeichnen: «Diese materiellen Verhältnisse sind nichts als die notwendigen Formen, in denen ihre materielle und individuelle Tätigkeit sich realisiert.» Es ist wichtig, ‹Form› als einen Terminus technicus zu verstehen, der den eigentlichen Gegenstand der politischen Ökonomie von Marx bezeichnet: die jeweils konkrete soziale Gestalt, die der Produktionsprozess annimmt. Und wichtig ist weiterhin, dass diese konkreten sozialen Gestalten entstehen und vergehen: «Die ökonomischen Formen, unter denen die Menschen produzieren, konsumieren, austauschen, sind also *vorübergehend und historisch.*» (III,2:71f(fr.)/27:453) Dazu im letzten Kapitel mehr.

Die Fokussierung auf die sozialen Beziehungen charakterisiert das gesamte ökonomische Werk. Zu den wenigen Stellen, an denen das explizit betont wird, gehört eine ausführliche Rezension, die Engels 1859 von Marx' Buch *Zur Kritik der Politischen Ökonomie* schrieb; es kann angenommen werden, dass sie mit dem Autor abgestimmt war. Engels schreibt: «Die politische Ökonomie fängt an mit der *Waare*, mit dem Moment, wo Produkte – sei es von Einzelnen, sei es von naturwüchsigen Gemeinwesen – gegeneinander ausgetauscht werden. Das Produkt, das in den Austausch tritt, ist Waare. Es ist aber bloß dadurch Waare, daß sich an das *Ding*, das Produkt, ein *Verhältniß* zwischen zwei Personen oder Gemeinwesen knüpft, das Verhältniß zwischen dem Producenten und dem Konsumenten, die hier nicht mehr in derselben Person vereinigt sind. Hier haben wir gleich ein Beispiel einer eigenthümlichen Tatsache, die durch die ganze Oekonomie durchgeht, und in den Köpfen der bürgerlichen Oekonomie böse Verwirrung angerichtet hat: die Oekonomie handelt nicht von Dingen sondern von Verhältnissen zwischen Personen und in letzter Instanz zwischen Klassen; diese Verhältnisse sind aber stets *an Dinge gebunden* und *erscheinen als Dinge*.» (II,2:253/13:475f) Erwähnenswert ist diese Stelle, weil sie (a) die Zentralstellung von Verhältnissen in der Marxschen Ökonomie und darüber hinaus (b) auch die Dreistelligkeit dieser Verhältnisse betont; und weil sie (c) am Beispiel von ‹Ware› darauf hinweist, dass die zentralen ökonomischen Begriffe von Marx nicht Dinge, sondern Verhältnisse zum Ausdruck bringen. Engels bezieht sich auf den Begriff ‹Ware›; dasselbe gilt aber auch für ‹Tauschwert› oder ‹Kapital›.

Betrachten wir den letzten Begriff etwas näher. An vielen Stellen seines Werkes kritisiert Marx die übliche Auffassung von Kapital als einem Produktionsinstrument und insistiert darauf, dass es als ein gesellschaftliches Verhältnis aufgefasst werden müsse. Das Kapital «ist kein Ding, sondern ein bestimmtes, gesellschaftliches, einer bestimmten historischen Gesellschaftsformation angehöriges Produktionsverhältniß, das sich an einem Ding darstellt und diesem Ding einen specifischen gesellschaftlichen Charakter gibt» (II,15:789/25:822). Dieses Verhältnis kommt dadurch zustande, dass sich in der modernen Gesellschaft zwei Gruppen (= Klassen) von Menschen gegenüberstehen: Die Mitglieder der einen besitzen Produktionsmittel, die Mitglieder der anderen nicht. Ohne ein Produktionsverhältnis untereinander einzugehen, haben die einen keine Möglichkeit, ihr Eigentum zu verwerten, die anderen keine Möglichkeit ihren Lebensunterhalt zu verdienen. Der Produktionsprozess, der im Rahmen dieses Produktionsverhältnisses vonstattengeht, hat dann die beiden in der Proudhon-Polemik benannten Seiten: Er zielt einerseits auf die Produktion von Gütern oder Dienstleistungen, die auf dem Markt veräußert werden, andererseits stiftet er das bürgerliche Produktionsverhältnis und reproduziert es. Es ist klar, dass die zweite Seite die erste voraussetzt; aber die zweite Seite ist diejenige, um die es in der ökonomischen Theorie von Marx geht: «Endlich als Resultat des Produktions- und Verwertungsprozesses erscheint vor allem die Reproduktion und Neuproduktion des *Verhältnisses von Kapital und Arbeit selbst*, von *Kapitalist und Arbeiter*. Dies soziale Verhältnis, Produktionsverhältnis, erscheint in fact als ein noch wichtigeres Resultat des Prozesses als seine materiellen Resultate.»[47] Deutlicher kann man nicht sagen, wovon die Marxsche Ökonomie handelt: nicht von der Produktion von Gütern und Dienstleistungen, sondern von der Produktion materieller gesellschaftlicher Verhältnisse.

Wir müssen diese Spur nicht weiterverfolgen, um Klarheit über den Gegenstand der Marxschen Ökonomie zu gewinnen und ihr Verhältnis zum

Historischen Materialismus bestimmen zu können. Die ökonomische Theorie repräsentiert einen nicht-philosophischen Theorietypus; sie will eine empirisch gestützte ‹positive Wissenschaft› sein. Zugleich aber ist sie als eine Theorie der Gesellschaft angelegt, die den sozialontologischen Grundgedanken des Historischen Materialismus nicht dementieren, sondern fortführen, vertiefen und konkretisieren soll. In der ökonomischen Theorie stellt Marx seinen Strukturenrealismus feinkörniger dar, als er es im Rahmen einer philosophischen Theorie für machbar hielt. Dass es ihm vollständig gelungen sei, aus der Philosophie herauszuspringen, wird man ihm allerdings weder vorwerfen noch zugutehalten können. Was einige seiner Interpreten in den Rang eines ‹Bruchs› erheben wollten, kann ebenso als die Fortsetzung eines sozialontologischen Programms mit anderen theoretischen Mitteln aufgefasst werden. – Bezeichnenderweise war es ein polemischer Kontext, in dem das ihm eigene philosophische Temperament dann auch in den späteren Entwicklungsphasen seiner Theorie gelegentlich durchbrach. Dies etwa dann, wenn er die in der etablierten Ökonomie vorherrschende Tendenz ins Visier nimmt, das Kapital als eine Sache, ein Ding, ein «Produktionsinstrument im technologischen Sinn» etc. aufzufassen (II,1:179f,416,481f/42:182,493,420f), und sie als einen ‹groben Materialismus› charakterisiert. Die Stelle liest sich so: «Der grobe Materialismus der Oekonomen, die gesellschaftlichen Productionsverhältnisse der Menschen und die Bestimmungen, die die Sachen erhalten, als unter diese Verhältnisse subsumiert, als *natürliche Eigenschaften* der Dinge zu betrachten, ist ein ebenso grober Idealismus, ja Fetischismus, der den Dingen gesellschaftliche Beziehungen als ihnen immanente Bestimmungen zuschreibt und sie so mystificirt.» (II,1.2:567/42:588) Marx gibt hier, wie auch an einer anderen ähnlichen Stelle (26.3:262f), zu erkennen, wodurch sich *sein* Materialismus von allen bisherigen Varianten dieser Denkweise unterscheidet: Es geht um Relationen.

KAPITEL IV

Der Überbau und die Bewusstseinsformen

Eine Sozialontologie gibt Auskunft über die grundlegenden Bausteine der Gesellschaft, liefert aber noch keine Theorie der Gesellschaft. Marx hat das auch nicht behauptet; stattdessen behauptet er, dass die Gesamtheit der Produktionsverhältnisse die «ökonomische Struktur» der Gesellschaft bildet V_4, auf der sich ein «Überbau» erhebt und der «gesellschaftliche Bewußtseinsformen» entsprechen V_5. Damit sind zwei weitere Phänomenbereiche angesprochen, die in einer Theorie der Gesellschaft Beachtung finden müssen. Zum einen sind in ihr die vielfältigen nichtökonomischen Institutionen zu berücksichtigen, die Gesellschaften ausbilden. Dazu gehören der Staat, das Recht, die Kunst, die Religion, die Moral, die Wissenschaft oder die Mode. Zum anderen sind die Menschen, aus deren Verhalten die Produktionsverhältnisse hervorgehen, mit Bewusstsein begabte Wesen, die nicht nur handeln, sondern auch denken. Die Produkte dieses Denkens, insbesondere die auf die Gesellschaft bezogenen Ideen und Wünsche, waren für Marx soziale Tatsachen, deren Existenz und Bedeutsamkeit er nicht in Frage stellte. Das Explanandum der Marxschen Gesellschaftstheorie umfasst also drei Phänomenbereiche: die materielle Basis der Gesellschaft; ihren Überbau; und die Gedanken, Wünsche, Theorien etc., die in ihr produziert werden. – Charakteristisch für sie ist aber nicht diese Aufzählung von Phänomenbereichen, sondern die Behauptung eines bestimmten Abhängigkeitsverhältnisses zwischen ihnen. Im *Vorwort* wird dieses Verhältnis so bestimmt: «Die Produktionsweise des materiellen Lebens bedingt den sozialen, politischen und geistigen Lebensprozeß überhaupt. Es ist nicht das Bewußtein der Menschen, das ihr Sein, sondern umgekehrt ihr gesellschaftliches Sein, das ihr Bewußtsein bestimmt.» Diese Behauptung bildet den *zweiten Hauptsatz* des Historischen Materialismus: *Die Produktionsverhältnisse bilden die Basis der Gesellschaft und bedingen die nichtökonomischen Institutionen der Gesellschaft sowie das gesellschaftliche Bewusstsein.* – Wir haben schon im vorangegangenen Kapitel gesehen, dass die Knappheit und Apodiktizität der Formulierungen des *Vorworts* ihr adäquates Verständnis nicht eben gefördert haben. Das gilt auch für diesen zweiten Hauptsatz und wir tun daher gut daran, auch im Hinblick auf ihn genauer nachzufragen, was mit ihm gemeint sein könnte.

1. Die architektonische Metapher

Es findet Wechselwirkung zwischen den verschiednen Momenten statt. Dies der Fall bei jedem organischen Ganzen.

Karl Marx

Einer der Gründe für die historisch späte Entdeckung der Gesellschaft war ihre Unsichtbarkeit, denn *die Gesellschaft* ist ebenso schwer greifbar wie *die Natur.* Eine der beliebtesten Irrtumsquellen über die eine wie über die andere sprudelt dort, wo einzelne konkrete soziale oder natürliche Phänomene für *die* Gesellschaft oder *die* Natur gehalten werden. Die Unsichtbarkeit der Gesellschaft ergibt sich zum einen aus ihrer Grenzenlosigkeit, zum anderen daraus, dass sie nicht auf (beobachtbare) Objekte reduzierbar ist, sondern Unbeobachtbares (wie Beziehungen und Prozesse) einschließt. Um über Unsichtbares sprechen und nachdenken zu können, sind wir auf abstrakte Begriffe angewiesen; und wir greifen auf Metaphern, Analogien und Modelle zurück, um uns die unsichtbaren strukturellen Zusammenhänge zu vergegenwärtigen, die ihre einzelnen Bestandteile miteinander verbinden. Genau so verfährt auch Marx: Er benutzt Metaphern, Analogien und Modelle, um die Gesellschaft als Ganze zu erfassen. Die bekannteste wurde schon erwähnt: Die Basis-Überbau-Metapher.

Der Bau der Gesellschaft. Mit seiner Rede von ‹Basis› und ‹Überbau› greift Marx eine architektonische Metapher auf, die vor allem im Anschluss an Vitruvs klassisches Werk *De Architectura* in verschiedenen Bereichen des europäischen Denkens weite Verbreitung gefunden hat. Ein sehr einflussreiches Beispiel bietet die Bibelhermeneutik: Zurückgehend bis auf Origenes wurde der Sinn der Heiligen Schrift nicht selten als ein Gebäude angesehen, in dem der wörtliche Textsinn als Basis («fundamentum») fungiert, auf dem dann ein seinerseits dreifach gestufter geistiger Schriftsinn als Überbau («superaedificatum») beruht. Diese Metaphorik findet sich später dann auch in der allgemeinen Literaturtheorie, etwa in der neoklassischen

Literaturtheorie Englands, in der die Stoffvorlage eines Dramas als «foundation» charakterisiert und von der detaillierten Ausgestaltung der Handlung, der Zeichnung der Charaktere etc. als der «superstructure» unterschieden wurde. Ein prominentes Beispiel für den *philosophischen* Gebrauch der Gebäudemetapher finden wir bei René Descartes, der im Hinblick auf die Erkenntnis geltend macht, dass bei untergrabenen Fundamenten («fundamentis») alles darauf Gebaute («iis superaedificatum») von selbst zusammenstürzt. Auch in gesellschaftstheoretischem Kontext tritt die Metapher lange vor Marx auf, wenn etwa Adam Ferguson davon spricht, dass die Nationen am Beginn der Zivilisation zunächst um Sicherheit nach innen und außen bemüht sind, um auf dieser «Basis» dann «ein Gebäude (superstructure) aufzurichten, das ihren Ansichten entspricht».[1] – Gemeinsam ist diesen Verwendungen, dass sie ihren Gegenstand (a) als eine Einheit unterscheidbarer Teile, als einen ‹Bau› auffassen; diesen Bau (b) als vertikal strukturiert und mehrere Ebenen umfassend betrachten; und (c) einer dieser Ebenen eine Sonderrolle derart zuschreiben, dass die anderen Stufen auf ihr beruhen, sie voraussetzen oder von ihr abhängen. Genau diese drei Dinge wollte Marx offenbar von der Gesellschaft behaupten.

Wie üblich hat er auch den Begriff ‹Überbau› nirgends definiert. Einige Stellen lesen sich so, dass er *alle* nichtökonomischen sozialen Phänomene unter ihn subsumieren wollte. So ist bei einer der frühesten Erwähnungen der architektonischen Metapher globalisierend von einer «idealistischen Superstruktur» die Rede: «Die bürgerliche Gesellschaft als solche entwickelt sich erst mit der Bourgeoisie; die unmittelbar aus der Produktion & dem Verkehr sich entwickelnde gesellschaftliche Organisation, die zu allen Zeiten die Basis des Staats & der sonstigen idealistischen Superstruktur bildet, ist indeß fortwährend mit demselben Namen bezeichnet worden.» (I,5:115/3:36) Demgegenüber scheint das *Vorwort* einen engeren Begriff zugrunde zu legen, denn hier spricht Marx von der realen Basis, «worauf sich ein juristischer und politischer Überbau erhebt, und welcher bestimmte gesellschaftliche Bewußtseinsformen entsprechen». Wenn man diese Formulierung so liest, dass der Überbau durch das «und» von den Bewusstseinsformen unterschieden werden soll, würde sich ergeben, dass Marx mit dem Überbau die nichtökonomischen *Institutionen* der Gesellschaft meinte.[2] Das wären insbesondere der Staat und das Recht, aber auch Religion, Moral oder Kunst. Bewusstseinsphänomene, die an vielen Stellen zum Überbau gerechnet werden, wären dann kein Teil des Überbaus. Es können also zwei Verwendungsweisen des Begriffs unterschieden werden: eine weite und inklusive Verwendung von ‹Überbau›, die alle nichtökonomischen Phänomene der Gesellschaft einschließt; und eine engere, auf die politisch-rechtlichen Institutionen beschränkte Verwendung.

Dass Marx sich in diesem Punkt nicht festgelegt hat, ist wohl kein Zufall. Statt auf eine genaue Definition des Begriffs kam es ihm auf die Abhängigkeitsthese an; auf die Bekräftigung seines historisch-materialistischen Grundanliegens: Der Überbau, was auch immer darunter zu subsumieren sein mag, ist keine freischwebende, keine selbständige, keine autonome Realität, sondern ein von den materiellen Lebensbedingungen abhängiger Phänomenbereich. Zu beachten ist dabei, dass es sich bei den zitierten und anderen ähnlichen Stellen nicht um substantielle Analysen, sondern um programmatische und vor allem polemische Äußerungen handelt. Marx' Theorieproduktion seit 1844 kann als eine lebenslange Absetzbewegung vom sozialphilosophischen Idealismus verstanden werden. In diesen vier Jahrzehnten entwickelte er das Programm einer nichtidealistischen Theorie der Gesellschaft, von dem er nicht einmal *den* Teil abschließen konnte, auf den er sich ab 1849 konzentriert hatte: die Theorie der ökonomischen Basis der zeitgenössischen Gesellschaft. Eine *Theorie* des Überbaus hat er nicht einmal in Angriff zu nehmen versucht. Seine diesbezüglichen Äußerungen schwanken daher zwischen sehr allgemeinen Lehrsätzen auf der einen und speziellen Anwendungen auf der anderen Seite, ohne dass ein Abgleich zwischen ihnen erkennbar wäre, der die Differenzierungen der Anwendungsebene auf die Ebene der Lehrsätze hätte zurückspiegeln können.

In ihrem Kern besagt die architektonische Metapher, dass die zum Überbau gehörenden sozialen Phänomene in einer Abhängigkeitsbeziehung von der ökonomischen Struktur[3] stehen, sodass (hinreichend gravierende) Unterschiede und Änderungen dieser Phänomene durch Unterschiede und Änderungen der Basis bedingt sind. Es liegt nahe, diese Abhängigkeitsbeziehung in derselben Terminologie zu beschreiben, die auf die Genese der Produktionsverhältnisse angewandt wurde: Der Überbau ist ein Ergebnis emergenter Strukturbildung und superveniert auf der Basis. Ob er in derselben Weise als eine nichtintendierte Folge menschlichen Handelns aufgefasst werden kann wie die Produktionsverhältnisse, ist allerdings fraglich. Denn man wird davon ausgehen müssen, dass der Überbau in einem höheren Maße (wenn auch nicht vollständig) das Produkt zweckgerichteten Handelns ist als die Produktionsverhältnisse; Staat und Recht sind zumindest teilweise geplant. – Die Beziehung zwischen Basis und Überbau als ein Supervenienzverhältnis zu fassen, hat Implikationen, die für Marx wichtig waren. Sie ergeben sich daraus, dass der Supervenienzbegriff ein *einseitiges* Abhängigkeitsverhältnis charakterisiert: Unterschiede im Überbau setzen Unterschiede der Basis voraus, verursachen aber keine Änderungen der Basis. «Die Struktur der ökonomischen Grundelemente der Gesellschaft bleibt von den Stürmen der politischen Wolkenregion unberührt.» (I,8:354/23:379) Daraus ergibt sich für die Geschichtsphilosophie, auf die wir hier nur kurz vorgreifen, dass die Haupterklärungsrichtung bei der Analyse geschichtlicher Prozesse von der Basis zum Überbau zu laufen hat und nicht umgekehrt. Eine andere Implikation ist politisch-praktischer Natur. Wir haben gesehen [II,2], welche Bedeutung die Überwindung des junghegelianischen Konzepts einer Veränderung der Gesellschaft durch Kritik für den Marxschen Übergang zum Materialismus gehabt hat. Dieser Übergang vollzog sich parallel zu der Einsicht, dass nicht der Staat und die Ideen den Hebel bilden, an dem eine soziale Bewegung ansetzen muss, um die Gesellschaft zu verändern; dass vielmehr umgekehrt Umwälzungen der ökonomischen Struktur der Gesellschaft eo ipso auch zu Änderungen des Überbaus führen. Eine revolutionäre politische Strategie darf sich nach Marx daher nicht auf Kritik und nicht einmal auf Politik beschränken; sie muss auf die Basis der Gesellschaft zielen.

Was nicht behauptet wird. Metaphern sind nicht nur in der Poesie unverzichtbar, sondern auch in der Wissenschaft. Sie helfen uns, bislang unverstandene Phänomene dadurch zu erhellen, dass wir sie im Lichte von besser durchschauten Phänomenen betrachten. Wenn wir die Gesellschaft aufgrund der Basis-Überbau-Metapher als ein Gebäude betrachten, so machen wir uns die zwischen ihren Teilen bestehenden Beziehungen anhand dessen klar, was wir über Gebäude wissen: beispielsweise, wie Descartes gesagt hatte, dass ein Überbau zusammenstürzt, wenn sein Fundament untergraben wird. Auf ähnliche Weise soll die Gesellschaft als Ganze von einem ihrer Teile, der Basis, abhängig sein; nicht im Sinne eines drohenden Zusammensturzes, aber doch einer grundlegenden Änderung, wenn dieser Teil sich ändert. – Metaphern sind allerdings nicht nur erhellend, sondern auch riskant. Nicht in *jeder* Hinsicht verhalten sich soziale Institutionen und Ideen zu ihrem Fundament so, wie sich ein Gebäude zu seinem Fundament verhält. Auch die Marxsche Metapher kann uns falsche Annahmen nahelegen und hat das auch tatsächlich getan. Fünf Fehldeutungen möchte ich erwähnen:

(1) *Die Differenz von Basis und Überbau entspricht der Differenz von Materie und Bewusstsein: Die Basis ist materiell, der Überbau ideell.* – Marx hat dieses Missverständnis dadurch gefördert, dass er die Basis-Überbau-Unterscheidung im *Vorwort* in einen engen Zusammenhang mit dem Satz gerückt hat: «Es ist nicht das Bewußtsein der Menschen, das ihr Sein, sondern umgekehrt ihr gesellschaftliches Sein, das ihr Bewusstsein bestimmt.» Das hat die Identifikation von ‹Sein› mit ‹Basis› und von ‹Bewusstsein› mit ‹Überbau› nahegelegt; da die Basis nach Marx materiell ist, drängt sich die Schlussfolgerung auf, dass der Überbau ideell sein müsse. Diese Schlussfolgerung ist aber nicht zwingend; daraus, dass die Basis materiell ist, *folgt* nicht, dass der Überbau (in seiner Gesamtheit) ideell sei. Es sollte genügen, an Schulgebäude und Verkehrsampeln oder an Gummiknüppel und Wasserwerfer zu denken, um Zweifel an der Idealität des Überbaus aufkommen zu lassen.

(2) *Die Basis-Überbau-Unterscheidung postuliert eine vollständige Disjunktion: Alle sozialen Phänomene gehören entweder der Basis oder dem Überbau an.* – Für diese Annahme gibt es bei Marx keine Anhaltspunkte; vor allem aber gibt es mehrere gravierende Gegenbeispiele. So gehören die Produktivkräfte (wir werden auf diesen Begriff [in V,1] ausführlich zurückkommen) nicht zur «ökonomischen Struktur» der Gesellschaft, also nicht zur Basis,[4] aber sicher ebenso wenig zum Überbau. Weitere Beispiele lassen sich leicht finden. So ist der Staat im modernen Kapitalismus auf vielfältige Weise ökonomisch aktiv und tritt selbst als Kapitalist auf; Analoges gilt für die inzwischen untergegangenen Länder des realen Sozialismus, in denen der Staat als der zentrale ökonomische Akteur auftrat. Ist der Staat damit zu einem Teil der Basis geworden?[5] Auch die Sprache ist nicht zu vergessen, die einige Marxisten zum Überbau gerechnet haben, andere[6] jedoch nicht. Und schließlich: Gehören die Menschen zur Basis oder zum Überbau? Oder zu beidem? Oder weder zur Basis noch zum Überbau?

(3) *Mit ihrer Abhängigkeitsthese setzt die Metapher den Überbau auf ein Epiphänomen herab: Er fristet ein kümmerliches Dasein als Ornament an der Basis, dem keine große Bedeutung zukommt.* – Wenn das zutreffend wäre, müsste unverständlich bleiben, warum sich Marx über sein ganzes

Leben hinweg mit verschiedenen ‹ideologischen› Ansichten kritisch auseinandergesetzt hat. Offenbar hielt er selbst die luftigsten Teile des Überbaus für bedeutsam genug, um ihnen seine (kritische) Aufmerksamkeit zu widmen. Für die handfesteren Teile des Überbaus, Staat und Recht, gilt dies umso mehr. Die von Marx betonte Abhängigkeit oder Bedingtheit des Überbaus sollte nicht mit seiner Irrelevanz verwechselt werden. Wenn wir sagen, dass das Leben eines Menschen von ausreichender Ernährung abhängt, dann soll damit nicht gesagt sein, dass alles andere im Leben irrelevant sei. Tatsächlich deutet Marx zumindest an, dass der Überbau zwar von der Basis abhängig und durch sie bedingt, gleichwohl aber für ihre Existenz *notwendig* ist: «Die bisherigen Produktionsverhältnisse der Individuen müssen (!) sich ebenfalls als politische & rechtliche Verhältnisse ausdrücken.» (I,5:420/3:347) Dazu später mehr.

(4) *In diachroner Perspektive folgt der Überbau der Basis zeitlich nach: Der Überbau ist ein ewiger Nachzügler.* – Dieses Missverständnis hat Marx selbst provoziert, als er im *Vorwort* schrieb: «Mit der Veränderung der ökonomischen Grundlage wälzt sich der ganze ungeheure Überbau langsamer oder rascher um.» Die Annahme einer Verzögerung zwischen Änderungen der Basis und Änderungen des Überbaus ergibt sich dann, wenn man Basis und Überbau als substantielle Realitäten missversteht und die architektonische Metapher allzu wörtlich nimmt. «Die Umwälzung des Überbaus, die viel langsamer als die des Unterbaus vor sich geht, hat mehr als ein halbes Jahrhundert gebraucht, um auf allen Kulturgebieten die Veränderung der Produktionsbedingungen zur Geltung zu bringen.»[7] Selbstverständlich lassen sich Beispiele für ein solches Nachzüglertum anführen; genauso leicht ist es allerdings, diese Verallgemeinerung mit Gegenbeispielen zu konfrontieren: mit Fällen der *Antizipation* von später tatsächlich eingetretenen Entwicklungen. Weiter unten werden prominente Fälle ungleichzeitiger Entwicklung von Basis und Überbau zur Sprache kommen.

(5) *Die architektonische Metapher postuliert ein Zweischichtenmodell: Die Gesellschaft besteht aus genau zwei Ebenen.* – Diese Fehldeutung mag ihre Wurzel in der Rede von der Basis und *dem* Überbau haben. Dabei wird aber übersehen, dass *ein* Überbau mehrere Stockwerke umfassen kann. Tatsächlich gibt es Äußerungen von Marx, die einen mehrstufigen Aufbau der Gesellschaft implizieren. – Viel wichtiger als die quantitative

ist die qualitative Seite des Missverständnisses. Ist es *überhaupt* sinnvoll, sich die Gesellschaft als einen aus separaten, übereinander gestapelten Etagen bestehenden Bau vorzustellen? Die architektonische Metapher legt das nahe; darin kommt sie mit vielen ontologischen Theorien überein, die die Realität als geschichtet postulieren; klassisch ist die Unterscheidung zwischen einer physikalisch-chemischen, einer biologischen, einer sozialen und einer geistigen Schicht der Realität. Solche Theorien sind nicht prinzipiell anstößig; die Frage ist aber, wie fruchtbar solche Schichtungsmodelle für das Verständnis der Gesellschaft sind und wie gut sie erfassen, was Marx über die Gesellschaft dachte. Das wohl entscheidende Problem solcher Modelle besteht in der mit ihnen einhergehenden Tendenz zur Substantialisierung der Schichten. Es ist nicht zu übersehen, dass sich auch bei Marx Formulierungen finden, in denen Basis und Überbau der Gesellschaft als solche separaten Etagen eines Gebäudes erscheinen; andererseits aber läuft sein gesamtes Theoriedesign solchen Substantialisierungen zuwider. Wenn nämlich die Basis als die Gesamtheit der Produktions*verhältnisse* definiert ist, die die Menschen eingehen, dann bleibt kein Raum mehr für die Vorstellung eines substantiellen Fundaments; umso weniger, als es sich dabei um ein Geflecht von Beziehungen zwischen *Handlungsweisen* handeln soll. Sobald die Basis nicht mehr separat von den Handlungen der Individuen, sondern nur *in* diesen Handlungen existiert, löst sich folgerichtig auch die Idee eines aus fixen Stockwerken bestehenden Gebäudes auf. Von der architektonischen Metapher bleibt nichts als die These, dass die Gesellschaft gegliedert ist und dass zwischen den Gliedern (der Ausdruck ‹Teile› wäre unglücklich) bestimmte Abhängigkeitsverhältnisse bestehen.

Abhängen, bedingen, entsprechen. Doch was könnte ‹Abhängigkeit› in diesem Zusammenhang heißen? Es liegt auf der Hand, dass damit keine Nebenfrage aufgeworfen ist, sondern nach der Bedeutung des zweiten Hauptsatzes des Historischen Materialismus gefragt wird. Eine klare Antwort gibt uns Marx nicht; ihm scheint geradezu entgangen zu sein, dass er mit V_5 eine Definitionsverpflichtung übernommen hatte. Das wird schon daran deutlich, dass er im *Vorwort* vier verschiedene Verben benutzt, um die Beziehung zwischen Basis und Überbau zu charakterisieren. Zur Erinnerung: «Die Gesamtheit dieser Produktionsverhältnisse bildet die ökonomische Struktur der Gesellschaft, die reale Basis, worauf sich ein juristischer und politischer Überbau *erhebt*, und welcher bestimmte gesellschaftliche Bewußtseinsformen *entsprechen*. Die Produktionsweise des materiellen Lebens *bedingt* den sozialen, politischen und geistigen Lebensprozeß überhaupt. Es ist nicht das Bewußtsein der Menschen, das ihr Sein, sondern umgekehrt ihr gesellschaftliches Sein, das ihr Bewußtsein *bestimmt*.» An anderen Stellen seines Werkes finden sich weitere Verben wie ‹widerspiegeln› (II,8:112/23:99) oder ‹ausdrücken› (II,15:331/25:352). – Es bedarf keiner langen Erläuterung, dass diese Verben ganz unterschiedliche Relationen zum Ausdruck bringen. So können beispielsweise zwei Dinge einander ‹entsprechen›, ohne dass eines von ihnen das andere ‹bedingt›; so entspricht das Maul eines Säugetiers dem Schnabel eines Vogels, ohne durch ihn bedingt zu sein. Auch ‹sich erheben auf› und ‹bestimmt sein durch› sind nicht synonym; eine Statue kann sich auf einem Platz erheben, ohne durch ihn bestimmt zu sein. Viele Formulierungen von Marx sind eher eine Problemanzeige als eine Problemlösung.

Wenn wir also fragen, was unter dem Primat der Basis zu verstehen ist und wie weit dieser Primat geht, so liegt es nahe, sich bei der Suche nach einer Antwort an die architektonische Metapher zu halten. Zunächst ist klar, dass ein Gebäude sich auf einem Fundament erhebt und *insofern* von ihm abhängig ist, als es ohne dieses Fundament nicht existieren, zumindest nicht stabil sein könnte. ‹Abhängigkeit› hat hier einen klaren Sinn: ‹x ist von y abhängig› = ‹ohne y kein x›. Dasselbe kann man auch hinsichtlich der Gesellschaft sagen: Die Existenz des Überbaus setzt eine Basis voraus, ohne Basis kein Überbau. Der Grund dafür ist sehr einfach. Die Tätigkeiten, die Marx dem Überbau zurechnet, werden ja von Personen (Politiker, Pastorinnen, Juristen, Polizistinnen) ausgeführt, die sich ernähren und kleiden müssen; dazu ist Arbeit nötig, die nur an der Basis, im Rahmen von Produktionsverhältnissen also, erledigt werden kann. Wie das Fundament eines Gebäudes hat auch die Basis einer Gesellschaft eine begrenzte Tragekapazität. Man kann, wiederum von der architektonischen Metapher ausgehend, noch einen Schritt weitergehen und sagen: Das jeweilige Fundament legt dem Gebäude bestimmte Beschränkungen auf. Man kann auf einem kleinen und schwachen Fundament kein großes und schweres Gebäude errichten. In Analogie dazu würde wohl auch die Produktivität einer Feudalgesellschaft, geschweige denn einer Jäger- und Sammlergesellschaft nicht ausreichen, um den Überbau eines modernen Rechts- und Sozialstaats mit seiner ausladenden Infrastruktur zu unterhalten. Die architektonische Metapher verdeutlicht also, dass in der Gesellschaft (wie beim Bau) nicht alles geht. Sie verdeutlicht aber auch, dass *vieles* geht. Denn man kann zwar auf einem kleinen und schwachen Fundament kein großes und schweres Gebäude errichten; man kann aber auf einem großen und starken Fundament ein kleines und leichtes Gebäude errichten. Und man kann auf einem gegebenen Fundament sowohl ein neogotisches Computerzentrum als auch eine postmoderne Kirche errichten. – Marx war nur die eine Seite dieses Zusammenhangs wichtig: Die Abhängigkeit des Überbaus von der Basis. Die Spielräume, die diese Abhängigkeit zulässt, haben ihn weniger interessiert. In seiner lebenslangen Absetzbewegung vom sozialphilosophischen Idealismus war es ihm vor allem darum zu tun, der Verklärung des Überbaus zu einem freischwebenden Etwas entgegenzuwirken. Genau diesem Zweck dient die Metapher.

Nun können wir aber davon ausgehen, dass Marx mit dieser Rekonstruktion nicht zufrieden gewesen wäre. Denn nach ihr wäre die Basis der Gesellschaft ja eine Art Plattform, auf der zwar nicht jeder beliebige Überbau existieren kann, die aber doch reichlich Raum für ganz unterschiedliche Überbauten ließe. Das wäre Marx zu wenig gewesen. Seine These vom Primat der Basis war deutlich stärker gemeint. Was er behaupten wollte war, dass nicht nur die Existenz und die Stabilität des Überbaus von der Basis abhängen, sondern auch sein *Inhalt* und seine *Struktur*. Der Überbau sollte sich eben nicht nur auf der Basis ‹erheben›, sondern ihr auch ‹entsprechen›. – Wir sollten nicht allzu pedantisch mit der Marxschen Terminologie sein; doch wir dürfen auch nicht über die Differenz hinweggehen, die zwischen dem besteht, was mit diesen beiden Verben ausgesagt wird. Wir dürfen über diese Differenz deswegen nicht hinweggehen, weil sie für den Historischen Materialismus systematisch bedeutsam ist und weil sie weder von Marx noch von seinen Anhängern hinreichend beachtet wurde. Ein prominentes Beispiel liefert die Rede, die Engels beim Begräbnis von Marx hielt. Marx, so heißt es in dieser Rede, komme das Verdienst zu, die «einfache Tatsache» entdeckt zu haben, «dass die Menschen vor allen Dingen zuerst essen, trinken, wohnen und sich kleiden müssen, ehe sie Politik, Wissenschaft, Kunst, Religion usw. treiben können; dass also die Produktion der unmittelbaren materiellen Lebensmittel und damit die jedesmalige ökonomische Entwicklungsstufe eines Volkes oder eines Zeitabschnitts die Grundlage bildet, aus der sich die Staatseinrichtungen, die Rechtsanschauungen, die Kunst und selbst die religiösen Vorstellungen des betreffenden Menschen entwickelt haben, und aus der sie daher erklärt werden müssen –

nicht, wie bisher geschehen, umgekehrt.» (19:335f) Hier kommt zu den vielen von Marx verwendeten Verben ein weiteres hinzu: ‹erklären›. Aber auch dieses Verb bringt keine Klarheit in dem zentralen Punkt, *was* erklärt werden soll. Zwei verschiedene Deutungen kommen in Betracht. Die erste bleibt eng am Text: Ohne zu essen, zu trinken, zu wohnen und sich zu kleiden können die Menschen keine Politik, keine Wissenschaft, keine Kunst und keine Religion betreiben. Das ist offenbar das, was mit der architektonischen Metapher ausgesagt wird: ohne y kein x. ‹Erklären› heißt hier so viel wie ‹die Grundlage der *Existenz* von etwas angeben›. ‹Erklären› kann zweitens aber auch in einem deutlich anspruchsvolleren Sinne verstanden werden, der sich so umschreiben lässt: Weil die Menschen ihre Lebensmittel auf eine bestimmte Weise produzieren, haben ihre Staatseinrichtungen, ihr Recht, ihre Religion etc. einen bestimmten *Inhalt* und/oder eine bestimmte *Struktur*. Das ist offenbar das, was Engels zum Ausdruck bringen wollte und was zweifellos auch Marx als Explanandum vorschwebte.

Es ist leicht erkennbar, dass die zweite Deutung weit über die erste hinausgeht und dass sie daher auch nicht aus ihr abgeleitet werden kann. Daraus, dass x in seiner Existenz von y abhängig ist, folgt nicht, dass der Inhalt und die Struktur von x von y abhängig sind. Daraus, dass Denken Atmung voraussetzt, folgt ja auch nicht, dass der Inhalt des Denkens durch die Luft bedingt ist.[8] Der Schluss von der Bedingtheit der Existenz auf die Bedingtheit des Inhalts ist ein Kurzschluss. – Das heißt natürlich *nicht*, dass die anspruchsvollere zweite These falsch ist; wohl aber, dass der Übergang von der ersten zur zweiten Deutung durch zusätzliche Argumente gerechtfertigt oder durch substantielle Analysen plausibel gemacht werden müsste. Letzteres hat Marx versucht; aber er hat zwischen den beiden genannten Abhängigkeitsverhältnissen nicht klar unterschieden.

Hinzu kommt, dass nicht ohne weiteres klar ist, was mit einer Bedingtheit des Inhalts und/oder der Struktur des Überbaus von der Basis gemeint sein könnte; auch in diesem Punkt ist Marx nicht sehr explizit. Ob er mit der Verwendung der oben hervorgehobenen verschiedenen Verben auch verschiedene Abhängigkeitsverhältnisse andeuten wollte, ist möglich, aber eher unwahrscheinlich. Überblickt man seine einschlägigen Äußerungen, so lassen sich aber zwei Behauptungen unterscheiden, die Marx im Hinblick auf das Verhältnis von Basis und Überbau macht. Nach der ersten besteht zwischen ihnen ein *funktionaler* Zusammenhang: Die Basis stellt bestimmte Anforderungen, die der Überbau zu erfüllen hat.[9] Dies ist besonders plausibel im Hinblick auf den Staat und das Recht; ich werde auf diese funktionale Bedeutung im folgenden Abschnitt näher eingehen. Eine andere Deutung von Abhängigkeit oder Bedingtheit scheint Marx dort zu bevorzugen, wo er die Basis-Überbau-Beziehung als ‹Ausdruck› oder ‹Widerspiegelung› charakterisiert. Da diese Charakterisierung vornehmlich auf Bewusstseinsphänomene (auf ‹Ideologie› aber auch auf Recht) angewandt wird, ist hier wohl eine Art *semantischer* Zusammenhang gemeint. Darüber wird in Abschnitt [IV,3] mehr zu sagen sein.

Jenseits von Basis und Überbau. Obwohl die Basis-Überbau-Unterscheidung zweifellos als Leitmetapher der historisch-materialistischen Gesellschaftsanalyse intendiert war (und auch so aufgefasst wurde), ist sie doch nicht das einzige Modell, dessen sich Marx bedient hat. In dem bereits zitierten Brief an Annenkow aus dem Jahre 1846 findet sich eine Passage, die ein etwas anders akzentuiertes Bild der Gesellschaft zeichnet: «Was ist die Gesellschaft, welches immer auch ihre Form sei? Das Produkt des wechselseitigen Handelns der Menschen. Steht es den Menschen frei, diese oder jene Gesellschaftsform zu wählen? Keineswegs. Setzen Sie einen bestimmten Entwicklungsstand der Produktivkräfte der Menschen voraus, und Sie erhalten eine bestimmte Form des Verkehrs und der Konsumtion. Setzen Sie bestimmte Stufen der Entwicklung der Produktion, des Verkehrs und der Konsumtion voraus, und Sie erhalten eine entsprechende soziale Ordnung, eine entsprechende Organisation der Familie, der Stände oder der Klassen, mit einem Wort, eine entsprechende Gesellschaft. Setzen Sie eine solche Gesellschaft voraus, und Sie erhalten eine entsprechende politische Ordnung, die nur der offizielle Ausdruck der Gesellschaft ist.» (III,2:71(fr.)/27:452) Diese Formulierung lässt ein komplexeres Bild der Gesellschaft vor uns entstehen, als es die architektonische Metapher nahelegt. An die Stelle eines Zweietagenmodells ist hier ein *Eskalationsmodell* getreten, nach dem die Bestimmung der Überbauphänomene durch die Basis über mehrere Stufen erfolgt. Vier solcher Stufen werden unterschieden:

– die Produktivkräfte;
– die Produktionsverhältnisse und der Konsum;
– die bürgerliche Gesellschaft, inklusive Familien und Klassen;
– der Überbau.

Auffallend ist weiterhin, dass diese Stufen nicht als einfache ‹Teile› der Gesellschaft dargestellt werden, sondern als mehr oder weniger komplexe, in sich differenzierte Teil*systeme*. So gibt es in einer bestimmten Gesellschaft nicht nur ein Produktionsverhältnis, sondern viele; und erst recht ist die ‹bürgerliche Gesellschaft› ein vielfach gegliedertes Ganzes, in dem auch verschiedenartige Spannungen und Konflikte (vor allem natürlich zwischen den Klassen) auftreten. Zu beachten ist weiterhin, dass dieses Stufenmodell durch weitere Zwischenstufen (wie die Distribution) ergänzt werden kann. Wichtig ist vor allem, dass dieses Modell keinen direkten Durchgriff der Basis auf den Überbau postuliert; die Wirkung der Basis auf den Überbau wird nun durch mehrere Zwischenstufen vermittelt. Man kann in einem solchen Eskalationsmodell die Grundlage für die später bei Engels anzutreffende Rede von «der in *letzter Instanz* stets sich durchsetzenden ökonomischen Notwendigkeit» sehen (39:206). Führt man sich die Erklärungsstrategien vor Augen, die Marx in seinen materialen Analysen historischer Prozesse praktiziert, so entspricht sie diesem Eskalationsmodell eher als dem Basis-Überbau-Modell.

Das Eskalationsmodell ist sicherlich insofern differenzierter, als es mit mehreren determinierenden Instanzen und einer Stufung ihrer Wirkung rechnet; es bleibt aber dem Modell einer *unidirektionalen* Determination verhaftet. Hinter dieser Betonung einer einseitigen Wirkungsrichtung steht natürlich die Polemik gegen idealistische Vorstellungen von einem freischwebenden Überbau. Charakteristisch dafür ist eine Formulierung aus den Manuskripten zur *Deutschen Ideologie*, in der zunächst die Einseitigkeit der Determination hervorgehoben wird: Die neue Geschichtsauffassung gehe von der «materiellen Produktion des unmittelbaren Lebens aus» und erkläre aus ihr «die sämmtlichen verschiednen theoretischen Erzeugnisse & Formen des Bewußtseins, Religion, Philosophie, Moral &c &c». Aufschlussreich ist aber nun die Fortsetzung des Textes, denn sie enthält eine deutliche Relativierung des eben Gesagten: Wenn diese Erklärung der Überbauphänomene aus der Produktion des materiellen Lebens geleistet sei, dann sei «natürlich auch die Sache in ihrer Totalität (u. darum auch die Wechselwirkung dieser verschiednen Seiten auf einander)» darzustellen (I,5:45/3:38). Die These vom Primat der Ökonomie wird hier offenbar nicht so verstanden, dass mit ihr kausale Rückwirkungen des Überbaus ausgeschlossen sind. Im Gegenteil, solche Rückwirkungen werden als der Regelfall postuliert. In der heutigen Wissenschaftstheorie spricht man von einer ‹downward causation›: Zwar superveniert die höhere auf der unteren Ebene, sodass die kausale Determination von unten nach oben geht; gleichzeitig gibt es aber auch die gegenläufige Determinationsrichtung von oben nach unten.[10] Nicht nur, aber vor allem in sozialen Prozessen werden Aufwärts- und Abwärtsverursachung als komplementäre Prozesse betrachtet, die gleichermaßen Beachtung verdienen. – Auch Engels hat sich in seinen berühmten Altersbriefen mehrfach gegen simplifizierende Deutungen von Anhängern wie Kritikern des Historischen Materialismus gewandt, die ihn auf *eine* Determinationsrichtung von unten nach oben festzulegen versuchten. Ihnen gegenüber hat er ausdrücklich auf der Möglichkeit von Abwärtsverursachung insistiert: Also auf der «Rückwirkung der Staatsmacht auf die ökonomische Entwicklung». Genauso sei es ihm selbstverständlich, dass die ideologische Anschauung «ihrerseits wieder auf die ökonomische Basis zurückwirkt und sie innerhalb gewisser Grenzen modifizieren kann» (37:492).

Marx und Engels scheinen den Gedanken einer Rückwirkung des Überbaus auf die Basis als eine (wie Engels sagt: selbstverständliche) Präzisierung des Basis-Überbau-Modells verstanden zu haben. Scheinbar beiläufig war im Kontext der «Wechselwirkung dieser verschiednen Seiten auf einander» ein Begriff gefallen, der nähere Beachtung verdient: Der Begriff ‹Totalität›. Marx hat ihn und das mit ihm verbundene Denkmodell von Hegel übernommen. Der Totalitätsbegriff entspricht in wichtigen Hinsichten dem, was heute als ‹System› bezeichnet wird; er charakterisiert in sich differenzierte und gegliederte Ganzheiten, die Selbsttätigkeit und Entwicklung aufweisen. Die besten Beispiele solcher Ganzheiten liefern Organismen, weil sich in ihnen mehrere Eigenschaften von Totalitäten zeigen, auf die es Hegel besonders ankam: (a) Ihre Teile sind nicht bloß untereinander verbunden, sondern beeinflussen einander wechselseitig; (b) die innere Differenzierung solcher Ganzheiten ist kein Resultat äußerer Einwirkung, sondern innerer Selbsttätigkeit; (c) die Ganzheiten sind nicht statisch, sondern in ständiger Entwicklung begriffen. – Im Marxschen Denken über die Gesellschaft und in seiner ökonomischen Theorie nimmt der Hegelsche Totalitätsbegriff den Rang einer Schlüsselkategorie ein. Typisch für den Gebrauch dieser Kategorie ist die folgende Stelle aus den *Grundrissen*: «Wenn im vollendeten bürgerlichen System, jedes ökonomische Verhältniß das andre in der bürgerlich-ökonomischen Form voraussetzt und so jedes Gesezte zugleich Voraussetzung ist, so ist das mit jedem organischen System der Fall. Dieß organische System selbst als Totalität hat seine Voraussetzungen und seine Entwicklung zur Totalität besteht eben [darin], alle Elemente der Gesellschaft sich unterzuordnen, oder die ihm noch fehlenden Organe aus ihr heraus zu schaffen. Es wird so historisch zu Totalität. Das werden zu dieser Totalität bildet ein Moment seines Prozesses, seiner Entwicklung.» (II,1.1:201/42:203) Bemerkenswert ist, dass hier neben ‹Totalität› ein verwandter Begriff auftaucht, der über das Marxsche Verständnis von Gesellschaft einigen Aufschluss gibt: ‹organisches System›. Die historisch-materialistische These vom Primat der Ökonomie wird zwar aufgegriffen, aber nicht mehr im Sinne einer linearen, sondern einer zirkulären Determination aufgefasst: Insoweit die Gesellschaft eine Totalität bzw. ein ‹organisches System› ist, wirken *alle* ihre Teile wechselseitig aufeinander ein und es entsteht eine intern generierte Entwicklungsdynamik, die *alle* Teile erfasst. Ähnliche Äußerungen finden sich in seinen ökonomischen Schriften nicht eben selten. So geht er in der methodologischen Einleitung zu den *Grundrissen* zwar vom ‹Übergreifen› der Produktion über alle anderen ‹Momente› (Distribution, Konsumtion etc.) des ökonomischen Systems der Gesellschaft aus, um dann die Rückwirkung dieser Momente auf die Produktion zu betonen: «Allerdings wird auch die Production, *in ihrer einseitigen Form*, ihrerseits bestimmt durch die andren Momente. Z. B. wenn der Markt sich ausdehnt, d. h. die Sphäre des Austauschs, wächst die Production dem Umfang nach und theilt sich tiefer ab. Mit Veränderung der Distribution ändert sich die Production; z. B. mit Conzentration des Capitals, verschiedner Distribution der Bevölkerung in Stadt und Land etc. Endlich bestimmen die Consumtionsbedürfnisse die Production. Es findet Wechselwirkung zwischen den verschiednen Momenten statt. Dieß der Fall bei jedem organischen Ganzen.» (II,1.1:35/42:34)

Mit dem Begriff des ‹organischen Ganzen›, ebenso wie mit dem zuvor genannten Begriff des ‹organischen Systems›, werden wir noch einmal auf die Quelle des Marxschen Konzepts von Gesellschaft als Totalität zurückverwiesen: auf die Philosophie Hegels. Schon in seiner frühen Auseinandersetzung mit ihr hatte der junge Marx dem Hegelschen Staatsrecht nachgerühmt, den Staat als Organismus konzipiert zu haben, dessen verschiedene Teile in einem vernünftigen Verhältnis zueinander stehen. (I,2:12ff/1:210ff) Die hier gerühmte Idee eines ‹organischen Ganzen›, eines ‹organischen Systems› oder einer ‹Totalität› blieb bis zuletzt *grundlegend* für Marx' Verständnis von Gesellschaft und, wie wir weiter unten [V,2] noch sehen werden, für sein Verständnis von Geschichte. Die Frage ist allerdings, wie dieses Totalitätsmodell von Gesellschaft mit der architektonischen Metapher harmoniert. Die Antwort ist nicht schwer zu geben: Das Totalitätsmodell harmoniert *nicht* mit ihr.

Marx und Engels hätten daher gute Gründe gehabt, die architektonische Leitmetaphorik fallen zu lassen und durch eine andere, organismische Leitmetaphorik zu ersetzen. De facto haben sie das zum Teil auch getan; da sie sich aber nicht dazu durchringen konnten, die Rede von ‹Basis› und ‹Überbau› aufzugeben, haben sie eine dem unterkomplexen Denken über gesellschaftliche Zusammenhänge förderliche Heuristik etabliert, die unter ihren Anhängern desaströse Wirkungen entfalten sollte.

2. Der Staat und das Recht

Nur der politische Aberglaube bildet sich heutzutage ein, daß das bürgerliche Leben vom Staat zusammengehalten werden müsse, während umgekehrt in der Wirklichkeit der Staat von dem bürgerlichen Leben zusammengehalten wird.

Karl Marx

Unter den verschiedenen Bestandteilen des Überbaus nehmen der Staat und das Recht eine hervorgehobene Stellung ein; sie hatte Marx vor allem vor Augen, wenn er vom ‹Überbau› sprach. Hilfreich für eine angemessene Einschätzung seiner diesbezüglichen Ansichten ist es, die Problemlage im Auge zu behalten, die seinen Überlegungen zugrunde lag. Dazu gehören erstens die zeitgenössisch einflussreichen *Ansichten und Theorien* über den Staat, vor allem natürlich die in der Umgebung von Marx diskutierten Theorien. Weiterhin gehört die damalige *Realität* von Staat und Recht zu den zu berücksichtigenden Faktoren. Und drittens ist nicht zu vergessen, dass Marx nicht nur ein Theoretiker, sondern auch ein (revolutionärer) Politiker sein wollte; dass seine Theorie also auch praktische Orientierung liefern sollte.

Autonomie und Neutralität. Überblickt man die staatstheoretische Literatur, so war sie seit ihren antiken Ursprüngen von Deutungen dominiert, die den Staat (der ja mit der Gesellschaft als mehr oder weniger identisch angesehen wurde) entweder im Anschluss an Aristoteles als einen Austrieb der menschlichen Natur deuteten oder als ein Erzeugnis des göttlichen Willens. «Nichts ist nämlich jenem Götterfürsten, der die ganze Welt lenkt, wenigstens soweit es auf Erden geschieht, willkommener als die Versammlungen und Gemeinschaften von Menschen, die durchs Recht geeint sind, die man

Staaten nennt», heißt es im *Somnium Scipionis*.[11] Diese Deutung konnte unter christlichem Vorzeichen leicht aufgegriffen und ausgebaut werden; sie hat das staatstheoretische Denken über zwei Jahrtausende maßgeblich geprägt und war bis weit ins 19. Jahrhundert hinein einflussreich geblieben. So hatte beispielsweise Marx' älterer Zeitgenosse Friedrich Julius Stahl auf der göttlichen Abkunft von Staat und Recht sowie auf ihrer christlichen (genauer: protestantischen) Sendung insistiert: «Diese ganze große Anstalt, die sämmtlichen Rechtsverhältnisse in ihrem gegenseitigen Zusammenhang, wie sie durch die innewohnende sittliche Kraft des Rechts geordnet und erhalten werden, sind der eine unauflösliche Leib für das Reich Gottes auf Erden.»[12] – Zwar galten solche theonomen Staatsdeutungen in vielen Kreisen, vor allem in den von Marx frequentierten, nicht mehr als satisfaktionsfähig; doch waren hier höhere Instanzen anderer Art an die Stelle Gottes getreten: apriorische Prinzipien, Vernunftideen oder sittliche Ideale. Für Kant war der Staat eine Vereinigung von Menschen unter a priori notwendigen Rechtsgesetzen;[13] für Hegel war er «die Wirklichkeit der sittlichen Idee» oder «göttlicher Wille als gegenwärtiger, sich zur wirklichen Gestalt und *Organisation einer Welt entfaltender* Geist»,[14] und Bruno Bauer erklärte, dass der Staat nur begriffen werden könne, «wenn er als die objektive Existenz der Allgemeinheit des befreiten Selbstbewußtseins gefaßt wird, als die Existenz, deren Boden und Material das Selbstbewußtsein ist, welches durch die Überwindung seiner Einzelnheit in den sittlichen Bestimmungen seine Allgemeinheit schafft.»[15]

Natürlich hatte es schon in der Antike und auch seit dem Beginn der Neuzeit konkurrierende Ansätze gegeben, die den Staat von unten statt von oben herzuleiten suchten. Hobbes hatte mit seiner Rückführung des Staates auf das allen Individuen gemeinsame Interesse an Sicherheit eine sehr einflussreiche Theorie vorgelegt. Einen anderen wirkmächtigen Vorschlag brachte ein Jahrhundert später Montesquieu ins Spiel, als er auf die Abhängigkeit des Rechtssystems einer Gesellschaft von den jeweils dominierenden Formen der Produktion hinwies: «Die Gesetze stehen in sehr enger Beziehung zu der Art und Weise, wie die verschiedenen Völker sich ihren Unterhalt verschaffen. Ein Volk, das sich mit Handel und Schifffahrt befasst, braucht ein viel umfassenderes Gesetzbuch, als ein Volk, das sich damit begnügt, den Boden zu bestellen; und dieses wiederum ein größeres als ein Volk, das von seinen Herden lebt, und endlich dieses ein größeres als ein Jägervolk.»[16] – Solche materialistischen Deutungen sagten Marx natürlich eher zu als die Ableitungen von oben; zufrieden war er mit ihnen aber nicht. Zum einen blieb die Unterscheidung von Staat und Gesellschaft in ihnen undeutlich; die Staatstheorie war noch nicht Teil einer elaborierten Gesamtsicht der Gesellschaft. Ebenso wenig waren sie, zweitens, Teil eines Gesamtkonzepts von Geschichte; ein deutliches Bewusstsein von der Historizität staatlicher Institutionen war in ihnen bestenfalls angedeutet, aber nicht ausgeführt.

Hinzu kam drittens, dass sie den Staat zwar nicht mehr aus höheren Instanzen ableiteten, gleichwohl aber zu einem über der Gesellschaft schwebenden Gebilde verklärten. Bei Hobbes erscheint der Staat als absoluter Souverän, den keinerlei Bande mit der Gesellschaft verbinden; er ist keiner besonderen sozialen Gruppierung und keinen besonderen sozialen Interessen verpflichtet. «Die Sicherheit des Volkes verlangt ferner von demjenigen oder denjenigen, die die souveräne Gewalt innehaben, dass alle Schichten des Volkes gleichermaßen gerecht behandelt werden, das heißt, dass sowohl die Reichen und Mächtigen als auch die Armen und Unbekannten ihr Recht bekommen, wenn ihnen Unrecht getan wurde, so dass die Großen keine größere Aussicht auf Straflosigkeit haben, wenn sie Gewalt, Entehrung oder ein anderen Unrecht gegen die niedere Schicht verüben, als ein Angehöriger dieser Schicht, der dieselbe Tat gegen einen Angehörigen der Oberschicht verübt.»[17] In diesem Postulat kam der Materialist Hobbes mit früheren wie auch späteren idealistischen Ansätzen überein, die aus der höheren Abkunft des Staates auf seine Unparteilichkeit gegenüber den divergierenden Interessen seiner Bürger schlossen, sowie auf seine ausschließliche Orientierung am Gemeinwohl. Nach Hegel, dessen Staats- und Rechtsphilosophie Marx natürlich insbesondere vor Augen hatte, haben die Individuen «das Bewußtseyn, dass mein substantielles und besonderes Interesse, im Interesse und Zwecke eines anderen (hier des Staats) als im Verhältniß zu mir als Einzelnem bewahrt und enthalten ist». Für ihn stand fest, dass «der Zweck des Staates das allgemeine Interesse als solches und darin als ihrer Substanz die Erhaltung der besonderen Interessen ist».[18] Und auch die alles kritisierenden Junghegelianer grenzten sich in diesem Punkt nicht von ihrem Meister ab. Ein schönes Zeugnis dafür liefert der Junghegelianer Karl Marx selber, für den 1842 das Gesetz noch «positives Dasein der Freiheit» gewesen war: «Die Gesetze sind vielmehr die positiven, lichten, allgemeinen Normen, in denen die Freiheit ein unpersönliches, theoretisches, von der Willkür des Einzelnen unabhängiges Dasein gewonnen hat. Ein Gesetzbuch ist die Freiheitsbibel eines Volkes.» (1:57)

Dass solche Ansichten der politischen und sozialen Realität des Feudalabsolutismus und seiner Nachfolgeregime entsprochen hätten, wird man nicht behaupten können. In seiner Tätigkeit als Redakteur der *Rheinischen Zeitung* hatte Marx Gelegenheit, die hässlichen Züge des Preußischen Staates kennenzulernen; und wären ihm in dieser Hinsicht Zweifel geblieben, so hatte ihn das Verbot dieser Zeitung ganz persönlich darüber belehrt, wie sich die Staatsmacht der gesetzlichen Normen bediente, in denen doch eigentlich «die Freiheit ein unpersönliches, theoretisches, von der Willkür des Einzelnen unabhängiges Dasein gewonnen» haben sollte. Fortan richtete sich seine Polemik gegen die Annahme einer höheren ideellen Abkunft des Staates und gegen die Behauptung seiner Neutralität. So wird in der *Heiligen Familie* hervorgehoben, dass «der *moderne* Staat die bürgerliche Gesellschaft zur *Naturbasis*» habe: «Nur der *politische Aberglaube* bildet sich noch heutzutage ein, daß das bürgerliche Leben vom Staat zusammengehalten werden müsse, während umgekehrt in der Wirklichkeit der Staat von dem bürgerlichen Leben zusammengehalten wird.» (2:120,128) Noch im *Vorwort*, also anderthalb Jahrzehnte später, legt Marx großen Wert auf die Abgrenzung vom staatstheoretischen Idealismus, indem er betont, «daß Rechtsverhältnisse wie Staatsformen weder aus sich selbst zu begreifen sind, noch aus der sogenannten allgemeinen Entwicklung des menschlichen Geistes, sondern vielmehr in den materiellen Lebensverhältnissen wurzeln, deren Gesamtheit Hegel, nach dem Vorgang der Engländer und Franzosen des 18. Jahrhunderts, unter dem Namen ‹bürgerliche Gesellschaft› zusammenfaßt, daß aber die Anatomie der bürgerlichen Gesellschaft in der politischen Oekonomie zu suchen sei» (II,2:100/13:8). Leicht erkennbar ist an solchen Formulierungen, wie dominant ihre negative Stoßrichtung ist; sie zielen in erster Linie auf die Abwehr des staatstheoretischen Idealismus und der Neutralitätsthese. Die empirischen Wurzeln des Staates sollen freigelegt und seine Involviertheit in die sozialen Konflikte hervorgehoben werden; das Ziel ist seine Entzauberung.

Vom Standpunkt der Revolution. Diesem Ziel lagen theoretische, aber auch praktische Motive zugrunde. Biographisch ist dieser Befund eindeutig: Der staatstheoretische Idealismus wurde in dem Maße zur Zielscheibe seiner Kritik, in dem sich Marx vom bürgerlichen Demokraten zum sozialistischen Revolutionär radikalisierte. Er warf seinen junghegelianischen Freunden nun vor, ihre politische Programmatik auf Veränderungen des Überbaus im Allgemeinen und auf politische Reformen im Speziellen einzuschränken und dabei zu übersehen, dass auf diese Weise keine nachhaltige Umwälzung der Gesellschaft insgesamt zu erreichen war. War es nicht diese Beschränkung auf die Politik gewesen, die dazu geführt hatte, dass die Französische Revolution unvollendet geblieben war? Unvollendet insofern sie die ökonomische Tiefenstruktur der Gesellschaft unangetastet gelassen hatte? 1843 war Marx zu dem Schluss gekommen, dass der Ansatzpunkt für die notwendigen durchgreifenden Veränderungen der Gesellschaft in der Institution des Privateigentums liege und die Abschaffung des Privateigentums nicht auf dem Weg von Reformen, sondern nur durch eine Revolution möglich sei. Diese These zeichnet sich schon in den Beiträgen zu den *Deutsch-französischen Jahrbüchern* ab und wird in den nachfolgenden Schriften nachdrücklich unterstrichen. Utopisch, so deklariert Marx, sei nicht «die *radicale* Revolution […], sondern vielmehr die theilweise, die *nur* politische Revolution, die Revolution, welche die Pfeiler des Hauses stehen läßt»; denn mit ihr emanzipiere sich nur ein Teil der Gesellschaft, während andere Teile in ihrer subalternen Situation verblieben. (I,2:179/1:388). Man beachte, dass hier eine Vorform der architektonischen Metapher eingeführt wird: und zwar in einem direkt politisch-strategischen Kontext. Ersetzt man die «Pfeiler des Hauses» durch «ökonomische Basis», so hat man eine Kurzformel für die strategisch-politische Bedeutung der architektonischen Metapher.

Eine Bestätigung dafür findet sich in den Manuskripten zur *Deutschen Ideologie*, wo davon die Rede ist, dass der Staat seine «reale Basis» außerhalb seiner selbst habe, nämlich in Familienbeziehungen, Sprache, Arbeitsteilung und insbesondere in den Klassen der Gesellschaft. «Hieraus folgt daß alle Kämpfe innerhalb des Staats, der Kampf zwischen Aristokratie & Monarchie, der Kampf um das Wahlrecht &c &c nichts als die illusorischen Formen sind […] in denen die wirklichen Kämpfe der verschiednen Klassen unter einander geführt werden, (wovon die deutschen Theoretiker nicht eine Sylbe ahnen, trotz dem daß man ihnen in den dtsch-franz Jahrb. & der heiligen Familie dazu Anleitung genug gegeben hatte) […].» (I,5:34/3:33f) – Derselbe Gedanke taucht kurze Zeit später in Marx' Auseinandersetzung mit Karl Heinzen erneut auf. Die von Heinzen kritisierte Ungerechtigkeit der Eigentumsverhältnisse geht nach Marx «keineswegs aus der politischen Herrschaft der Bourgeoisklasse hervor, sondern umgekehrt, die politische Herrschaft der Bourgeoisklasse geht aus diesen modernen, von den bürgerlichen Ökonomen als notwendige, ewige Gesetze proklamierten Produktionsverhältnissen hervor. Stürzt daher das Proletariat die politische Herrschaft der Bourgeoisie, so wird sein Sieg nur vorübergehend, nur ein Moment im Dienst der *bürgerlichen Revolution* selbst sein, wie Anno 1794, solang im Lauf der Geschichte, in ihrer ‹Bewegung›, die materiellen Bedingungen noch nicht geschaffen sind, die die Abschaffung der bürgerlichen Produktionsweise und darum auch den definitiven Sturz der politischen Bourgeoisherrschaft notwendig machen [...].» (4:338f) Dies sollte genügen, um die These zu belegen, dass die Kritik am staatstheoretischen Idealismus sich nicht allein einem theoretischen, sondern auch einem praktischen Interesse verdankt. Er stellt sich für Marx als philosophische Grundlage einer politischen Reformstrategie dar, deren Unzulänglichkeit sich im revolutionären Frankreich deutlich genug gezeigt hat.

Dieser von einem revolutionären Standpunkt aus geworfene Blick auf den Staat erklärt einige der Einseitigkeiten und Übertreibungen, die sich bei Marx (von seinen Nachfolgern ganz zu schweigen) finden. Das gilt insbesondere hinsichtlich der Kritik an der Neutralitätsthese. Es kann nicht überraschen, dass sich der bestehende Staat mit seinen Machtorganen vom Standpunkt eines Revolutionärs nicht als eine über den Klassen stehende Institution präsentiert, nicht als Promotor des Allgemeinwohls, sondern als ein Instrument der Herrschaftsausübung. Genau so stellt er sich auch für Marx dar, der ihn als «die Form der Organisation» charakterisiert, «welche sich die Bourgeois sowohl nach außen als nach innen hin, zur gegenseitigen Garantie ihres Eigenthums & ihrer Interessen nothwendig geben» (I,5:116f/3:62). Marx erhebt keinen Originalitätsanspruch für diese These, sondern schreibt sie den «neueren französischen, englischen und amerikanischen» Schriftstellern zu, die sich dahin aussprechen, «dass der Staat nur um des Privateigentums willen existiere». Im *Kommunistischen Manifest* wird diese allgemeine These dann auf die knappe Formel zugespitzt: «Die moderne Staatsgewalt ist nur ein Ausschuß, der die gemeinschaftlichen Geschäfte der ganzen Bourgeoisklasse verwaltet.» (4:464) Man darf bei dieser viel zitierten Formulierung natürlich nicht aus den Augen verlieren, dass sie Bestandteil einer politischen Programmschrift ist, einer Textsorte also, die sich generell nicht durch Subtilität und Differenziertheit auszuzeichnen pflegt. Sie blieb nicht sein letztes Wort über den Staat.

Staatsfunktionen. Es ist oft bemerkt worden, dass Marx in seinen historischen Schriften nicht so heiß aß, was er in programmatischen Kontexten zu kochen pflegte. So auch im Hinblick auf den Staat. Im Kontext seiner ökonomischen Analysen werden ihm *zwei* entscheidende Funktionen zugeschrieben: «sowohl die Verrichtung der gemeinsamen Geschäfte, die aus der Natur aller Gemeinwesen hervorgehn, wie die specifischen Funktionen, die aus dem Gegensatz der Regierung zu der Volksmasse entspringen.» (II,15:374/25:397) Bei der zweiten Aufgabe handelt es sich offenbar um die besagte Herrschafts- und Unterdrückungsfunktion. Sie ist in Gesellschaften notwendig, in denen ein Gegensatz zwischen den unmittelbaren Produzenten und den Eigentümern der Produktionsmittel besteht. Die erstgenannte, die allgemeine Geschäftsführungsfunktion also, ergibt sich aus der Notwendigkeit der Koordination einzelner Tätigkeiten sowie aus der Gewährleistung von Voraussetzungen der Produktion; sie wird nicht nur im Interesse der jeweils herrschenden Klassen ausgeübt, sondern im allgemeinen Interesse. Eine systematische Darstellung dieser Funktion findet sich zwar nirgends in seinen Schriften; es werden aber bei diversen Gelegenheiten einzelne daraus entspringende Aufgaben diskutiert, darunter die der Bereitstellung ‹öffentlicher Güter›. Marx kannte diesen Ausdruck nicht, sprach aber von «*den gemeinschaftlichen, allgemeinen Bedingungen der gesellschaftlichen Production*» (II,1.2:433/42:440). So interessierte ihn die Frage, unter welchen Umständen Transportwege und -mittel vom Kapital selbst und unter welchen Umständen sie vom Staat zur Verfügung gestellt werden.

Marx nahm weiterhin zur Kenntnis, dass der Staat bei der Wahrnehmung seiner Aufgaben in einen Gegensatz zu den einzelnen Kapitalisten oder auch ganzen Gruppen von ihnen geraten kann. Ein Beispiel dafür sind die von ihm im *Kapital* ausführlich behandelten englischen Fabrikgesetze. Sie «zügeln den Drang des Kapitals nach maßloser Aussaugung der Arbeitskraft durch gewaltsame Beschränkung des Arbeitstags von Staatswegen, und zwar von Seiten eines Staats, den Kapitalist und Landlord beherrschen. Von einer täglich bedrohlich anschwellenden Arbeiterbewegung abgesehn, war die Beschränkung der Fabrikarbeit diktirt durch dieselbe Nothwendigkeit, welche den Guano auf die englischen Felder ausgoß. Dieselbe blinde Raubgier, die in dem einen Fall die Erde erschöpft, hatte in dem andren die Lebenskraft der Nation an der Wurzel ergriffen. Periodische Epidemien sprachen hier eben so deutlich als das abnehmende Soldatenmaß in Deutschland und Frankreich.» (II,8:245/23:253) Hier erscheint die Gesundheit der Arbeiter als ein öffentliches Gut, das *gegen* den «Drang des Kapitals nach maßloser Aussaugung der Arbeitskraft» verteidigt und gesichert werden muss.[19] Ähnlich hatte er in den *Grundrissen* en passant von historischen Bedingungen gesprochen, unter denen der Staat gegenüber dem Kapital «noch eine supérieure Stellung einnimmt»; der Staat besitzt dann «noch das Privilegium und den Willen die Gesamtheit zu zwingen einen Theil ihrer *Revenu*, nicht ihres Capitals, in solche allgemein nützliche Arbeiten [zu stecken], die zugleich als *allgemeine* Bedingungen der Production erscheinen, und daher nicht als *besondre* Bedingung für irgendeinen Capitalisten» (II,1.2:431/42:437). Auch hier geht es um einen staatlichen Zwang zur Bereitstellung eines öffentlichen Gutes durch die Kapitalisten. Es liegt auf der Hand, dass die Ausübung eines solchen Zwanges eine (relative) Selbständigkeit des Staates gegenüber den (einzelnen) Kapitalisten voraussetzt. Zu beachten ist allerdings, dass diese Selbständigkeit noch immer den kollektiven Kapitalinteressen untergeordnet bleibt. Der Staat fungiert mithin, wie Engels formulierte, als «der ideelle Gesamtkapitalist» (19:222). In seinen historischen Analysen ging Marx noch einen Schritt weiter, indem er die Möglichkeit einer Verselbständigung der Staatsgewalt gegenüber der Gesellschaft einräumte, die Bourgeoisie eingeschlossen. So schien sich, wie er in seiner vieldiskutierten Analyse des Bonapartismus[20] schrieb, nach dem französischen Staatsstreich von 1851 «der Staat der Gesellschaft gegenüber verselbständigt und sie unterjocht zu haben. Die Selbständigkeit der Exekutivgewalt tritt offen hervor[...].» (I,11:179/8:197) – Wir können dem entnehmen, dass Marx bereit war, soziale Tatsachen und historische Entwicklungen zur Kenntnis und zum Anlass für Korrekturen oder Präzisierungen seiner Ansichten über den Staat zu nehmen. Seine vielzitierten allgemeinen Äußerungen fasst er weniger als apodiktische Festsetzungen auf, sondern als einen «Leitfaden» (II,2:100/13:8) seiner Studien.

Aber was bleibt vom Primat der Basis, wenn der Staat sich unter bestimmten Umständen auf die von Marx konstatierte Weise verselbständigen kann? In der Sekundärliteratur ist umstritten, ob die Marxsche Staatstheorie mit der Verselbständigungsthese präzisiert, korrigiert oder widerlegt wird. Es liegt auf der Hand, dass je nach der Antwort auch der zweite Hauptsatz des Historischen Materialismus entweder präzisiert, korrigiert oder widerlegt ist. Vorausgesetzt wird dabei, dass (allgemein) der Inhalt dieses Hauptsatzes einigermaßen klar und (speziell) auch die Marxsche Staatstheorie einigermaßen fest umrissen sei. Beides ist nicht der Fall. Was wir in den Marxschen Texten finden, ist keine Staatstheorie (und auch keine Theorie des Überbaus), sondern die *Idee* einer Staatstheorie (bzw.

einer Theorie des Überbaus). Diese Idee ist in den architektonischen Termini des Basis-Überbau-Modells formuliert, und entscheidend ist dabei, dass sie vor allem *negativ* ist: Sie richtet sich gegen den Nimbus vom Staat als einer von oben kommenden, freischwebenden Instanz. Marx hat eine Theorie des Staates, geschweige denn eine Theorie der Politik, nicht einmal in Angriff genommen und sich mit einer sehr allgemeinen und vagen (negativen) Idee über den Platz des Staates in der Gesellschaft begnügt. – So apodiktisch seine negativen Aussagen waren, so unterbestimmt blieben seine positiven Behauptungen. Wir haben gesehen, dass dies sich schon in der kunterbunten Terminologie niederschlägt, die er gebraucht. Was es positiv heißen sollte, dass der Staat (Überbau) von der Basis abhängt, blieb der konkreten ökonomischen und historischen Forschung überlassen. Hier arbeitete er *funktionale* Beziehungen zwischen Staat und Basis heraus, vor allem die Herrschafts- und die Geschäftsführungsfunktion. Nimmt man diesen Befund ernst, so besteht der im zweiten Hauptsatz ausgesprochene Primat der Basis gegenüber dem (staatlichen und rechtlichen) Überbau darin, dass dieser als eine Art Organ der Basis anzusehen ist, das bestimmte Leistungen für sie zu erbringen hat. In ihrer positiven Bedeutung besagt der zweite Hauptsatz also: Der Staat (Überbau) ist für die Basis da.

Daraus ergeben sich drei Folgerungen. Die *erste* besteht darin, dass die These vom Primat der Basis deutlich entspannter interpretiert werden sollte, als Marx in einigen seiner Äußerungen nahegelegt hat. Eine bestimmte Funktion kann ja nicht nur auf eine, sondern auf *mehrere* Weisen erfüllt werden. Aus der Funktion ergeben sich zwar die Anforderungen, die zu erfüllen sind; *wie* das geschieht, hängt aber von kontingenten Randbedingungen ab. (Man kann beispielsweise die Wärme in einem Zimmer durch eine Fußbodenheizung oder durch einen Ofen konstant halten; man kann sogar die Fenster schließen.) Was auch immer sich Marx unter den oben aufgezählten Charakterisierungen des Basis-Überbau-Verhältnisses (‹erheben›, ‹entsprechen›, ‹bedingen›, ‹bestimmen›) vorgestellt haben mag, unverzichtbar sind für ihn lediglich zwei Behauptungen: (a) dass der Staat eine ihn tragende Basis voraussetzt; und (b) dass er die für das Funktionieren der Basis notwendigen Leistungen tatsächlich erbringt. *Wie* er sie erbringt, ist eine Frage der konkreten Randbedingungen; sie ist empirisch und nicht theoretisch zu beantworten. Die jeweilige Basis einer Gesellschaft legt also einen Korridor fest, innerhalb dessen der betreffende Staat agieren muss, um ihre Funktionstüchtigkeit zu sichern; alles Weitere bleibt dem anheimgegeben, was wir gern ‹Zufall› nennen.

Während diese erste Folgerung mit einer gewissen Entspannung für Marx und seine Theorie verbunden ist, bringt die *zweite* Stress mit sich. Die funktionale Deutung harmoniert nämlich nicht sehr gut mit der architektonischen Metapher.[21] Man würde im Hinblick auf ein Gebäude ja nicht sagen wollen, dass es funktional auf sein Fundament bezogen sei; sondern umgekehrt, dass das Fundament dem Gebäude dient. Es müssen bei einem Gebäude zwei verschiedene Bedingungs- oder Abhängigkeitsverhältnisse unterschieden werden. Unter *statischen* Gesichtspunkten hängt der Überbau in seiner Existenz und Stabilität von der Basis ab. Genau das war es, was Marx an der Metapher interessierte und weshalb sie attraktiv für ihn war: Der statische Aspekt konterkariert die These vom freischwebenden Staat. Unter *funktionalen* Gesichtspunkten kehren sich die Bedingungsverhältnisse aber um: Das Fundament eines Gebäudes dient dem Überbau und wird bei der Bauplanung darauf zugeschnitten; während in der Gesellschaft der Überbau der Basis dient.

Tabelle 1

	Gebäude	Gesellschaft
Statik	Fundament → Gebäude	Basis → Überbau
Funktion	Fundament → Gebäude	Basis ← Überbau

Wenn der Überbau in einem funktionalen Verhältnis zur Basis steht, wenn er also eine Art Organ der Basis ist, so ergibt sich daraus *drittens*, dass er *notwendig* für die Basis ist. Wir können uns nicht mit der These begnügen, dass es ohne Basis keinen Überbau gibt, sondern müssen auch die gegenläufige These akzeptieren: Ohne Überbau keine Basis. Die beiden von Marx erwähnten Staatsfunktionen illustrieren die Notwendigkeit des staatlichen Überbaus für die Basis zur Genüge. Das ist nun eine bedeutsame Disanalogie zur Architektur, denn hier gilt die gegenläufige These nicht: Ein Fundament kann bestehen, ohne dass ein Gebäude darauf errichtet wird. – Natürlich darf man eine Metapher nicht wörtlich nehmen und nicht *zu* eng verstehen; jede Analogie schließt auch eine Disanalogie ein. Wenn man Metaphern aber als Intuitionspumpen versteht und fragt, welche Annahmen durch sie nahegelegt werden, dann wird man im Hinblick auf die architektonische Metapher nicht umhinkommen, ihr einen ambivalenten epistemischen Wert zuzusprechen. Sie erhellt die statische Dimension des Basis-Überbau-Verhältnisses, verdunkelt aber seine funktionale Dimension. Da auf dieser funktionalen Dimension aber die Interpretation dessen fußt, was Marx mit ‹abhängen›, ‹bedingen› etc. meint, verdunkelt sie gerade das, was sie erhellen soll. Das zeigt sich besonders eindrucksvoll beim Eigentumsbegriff, mit dem wir dann auch die bisher noch nicht thematisierte Sphäre des Rechts streifen.

Recht und Eigentum. Wir haben gesehen, dass die jeweils konkrete ‹Form› der Produktionsverhältnisse vom Eigentum an den verwendeten Produktionsmitteln abhängt. Der Eigentumsbegriff steht daher nicht irgendwo am Rand der Marxschen Theorie, sondern besetzt eine ihrer Gelenkstellen. Nun hatte Marx, auch das haben wir gesehen, ‹Eigentum› als die tatsächliche Verfügung über die Produktionsmittel definiert: als ‹Besitz›. So behandelt er in einem längeren Abschnitt der *Grundrisse* verschiedene Formen des Eigentums in vorkapitalistischen Produktionsweisen und unterstreicht dabei mehrfach, dass Eigentum ursprünglich nichts anderes sei als das Verhalten des arbeitenden Individuums zu seinen Produktionsmitteln (insbesondere zum Grund und Boden) «als den seinen» (II,1.2:395/42:399). – Nun ist in den frühen Stadien der Entwicklung, die Marx hier im Auge hat, das Eigentum einigermaßen gleich verteilt. Im weiteren Verlauf der Geschichte tritt dann eine Separierung der Produzenten von ihren Produktionsmitteln ein, sei es in Form von Sklaverei oder Leibeigenschaft, später dann in Form von Lohnarbeit. In dieser letzten Form erreicht die Separierung ihren Höhepunkt: Unter kapitalistischen Bedingungen ist die große Mehrheit der Individuen nicht mehr Eigentümer der Produktionsmittel, die sie bedienen und von deren Bedienung sie leben.[22] «Das Kapitalverhältniß setzt die Scheidung zwischen den Arbeitern und dem Eigentuhm an den Verwirklichungsbedingungen der Arbeit voraus […] Der Proceß, der das Kapitalverhältniß schafft, kann also nichts andres sein als der Scheidungsproceß des Arbeiters vom Eigenthum an seinen Arbeitsbedingungen, ein Proceß, der einerseits die gesellschaftlichen Lebens- und Produktionsmittel in Kapital verwandelt, andrerseits die unmittelbaren Producenten in Lohnarbeiter.» (II,8:668/23:742) Uns muss an dieser Stelle nicht die Rekonstruktion des historischen Prozesses interessieren, die Marx im *Kapital* liefert; wichtiger als die historische Genese ist die Frage, wie eine solche Scheidung gesellschaftstheoretisch erklärt werden kann. Marx war sich dessen sehr genau bewusst: «Nicht die *Einheit* der lebenden und thätigen Menschen mit den natürlichen, unorganischen Bedingungen ihres Stoffwechsels mit der Natur, und daher ihre Aneignung der Natur – bedarf der Erklärung oder ist Resultat eines historischen Processes, sondern die *Trennung* zwischen diesen unorganischen Bedingungen des menschlichen Daseins und diesem thätigen Dasein, eine Trennung, wie sie vollständig erst gesezt ist im Verhältniß von Lohnarbeit und Capital.» (II,1.2:393/42:397) Um das Problem genauer zu fassen: Es ist nicht schwer zu verstehen, wie ein bestimmtes Individuum (oder eine bestimmte Gruppe von Individuen) von seinem Eigentum getrennt werden kann: Gewalt ist ein probates Mittel dazu; und wenn Marx in seiner Rekonstruktion recht hat, spielte sie bei der Entstehung der kapitalistischen Produktionsweise eine wichtige Rolle.

Schwieriger zu verstehen ist aber, wie ein Zustand der Eigentumslosigkeit großer Bevölkerungsteile *stabil* sein kann. Wenn eine große Gruppe von Menschen oder gar ihre überwiegende Mehrheit von ihrem Eigentum getrennt wird: Warum nimmt sie ihren eigentumslosen Zustand hin? Warum reagiert sie nicht mit Widerstand, Aufruhr oder Revolution? Es ist schwer zu sehen, wie eine befriedigende Antwort auf diese Frage ohne Rückgriff auf zwei Faktoren gegeben werden kann: auf institutionalisierte Gewalt in Form von Staat und Recht einerseits und auf legitimierende Überzeugungen (z. B. in Form von Religion) einer hinlänglich großen Zahl der involvierten Individuen andererseits. – Wenn es aber zutreffend ist, dass ungleiche Eigentumsverhältnisse ohne solche institutionellen Garantien nicht dauerhaft stabil bleiben können, dann ergibt sich daraus eine für Marx unangenehme Konsequenz: Es ist unmöglich, an einem Begriff von Eigentum als der tatsächlichen Verfügung über Produktionsmittel festzuhalten. Die Identifikation von Eigentum mit Besitz reduziert ersteres auf eine zweistellige Relation zwischen dem Eigentümer und dem betreffenden Objekt und lässt damit offen, wie diese Relation stabil sein kann, vor allem dann, wenn es neben Eigentümern auch Nichteigentümer gibt, die durch eben ihre Eigentumslosigkeit in eine abhängige Position zu den Eigentümern geraten. Die für die Stabilität der Eigentumsbeziehung unerlässlichen Garantien kann offenbar die betreffende Gesellschaft geben; und damit wird Eigentum zu einer dreistelligen Relation zwischen (a) einem tatsächlich Verfügenden, (b) dem, worüber er verfügt, und (c) der Gesellschaft, die die Verfügung dauerhaft garantiert. – Es sollte deutlich geworden sein, dass es hier nicht nur um die Frage nach einer adäquaten Definition des Eigentumsbegriffs geht, sondern um eine substantielle gesellschaftstheoretische Frage: um die Frage, wie soziale (Marx würde sagen: ökonomische) Ungleichheit stabil sein kann.

Man wird Marx nicht vorhalten können, dass er die soziale Grundlage des Eigentums übersehen habe. In dem fraglichen Abschnitt der *Grundrisse* wird mehrfach betont, dass die Verfügung über die Produktionsmittel von vorn herein sozial vermittelt sei: «Ein isoliertes Individuum könnte so wenig Eigenthum haben am Grund und Boden, wie sprechen.» (II,1.2:390/42:393) Das ist das implizite Eingeständnis, dass Eigentum eben *nicht* auf Besitz reduzierbar ist, sondern als eine dreistellige Relation aufgefasst werden muss. Als rätselhaft mag dann aber erscheinen, warum er an so vielen anderen Stellen seines Werkes genau diese Reduktion vorgenommen hat. – Das Rätsel löst sich, wenn wir sie mit der architektonischen Metapher in Verbindung bringen. Würde Marx einräumen (was er ja an einigen Stellen seines Werkes tatsächlich tut), dass ‹Eigentum› als eine soziale Institution zu definieren ist, die durch Staat, Recht und Ideologie garantiert wird, so würden ihm Basis und Überbau durcheinander geraten. Die Produktionsverhältnisse, die ja die Basis ausmachen, wären via Eigentum plötzlich vom Überbau abhängig.[23] Um diese Konsequenz zu vermeiden, hat er offenbar geschummelt: Er hat eine Einsicht, die er in den *Grundrissen* explizit formuliert hat, an den Stellen seines Werkes, an denen es um die Leitmetapher ‹Basis/Überbau› geht, ignoriert. Denn an diesen Stellen wollte er eine überbaufreie Definition des Begriffs ‹Produktionsverhältnisse› sicherstellen.

Die eigentliche Pointe besteht darin, dass diese Schummelei überflüssig gewesen wäre, wenn Marx sich von seiner architektonischen Metapher ein wenig stärker hätte lösen können und mit den Einsichten ernst gemacht hätte, die er an anderer Stelle vertreten hat: dass die Überbauphänomene in einer funktionalen Beziehung zur Basis stehen. Solch ein funktionales Verständnis, wie es auch durch das Totalitätskonzept nahegelegt wird, schließt ja ein, dass der Überbau für die Basis *notwendig* ist und dass man daher die Basis nicht hinlänglich analysieren kann, ohne auf ihren Überbau Bezug zu nehmen. Diese Wechselseitigkeit ist der Punkt, den die architektonische Metapher systematisch verdunkelt. Marx ist der epistemischen Suggestion seiner eigenen Metapher offenbar erlegen und hat Basis und Überbau (nicht in seinen substantiellen Analysen, aber an den programmatischen Stellen seines Werkes) nach dem Modell separater Schichten, Sphären oder Etagen der Gesellschaft konzipiert, von denen die eine der anderen zugrunde liegt.

3. Das gesellschaftliche Bewusstsein

Das Bewußtsein kann nie etwas Andres sein als das bewußte Sein, & das Sein der Menschen ist ihr wirklicher Lebensprozeß.

Karl Marx

Der Satz, dass das Sein das Bewusstsein bestimme, ist zu einer Art Markenzeichen des Historischen Materialismus geworden. Tatsächlich finden sich *ähnliche* Sätze an mehreren Stellen des Marxschen Werkes, die bekannteste davon im *Vorwort*, wo es heißt: «Es ist nicht das Bewußtsein der Menschen, das ihr Sein, sondern umgekehrt ihr gesellschaftliches Sein, das ihr Bewußtsein bestimmt.» Dem waren allerdings vergleichbare Sätze in den Manuskripten zur *Deutschen Ideologie* (also ein gutes Jahrzehnt zuvor) vorausgegangen: «Das Bewußtsein kann nie etwas Andres sein als das bewußte Sein, & das Sein der Menschen ist ihr wirklicher Lebensprozeß.» Und etwas später: «Nicht das Bewußtsein bestimmt das Leben, sondern das Leben bestimmt das Bewußtsein.» (I,5:135f/3:26f) Es gibt einige Abweichungen zwischen diesen drei Formulierungen, aber der Grundgedanke ist offenbar immer derselbe: Das Sein ist primär, das Bewusstsein sekundär. – Auffallend ist an den drei zitierten Sätzen zunächst, dass Marx keinen seiner Termini technici benutzt; also nicht von ‹Basis› und ‹Überbau› spricht, auch nicht von ‹Produktionsverhältnissen› oder ‹Ideologie›, obwohl alle diese Begriffe im Kontext dieser Sätze auftauchen. Der Grund dafür dürfte literarischer Natur gewesen sein: Es war einfach zu verlockend, «Sein» und «Bewußt*sein*» aphoristisch gegenüberzustellen und damit eben eine Art Markenzeichen zu prägen. – Damit erübrigt sich aber nicht die Nachfrage, was mit dem Grundgedanken gemeint sein könnte. Denn (a) weder ist klar, was wir unter ‹Sein› zu verstehen haben und wie sich dieser Begriff zu ‹Basis› etc. verhält; noch (b) liegt auf der Hand, was mit ‹Bewusstsein› gemeint ist, und das wird auch nicht klarer dadurch, dass Marx an strategisch wichtigen Stellen von «Bewußtseinsformen» (II,2:100/13:8) oder von «Ideenformationen» (I,5:45/3:38) spricht. Und schließlich ist (c) immer wieder erläuterungsbedürftig, was wir uns unter «bestimmen» und ähnlichen Ausdrücken vorzustellen haben.

Sein und Bewusstsein. Beginnen wir mit dem zweiten der drei Begriffe: mit ‹Bewusstsein›. Marx verwendet diesen Begriff in einem sehr weiten und unspezifischen Sinne, der drei Bedeutungen einschließt. Gelegentlich spricht er vom Bewusstsein als einem *Vermögen*; d. h. als der humanspezifischen Fähigkeit, kognitive Prozesse zu vollziehen und kognitive Inhalte zu produzieren oder bewusste Wünsche, Intentionen oder Interessen zu haben. In einem zweiten Sinne spricht er von ‹Bewusstsein› im Sinne ideeller *Tätigkeit*. Dabei wird diese Tätigkeit oft mit der materiellen Produktion parallelisiert. Eine der frühesten dieser Äußerungen findet sich in den *Ökonomisch-philosophischen Manuskripten*: «Religion, Familie, Staat, Recht, Moral, Wissenschaft, Kunst etc sind nur *besondre* Weisen der Production und fallen unter ihr allgemeines Gesetz.» (I, 2:390/40:536) Und zwei Jahre später heißt es: «Die Menschen sind die Producenten ihrer Vorstellungen, Ideen pp, aber die wirklichen, wirkenden Menschen, wie sie bedingt sind durch eine bestimmte Entwicklung der Produktivkräfte & des denselben entsprechenden Verkehrs bis zu seinen weitesten Formationen hinauf.» (I,5:135/3:26) Wird das Bewusstseinsvermögen betätigt, so wird es irgendwelche Produkte hervorbringen: Überzeugungen, Ideen, Theorien etc. In einem dritten Sinne ist bei Marx daher von ‹Bewusstsein› als von *Inhalten* die Rede, als von Überzeugungen oder Theorien. – Auf der inhaltlichen Ebene sind dabei die verschiedensten mentalen Phänomene eingeschlossen: neben kognitiven Inhalten (z. B. Überzeugungen, Theorien) auch konative, also entscheidungs- und handlungsbezogene Einstellungen (z. B. Wünsche, Ziele). Wichtig ist außerdem, dass er neben individuellen geistigen Tätigkeiten und Inhalten auch die einschlägigen sozialen Institutionen im Auge hat, also Religion, Wissenschaft oder Moral.

Wenn wir uns nun dem ersten der drei erläuterungsbedürftigen Begriffe zuwenden, so fällt auf, dass Marx einmal von ‹*gesellschaftlichem* Sein› spricht, dann von ‹Sein› und von ‹Leben›. Die erste Fassung ist die einzige, die einem von Marx selbst veröffentlichten Text entstammt und die daher als die maßgebliche angesehen werden sollte. Dies ist deshalb nicht ganz unwichtig, weil die sprichwörtlich gewordene Version ‹Das Sein bestimmt das Bewusstsein› allgemeiner ist und neben dem gesellschaftlichen auch das natürliche Sein einschließt. Der Kontext aller drei Sätze deutet aber darauf hin, dass sie auf den Zusammenhang zwischen Bewusstsein und Gesellschaft gezielt sind. Marx war an allgemeinen erkenntnistheoretischen Fragen weniger interessiert als an der sozialen und historischen Rolle des Bewusstseins. Dementsprechend ging es ihm nicht so sehr um die These vom Primat des Seins als um die These vom Primat des *gesellschaftlichen* Seins.

Aber was haben wir darunter zu verstehen? – Es liegt nahe, das gesellschaftliche Sein mit den Produktionsverhältnissen zu identifizieren, deren Gesamtheit ja die Basis der Gesellschaft ausmacht. Die These vom Primat würde demnach heißen: Die Produktionsverhältnisse bestimmen das Bewusstsein. Allerdings spricht einiges dafür, dass Marx den Ausdruck ‹gesellschaftliches Sein› in einem weiteren Sinne verstanden hat und nicht auf die Produktionsverhältnisse einschränken wollte. So werden an anderen Stellen seines Werkes die natürlichen Grundlagen der Gesellschaft (geographische Lage, Klima etc.) genannt sowie vor allem die Produktivkräfte. Das gesellschaftliche Sein umfasst also *alle* dem Handeln und Denken der Individuen objektiv vorgegebenen Faktoren.

Daraus ergeben sich weitreichende Konsequenzen für das Marxsche Projekt allgemein und für seine Differenz zum traditionellen Materialismus im Speziellen. Dieser hatte in seinen erkenntnistheoretischen Bemühungen vornehmlich nach den Beziehungen des Bewusstseins zu materiellen *Objekten* gefragt, wie wir sie typischerweise in der Natur vorfinden; und er hatte die Beziehung zwischen dem Bewusstsein und den Objekten als ein *natürliches* Verhältnis charakterisiert. «Wenn unsere Sinne mit bestimmten sinnlich wahrnehmbaren Objekten in Berührung treten, so führen sie dem Geist eine Reihe von verschiedenen Wahrnehmungen von Dingen zu, die der mannigfach verschiedenen Art entsprechen, wie jene Objekte auf die Sinne einwirken.»[24] Ganz im Sinne dieser empiristischen Deutung des Erkennens argumentieren auch die französischen Materialisten. Nach d'Holbach können die Ideen «in letzter Hinsicht nur von äußeren Gegenständen stammen, die auf unsere Sinne gewirkt und unser Gehirn modifiziert haben, oder von materiellen Dingen, die im Inneren unserer Maschine enthalten sind und die in einigen Teilen unseres Körpers Empfinden auslösen.»[25] Knapp zusammengefasst, stellt sich das Erkennen in dieser empiristisch-materialistischen Tradition als ein Prozess dar, der drei Elemente einschließt: (a) ein als Individuum aufgefasstes Subjekt, das sich passiv verhält und das Objekt auf sich einwirken lässt; (b) ein dinglich konzipiertes, sinnlich wahrnehmbares Objekt. Beide sind (c) verbunden durch einen direkten, von Naturgesetzen determinierten Wahrnehmungsprozess. Die Marxsche Analyse des Bewusstseins unterscheidet sich in allen drei Punkten deutlich von dieser klassisch-materialistischen Konzeption:

Im Hinblick auf das erste Element ist das natürlich keine Überraschung. Marx kennt keine ungesellschaftlichen Individuen. Menschen sind für ihn, wie wir bereits mehrfach gesehen haben, von Natur aus soziale Wesen; sie stehen der Natur nicht einzeln gegenüber und leben nicht in Isolation voneinander. Es lag für ihn daher sehr nahe, dasselbe auch für Bewusstsein anzunehmen: Die Menschen leben in Gesellschaft, sie arbeiten in Gesellschaft und sie *denken* in Gesellschaft.

Den Modellfall der Betätigung des Bewusstseins stellt für ihn zweitens nicht das Individuum, das ein Objekt wahrnimmt, sondern ein Individuum, das sich in der Gesellschaft zu orientieren versucht. Da Marx davon ausgeht, dass die Gesellschaft kein Ding und keine Summe von Dingen ist, sondern ein komplexes Geflecht nicht oder nur aspekthaft wahrnehmbarer sozialer Beziehungen, entfällt nahezu alles, was die traditionelle Erkenntnistheorie über das Objekt der Erkenntnis gedacht hat. Dazu gehört vor allem die unmittelbare Erfahrbarkeit des Objekts, denn man kann die Produktiv*kräfte* und die Produktions*verhältnisse* ebenso wenig sehen, hören oder fühlen wie die Gesellschaft und ihre Geschichte. Die Erkenntnis dieser Gegenstände schließt zwar Sinnesprozesse ein, vollzieht sich aber wesentlich durch theoretische Einsicht, wie Marx ausdrücklich hervorhebt (II,8:44/23:12). Marx war nicht nur seiner philosophischen Herkunft nach kein Empirist, sondern konnte es auch aufgrund des Gegenstandes seiner Studien schwerlich sein. Dieser Gegenstand unterschied sich von dinglichen Objekten weiterhin dadurch, dass er nicht naturwüchsig vorgegeben war. Da Produktivkräfte und Produktionsverhältnisse Produkte menschlichen Handelns sind, ist das gesellschaftliche Sein zwar objektiv-real (=materiell), aber es ist nicht in derselben Weise unabhängig vom Menschen wie Naturgegenstände. Dies zu erkennen und einsichtig zu machen, ist nach Marx eine der Schlüsselaufgaben der Gesellschaftstheorie; sie hat in der Naturerkenntnis keine Parallele. Schließlich ist daran zu erinnern, dass Menschen nach Marx bewusst handelnde Wesen sind; man kann die Gesellschaft daher nicht als ein komplett bewusstloses Sein konzipieren.[26] Das Bewusstsein ist, insofern es das Bewusstsein sozialer Individuen ist, ein inhärenter *Bestandteil* des gesellschaftlichen Seins.

Schließlich können die Bewusstseinsvorgänge unter diesen Voraussetzungen nicht mehr als reine Naturprozesse verstanden werden. Es gibt zwar Äußerungen von Marx, die in eine solche Richtung deuten; in einem Brief aus dem Jahre 1868 heißt es zum Beispiel: «Da der Denkprozeß selbst aus den Verhältnissen herauswächst, selbst ein *Naturprozeß* ist, so kann das wirklich begreifende Denken immer nur dasselbe sein, und nur graduell, nach der Reife der Entwicklung, also auch des Organs, womit gedacht wird, sich unterscheiden. Alles andre ist Faselei.» (32:553) Es ist daher, entgegen einem weit verbreiteten on-dit, sehr unwahrscheinlich, dass Marx mit der von Engels in den 1870er Jahren publizierten Widerspiegelungstheorie nicht einverstanden war, die Elemente der traditionell-materialistischen Auffassungen vom Erkennen als einem Naturprozess aufgriff. Marx kannte die Engelsschen Publikationen und verfasste für die französische Ausgabe eines Auszugs aus dem *Anti-Dühring* eine Vorbemerkung. Dieser zustimmenden Äußerung steht kein biographisches oder briefliches Zeugnis gegenüber, das auf einen Dissens hinweist. Für Marx war der erkenntnistheoretische Naturalismus nicht falsch, sondern einseitig und unvollständig. Sein eigenes Interesse am Bewusstsein und Erkennen bezog sich nicht auf die Naturseite, die Bewusstseinsvorgänge *auch* haben, sondern auf deren *soziale* Seite.

Zusammenfassend kann man die Differenz auch so charakterisieren: Während sich die traditionelle Erkenntnistheorie mit der Frage befasst hat, wie die Individuen zu ihren Ideen kommen, interessiert sich Marx für die Frage, wie ganze Gruppen oder ganze Gesellschaften zu ihren Ideen kommen. Es ging ihm nicht um die Beziehung zwischen einem (isolierten) Erkenntnisobjekt und einem (isolierten) Individuum, sondern um strukturelle *soziale* Bedingungen der Bildung von Ideen und Überzeugungen. Der einzelne Erkenntnisprozess tritt damit ins zweite Glied zurück, während größere Ideenkonstellationen (wie der Idealismus) und intellektuelle Institutionen (wie die Religion oder die Moral) in den Vordergrund treten, die nicht mehr ausschließlich auf ihre Wahrheit hin untersucht werden, sondern auch auf ihre soziale Funktion hin.

Die Gesellschaftlichkeit des Bewusstseins. Diese soziale Seite des Bewusstseins sucht Marx bei allen drei oben genannten Bedeutungsvarianten aufzuzeigen. So ist schon das Bewusstseins*vermögen* für ihn nicht einfach nur ein natürliches Faktum, sondern eine Errungenschaft, die nur als ein Produkt des gesellschaftlichen Zusammenlebens der Menschen adäquat verstanden werden kann: «Das Bewußtsein ist also von vornherein schon ein gesellschaftliches Produkt, & bleibt es, solange überhaupt Menschen existiren.» (I,5:30/3:30f) Das zeige sich an der engen Verbindung zwischen Bewusstsein und Sprache: «Die Sprache ist so alt wie das Bewußtsein – die Sprache *ist* das praktische auch für andre Menschen existirende, also auch für mich selbst erst existirende wirkliche Bewußtsein, & die Sprache entsteht, wie das Bewußtsein, erst aus dem Bedürfniß, der Nothdurft des Verkehrs mit andern Menschen.» (I,5:30/3:30; vgl. auch II,1.2:390/42:393) Natürlich verfügte Marx nicht über eine elaborierte Theorie der Phylogenese von Bewusstsein und Sprache; immerhin aber zeigen seine wenigen Bemerkungen, dass ihm der Zusammenhang von Bewusstsein und Kommunikation klar war und dass er die bis dahin weit verbreitete Unterscheidung zwischen rein privaten Bewusstseinsprozessen und ihrer nachträglichen sprachlichen Mitteilung hinter sich gelassen hatte. Schon als Vermögen ist das Bewusstsein keine individuelle, sondern eine Gattungseigenschaft. – Analoges gilt für die *Aktivierung* dieses Vermögens. Die Bewusstseinstätigkeit hat ihren raum-zeitlichen Ort zwar in individuellen Gehirnen, sie bezieht sich aber in erster Linie auf die äußeren Aktivitäten, von denen das Leben und Überleben der Individuen abhängt. «Die Produktion der Ideen, Vorstellungen, des Bewußtseins ist zunächst unmittelbar verflochten in die materielle Thätigkeit und den materiellen Verkehr der Menschen, Sprache des wirklichen Lebens. Das Vorstellen, Denken, der geistige Verkehr der Menschen erscheinen hier noch als direkter Ausfluß ihres materiellen Verhaltens [...] Das Bewußtsein kann nie etwas Andres sein als das bewußte Sein, & das Sein der Menschen ist ihr wirklicher Lebensprozeß.» (I,5:135/3:26) Für die frühen Stadien der Menschheitsentwicklung ist dies unmittelbar einsichtig: Denken und Handeln (Arbeiten) fallen hier ineins. Denn weder gibt es ein vollkommen bewusstloses Handeln, da Arbeit als Realisierung von bewussten Zwecken bestimmt worden war; noch gibt es in diesen Stadien ein von allen praktischen Betätigungen separiertes Denken. Obwohl auf den späteren Stufen der Menschheitsentwicklung zusätzliche Faktoren ins Spiel kommen, die das Bild deutlich komplizierter werden lassen, gilt für sie aber nichts grundsätzlich anderes: Der Zusammenhang zwischen dem Bewusstsein und dem ‹wirklichen Lebensprozess› bleibt erhalten.

Wenn nun sowohl das Bewusstseinsvermögen als auch seine Aktivierung sozial bestimmt sind, dann stand außer Debatte, dass das auch für die *Inhalte* des Bewusstseins galt. Wir haben bereits erfahren, dass Marx in dieser Hinsicht gern von ‹Ausdruck› oder ‹Widerspiegelung› der jeweiligen sozialen Verhältnisse im Bewusstsein sprach. Diese Redeweise hatte ihre Wurzeln in Feuerbachs Idee, dass die religiösen Vorstellungen Projektionen eines idealisierten menschlichen Selbstbildes sind. Marx griff diese Idee auf, insbesondere den Projektionsgedanken: Die Menschen *haben* nicht irgendwelche Gedanken, sondern *produzieren* sie. Allerdings produzieren sie sie unter jeweils konkreten sozialen und historischen Bedingungen. Während Feuerbach diese Bedingungen weitgehend unberücksichtigt gelassen hatte, rückt Marx sie in den Mittelpunkt der Aufmerksamkeit. Seine These bestand darin, dass die Produktion der Bewusstseinsphänomene in die materielle Lebenspraxis der Individuen eingebunden ist und daher diese Lebenspraxis ‹widerspiegelt› oder ‹ausdrückt›.

Beispiele dafür finden sich allenthalben im Werk von Marx; ein vergleichsweise wenig beachtetes Beispiel sind die Dispositionen, die ein Individuum haben muss, um als Kapitalist fungieren zu können. Marx diskutiert sie bei mehreren Gelegenheiten unter der unschmeichelhaften Bezeichnung ‹Bereicherungssucht› und betont zunächst, dass es sich dabei um eine historisch konkrete Leidenschaft handelt, die nur unter bestimmten gesellschaftlichen Verhältnissen möglich ist. «Das Geld ist daher nicht nur *ein* Gegenstand der Bereicherungssucht, sondern es ist *der* Gegenstand derselben. Sie ist wesentlich *auri sacra fames.* Die Bereicherungssucht, als solche, als eine besondre Form des Triebs, d. h. als unterschieden von der Sucht nach besondrem Reichthum, also z. B. Sucht für Kleider, Waffen, Schmuck, Weiber, Wein etc, ist nur möglich, sobald der allgemeine Reichthum, der Reichthum als solcher in einem besondren Ding individualisiert ist, d. h. sobald das Geld in seiner 3[t] Bestimmung gesezt ist (d. h. als allgemeiner Repräsentant des Reichtums – K. B.). Das Geld ist also nicht nur der Gegenstand, sondern zugleich die Quelle der Bereicherungssucht. Habsucht ist auch ohne Geld möglich; Bereicherungssucht ist selbst das Product einer bestimmten gesellschaftlichen Entwicklung, nicht *natürlich* im Gegensatz zum *Geschichtlichen.* Daher der Jammer der Alten über das Geld als die Quelle alles Bösen.» (II,1.1:146f/42:149) Die Bereicherungssucht ist aber nicht nur ein Produkt der gesellschaftlichen Entwicklung allgemein und der Verwandlung von Geld in Kapital im Besonderen; sie ist zugleich auch eine Art psychisches Schmiermittel für das möglichst effektive Funktionieren des kapitalistischen Verwertungsprozesses. Sie wirkt als ein innerer Antrieb, der den Kapitalisten als ‹personifiziertes Kapital› in die Lage versetzt, seine Rolle auszuüben: «Als Fanatiker der Verwerthung des Werths zwingt er rücksichtslos die Menschheit zur Produktion um der Produktion willen, daher zu einer Entwicklung der gesellschaftlichen Produktivkräfte und zur Schöpfung von materiellen Produktionsbedingungen, welche allein die reale Basis einer höheren Gesellschaftsform bilden können, deren Grundprincip die volle und freie Entwicklung jedes Individuums ist. Nur als Personifikation des Kapitals ist der Kapitalist respektabel. Als solche theilt er mit dem Schatzbildner den absoluten Bereicherungstrieb. Was aber bei diesem als individuelle Manie erscheint, ist beim Kapitalisten Wirkung des gesellschaftlichen Mechanismus, worin er nur ein Triebrad ist. Außerdem macht die Entwicklung der kapitalistischen Produktion eine fortwährende Steigerung des in einem industriellen Unternehmen angelegten Kapitals zur Nothwendigkeit, und die Konkurrenz herrscht jedem individuellen Kapitalisten die immanenten Gesetze der kapitalistischen Produktionsweise als äußere Zwangsgesetze auf. Sie zwingt ihn, sein Kapital fortwährend auszudehnen, um es zu erhalten, und ausdehnen kann er es nur vermittelst progressiver Akkumulation.» (II,8:556/23:618) Betrachtet als ein Beispiel für die allgemeine These vom gesellschaftlichen Charakter der Bewusstseinsinhalte, zeigt die als ‹Bereicherungssucht› bezeichnete psychische Disposition (übrigens einer der wenigen Fälle von konativen Einstellungen, die Marx ausführlicher diskutiert) eine doppelte soziale Dimension. Zum einen ist sie für die kapitalistische Produktionsweise *funktional*, insofern sie die für diese Produktionsweise essentielle Form der Verwertung von Kapital zu seiner eigenen Vermehrung fördert. Ein Kapitalist, der die entsprechende psychische Disposition nicht besäße, wäre dysfunktional und würde von der Konkurrenz verdrängt. Indem aber andererseits nur Personen, die diese Disposition haben, zu Kapitalisten werden und insofern diese Disposition immer wieder aufs Neue abverlangt wird und sich damit in ihnen verfestigt, ist der Inhalt dieser Disposition eine Art *semantischer Ausdruck* der kapitalistischen Produktionsweise. (Hier bewährt sich, nebenbei bemerkt, einmal mehr der Marxsche Aristotelismus: So wie man nach Aristoteles nur durch tugendhaftes Handeln tugendhaft werden kann, so wird man nach Marx Kapitalist in dem Maße, in dem man praktisch der Bereicherungssucht folgt und sie kultiviert.)

Es ist nicht allzu schwer erkennbar, dass diese Überlegungen sich nicht auf das Bewusstsein als ein individuelles Phänomen beziehen, sondern auf den Inhalt des Bewusstseins, insofern es gesellschaftlich produziert und gesellschaftlich typisch für die Mitglieder einer bestimmten Klasse ist. Die Bereicherungssucht des Kapitalisten ist eben keine «individuelle Manie»; als eine solche wäre sie nicht Gegenstand der Marxschen Theorie, sondern vielleicht der Psychologie oder Psychiatrie. Sie ist für Marx nur interessant, *insofern* sie ein soziales Phänomen ist: Einerseits indem sie ökonomisch funktional, andererseits indem sie Ausdruck der kapitalistischen Produktionsweise ist. Die üblichen erkenntnistheoretischen Fragen nach den Bedingungen des Gelingens menschlicher Erkenntnis (Was ist das Kriterium der Wahrheit? Wann können wir legitimerweise von Wissen sprechen? etc.) spielen in seiner Theorie daher bestenfalls eine untergeordnete Rolle; an ihre Stelle treten Fragen nach der Rolle und dem Gewicht von Bewusstseinsphänomenen in der Gesellschaft und ihrer Entwicklung. Das hat zur Folge, dass diese Phänomene vor allem in ihrer institutionalisierten Form in den Blick geraten: als Religion, Moral, Recht oder Wissenschaft. Die «Bereicherungssucht», um dieses Beispiel noch einmal aufzugreifen, ist ja nicht nur eine psychische Disposition bestimmter Individuen, die sich mit ihr als Kapitalisten qualifizieren; sie ist auch ein Gegenstand des institutionalisierten gesellschaftlichen Bewusstseins. Sie wird beispielsweise in der Religion reflektiert und propagiert, wie Max Weber mit seiner Protestantismusthese gezeigt hat, vor allem aber in der Ökonomie: Man erinnere sich an die oben zitierte Definition von Gary Becker, nach der eine Analyse immer dann ‹ökonomisch› ist, wenn sie menschliches Verhalten so betrachtet, «als habe man es mit Akteuren zu tun, die ihren Nutzen, bezogen auf ein stabiles Präferenzsystem, maximieren und sich in verschiedenen Märkten eine optimale Ausstattung an Information und anderen Faktoren schaffen». Diese Definition reformuliert genau die Disposition, die Marx etwas unfreundlicher als «Bereicherungssucht» bezeichnet hatte, und verallgemeinert sie zum zentralen Rationalitätskriterium: Rational ist ihr zufolge, was den Imperativen der Nutzenmaximierung folgt.[27] Weil es weniger von Zufälligkeiten und Idiosynkrasien abhängig ist als das individuelle Bewusstsein, ist das institutionelle Bewusstsein ein noch getreuerer Ausdruck der sozialen Strukturen und Verhältnisse. Anders gesagt: So, wie es keine genuin menschliche Arbeit ohne Bewusstseinskomponente gibt, so gibt es (zumindest ab einer bestimmten Stufe der historischen Entwicklung) auch keinen gesellschaftlichen Produktionsprozess ohne institutionelle Formen der Bewusstseinsbildung.

Statt sie als autonome Inhalte zu betrachten und auf ihre epistemischen Eigenschaften hin zu analysieren, nahm Marx die verschiedenen Bewusstseinsphänomene konsequent als ‹Momente› der Gesellschaft bzw. der Geschichte in den Blick. Er steht in dieser Hinsicht eher in einer philosophischen Traditionslinie, die von Spinozas Monismus ausgeht und bis zu Schelling und Hegel reicht, als in der Linie, die von Locke zum französischen Materialismus führt. Für Spinoza hatte es bekanntlich nur *eine* Substanz gegeben, in der Materie und Geist als zwar unterscheidbare, aber nicht radikal verschiedene Attribute enthalten sind. Daran anknüpfend hatte Schelling in seiner ‹Identitätsphilosophie› die Differenz von Sein und Denken, von Materie und Geist, von Materialismus und Idealismus aufzuheben versucht. Hegel wiederum hatte einen Monismus des Geistes vertreten, der seine vollendete Ausprägung in der ‹absoluten Idee› findet, in der die besagten Gegensätze nicht einfach verschwunden, aber doch ‹aufgehoben› sind. Marx bezog sich nicht ausdrücklich auf diese Theorien; sie dürften ihm aber die Möglichkeit vor Augen geführt haben, die Realität nicht als eine Ansammlung separater Bestandteile oder unvermittelter Gegensätze aufzufassen, sondern als einen einzigen übergreifenden Zusammenhang. Diese Auffassung prägte sein Theorieideal und stellte sich ihm als eine attraktive und fruchtbare Perspektive gerade für die Analyse von Gesellschaft und Geschichte dar. Zumindest in diesem einen Punkt kann der Historische Materialismus daher als eine Fortführung monistischer und identitätsphilosophischer Theoriemotive verstanden werden: Gesellschaft und Geschichte sind eine *Einheit* von materiellen und ideellen Faktoren.

Das Gewicht der Ideen. Aber natürlich führte Marx diese Theoriemotive nicht in jeder Hinsicht fort. Weder behagten ihm die metaphysisch-spekulativen Ansprüche auf eine theoretische Erfassung *allen* Seins; es ging ihm nicht um die ganze Welt, sondern allein um die soziale Wirklichkeit. Noch wäre er so weit gegangen, eine *Identität* zwischen Sein und Bewusstsein zu behaupten. Er entwickelte seinen Historischen Materialismus als *Gegen*position zu den spekulativen Theorien der philosophischen Tradition, vor allem als Gegenposition zum idealistischen Monismus Hegels, der im Bewusstsein, in den Ideen die Grundlage der Gesellschaft und die Triebkraft der Geschichte gesehen hatte. So war die Französische Revolution nach Hegel von der Philosophie ausgegangen und hatte zugleich die Gedanken zur formenden sozialen Kraft werden lassen: «Solange die Sonne am Firmamente steht und die Planeten um sie herumkreisen, war das nicht gesehen worden, dass der Mensch sich auf den Kopf, d. i. auf den Gedanken stellt und die Wirklichkeit nach diesem erbaut.»[28] Das war eine schöne Formulierung, aber Marx war nicht bereit, sie ernst zu nehmen. Sein berühmtes Postulat, Hegel vom Kopf auf die Füße zu stellen, zielte darauf, eine von diesem selbst vorgenommene und von seinen Schülern übernommene Verkehrung wieder rückgängig zu machen und damit die richtigen Verhältnisse wiederherzustellen.

Die *Heilige Familie* und die Texte zur *Deutschen Ideologie* dokumentieren die Ausarbeitung dieser Gegenposition; in ihnen dominiert das Bemühen um eine Depotenzierung des Bewusstseins, der Ideen, der Theorien, der Philosophie, der Kritik. Das Bewusstsein, so wird immer wieder neu bekräftigt, ist *nicht* konstitutiv für die soziale und historische Realität, sondern ergibt sich aus ihr: Soweit ein philosophischer Monismus überhaupt sinnvoll sein konnte, musste es ein materialistischer Monismus sein. Bezeichnend dafür ist eine Passage aus den Texten zur *Deutschen Ideologie*, in der zunächst vier ‹wirkliche›, d. h. materielle Voraussetzungen des menschlichen Lebens aufgezählt werden. Dies sind: (a) die Erzeugung der Mittel zur Befriedigung der elementaren Bedürfnisse; (b) die Erzeugung neuer Bedürfnisse; (c) die biologische Produktion neuer Menschen; und (d) die von den Individuen in der Produktion eingegangenen gesellschaftlichen Verhältnisse. «Jetzt erst, nachdem wir bereits vier Momente, vier Seiten der ursprünglichen, geschichtlichen Verhältnisse betrachtet haben, finden wir, daß der Mensch auch ‹Bewußtsein› hat.» (I,5:29f/3:30) Diese Aufzählung und ihr Kontext machen erstens noch einmal deutlich, dass es Marx nicht primär um eine Analyse des Bewusstseins aus der Perspektive der Erkenntnistheorie oder der Philosophie des Geistes geht, sondern um eine Analyse aus gesellschafts- und geschichtstheoretischer Perspektive. Sie machen weiter deutlich, dass es dabei um eine *Gewichtung* der Rolle des Bewusstseins unter den verschiedenen Faktoren geht, von denen Gesellschaft und Geschichte abhängen. In diesem Zusammenhang ist auch der bereits zitierte Satz zu sehen: «Nicht das Bewußtsein bestimmt das Leben, sondern das Leben bestimmt das Bewußtsein.» Er ist nicht als eine apodiktische These zu lesen, nach der die Determinationsbeziehung nur in eine Richtung geht; behauptet werden soll vielmehr, dass das Bewusstsein nicht der zentrale, sondern ein nachrangiger Faktor ist. Das heißt drittens aber auch: Es *ist* ein Faktor. Das Bewusstsein (in dem von Marx verwandten weiten Wortsinne) ist ein *wirkliches*, d. h. kausal wirksames soziales Phänomen.

Um die Marxschen Ansichten über das Bewusstsein, das Denken oder die Ideen angemessen zu verstehen, dürfen diese nicht als eine bloß philosophische oder gesellschafts*theoretische* Position betrachtet werden. Die Ansichten von Marx (wie auch die von Engels) haben sich nicht in einem akademischen Kontext entwickelt. Die Wegscheide, an der er sich vom Junghegelianismus und vom Idealismus überhaupt abzusetzen begann, war von einem Amalgam theoretischer und politischer Kontroversen geprägt und wichtige Anstöße zu seinem Übergang zum Materialismus waren von politischen Erwägungen ausgegangen. Von den Junghegelianern war Politik als eine theoretische Aktivität zur Reform des Bewusstseins verstanden worden und diese Reform des Bewusstseins sollte genügen, um die Gesellschaft zu reformieren. Schon in den *Pariser Manuskripten* von 1844 hatte Marx dies als einen politisch falschen Ansatzpunkt charakterisiert: «Um d[en] *Gedanken* des Privateigenthums aufzuheben, dazu reicht der *gedachte* Communismus vollständig aus. Um das wirkliche Privateigenthum aufzuheben, dazu gehört eine *wirkliche* communistische Aktion.» (I,2:425/40:553) In der *Heiligen Familie* wird auf die kommunistischen Arbeiter in Manchester oder Lyon verwiesen, die im Unterschied zu den Junghegelianern nicht glauben, «durch ‹*reines Denken*› ihre Industrieherren und ihre praktische Erniedrigung wegräsonieren zu können. Sie empfinden sehr schmerzlich den *Unterschied* zwischen *Sein* und *Denken*, zwischen *Bewußtsein* und *Leben*. Sie wissen, dass Eigentum, Kapital, Geld, Lohnarbeit u. dgl. durchaus keine ideellen Hirngespinste, sondern sehr praktische, sehr gegenständliche Erzeugnisse ihrer Selbstentfremdung sind, die also auch auf eine praktische, gegenständliche Weise aufgehoben werden müssen, damit nicht nur im *Denken*, im *Bewußtsein*, sondern im massenhaften *Sein*, im Leben der Mensch zum Menschen werde.» (2:55f) Hervorgehoben wird immer wieder aufs Neue die praktische Relevanz der Frage nach dem Verhältnis von Sein und Bewusstsein: «Diese Forderung, das Bewußtsein zu verändern, läuft auf die Forderung hinaus, das Bestehende anders zu interpretieren, d. h. es vermittelst einer andren Interpretation anzuerkennen. Die junghegelschen Ideologen sind trotz ihrer angeblich ‹welterschütternden› Phrasen die größten Konservativen. Die jüngsten von ihnen haben den richtigen Ausdruck für ihre Thätigkeit gefunden wenn sie behaupten nur gegen ‹*Phrasen*› zu kämpfen. Sie vergessen nur, dass sie diesen Phrasen selbst nichts als Phrasen entgegensetzen, & dass sie die wirkliche bestehende Welt keineswegs bekämpfen wenn sie nur die Phrasen dieser Welt bekämpfen.» (I,5:7/3:20) Kurz darauf (4:555) erhob er gegen Proudhon einen analogen Vorwurf.

Was hier zur Debatte gestellt wurde, war die politisch-praktische Frage nach den Punkten, an denen eine revolutionäre Politik ihre Hebel anzusetzen hatte, um die bestehende Gesellschaft nachhaltig umwälzen zu können: Ist am Bewusstsein anzusetzen oder an seinen gesellschaftlichen Grundlagen? Zur Debatte stand außerdem die damit eng verknüpfte Frage nach dem Subjekt der Umwälzung: Sind die Intellektuellen die entscheidende soziale Gruppe oder ist dafür eine größere und mächtigere soziale Kraft vonnöten? Wir kennen die Antworten, die Marx gegeben hat. Entscheidend ist, dass er sich nicht mit direkten politischen Antworten begnügen wollte, sondern nach einer sehr grundsätzlich begründeten Antwort suchte, dass er sie auf der Basis einer theoretischen Analyse geben wollte, die die Faktoren identifiziert, von denen die Struktur der Gesellschaft und der Gang der Geschichte abhängen. Der Historische Materialismus und seine Fokussierung in der ökonomischen Theorie sollten das leisten.

Ideologie. Als Marx sich 1844 vom Idealismus der Junghegelianer absetzte, sah er sich vor der doppelten Aufgabe, deren Ansichten *als Politiker* zu kritisieren und zu überwinden und sie *als Theoretiker* zu erklären. Wie konnte die Vorstellung überhaupt aufkommen, dass Gesellschaft und Geschichte von Ideen und Theorien bestimmt werden? Wie konnten kluge Leute (immerhin hatte Marx selbst bis vor kurzem zu ihnen gehört) den Idealismus für eine überzeugende Deutung der Welt halten, wenn sie so abwegig war, wie Marx nunmehr behauptete? – Nicht zu übersehen ist, dass sich diese Frage vor dem Hintergrund seiner neuen historisch-materialistischen Theorie in einer besonders zugespitzten Weise stellte. Wenn nämlich Sein und Bewusstsein im gesellschaftlichen Prozess eine Einheit bilden und wenn das Bewusstsein das gesellschaftliche Sein ‹widerspiegelt› oder ‹ausdrückt› oder ihm ‹entspricht›, dann sollte man genau das Letztere erwarten: dass beide einander *entsprechen*. Erklärungsbedürftig war unter diesen Voraussetzungen nicht die Übereinstimmung des Bewusstseins mit dem Sein, sondern seine *Nicht*übereinstimmung.

Neu war das damit aufgeworfene Problem natürlich nicht. Jede Theorie der Erkenntnis muss erklären können, wie adäquates Erkennen möglich ist, aber auch, wie inadäquate Überzeugungen zustande kommen können. So hatte beispielsweise der Materialist Francis Bacon auf der Basis der Spiegel-Metaphorik eine verunreinigte oder verzerrte Spiegeloberfläche angeführt, um die Möglichkeit falscher Ideen zu erklären: «Der menschliche Verstand gleicht ja einem Spiegel, der die strahlenden Dinge nicht aus ebener Fläche zurückwirft, sondern seine Natur mit der der Dinge vermischt, sie entstellt und schändet.»[29] Dieser in verschiedenen Varianten kursierende Ansatz wurde schon deshalb dem Marxschen Problem nicht gerecht, weil er bestenfalls individuelle Irrtümer erklären konnte und nichts darüber zu sagen hatte, wie kollektive Irrtümer und systematische Illusionen zustande kommen können. Durch mehr oder weniger zufällige Fehler waren weit verbreitete Phänomene wie die Religion und der Aberglaube schlecht zu erklären. Ähnlich unbefriedigend waren die wenigen anderen Erklärungsansätze, die sich mit solchen weit verbreiteten Phänomenen befassten: etwa die unter Materialisten des 18. Jahrhunderts beliebte Priesterbetrugstheorie. Auf die naheliegende Frage, warum sich so viele Menschen über so lange Zeiträume und unter ganz verschiedenen Bedingungen von den Priestern etwas vormachen lassen, vermochte sie keine plausible Antwort zu geben. – Einen deutlichen Fortschritt stellte die Religionsphilosophie Feuerbachs dar. Die religiösen Illusionen wurden hier nicht auf zufällige Irrtümer reduziert, sondern als anthropologisch notwendig analysiert; und sie wurden auch nicht als etwas Erlittenes oder von außen Aufgezwungenes ausgegeben, nicht als Ergebnis einer intentionalen Fremdtäuschung, sondern als Ergebnis einer spontanen Selbsttäuschung. Das erschien Marx als ein attraktiver Deutungsansatz, der für ihn bis zuletzt richtungweisend blieb, auch wenn er unzufrieden damit war, dass Feuerbach die *sozialen* Grundlagen der religiösen Projektion ignoriert hatte: «Der *Mensch macht die Religion*, die Religion macht nicht den Menschen. Und zwar ist die Religion das Selbstbewußtsein und das Selbstgefühl des Menschen, der sich selbst entweder noch nicht erworben, oder schon wieder verloren hat. Aber *der Mensch*, das ist kein abstraktes, außer der Welt hockendes Wesen. Der Mensch, das ist *die Welt des Menschen*, Staat, Societät. Dieser Staat, diese Societät produziren die Religion, ein *verkehrtes Weltbewußtsein*, weil sie eine *verkehrte Welt* sind.» (I,2:170/1:378) Feuerbach hatte einen vielversprechenden Weg eingeschlagen, war auf ihm aber nicht weit genug vorangekommen. Er hatte allgemeine anthropologische Grundlagen der Selbsttäuschung postuliert, wo es darum hätte gehen sollen, ihre konkreten gesellschaftlichen Grundlagen aufzudecken.

Als Marx gemeinsam mit Engels seine Kritik an den Junghegelianern vertiefte, bediente er sich des damals noch recht jungen Ausdrucks ‹Ideologie›, den er bereits in seiner Dissertation (I,1:53/40:300) und in seinen frühen journalistischen Arbeiten (z. B. I,1:218f/1:129) gelegentlich gebraucht hatte, dem er bis dahin aber kein großes theoretisches Gewicht beigemessen hatte. Der ursprünglich neutrale Begriff wurde damals bereits mit einer auf Napoleon zurückgehenden pejorativen Bedeutung[30] gebraucht und eignete sich daher gut zu den polemischen Zwecken, denen er bis heute dient. In den Texten nach 1844 wird er von Marx mehr oder weniger synonym mit ‹Idealismus› verwandt: Die ‹Deutsche Ideologie› waren der Junghegelianismus und verwandte Denkströmungen. Den entscheidenden Wegweiser für die Auseinandersetzung mit ihnen bildete die Feuerbachsche Religionsphilosophie, nach der sich das religiöse Bewusstsein ja aus einer Inversion von Subjekt und Prädikat ergibt. Auf ähnliche Weise geht auch der philosophische Idealismus nach Marx aus einer Verkehrung hervor, für die er die berühmte Camera-obscura-Analogie einführt. Wenn wir uns an Hegels Diktum erinnern, dass die Menschen im Gefolge der Französischen Revolution gelernt hätten, sich auf den Kopf zu stellen und die Wirklichkeit nach Gedanken zu bauen, leuchtet es ein, wie Marx behaupten konnte, dass «in der ganzen Ideologie die Menschen u. ihre Verhältnisse, wie in einer Camera obscura, auf den Kopf gestellt erscheinen» (I,5:135/3:26). Obwohl Marx sich zu diesem Zeitpunkt schon nicht mehr allzu sehr für Religion und Religionskritik interessierte, blieb die (in Feuerbachschen Termini verstandene) Religion für ihn doch das grundlegende Modell von Ideologie. Zunächst wird der Idealismus nach diesem Modell erklärt; darauf komme ich gleich ausführlicher zurück. Im *Kapital* werden dann andere Formen des ‹verkehrten› Bewusstseins in religiösem Vokabular beschrieben und analysiert, vor allem als moderne Varianten des «Fetischismus» (23:85–98).

Damit ist das weitere Schicksal des Ideologiebegriffs bereits angedeutet. Auf der einen Seite büßt er die zentrale Rolle ein, die er in den Texten zur *Deutschen Ideologie* eingenommen hatte, ohne allerdings ganz zu verschwinden. Auf der anderen Seite ist eine Tendenz zur Erweiterung des Begriffsumfangs zu beobachten. So postuliert Marx im *Vorwort*, man müsse bei der Analyse gesellschaftlicher Umwälzungen «unterscheiden zwischen der materiellen naturwissenschaftlich treu zu konstatirenden Umwälzung in den ökonomischen Produktionsbedingungen und den juristischen, politischen, religiösen, künstlerischen oder philosophischen, kurz, ideologischen Formen, worin sich die Menschen dieses Konflikts bewusst werden und ihn ausfechten» (II,2:101/13:9). Hier geht es offenbar nicht mehr nur um Theorien, die den Produkten des menschlichen Bewusstseins eine autonome Existenz und eine ausschlaggebende kausale Wirksamkeit zusprechen, sondern um *alle* geistigen Gehalte, in denen sich die Menschen der gesellschaftlichen (Umwälzungs-)Prozesse bewusst werden und in denen sie für oder gegen diese Prozesse eintreten. Als ‹ideologisch› firmieren diese Gehalte also nicht mehr, weil sie Produkt einer geistigen Inversion sind, sondern weil sie nur die sekundären Begleiter, nicht aber die treibenden Kräfte der Konflikte sind. Dass «in der ganzen Ideologie die Menschen und ihre Verhältnisse wie in einer Camera obscura auf den Kopf gestellt erscheinen», kann dann natürlich nicht mehr behauptet werden. – Marx hat vom Begriff der Ideologie keinen präzisen und konstanten Gebrauch gemacht; er hat keine kohärente Theorie dieses Phänomens vorgelegt, und etliche seiner Ausprägungen (z. B. Nationalismus oder Rassismus) entziehen sich einer Analyse durch das von ihm angewandte analytische Instrumentarium. Gleichwohl haben seine verschiedenen Überlegungen zu diesem Thema einen gemeinsamen Bezugspunkt. Es geht um Einstellungen und Überzeugungen, auf die folgende Merkmale zutreffen:

(1) Sie sind ein Produkt der intellektuellen *Aktivität* der Individuen. Sie ergeben sich (wie jede andere Form von Bewusstsein) aus dem unvermeidlichen Bemühen der Individuen um eine Verständigung über sich selbst, über die Umstände ihres ‹materiellen› Lebens und über die Welt insgesamt.
(2) Sie beziehen ihren spezifischen Gehalt (zumindest teilweise) daraus, dass die Verständigungsbemühungen der Individuen sich stets unter jeweils bestimmten gesellschaftlichen Bedingungen vollziehen. Die Ideologie ist der Ausdruck dieser Bedingungen; sie ist daher kein zufälliger Irrtum, sondern hat einen systematischen Charakter.
(3) Sie sind daher auch nicht einfach ‹falsches Bewusstsein›, wie von späteren Autoren behauptet wurde. Sie *entsprechen* ja (in gewisser Hinsicht) ihrem sozialen Entstehungskontext, auch wenn sie ihn nur verzerrt wiedergeben. Der Hauptgrund dieser Verzerrung besteht darin, dass sie nur die Oberfläche der bestehenden Gesellschaft und nur ihren Status quo erfassen, nicht ihre Tiefenstruktur und ihre Entwicklungsperspektive.
(4) Sie üben, indem sie ihre Entstehungsbedingungen zugleich reflektieren und verzerren, eine die Gesellschaft legitimierende und dadurch stabilisierende Funktion aus.

Idealismus. Kommen wir noch einmal auf den bereits gestreiften Fall des philosophischen Idealismus zurück. Kann eine objektive soziale Grundlage für eine solche ‹verkehrte› Wahrnehmung und Darstellung der Realität angegeben werden? Kann also der Idealismus materialistisch erklärt werden? In den Manuskripten zur *Deutschen Ideologie* versucht Marx genau das. Ursprünglich, so behauptet er hier, war das Denken der Menschen viel zu eng mit ihrer materiellen Lebenspraxis verbunden, als dass idealistische Flausen hätten aufkommen können. In späteren Phasen der Geschichte wird die Arbeit immer stärker geteilt, ihre Produktivität wächst und mit ihr vermehren sich die Bedürfnisse und die Bevölkerung, was wiederum die Arbeitsteilung fördert. Eine wichtige Schwelle wird überschritten, wenn nicht mehr nur materielle Tätigkeiten geteilt werden, sondern wenn sich darüber hinaus die intellektuelle Komponente der materiellen Tätigkeit verselbständigt: «Die Theilung der Arbeit wird erst wirklich Theilung von dem Augenblicke an, wo eine Theilung der materiellen & geistigen Arbeit eintritt. Von diesem Augenblicke an *kann* sich das Bewußtsein wirklich einbilden, etwas Andres als das Bewußtsein der bestehenden Praxis zu sein, wirklich etwas vorzustellen, ohne etwas Wirkliches vorzustellen – von diesem Augenblicke an ist das Bewußtsein im Stande, sich von der Welt zu emanzipiren & zur Bildung der ‹reinen› Theorie, Theologie Philosophie Moral &c überzugehen.» (I,5:31/3:31) Die Arbeitsteilung zerstört also die ursprüngliche Einheit von Bewusstsein und gesellschaftlichem Sein, koppelt das Denken vom wirklichen Lebensprozess ab und öffnet ihm damit ein Fenster, um ins Blaue hinein zu theoretisieren. Der von Marx betonte Witz besteht aber darin, dass auch ein solches Ins-Blaue-hinein-Theoretisieren noch eine objektive Grundlage in den sozialen Verhältnissen hat und diese Grundlage widerspiegelt. Das idealistische Bewusstsein ist also nicht schlechthin falsch; es spiegelt aber die soziale Realität von einem partikularen Standpunkt aus wider: vom Standpunkt der auf der Teilung von körperlicher und geistiger Arbeit beruhenden spezifischen Lebens- und Arbeitsbedingungen von Intellektuellen.

Nun war die Idee, dass ein Abheben der Theoriebildung seine Basis in der Arbeitsteilung hat, nicht grundsätzlich neu. Sie findet sich, allerdings mit einem positiven Akzent, bereits bei Aristoteles[31] und taucht später mit negativer Wertung bei d'Holbach wieder auf. «Nur in zivilisierten Gesellschaften, in denen Muße und Wohlhabenheit die Fähigkeit zum Träumen und Vernünfteln entwickeln, können müßige Denker meditieren, sich streiten und eine Metaphysik schaffen: die Fähigkeit des Denkens ist bei den Wilden, die von der Jagd, dem Fischfang und von der Sorge, sich durch mühevolle Arbeit ein unsicheres Auskommen zu verschaffen, in Anspruch genommen sind, fast gar nicht vorhanden.»[32] Was Marx' Konzept von diesen Vorarbeiten unterscheidet, ist zum einen der höhere Allgemeinheitsgrad seiner Analysen: Es geht bei ihm nicht um diesen oder jenen Gedanken, diese oder jene Idee, diese oder jene Theorie, sondern um das Bewusstsein *generell.* Weiterhin begnügte er sich nicht mit allgemeinen Hinweisen auf punktuelle Quellen der Verzerrung des Bewusstseins, sondern sucht deren *strukturelle* Ursachen in *bestimmten* Gesellschaften freizulegen. Die Erklärung des Idealismus aus der Arbeitsteilung ist daher auch nicht sein letztes Wort zu diesem Thema geblieben. Bereits in den Texten zur *Deutschen Ideologie* findet sich ein zweiter Erklärungsansatz, den er später noch vertieft hat. Aufschlussreich ist dieser Ansatz vor allem deshalb, weil er den Bogen zu seiner Sozialontologie zurückschlägt; zu dem Theoriestück also, an dem sich die Spezifik seiner Version von Materialismus am deutlichsten zeigt. Zu den Eigenschaften, durch die sich (materielle) Verhältnisse von (materiellen) Dingen unterscheiden, gehört ja ihre Nicht-Wahrnehmbarkeit. Die Marxsche Idee besteht nun darin, das idealistische Bewusstsein mit dieser Eigenschaft in Verbindung zu bringen. «Alle Verhältnisse können in der Sprache nur als Begriffe ausgedrückt werden. Daß diese Allgemeinheiten & Begriffe als mysteriöse Mächte gelten, ist eine nothwendige Folge der Verselbständigung der realen Verhältnisse, deren Ausdruck sie sind. Außer dieser Geltung im gewöhnlichen Bewußtsein erhalten diese Allgemeinheiten noch eine besondere Geltung & Ausbildung von den Politikern & Juristen, die durch die Theilung der Arbeit auf den Cultus dieser Begriffe angewiesen sind & in ihnen, nicht in den Produktionsverhältnissen, die wahre Grundlage aller realen Eigenthumsverhältnisse sehen.» (I,5:420/3:47) Idealistische Deutungen der Gesellschaft entstehen also aus einer Kombination von zwei verschiedenen Faktoren:

- Die Produktionsverhältnisse sind keine dinglichen Gegebenheiten; sie sind daher nicht unmittelbar wahrnehmbar und können folglich nur gedanklich erfasst werden; sie werden dem erkennenden Individuum in Gestalt allgemeiner *Begriffe* bewusst.
- Da bestimmte Gruppen von Individuen durch die Arbeitsteilung auf den Umgang mit solchen Begriffen spezialisiert sind, erscheinen ihnen diese Allgemeinbegriffe als Ursprung oder Grundlage der realen Verhältnisse; sie halten also die relationale Realität für ideell konstituiert.

Die beiden Erklärungsansätze sind also nicht konkurrierend oder bloß additiv; sie ergänzen einander. Denn der Rekurs auf die Arbeitsteilung erklärt nur die *Möglichkeit* des Idealismus; Marx deutet das selbst an, wenn er sagt, erst mit der Teilung der Arbeit *könne* sich das Bewusstsein einbilden, etwas anderes zu sein als das bewusste Sein. Der zweite Ansatz konkretisiert diese Möglichkeit, indem er einen von der Struktur der Gesellschaft ausgehenden Anstoß zu ihrer Realisierung aufzeigt. Dabei hat Marx nicht nur an die allgemeine Struktur von Gesellschaften gedacht, sondern vor allem an deren spezifische Struktur unter kapitalistischen Bedingungen. An einer markanten Stelle der *Grundrisse* unterscheidet er zwischen den in verschiedenen Gesellschaften vorherrschenden Abhängigkeitsverhältnissen zwischen den Individuen. Während in vorkapitalistischen Gesellschaften persönliche Abhängigkeitsverhältnisse dominieren, stellen sie sich unter kapitalistischen Bedingungen als ‹sachliche› (auf Geld, Vertrag etc. beruhende) Verhältnisse dar; die Individuen scheinen hier von Abstraktionen beherrscht zu sein. «Die Abstraktion oder Idee ist aber nichts als der theoretische Ausdruck jener materiellen Verhältnisse, die Herr über sie sind. Verhältnisse können natürlich nur in Ideen ausgedrückt werden und so haben Philosophen als das eigenthümliche der Neuen Zeit ihr Beherrschtsein von Ideen aufgefaßt und mit dem Sturz dieser Ideenherrschaft die Erzeugung der freien Individualität identificiert. Der Irrthum war vom ideologischen Standpunkt aus um so leichter zu begehn, als jene Herrschaft der Verhältnisse (jene sachliche Abhängigkeit, die übrigens wieder in bestimmte, nur aller Illusion entkleidete, persönliche Abhängigkeitsverhältnisse umschlägt) in dem Bewußtsein der Individuen selbst als Herrschen von Ideen erscheint und der Glaube an die Ewigkeit dieser Ideen, d. h. jener sachlichen Abhängigkeitsverhältnisse, von den herrschenden Klassen, of course, in jeder Weise befestigt, genährt, eingetrichtert wird.» (II,1.1:96f/42:97f) Der Witz dieser Deutung besteht darin, dass sie den Idealismus als Produkt der relationalen Struktur der sozialen Realität ausgibt, genauer: als Produkt der spezifischen Ausprägung dieser Struktur unter kapitalistischen Bedingungen. Dies unterstreicht noch einmal die Bedeutung der sowohl materialistischen als auch relationalen Sozialontologie, die wir oben analysiert haben. Die Marxsche These ist nicht nur, dass die soziale Realität eine relationale Struktur hat, sondern auch: dass diese relationale Struktur das Bewusstsein der Individuen prägt.

Die Erfolgsaussichten für *Ideologiekritik* (ein Ausdruck, der sich bei Marx nicht findet) sind nach dieser Auffassung sehr begrenzt. Wenn das gesellschaftliche Sein und das Bewusstsein eine Einheit bilden und wenn die Ideologie eine objektive Basis hat, dann existiert sie so lange, wie ihre Basis existiert. Davon ist Marx ausgegangen, seit er sich von dem junghegelianischen Programm einer Reform des Bewusstseins abgewandt hatte. Es sei zwar nicht unwichtig, die ideologischen Illusionen aus den bestehenden wirklichen Verhältnissen zu erklären: «Die wirkliche, praktische Auflösung dieser Phrasen, die Beseitigung dieser Vorstellungen aus dem Bewußtsein der Menschen wird wie schon gesagt durch veränderte Umstände, nicht durch theoretische Deduktionen bewerkstelligt.» (I,5:52/3:40) Zu denken ist dabei nicht primär an die Illusionen bestimmter Individuen, nicht einmal an die kollektiven Illusionen einer intellektuellen Elite, sondern vor allem an tief verwurzelte und weit verbreitete Überzeugungen vom Typ der Religion. So illusorisch das religiöse Bewusstsein für Marx auch war: Es *kann* nicht abgeschafft werden, solange seine soziale Basis existiert; und es *muss* nicht abgeschafft werden, da es von selbst verschwindet, sobald seine soziale Basis verschwunden ist. Für Marx wäre die Religionspolitik, die einige seiner selbsternannten Nachfolger propagiert oder praktiziert haben, keine materialistisch, sondern eine idealistisch fundierte Politik gewesen: eine Politik, die der Illusion der Autonomie des religiösen Bewusstseins verhaftet geblieben ist.

Unegale Verhältnisse. Dies alles deutet darauf hin, dass der Historische Materialismus ein sehr enges Verhältnis zwischen gesellschaftlichem Sein und Bewusstsein postuliert, dass er den Prometheus des Geistes unentrinnbar an den Felsen des Seins geschmiedet sieht. Tatsächlich gibt es Äußerungen von Marx, die in diese Richtung deuten. Ein Beispiel dafür findet sich in einer inhaltsreichen Fußnote des *Kapitals*, wo es heißt: «Es ist in der That viel leichter, durch Analyse den irdischen Kern der religiösen Nebelbildungen zu finden, als umgekehrt aus den jedesmaligen wirklichen Lebensverhältnissen ihre verhimmelten Formen zu entwickeln. Die letztre ist die einzig materialistische und daher wissenschaftliche Methode.» (II,8:365/23:393) Wenn wir diese Äußerung verallgemeinern und auf das Sein-Bewusstsein-Verhältnis generell beziehen, ist mit ihr eine überaus steile These formuliert. Behauptet wird ja nicht nur, dass alle ideellen Gebilde eine reale Basis haben, sondern (a) dass jeder realen Basis ein bestimmtes ideelles Gebilde entspreche, das (b) durch die einzig materialistische und daher wissenschaftliche Methode prognostiziert werden könne. Das Verhältnis von Sein und Bewusstsein wäre demnach als eine ein-eindeutige Abbildung aufzufassen. Man möchte wünschen, dass Marx hier nur für einen kurzen Moment die historisch-materialistischen Pferde durchgegangen sind; unübersehbar ist aber, dass er auch bei anderen Gelegenheiten einer Neigung nachgibt, gegebene Bewusstseinsformen und -inhalte eng an ihre jeweilige Basis zu binden. So können wir (ebenfalls im *Kapital*) folgende Behauptungen über die objektive Basis des Christentums lesen: «Für eine Gesellschaft von Waarenproducenten, deren allgemein gesellschaftliches Produktionsverhältniß darin besteht, sich zu ihren Produkten als Waaren, also als Werthen zu verhalten, und in dieser sachlichen Form ihre Privatarbeiten aufeinander zu beziehn als gleiche menschliche Arbeit, ist das Christenthum, mit seinem Kultus des abstrakten Menschen, namentlich in seiner bürgerlichen Entwicklung, dem Protestantismus, Deismus u. s. w., die entsprechendste Religionsform.» (II,8:107/23:93) Selbst wenn wir voraussetzen, dass diese Behauptung zutreffend ist, dass also das Christentum tatsächlich die dem Kapitalismus «entsprechendste» Religionsform sei, so wirft diese Behauptung doch eine Reihe von Fragen auf, die Marx übergeht: Wie konnte das Christentum mehr als anderthalb Jahrtausende *vor* dem Kapitalismus entstehen? Und wie konnte es seine Hegemonie unter *vor*kapitalistischen Bedingungen, im Mittelalter nämlich, entfalten? Warum nimmt sein Einfluss nach der Entstehung des Kapitalismus eher ab als zu? Analoge Fragen stellen sich übrigens auch im Hinblick auf den Idealismus, der ja ebenfalls *nicht* unter sozialen Bedingungen entstand, in denen sachliche Abhängigkeitsverhältnisse zwischen den Individuen dominierten, sondern in der antiken Sklavenhaltergesellschaft, die gerade durch persönliche Abhängigkeitsverhältnisse geprägt war. Es gibt offenbar Bewusstseinsformen und -inhalte, die sich über lange Zeiträume hinweg erhalten und in mehreren verschiedenen Gesellschaftsformationen ihre Wirkung entfalten, denen der Wechsel der Basis nur wenig anhaben kann. Zumindest die steile These von der eineindeutigen Beziehung zwischen Sein und Bewusstsein dürfte sich damit erübrigt haben.

Bei den genannten Beispielen handelt es sich nicht um exotische Sonderfälle, denn Marx selbst erwähnt in den *Grundrissen* zwei weitere Fälle dieser Art. Zum einen geht es um «das Verhältniß des römischen Privatrechts [...] zur modernen Production» (II,1.1:44/42:43). Wir haben es mit einem Rechtssystem zu tun, das in der römischen Antike entstand und das daher die damalige ökonomische Basis widerspiegeln sollte, das aber für gleich zwei nachfolgende Gesellschaftsformationen (Feudalismus und Kapitalismus) prägend geblieben ist. Während es sich, so darf man hinzufügen, auf den britischen Inseln und in den USA (beides für die Entwicklung des Kapitalismus nicht ganz unwichtige Regionen) niemals durchzusetzen vermochte. – Im unmittelbaren Anschluss kommt Marx auf einen weiteren schwierigen Fall zu sprechen, der dem Feld der Ästhetik entstammt. Es geht um die Frage, wie das «unegale Verhältnis» der künstlerischen zur materiellen Produktion zu erklären sei. Die griechische Kunst oder die Dramen Shakespeares repräsentieren klassische Leistungen; sie entstanden aber unter gesellschaftlichen Verhältnissen, die vergleichsweise unentwickelt waren. Wie, so fragt Marx, können sie «uns noch Kunstgenuß gewähren und in gewisser Beziehung als Norm und unerreichbare Muster gelten»? (II,1.1:45/42:45) – Beide Beispiele lassen erkennen, dass Marx, im Unterschied zu vielen seiner Nachfolger, einige der mit dem zweiten Hauptsatz verbundenen Schwierigkeiten durchaus registriert. Bemerkenswert ist dabei, dass er dem (in der Sekundärliteratur mit großer Aufmerksamkeit bedachten) zweiten Beispiel zwar einige wenige Bemerkungen hinzufügt, die eine Lösung des Problems anzudeuten scheinen, dass er dabei aber die Kategorien und Prinzipien des Historischen Materialismus vollständig übergeht und stattdessen einen alltagspsychologischen Erklärungsversuch anbietet. Darf man daraus schließen, dass er das analytische Instrumentarium des Historischen Materialismus für (nötig aber) nicht hinreichend hielt, um Bewusstseinsphänomene in allen ihren Aspekten adäquat zu erfassen? Oder dass er einzuräumen bereit war, dass sich diese Phänomene nicht in ihrer Beziehung zum gesellschaftlichen Sein erschöpfen?

Es spricht manches dafür, dass Marx weitherzig genug war, diese Fragen zu bejahen; aber darauf kommt es nicht an. Entscheidend ist, dass er sich und seinen Rezipienten keine Rechenschaft darüber abgelegt hat, was *genau* er eigentlich behaupten wollte. Eine irgendwie geartete Beeinflussung des Bewusstseins durch das Sein war ja schon von anderen Autoren vor ihm vertreten worden, nicht zuletzt von Hegel, für den die Philosophie «ihre Zeit in Gedanken erfasst»[33] war. Marx wollte mehr als solche Aperçus; er wollte eine *systematische* Beziehung nicht zwischen der «Zeit», sondern zwischen der *ökonomischen Basis* und dem Bewusstsein. Das zugrunde liegende Motiv war, wie wir schon mehrfach bemerkt haben, vor allem polemischer und politischer Natur: es bestand in der Zurückweisung des Idealismus. Der positive Gehalt des zweiten Hauptsatzes erschien damit als eine Cura posterior. Die kontextabhängigen Schwankungen zwischen eng- und weitherzigen Auslegungen der Basis-Überbau-Metapher haben hier ihre Wurzel. Es wäre eine lohnende Aufgabe für seine Nachfolger gewesen, diese Metapher zu einer Theorie weiterzuentwickeln.

KAPITEL V

Geschichte, Fortschritt, Revolution

Für Marx hatte eine Theorie der Gesellschaft nicht nur materialistisch, sondern auch *historisch* zu sein: Sie hatte ihren Gegenstand als einen Prozess zu analysieren, dessen Produkte zu jedem Zeitpunkt als *geworden* und als *vergänglich* aufzufassen sind. Die Gründe für die Betonung der historischen Dimension von Gesellschaft sind leicht identifizierbar. Marx gehörte biographisch einer Generation an, für die Geschichte zu einem erlebbaren Vorgang geworden war. Bei seiner Geburt und während seiner Jugend war die Französische Revolution, zumal in seiner Geburtsstadt Trier, ein noch spürbar nachwirkendes Ereignis. Auch die ökonomischen Veränderungen seiner Epoche mit ihren eingreifenden sozialen Verwerfungen konnten ihm und seinen Zeitgenossen schwerlich verborgen bleiben. Dasselbe gilt für die wissenschaftlichen und technischen Neuerungen, deren Zeuge er wurde. Die soziale Welt war in allen ihren Teilen und auf allen ihren Ebenen in Bewegung geraten. Natürlich waren er und seine Zeitgenossen nicht die ersten, die dies bemerkt und zum Gegenstand ihres Nachdenkens gemacht hatten. Seit der Mitte des 18. Jahrhunderts waren in ganz Europa Geschichtsphilosophien und Theorien des sozialen Wandels entstanden. Nicht zu vergessen sind auch die zeitgenössischen Gesellschaftstheorien, in denen Bewegungs- und Prozessbegriffe eine wachsende Rolle spielten, sowie die Naturwissenschaften, die der Natur eine Geschichte zuzuschreiben begonnen hatten.

Zu den theoretischen Schlüsselproblemen, die damit aufgeworfen waren, gehört die Frage nach der Einheit, der Struktur oder der Ordnung der Geschichte. Stehen wir vor einem Chaos einzelner Ereignisse oder lassen sich Zusammenhänge zwischen ihnen ermitteln? Man könne sich, hatte Kant ein halbes Jahrhundert zuvor geschrieben, «eines gewissen Unwillens nicht erwehren», wenn man das Tun und Lassen der Menschen auf der großen Weltbühne betrachte, denn selbst wenn man im Einzelnen hin und wieder Weisheit in ihren Handlungen entdecken möge, so finde man «doch endlich alles im großen aus Torheit, kindischer Eitelkeit, oft auch kindischer Bosheit und

Zerstörungssucht zusammengewebt». Für den Philosophen stelle sich daher die Frage, «ob er nicht eine Naturabsicht in diesem widersinnigen Gange menschlicher Dinge entdecken könne».[1] Dasselbe Problem hatte sich für Hegel gestellt, der einerseits darauf bestand, dass wir die Geschichte zu nehmen haben, «wie sie ist», und daher «empirisch zu verfahren» haben, zugleich aber versicherte: «Wer die Welt vernünftig ansieht, den sieht sie auch vernünftig an.»[2] Den richtigen Standpunkt für einen vernünftigen Blick bot natürlich die (Hegelsche) Philosophie; von ihm aus wurde die Ordnung der Geschichte offenbar. Erwähnt sei schließlich noch Moses Heß, der in seiner *Heiligen Geschichte der Menschheit* die Absicht verfolgte, «Ordnung in das Chaos zu bringen, der erste Versuch, die Weltgeschichte in ihrer Ganzheit und Gesetzmäßigkeit aufzufassen».[3] – Für Marx stellte sich dieselbe Frage, aber der theoretische Rahmen, innerhalb dessen er sie zu beantworten versuchte, war ein anderer. Er sollte zum einen materialistisch sein, d. h. die Triebkräfte der Geschichte und ihre Ordnung nicht mehr in den Ideen, sondern im materiellen Leben der Menschen suchen. Zum anderen sollte er auf diese Weise die Hebel identifizieren, mit denen in die Geschichte eingegriffen werden kann; die gesuchte Theorie sollte eine praktische Relevanz besitzen, an die Kant oder Hegel nicht einmal gedacht hatten.

1. Der historische Prozess und seine Triebkräfte

..., dass die ganze Geschichte nur eine fortgesetzte Umwandlung der menschlichen Natur ist.

Karl Marx

Was ‹Materialismus› im Hinblick auf die Geschichte bedeuten konnte, war allerdings ziemlich unklar. Er hatte sich, wie wir gesehen haben, bis dahin vornehmlich mit der Natur, in zweiter Linie auch mit der Gesellschaft befasst; mit der Geschichte aber nur ansatzweise. Es handelte sich daher um eine repräsentative Diagnose, wenn Marx über den Autor, dem er die wichtigsten Anstöße in Richtung Materialismus zu verdanken hatte, schrieb: «Soweit Feuerbach Materialist ist, kommt die Geschichte bei ihm nicht vor, & soweit er die Geschichte in Betracht zieht ist er kein Materialist.» (I,5:26/3:45) Das hatte mehrere Gründe, einer davon war die bis ins 19. Jahrhundert dominierende Statik des Naturbildes. Wie die Idealisten waren auch die Materialisten davon überzeugt, dass Veränderungen in der Natur, soweit es sie überhaupt gab, nur zyklisch sein können. Und da der Mensch in erster Linie als ein Naturwesen galt, teilte er mit der Natur das Schicksal der Geschichtslosigkeit.

Natur und Geschichte. Auch Marx war der Auffassung, dass der Mensch zuallererst ein Naturwesen sei und in aller Ewigkeit an sie gebunden bleibe. Was ihn von seinen materialistischen Vorgängern unterschied, war zum einen die Betonung der aktiven Seite des menschlichen Naturverhältnisses, zum anderen seine Überzeugung von der Geschichtlichkeit der Natur selbst. Für ihn standen sich nicht eine geschichtliche Gesellschaft und eine ungeschichtliche Natur gegenüber; die Geschichtlichkeit galt ihm vielmehr als ein übergreifendes, beide Bereiche des Seins verbindendes Charakteristikum. Bereits in den *Ökonomisch-philosophischen Manuskripten* von 1844 verwies er auf die Einsichten der zeitgenössischen Geologie, «welche die Erdbildung, das Werden der Erde, als einen Proceß, als Selbsterzeugung» darstellte, sowie auf die *generatio aequivoca*, die Theorie der spontanen Entstehung lebender Wesen aus unbelebter Materie. (I,2:397/40:545) Nur wenig später finden wir die berühmte Formulierung «Wir kennen nur eine einzige Wissenschaft, die Wissenschaft der Geschichte.» Diese könne «in die Geschichte der Natur und die Geschichte der Menschen abgeteilt werden». (3:18) Marx schloss damit an eine eher junge Theorietradition an, die auf unterschiedliche Weise begonnen hatte, Natur als Prozess zu deuten. Zu nennen sind Kants *Allgemeine Naturgeschichte und Theorie des Himmels*, Herders *Ideen zu einer Philosophie der Geschichte der Menschheit* sowie die naturphilosophischen Schriften von Schelling und der Romantischen Naturforschung. Demgegenüber hatte Hegel zwar die ganze Realität prozesshaft gedacht, der Natur aber eine echte Geschichte abgesprochen: in ihr «geschieht nichts Neues unter der Sonne, und insofern führt das vielförmige Spiel ihrer Gestaltungen eine Langeweile mit sich».[4] Über diese nicht nur bei Hegel anzutreffende, sondern auch den Materialismus des 18. Jahrhunderts dominierende Deutung der Natur als statisch und bestenfalls zyklisch setzte sich Marx hinweg. Er war ‹Evolutionist›, schon bevor dies nach der Veröffentlichung von Darwins *Origin of Species* gang und gäbe wurde. Durch die sich zunächst zögernd, dann immer mächtiger durchsetzende Historisierung des Naturbildes konnte er sich in seinem Bemühen um eine *materialistische* Deutung der Geschichte bestärkt fühlen. Wenn die Geschichte kein Privileg des Menschen und der menschlichen Gesellschaft mehr ist, dann war der Hegelschen Zurückführung der Geschichte auf eine Entfaltung des «Geistes» in der Zeit der Boden entzogen. Wie die Gesellschaft hat auch die Geschichte ein Fundament in der Natur.

Gleichwohl hat Marx alle Tendenzen zu einer *Reduktion* von Gesellschaft und Geschichte auf Natur abgelehnt. Zunächst warf er Feuerbach vor, die aktive Seite des menschlichen Naturverhältnisses und folglich die Veränderung der Natur durch den Menschen übersehen zu haben; später wandte er sich gegen die ökonomischen Theorien seiner Zeit, die Strukturmerkmale der bestehenden Gesellschaft als Naturtatsachen ausgaben und damit ihre geschichtliche Gewordenheit und Veränderbarkeit unterschlugen. – Wenn die Geschichte der Gesellschaft eine Fortsetzung der Naturgeschichte ist, so ist sie deshalb doch nicht nur ihre bloße Verlängerung. Durch die Arbeit ist und bleibt der Mensch zwar mit der Natur verbunden, zugleich aber *löst* er sich durch sie von der Natur, indem er seiner Beziehung zu ihr und zu den anderen Menschen immer neue *Formen* gibt. Marx verwendet den Formbegriff (der eine wichtige Rolle in seinem Materialismus spielt und dem wir noch wiederbegegnen werden), um die Distanz zu charakterisieren, die der Mensch zwischen sich und die Natur legt. – In jedem Fall sind zwei Bedeutungen von ‹Geschichte› zu unterscheiden. *Zum einen* ist damit die Gesamtheit aller Veränderungen gemeint, die sich über hinreichend lange Zeiträume in der Welt bzw. in der Natur ereignen. Marx geht also von der Konzeption einer *natura naturans* aus, indem er die Natur als eine aktive und produktive Kraft im Aristotelischen oder Spinozistischen Sinne betrachtet.[5] Sie hat, neben vielen anderen Wesen, auch den Menschen hervorgebracht, der ein Naturwesen ist und bleibt. Allerdings ein Naturwesen mit besonderen Fähigkeiten, die ihn in die Lage versetzen, in zunächst bescheidenem Rahmen die Initiative zu ergreifen und sich in seinem Handeln gewisse Freiheiten seiner großen Mutter gegenüber herauszunehmen. Geschichte in diesem Sinne ist Naturgeschichte. – In seiner *zweiten* Bedeutung bezieht sich der Geschichtsbegriff auf anthropogene Veränderungen und Entwicklungen. Indem die Menschen ihre Freiheiten anfangs sehr langsam, dann rascher erweitern, geht die Naturgeschichte in Geschichte im engeren Sinne über. Dieser Übergang ist ein Produkt menschlichen Handelns; er vollzieht sich in dem Maße, in dem der Mensch das, was ‹von selbst› geschieht, durch das ersetzt, was *er* bewirkt. Geschichte in diesem engeren Sinne ist also die Gesamtheit der anthropogenen Veränderungen in der

Welt, die eine Fülle von Einzelvorgängen einschließt. So verändern die Menschen (a) die Natur, die Erdoberfläche beispielsweise; (b) ihre Beziehung zur Natur; (c) ihre Beziehungen untereinander; (d) ihr Denken und den ‹Überbau›; (e) ihre eigene Natur. Alle diese Prozesse sind miteinander verknüpft und bilden gemeinsam die Geschichte im zweiten, engeren Sinn. Sie ist das, was Marx in der Regel meint, wenn er von ‹Geschichte› spricht, und *sie* ist das Explanandum des Historischen Materialismus. Die Naturgeschichte gehört zu ihren Voraussetzungen, aber nicht zu den Gegenständen, die der Historische Materialismus zu erklären beansprucht.

Die Differenz von Naturgeschichte und Geschichte wird unmittelbar deutlich an der Differenz der Tempi, in denen sie sich vollziehen. Während der vergangenen zehn- oder fünfzehntausend Jahre haben sich im Hinblick auf (a) bis (e) tiefgreifende Veränderungen vollzogen. Dieser Zeitraum ist zu kurz, als dass dieser Wandel durch naturgeschichtliche Mechanismen erklärt werden könnte. Stellen wir die Frage nach den Ursachen dieses Wandels, so werden wir nicht auf natürliche Faktoren verweisen können. Da ideelle oder metaphysische Instanzen, wie sie in der klassischen Geschichtsphilosophie bis zu Hegel aufgeboten worden waren, für Marx nicht in Frage kamen, blieben nur noch innergesellschaftliche Triebkräfte als mögliche Erklärungsressource übrig. Als den entscheidenden Faktor, der dem historischen Wandel letztlich zugrunde liegt, führt er die *Produktivkraft der Arbeit* an. Wir sind diesem Begriff bereits im *Vorwort* unter V_3 begegnet. Die jeweilige Art der Produktionsverhältnisse, so hieß es dort, hängt von den Produktivkräften ab. Damit wird diesem Begriff eine gewichtige Rolle für die Formierung der ökonomischen Basis der Gesellschaft zugesprochen. Offenbar spielt der Begriff darüber hinaus auch in der Geschichtstheorie eine Schlüsselrolle.

Produktivkraft der Arbeit. Wie die meisten anderen Begriffe, mit denen er operiert, ist auch ‹Produktivkraft der Arbeit› keine Erfindung von Marx. Er hatte diesen Begriff in seinem 1844 begonnenen Studium der ökonomischen Literatur kennengelernt, vermutlich bereits im ersten Kapitel von Adam Smiths Buch über *Das Wesen und die Ursachen des Reichtums der Nationen*, wo das berühmte Beispiel der Herstellung von Nadeln vorgestellt wird. Auch in den ökonomischen Werken von Adam Müller, Wilhelm Schulz, Friedrich List oder John Stuart Mill spielt der Begriff eine Rolle. Marx machte ihn sich zu eigen und verwandte ihn, um die Gesamtheit der Faktoren zu bezeichnen, von denen die Effektivität der menschlichen Arbeit abhängt: «Die Produktivkraft der Arbeit ist durch mannigfache Umstände bestimmt, unter andern durch den Durchschnittsgrad des Geschickes der Arbeiter, die Entwicklungsstufe der Wissenschaft und ihrer technologischen Anwendbarkeit, die gesellschaftliche Combination des Produktionsprozesses, den Umfang und die Wirkungsfähigkeit der Produktionsmittel, und durch *Naturverhältnisse.*» (II,5:21/23:545) Diese Aufzählung kann natürlich keine Definition ersetzen; vor allem verbirgt sich hinter ihrer Harmlosigkeit eine Reihe von (philosophischen) Voraussetzungen, die Marx nirgends explizit gemacht hat. ‹Produktivkraft der Arbeit› gehört daher zu den am häufigsten und gründlichsten fehlinterpretierten Begriffen der Marxschen Theorie.

Das wichtigste Missverständnis ist durch Marx selbst provoziert worden. An vielen Stellen seiner Werke spricht er statt von ‹Produktivkraft der Arbeit› bequemlichkeitshalber von ‹Produktivkraft› oder von ‹Produktivkräften›. Dies ist, um ein prominentes Beispiel anzuführen, in dem unseligen *Vorwort* der Fall: «Auf einer gewissen Stufe ihrer Entwicklung geraten die materiellen Produktivkräfte der Gesellschaft in Widerspruch mit den vorhandenen Produktionsverhältnissen [...]»; weiter erfahren wir, dass damit «eine Epoche sozialer Revolution» eintritt. Hier interessiert uns zunächst nicht der Inhalt dieser Aussage, sondern allein die Tatsache, dass sie den Eindruck erweckt, es sei von selbständig wirkenden Kräften die Rede, analog etwa zur Gravitationskraft bei Newton. Dass sie außerdem als «materielle» Produktivkräfte bezeichnet werden, mag diesen Eindruck noch verstärkt haben. Kritiker konnten ihm aufgrund dessen unterstellen, er postuliere selbständig wirkende Kräfte, die eine Revolution herbeiführen. Etliche seiner Anhänger haben genau darin einen großen Vorzug erblickt, ließen solche Kräfte doch bequemen Rückenwind für ihre politischen Ziele erwarten. Wollte Marx also ernsthaft behaupten, dass «die Individuen nichts weiter als Marionetten [sind], die aus einer Position hinter den Kulissen von Produktivkräften und Produktionsverhältnissen gesteuert werden»? Und dass sich die sozialen Strukturen «unabhängig von den Handlungen [entwickeln], die von ihnen hervorgebracht werden»?[6] Die Antwort ist nein! Er hatte nichts dergleichen im Sinn, und der Spuk selbständiger Kräfte verflüchtigt sich, wenn wir nur zu dem unhandlicheren, aber weniger missverständlichen Ausdruck ‹Produktivkraft der Arbeit› zurückkehren – ein Ausdruck übrigens, den Marx an sehr vielen Stellen verwandte, ohne dass seine Kritiker und Anhänger sich in ihren Missdeutungen dadurch hätten irritieren lassen.

Für ein zweites Missverständnis ist weniger Marx selbst verantwortlich als die selektive und oberflächliche Lektüre seiner Schriften. Unter Produktivkräften, so lesen wir nicht selten, seien die *Technik* bzw. die *Arbeitswerkzeuge* zu verstehen.[7] Es gibt zwar Äußerungen von Marx und Engels, die in diese Richtung zu gehen scheinen: «Die Handmühle ergibt eine Gesellschaft mit Feudalherrn, die Dampfmühle eine Gesellschaft mit industriellen Kapitalisten.» (I,30:291/4:130) Das klingt so, als erzeuge ein technisches Gerät eine bestimmte Art von Gesellschaft. Beachtet man jedoch den Kontext der Äußerung, so entsteht ein anderes Bild: Es sind nicht die Instrumente, die Gesellschaften erzeugen, sondern die sich dieser Instrumente bedienenden Menschen. Dazu wird noch mehr zu sagen sein. Das Problem besteht darin, dass die Gleichsetzung von Produktivkraft und Technik auf eine Variante des ersten Missverständnisses hinausläuft: Die anonymen Kräfte entpuppen sich als die Kräfte der Technik. Wir lesen dann Äußerungen wie diese: «So erweist sich die Technik in allen antagonistischen Formationen als der revolutionäre Faktor, der die verschiedenen Seiten des gesellschaftlichen Lebens beeinflusst, die Gegensätze zwischen den Produktionsverhältnissen und den Produktivkräften verschärft und so den Klassenkampf und die sozialen Umwälzungen hervorruft.»[8] Der Historische Materialismus wird zum technologischen Determinismus.

Zweifel an dieser technologischen Deutung sollte aber schon die oben zitierte Aufzählung von Faktoren wecken, die die Produktivkraft der Arbeit bestimmen, denn darin werden auch das Geschick der Arbeiter, der Entwicklungsgrad der Wissenschaft und die Arbeitsorganisation genannt. Der Begriff scheint also deutlich mehr zu umfassen als die Technik. Hinzu kommen aber zwei weitere Überlegungen. – *Erstens* ist daran zu erinnern, dass technische Artefakte (Werkzeuge, Geräte, Maschinen) für Marx nicht nur Mittel *zur* Arbeit, sondern auch Produkte *von* Arbeit sind. In sie sind menschliche Erfahrungen, Fähigkeiten und Kenntnisse eingegangen, die über viele Generationen hinweg akkumuliert wurden und nun in ihnen gespeichert sind. Sie sind, mit einem Wort, Verkörperungen nach außen projizierter und dort materialisierter Subjektivität. – *Zweitens* ‹schlummert› diese materialisierte Subjektivität in den Artefakten und muss daher, um wieder nach außen treten und wirksam werden zu können, geweckt werden. Das können die Artefakte aber nicht von sich aus; die in einem technischen

Gerät verkörperten Potenzen müssen durch menschliches Handeln freigesetzt werden. «Eine Maschine, die nicht im Arbeitsprozeß dient, ist nutzlos [...] Die lebendige Arbeit muß diese Dinge ergreifen, sie von den Todten erwecken, sie aus nur möglichen in wirkliche und wirkende Gebrauchswerthe verwandeln. Vom Feuer der Arbeit beleckt, als Leiber derselben angeeignet, zu ihren begriffs- und berufsmäßigen Funktionen im Arbeitsprozeß begeistet, werden sie [...] zweckvoll, als Bildungselemente neuer Gebrauchswerthe. Der Arbeitsprozeß resultirt überhaupt nur in *Gebrauchswerth*, so weit sein Produkt fähig, als *Lebensmittel* in die individuelle Konsumtion oder als *Produktionsmittel* in neuen Arbeitsprozeß einzugehn.» (II,5:134/23:198) Ein technisches Artefakt *ist* für Marx nicht einfach eine Produktivkraft, sondern *wird* dazu, indem seine dispositionalen produktiven Kräfte «vom Feuer der Arbeit beleckt» und *damit* aktualisiert werden. In Aristotelischen Termini: Es ist die Arbeit, die das in den Artefakten enthaltene produktive Vermögen Wirklichkeit werden lässt.

Wir können uns den philosophisch entscheidenden Punkt klarmachen, wenn wir fragen, um *wessen* Disposition es sich handelt, wenn von einer Produktivkraft die Rede ist. – Die *eine* Möglichkeit besteht darin, sie dem betreffenden technischen Artefakt zuzuschreiben; denn in ihm sind ja die erwähnten Potenzen materialisiert, die in der Produktion aktualisiert werden können. Für diese Deutung hat sich Gerald Cohen entschieden: Zwar *sei*, genau genommen, weder ein Produktionsinstrument noch ein bestimmtes Quantum an Rohmaterial eine Produktivkraft; beides *habe* aber Produktivkraft.[9] Produktivkräfte sind demnach dispositionale Eigenschaften von *Objekten*. Bestimmte Äußerungen von Marx scheinen diese Deutung zu stützen: «Eine Eisenbahn, auf der nicht gefahren wird, [...] ist nur eine Eisenbahn δυνάμει, nicht der Wirklichkeit nach.» (II,1.1:28/42:26) Das lässt sich so verstehen, dass die Eisenbahn selbst die entsprechende *dynamis* (man beachte das Aristotelische Vokabular) besitzt. – Die *andere* Möglichkeit besteht darin, die ‹Produktivkräfte› als dispositionale Eigenschaften menschlicher Akteure aufzufassen: als ihre Fähigkeit, mit Hilfe von Artefakten (aber auch durch den Einsatz von Wissen und die Nutzung kooperativer Ressourcen) auf die Natur einzuwirken und sie planvoll umzugestalten. Für diese zweite Deutung spricht (a) die erwähnte Tatsache, dass der Ausdruck ‹Produktivkraft› eine Abkürzung von ‹Produktivkraft der Arbeit› ist. Das legt nahe, dass er sich nicht primär auf Objekte und Materialien bezieht, sondern auf die Fähigkeiten von Menschen. Tatsächlich lassen sich durch eine genaue Lektüre seiner Texte Zeugnisse zusammentragen, die keinen Zweifel daran lassen, dass Marx die Produktivkräfte als *Kräfte menschlicher Individuen* aufgefasst hat (z. B. I,5:110/3:67 sowie II,1.2:392/42:395). Diese Zeugnisse sind in der gesamten Geschichte der Marx-Rezeption selten zur Kenntnis genommen und in ihrer Bedeutung verstanden worden. (b) Gegen diese subjektivitätstheoretische Deutung des Ausdrucks ‹Produktivkraft› spricht nicht, dass auch die technischen Artefakte bestimmte dispositionale Eigenschaften haben müssen, um in der Produktion ihre Funktion erfüllen zu können. Denn obgleich Objekte *und* Menschen solche Eigenschaften haben, besteht zwischen ihnen doch eine wichtige Asymmetrie. Ein Artefakt kann die in ihm enthaltenen Potenzen nicht *selbst* aktualisieren; seine Kräfte bleiben wirkungslos, solange sie nicht durch Menschen und ihre Tätigkeit freigesetzt werden.

Obwohl Marx an vielen Stellen seines Werkes die wünschenswerte Klarheit über diesen Punkt vermissen lässt, kann festgehalten werden, dass der Ausdruck ‹Produktivkraft› sich bei ihm auf die Produktivkraft des Menschen bzw. seiner Arbeit bezieht. Der Ausdruck bezeichnet die menschliche Fähigkeit, unter Einsatz sämtlicher ihm zur Verfügung stehender materieller wie ideeller Mittel die Natur zu verändern. Es wäre daher verhängnisvoll, den Begriff auf seine im landläufigen Sinne ‹ökonomische› Seite, d. h. auf das Maß der Effektivität der Arbeit zu reduzieren. Eine solche Verwendung ist zwar in bestimmten Kontexten legitim und sinnvoll; die Bedeutung des Begriffs geht aber darüber hinaus. Sie umfasst erstens eine *anthropologische* Dimension, insofern die Produktivkraft der Arbeit für Marx der Inbegriff der Fähigkeiten und Kenntnisse ist, die der Mensch sich angeeignet hat; er bezeichnet die Macht und die Selbständigkeit, die der Mensch in seinem Verhältnis zur Natur gewonnen hat. Wenn man es pathetisch mag: Was der Mensch *ist*, hängt von der Produktivkraft seiner Arbeit ab. Der Begriff hat zweitens eine *gesellschaftstheoretische* Funktion. Wie wir oben gesehen haben, entscheidet die Produktivkraft der Arbeit über die Verhältnisse, die die Menschen untereinander in der Produktion eingehen. Dies ist zunächst in einem synchronen Sinn zu verstehen: Wenn die Produktivkraft der Arbeit soundso beschaffen ist, dann werden die Individuen soundso beschaffene Produktionsverhältnisse eingehen. Das heißt drittens auch: Wenn sich die Produktivkraft der Arbeit ändert, ändern sich die Produktionsverhältnisse; und wenn diese sich ändern, ändert sich der Überbau. Wenn wir von der synchronen auf die diachrone Ebene übergehen, stellt sich die Produktivkraft der Arbeit somit als die Triebkraft der Geschichte dar; damit gewinnt der Begriff eine *geschichtsphilosophische* Dimension.

Der zentrale Widerspruch. Diese geschichtsphilosophische Dimension ist von Marx und Engels erstmals in den Manuskripten zur *Deutschen Ideologie* angesprochen worden. Die Produktivkraft der Arbeit wird hier als ein dynamischer Faktor vorgestellt, der sich *zunächst* im Rahmen der jeweiligen Produktionsverhältnisse (die hier noch unter der Bezeichnung ‹Verkehrsformen› erscheinen) entfaltet und weiterentwickelt, *dann* aber mit ihnen in Konflikt gerät: Die Produktionsverhältnisse werden zu eng für die sich entwickelnden Produktivkräfte, sie behindern ihre weitere Entwicklung und werden schließlich gesprengt. Die Geschichte stellt sich nach diesem Modell als eine Abfolge von Produktionsverhältnissen bzw. Verkehrsformen dar, «deren Zusammenhang darin besteht, daß an die Stelle der früheren, zur Fessel gewordenen Verkehrsform, eine neue, den entwickelteren Produktivkräften & damit der fortgeschrittenen Art der Selbstbethätigung der Individuen entsprechende gesetzt wird, die à son tour wieder zur Fessel & dann durch eine andre ersetzt wird» (I,5:103/3:72). Dieses konflikttheoretische Modell des Verhältnisses von Produktivkräften und Produktionsverhältnissen wird in späteren Schriften immer wieder aufgegriffen; die bekannteste dieser Wiederholungen findet sich einmal mehr im *Vorwort*, wo nicht mehr von Fesseln die Rede ist, sondern von einem Widerspruch: «Auf einer gewissen Stufe ihrer Entwicklung gerathen die materiellen Produktivkräfte der Gesellschaft in Widerspruch mit den vorhandenen Produktionsverhältnissen, oder was nur ein juristischer Ausdruck dafür ist, mit den Eigenthumsverhältnissen, innerhalb derer sie sich bisher bewegt hatten. Aus Entwicklungsformen der Produktivkräfte schlagen diese Verhältnisse in Fesseln derselben um. Es tritt dann eine Epoche socialer Revolution ein. Mit der Veränderung der ökonomischen Grundlage wälzt sich der ganze ungeheure Ueberbau langsamer oder rascher um.» (II,2:100f/13:8f) Es sind drei Thesen, die hier aufgestellt werden:

V_6 Die *Entwicklungsthese*: Die Produktivkräfte (genauer: die Produktivkraft der Arbeit) haben eine inhärente Tendenz zur Entwicklung.

V_7 Die *Widerspruchsthese*: Die Produktivkräfte geraten an einem bestimmten Punkt ihrer Entwicklung in einen Widerspruch zu den bestehenden Produktionsverhältnissen.

V_8 Die *Revolutionsthese*: Die auf Dauer unvermeidliche Zuspitzung dieses Widerspruchs führt zur Revolution, d. h. zur Umwälzung der Basis und folglich auch des Überbaus.

Zusammengenommen legen diese drei Thesen den zentralen Mechanismus fest, der die Geschichte vorantreibt. Aus ihnen ergibt sich der dritte Hauptsatz des Historischen Materialismus: *Die Entwicklung der Produktivkraft der Arbeit ist der letztlich entscheidende Faktor der Veränderungen der Produktionsverhältnisse und folglich auch des Überbaus.* Jede der drei Thesen verdient eine genauere Betrachtung insbesondere im Hinblick auf ihre Begründung.

Beginnen wir mit V_6. Die Entwicklung der ‹Produktivkräfte› wird als die *unabhängige Variable* des Geschichtsprozesses vorgestellt, als eine unwiderstehliche Macht, die sich letzten Endes gegen alle Beschränkungen und Widerstände durchsetzt. Marx scheint diese These als selbstverständlich zu unterstellen und liefert weder hier noch an anderen Stellen seines Werkes eine eingehende Begründung. Das ist erstaunlich, denn der Begriff ‹Produktivkräfte› und die These ihrer unaufhaltsamen Entwicklung haben das gesamte Gewicht der Marxschen Geschichtstheorie zu tragen. Auch ist nicht ohne weiteres einsehbar, warum diese Entwicklung unwiderstehlich sein soll, mächtig genug jedenfalls, um von Zeit zu Zeit die Produktionsverhältnisse zu sprengen und mit ihnen dann auch den Überbau zum Einsturz zu bringen. Wenn es einen Widerspruch zwischen Produktivkräften und Produktionsverhältnissen gibt, wäre ja auch denkbar, dass er regelmäßig zugunsten der letzteren entschieden wird. Diese Möglichkeit wird aber keiner näheren Betrachtung für würdig erachtet.

Einer Begründung für die Entwicklungsthese kommen wir auf die Spur, wenn wir uns daran erinnern, dass ‹Produktivkräfte› eine Abkürzung von ‹Produktivkraft der Arbeit› ist und dass dieser Begriff eine anthropologische Dimension hat. Die Entwicklung der Produktivkräfte ist nicht die Entwicklung eines beliebigen Wirtschaftsfaktors, sondern die Entwicklung der menschlichen Fähigkeiten und Kenntnisse und der auf ihnen beruhenden Beziehung zur Natur; sie ist die Entwicklung des Menschen selbst. Die Begründung dafür, dass die Produktivkräfte sich ‹unaufhaltsam› entwickeln, ist also *deduktiv*: Sie ergibt sich aus dem von Marx unterstellten Konzept von menschlicher Natur und von Natur überhaupt. Ausgehend davon, (a) dass er die Natur als eine *natura naturans* und (b) den Menschen als Naturwesen auffasst, schloss Marx, dass (c) auch die menschliche Natur eine *natura naturans* ist: eine inhärent und notwendig *produktive* Natur. Marx war Aristoteliker auch darin, dass er dem Menschen ein Streben nach äußerer Verwirklichung seiner inneren Potenzen zuschrieb; die Arbeit war für ihn daher nicht nur notwendig zur Versorgung mit materiellen Lebensmitteln, sie war zugleich die Befriedigung eines inneren Bedürfnisses. Eine Differenz zu Aristoteles lag allerdings darin, dass er dieses Streben nicht als Streben nach einem bestimmten substantiellen Ziel begriff, sondern als Streben nach einer unbeschränkten Entfaltung aller Fähigkeiten. Er stand auf dem Boden der neuzeitlichen Idee einer offenen statt geschlossenen Natur des Menschen, wie wir sie häufig finden: in Hobbes' Definition von Glückseligkeit als «ein ständiges Fortschreiten des Verlangens von einem Gegenstand zu einem anderen»; in Leibniz' ähnlicher Ansicht vom Glück als «einem immerwährenden Fortschritte zu neuen Freuden und neuen Vollkommenheiten»; in Rousseaus Idee einer perfectibilité des Menschen; in Kants These, dass alle Naturanlagen eines Geschöpfes bestimmt sind, «sich einmal vollständig und zweckmäßig auszuwickeln»; oder in Condorcets Diagnose, «daß die Natur der Vervollkommnung der menschlichen Fähigkeiten keine Grenze gesetzt hat».[10] Das alles waren selbstverständliche Ausgangspunkte für Marx, die eines Beweises gar nicht bedurften; er griff sie auf und gab ihnen eine spezifische Wendung, insofern er das «Fortschreiten des Verlangens», die «Vervollkommnungsfähigkeit» und die «Naturanlagen» in erster Linie auf die menschliche Auseinandersetzung mit der Natur, auf die Arbeit also, bezog: In ihr realisiert sich die menschliche Natur und in ihr entwickelt sie sich. Er konnte daher sagen, «dass die ganze Geschichte nur eine fortgesetzte Umwandlung der menschlichen Natur ist» (I,30:315/4:160). Diese Umwandlung beschränkt sich zwar nicht auf die Produktivkraft der Arbeit, hat in ihr aber ihre Grundlage.

Mit der Entwicklungsthese haben wir ein weiteres Beispiel für die Marxsche Tendenz vor uns, philosophische Voraussetzungen, die ihm als selbstverständlich erschienen, unausgesprochen zu lassen. Durch die von ihm oft, von seinen Nachfolgern und Kritikern nahezu ausschließlich verwandte Abkürzung ‹Produktivkräfte› wird der anthropologische Hintergrund der Entwicklungsthese beinahe unkenntlich gemacht. Der Bezug auf die *Subjekte*, um deren Kräfte es sich dabei handelt, wird verdunkelt, sodass diese plötzlich als autonom erscheinen. Entgegen dem, was in der Sekundärliteratur gelegentlich behauptet wird, hat Marx die anthropologischen Annahmen seiner frühen Jahre in späteren Werken durchaus *nicht* fallengelassen. Der Historische Materialismus steht und fällt mit seinem anthropologischen Fundament, das mindestens die drei folgenden Thesen umfasst: Der Mensch ist (a) ein soziales Wesen; (b) ein auf den Stoffwechsel mit der Natur angewiesenes Wesen; und (c) ein nach der Entfaltung seiner Fähigkeiten strebendes Wesen.

Mit der Widerspruchsthese V_7 hatte Marx weiter behauptet, dass die Produktivkräfte an einem bestimmten Punkt ihrer Entwicklung in Konflikt mit den jeweiligen Produktionsverhältnissen geraten. Die Argumente für diese These sind nicht deduktiver, sondern *historisch-empirischer* Art: Sie haben ihre Basis in Marx' Studium des historischen Materials, vor allem den Untergang der feudalen Produktionsweise betreffend, die durch das Aufkommen neuer Produktionsformen (Manufaktur), durch die Entstehung des Weltmarkts (im Gefolge der europäischen Expansion) und durch die Erfindung arbeitssparender Maschinen in eine strukturelle Krise geriet. Die alten Produktionsverhältnisse mit Leibeigenschaft und Zunftwesen sowie der absolutistische Überbau behinderten die Durchsetzung dieser neuen Methoden der Produktion; sie wurden gesprengt und durch die kapitalistische Produktionsweise ersetzt. Eine ähnliche Diagnose glaubte Marx zu seiner Zeit eben dieser Produktionsweise stellen zu können. – Für unseren Zusammenhang ist von sekundärer Bedeutung, ob die Marxsche Einschätzung des historischen Materials korrekt war (in Bezug auf den zeitgenössischen Kapitalismus war sie es ganz offensichtlich nicht); entscheidend ist, dass die Widerspruchsthese auf einer empirischen Verallgemeinerung beruht. Der Schlüsselmechanismus des historischen Wandels ergibt sich aus der Kombination der deduktiv begründeten Entwicklungsthese mit einer historisch-empirisch diagnostizierten Tendenz zur Beschränkung der Produktivkraftentwicklung. «Die sozialen Verhältnisse sind eng verknüpft mit den Produktivkräften. Mit der Erwerbung neuer Produktivkräfte verändern die Menschen ihre Produktionsweise, und mit der Veränderung der Produktionsweise, der Art, ihren Lebensunterhalt zu gewinnen, verändern sie alle ihre gesellschaftlichen Verhältnisse. Die Handmühle ergibt eine Gesellschaft mit Feudalherren, die Dampfmühle eine Gesellschaft mit industriellen Kapitalisten.» (I,30:291/4:130) Marx konzipiert das Verhältnis von Produktivkräften und Produktionsverhältnissen als ein Inhalt-Form-Verhältnis: Die Produktivkraft der Arbeit bildet den sich mehr oder weniger rasch entwickelnden Inhalt; für eine gewisse Periode bilden die jeweiligen Produktionsverhältnisse eine adäquate Form, innerhalb der sich die Produktivkraft der Arbeit entfalten und weiterentwickeln kann; ist diese Entwicklung weit genug vorangeschritten, wird die Form zu einer Fessel, die die weitere Entwicklung der Produktivkräfte behindert oder sie sogar in ihr Gegenteil, in «Destruktivkräfte» (I,5:88,497/3:60,424) verkehrt; ist dieser Punkt erreicht, muss die Form gesprengt werden, damit der Inhalt wieder genügend Raum für seine weitere Entfaltung bekommt.

Vor diesem Hintergrund wird verständlich, warum Marx die Entwicklung der Produktivkraft der Arbeit für unwiderstehlich hielt; für so stark jedenfalls, dass die Produktionsverhältnisse ihrem Druck nicht dauerhaft standzuhalten vermögen. Es handelt sich um eine in der menschlichen Natur liegende Tendenz, die sich über kurz oder lang Bahn bricht, wenn sie auf Widerstand stößt. Die Individuen lassen sich auf Dauer nicht von der Entfaltung ihrer Fähigkeiten und Kenntnisse und vom Genuss der dadurch ermöglichten Errungenschaften abhalten: «Da es vor allen Dingen darauf ankommt, nicht von den Früchten der Zivilisation, den erworbenen Produktivkräften ausgeschlossen zu sein, so wird es nothwendig, die überkommenen Formen, in welchen sie geschaffen worden, zu zerbrechen.» (I,30:300/4:140f) Die Individuen sehen sich an bestimmten Punkten des historischen Prozesses gezwungen, die existierenden Produktionsverhältnisse zu sprengen, um das Streben nach Erweiterung ihrer Kenntnisse und Fähigkeiten fortsetzen und ihre Natur weiter entfalten zu können.

Warum Revolutionen? Wir stehen jetzt nicht mehr vor dem Tableau eines historischen Prozesses, auf dem abstrakte Mächte (Produktivkräfte) alle Arbeit zu verrichten haben; sondern vor einem Tableau, das Menschen zeigt, die sich in der Ausübung ihrer produktiven und kreativen Kräfte gehindert sehen und diese Hindernisse aus dem Weg zu räumen suchen. Die in der Widerspruchsthese erwähnten Begriffe beziehen sich auf menschliche Individuen und ihr Handeln. In den Formulierungen des *Vorworts* kommt das nicht zum Ausdruck; wohl aber an anderen Stellen des Marxschen Werkes: «Das Verhältniß der Produktionskräfte zur Verkehrsform ist das Verhältniß der Verkehrsform zur Thätigkeit od. Bethätigung der Individuen.» (I,5:102/3:71) Schon in der *Heiligen Familie* hatten sich Marx und Engels gegen die Tendenz der Junghegelianer gewandt, Abstrakta zu handelnden und wirkenden Mächten zu machen. «*Die Geschichte* tut *nichts*, sie ‹besitzt *keinen* ungeheuren Reichtum›, sie ‹kämpft *keine* Kämpfe›! Es ist vielmehr *der Mensch*, der wirkliche, lebendige Mensch, der das alles tut, besitzt, kämpft; es ist nicht etwa die ‹Geschichte›, die den Menschen zum Mittel braucht, um *ihre* – als ob sie eine aparte Person wäre – Zwecke durchzuarbeiten, sondern sie ist *nichts* als die Tätigkeit des seine Zwecke verfolgenden Menschen.» (2:98) Das gilt natürlich auch für die Revolutionen, die die Individuen nach der dritten These V_8 unweigerlich machen werden, um Spielraum für die Entwicklung ihrer produktiven und kreativen Fähigkeiten wiederzugewinnen. – Aber warum sollte es sich dabei notwendigerweise um *Revolutionen* handeln? Wenn es richtig ist, dass die Produktivkraft der Arbeit unaufhaltsam wächst, und wenn es weiter richtig ist, dass die Produktionsverhältnisse irgendwann zu ‹Fesseln› für die weitere Entwicklung der Produktivkräfte werden, dann wäre ja auch eine evolutionäre Anpassung der einen an die Entwicklung der anderen vorstellbar. Hat Marx für seine apodiktische Behauptung «Es tritt dann eine Epoche sozialer Revolution ein» ein Argument?

Für eine Antwort auf diese Frage müssen zwei verschiedene Verwendungen des Begriffs ‹Revolution› unterschieden werden, die sich auf jeweils unterschiedliche Ebenen des historischen Prozesses beziehen. Auf einer basalen Ebene geht es um die Geschichte insgesamt, um die Weltgeschichte und ihre Hauptetappen. Nach Marx können in ihr verschiedene sozio-ökonomische Großkonstellationen unterschieden werden, die er in Anlehnung an die Geologie *Gesellschaftsformationen* nennt. Im *Vorwort* unterscheidet er zunächst vier von ihnen: «In groben Umrissen können asiatische, antike, feudale und modern bürgerliche Produktionsweisen als progressive Epochen der ökonomischen Gesellschaftsformation bezeichnet werden.» Die künftige sozialistische Gesellschaft kommt als eine weitere hinzu. Wir wollen an dieser Stelle die umstrittene Frage offenlassen, ob Marx hier eine vollständige Liste geben wollte und ob er die Aufzählung als eine Reihenfolge verstanden wissen wollte; stattdessen wollen wir nur die Übergänge ins Auge fassen, die von einer dieser Formationen zur nächsten führen. Man kann diese Übergänge sinnvoll als ‹Revolutionen› bezeichnen, da sie tiefe Einschnitte in den Fluss der Weltgeschichte markieren. Sofern wir die Weltgeschichte in einer sozialstrukturellen Perspektive betrachten, wird ihr Fluss durch solche Revolutionen in die gut unterscheidbaren Phasen unterteilt, die Marx als ‹Gesellschaftsformationen› bezeichnet. In dieser welthistorisch-sozialstrukturellen Perspektive ist es von untergeordneter Bedeutung, *wie* sich die jeweiligen Übergänge vollziehen und wie lange sie dauern. Marx spricht vage von einer

«Epoche der sozialen Revolution»; und nichts hindert solche Epochen daran, sich über Jahrhunderte hinzuziehen, wie es beim Übergang von der antiken zur feudalen Gesellschaftsformation der Fall war. Dass solche Übergänge als ‹Revolutionen› firmieren, ist eine begriffliche Festlegung, die von den empirischen Modalitäten des Wandels abstrahiert und allein auf die Tiefe des Einschnitts abhebt, der das Vorher vom Nachher trennt.

Oberhalb dieser welthistorisch-sozialstrukturellen Ebene können wir uns aber auch für genau die Modalitäten des Übergangs interessieren, von denen diese erste Verwendung des Revolutionsbegriffs abstrahiert. Die Frage lautet dann: Warum nimmt der Übergang bei bestimmten Gelegenheiten die Formen an, die wir üblicherweise mit dem Begriff ‹Revolution› verbinden: die Form von Revolten, Aufständen, politischen Machteroberungen oder Bürgerkriegen? Marx stellt diese Frage im *Vorwort* nicht und gibt infolgedessen auch keine Antwort auf sie. Man kann sie aber aus dem Gesamtkontext seiner Theorie erschließen. Den Ausgangspunkt dafür bildet der oben erhobene Befund, dass die zentralen Begriffe, mit denen Marx die Entstehung von Revolutionen analysiert, auf die Fähigkeiten und das Handeln von Menschen bezogen sind. Dabei ist allerdings zu beachten, dass die Rede von ‹Menschen› im gesellschafts- und geschichtstheoretischen Kontext insofern eine Abstraktion darstellt, als wir es hier nicht mit vereinzelten Individuen zu tun haben, sondern stets mit jenen Gruppen von Individuen, die Marx Klassen nennt. Nun sind Klassen definiert als Gruppen von Menschen, die eine ähnliche Position innerhalb der Produktionsverhältnisse einnehmen, vor allem insofern sie Eigentümer oder Nichteigentümer ihrer Produktionsmittel sind. Aus dieser Position erwachsen ihnen bestimmte Interessen. So haben die Eigentümer der Produktionsmittel naheliegenderweise ein Interesse an der Aufrechterhaltung der bestehenden Eigentumsverhältnisse und eo ipso der Produktionsverhältnisse; sie werden sich daher einer Änderung dieser Verhältnisse widersetzen. Eine konfliktfreie Anpassung der Produktionsverhältnisse an die Steigerung der Produktivkraft der Arbeit ist unwahrscheinlich, weil sie zu Verlusten an ökonomischer Macht mindestens einer Klasse führen würde. Die privilegierten Klassen werden sich gegen Änderungsbestrebungen zur Wehr setzen.

Das ist aber nicht alles. Die Gesellschaft besteht nicht nur aus einer ökonomischen Struktur, sondern auch aus einem Überbau, der dieser Struktur entspricht. Da die ökonomisch Herrschenden stets eng mit den politisch Herrschenden verbunden sind, werden alle Bestrebungen zur Änderung der

Produktionsverhältnisse zu einer Mobilisierung der politischen Macht gegen diese Bestrebungen führen. Der Staat schützt die bestehende Eigentumsordnung und stellt sich denen entgegen, die sie zu ändern versuchen. Dies ist, wie wir oben gesehen haben, nach Marx eine der beiden Hauptfunktionen des Staates. Um erfolgreich zu sein, setzen Änderungsversuche daher in der Regel die Eroberung der politischen Macht voraus. Dies gilt jedenfalls für neuere Gesellschaften, in denen ein hochentwickelter und daher auch mächtiger Überbau existiert. Mit einem Wort: Ob eine Revolution im ersten, welthistorisch-sozialstrukturellen Sinn die Form von Revolten etc. annimmt, hängt von der Struktur des Überbaus und den konkreten historischen Umständen ab. Revolutionen im zweiten, landläufigen Sinne sind Überbauphänomene: Sie entstehen aus der Existenz eines Überbaus und spielen sich in seinem Rahmen ab; nur unter bestimmten historischen Randbedingungen sind sie notwendig, um eine Revolution im ersten Sinne einzuleiten. – Das ist politisch nicht ganz unwichtig, weil sich Marx aus genau diesem Grunde hinsichtlich der Modalitäten der von ihm angestrebten sozialistischen Revolution nicht endgültig festgelegt hat. Zwar war sein Bild von ‹Revolutionen› (in beiden Bedeutungen des Wortes) zunächst an der Französischen Revolution von 1789 mit ihren Gewaltsamkeiten orientiert, und die Erfahrungen, die er als Teilnehmer oder Beobachter zeitgenössischer revolutionärer Ereignisse gemacht hat, haben ihn darin bestärkt, dass bewaffnete Kämpfe für den Übergang zum Sozialismus unvermeidlich seien. In einer Polemik gegen illusionäre sozialistische Positionen aus dem Jahre 1850 (also unmittelbar nach der gescheiterten Revolution) ging er so weit, «15, 20, 50 Jahre Bürgerkrieg und Völkerkämpfe» zu prognostizieren (I,11:372/8:412). Unter dem Eindruck der politischen Verhältnisse Englands hat er diese Auffassung aber später modifiziert und die Möglichkeit eines friedlichen Übergangs zum Sozialismus nicht mehr ausgeschlossen. So in einem Interview des Jahres 1871: «In England zum Beispiel steht der Arbeiterklasse der Weg offen, wie sie ihre politische Macht entwickeln will. Ein Aufstand wäre dort eine Dummheit, wo man durch friedliche Agitation rascher und sicherer den Zweck erreicht.» (17:641) Engels hat diese Auffassung später bekräftigt (II,9:14/23:40). Gewalt und Bürgerkrieg sind also keine notwendigen Formen des Übergangs zum Sozialismus.

Drei Ebenen. Die Unterscheidung zweier Verwendungsweisen des Revolutionsbegriffs ist ein Hinweis darauf, dass die Marxsche Geschichtstheorie das Bild eines historischen Prozesses zeichnet, der sich auf verschiedenen Ebenen abspielt. Zwei dieser Ebenen haben wir kennengelernt; es ist aber sinnvoll, eine weitere, eine dritte Ebene zu postulieren. Marx hat zwischen diesen drei Ebenen nicht ausdrücklich unterschieden; es wird sich aber als hilfreich für das adäquate Verständnis seiner Theorie erweisen, sie analytisch auseinanderzuhalten.

Erstens kann es nach den bisherigen Überlegungen keinen Zweifel daran geben, dass wir die Entwicklung der Produktivkraft der Arbeit als die basale Ebene der Geschichte anzusetzen haben. Erinnert sei ein weiteres Mal daran, dass sich die Arbeit für Marx nicht auf nützliche Tätigkeit reduziert, sondern die Verkörperung innerer Wesenskräfte ist. Als solche nimmt die praktische Betätigung der menschlichen Natur im Historischen Materialismus eine Rolle ein, die der des ‹Geistes› in der Geschichtsphilosophie Hegels analog ist. Der Geist wird hier als derjenige benannt, «der die Weltbegebenheiten geführt hat und führt»; daher kann «von der Weltgeschichte gesagt werden, dass sie die Darstellung des Geistes sei, wie er sich das Wissen dessen, was er an sich ist, erarbeitet».[11] Marx transponiert diese spekulative Konzeption in eine materialistische, indem er an die Stelle des Geistes den Menschen setzt und an die Stelle der Erarbeitung des Wissens seiner selbst die Entfaltung der Wesenskräfte in der äußeren Welt. Wie bei Hegel der Geist und der Verlauf seiner Entwicklung als «das Substantielle»[12] in der Geschichte fungieren, so der Mensch und die Entwicklung seiner Produktivkraft bei Marx. Auf dieser ersten und fundamentalen Ebene ist daher «die ganze Geschichte nur eine fortgesetzte Umwandlung der menschlichen Natur» (I,30:315/4:160).

Zweitens reduziert sich die Geschichte nicht auf die Entwicklung der menschlichen Fähigkeiten und Kenntnisse, sondern umfasst auch jene strukturellen Änderungen der Gesellschaft, die (nach Marx) aus der Entwicklung der Produktivkraft der Arbeit resultieren. Dazu gehören (a) die Umgestaltungen der Produktionsverhältnisse, etwa der Übergang von einer hauptsächlich auf Landwirtschaft und Handwerk beruhenden Wirtschaftsordnung zu einer auf Manufaktur und Industrie beruhenden; (b) die Umgestaltungen des staatlichen und rechtlichen Überbaus und der ihn ausmachenden institutionellen Arrangements; sowie (c) die Veränderungen der Denkformen und Überzeugungssysteme, in denen die Menschen ihr Bewusstsein von sich selbst und der Welt ausformulieren. Geschichte auf dieser zweiten Ebene ist *Strukturgeschichte*: Geschichte der ökonomischen, sozialen, politischen, geistigen Strukturen der Gesellschaft.

Schließlich besteht die Geschichte drittens aus den zahllosen Handlungen einzelner Individuen und Gruppen, einschließlich der sich aus diesen Handlungen ergebenden Konsequenzen. Zu denken haben wir dabei an jene Vorkommnisse, die den bevorzugten Gegenstand der üblichen Geschichtsschreibung bilden: an die Seeschlacht bei Salamis, die Entdeckung Amerikas, die Veröffentlichung von Kopernikus' *De Revolutionibus*, die Uraufführung von Mozarts *Don Giovanni,* die Oktoberrevolution oder die Gründung der *Vereinten Nationen*. Geschichte auf dieser dritten Ebene ist *Ereignisgeschichte* und kann nach der einen Seite hin als die empirische Oberfläche der beiden anderen Geschichtsebenen angesehen werden; auf der anderen Seite aber ist sie insofern keine Nebensache, als alle Vorgänge auf den beiden anderen Ebenen aus Ereignissen und Prozessen dieser dritten Ebene hervorgehen.

Worin besteht der Erkenntnisgewinn, den die Unterscheidung dieser drei Ebenen ermöglicht? Er besteht *einmal* darin, dass sie Licht auf die Marxsche Fortschrittskonzeption wirft; darauf werde ich gleich zurückkommen. Zuvor soll der *andere* Gewinn zur Sprache kommen, der mit ihr verbunden ist. Die Unterscheidung ermöglicht nämlich eine genauere Bestimmung des Explanandums der Marxschen Geschichtstheorie und eine genauere Bestimmung ihrer Reichweite. – Wir wissen natürlich nicht, wie Marx auf die vorgeschlagene Unterscheidung reagiert hätte; sicherlich aber hätte er darauf insistiert, dass die drei Ebenen nicht unabhängig voneinander sind, dass zwischen ihnen vielmehr ein Bedingungsverhältnis besteht. Abgesehen von den notorischen Schwierigkeiten, die der Begriff ‹Bedingung› ebenso wie ähnliche Ausdrücke aufwirft, ist genauer zu fragen, was wodurch bedingt ist. Konsultieren wir die Marxschen Texte, so ergibt sich, dass in ihnen durchweg von einer Determination (= ‹Bedingtheit›, ‹Bestimmung› oder ‹Abhängigkeit›) der zweiten durch die erste Ebene die Rede ist. Stellvertretend für viele andere Äußerungen zitiere ich noch einmal die oben bereits angeführte Passage aus dem *Vorwort*: «Auf einer gewissen Stufe ihrer Entwicklung geraten die materiellen Produktivkräfte der Gesellschaft in Widerspruch mit den vorhandenen Produktionsverhältnissen oder, was nur ein juristischer Ausdruck dafür ist, mit den Eigentumsverhältnissen, innerhalb derer sie sich bisher bewegt hatten. Aus Entwicklungsformen der Produktivkräfte schlagen diese Verhältnisse in Fesseln derselben um. Es tritt dann eine Epoche sozialer Revolution ein. Mit der Veränderung der ökonomischen Grundlage wälzt sich der ganze ungeheure

Überbau langsamer oder rascher um.» Anders ausgedrückt: Der dritte Hauptsatz des Historischen Materialismus stellt eine Beziehung zwischen der Entwicklung der Produktivkraft der Arbeit einerseits und der aus Basis und Überbau zusammengesetzten Gesellschaft her: einen Zusammenhang zwischen der ‹Geschichte der menschlichen Natur› und der ‹Strukturgeschichte›.

Für Marx sind die ersten beiden Ebenen des historischen Prozesses zwar deutlich unterscheidbar, sie werden aber als zwei Seiten derselben Medaille angesehen; sie machen gemeinsam das zentrale Explanandum seiner Geschichtstheorie aus. Er beschreibt ihren Zusammenhang oft mit Hilfe der auf Aristoteles zurückgehenden und auch bei Hegel prominenten Substanz-Form-Unterscheidung: Die materiellen Verhältnisse sind «die notwendigen Formen, in denen ihre [der Menschen – K. B.] materielle und individuelle Tätigkeit sich realisiert» (4:549). Die Substanz-Form-Unterscheidung ist für Marx deshalb essentiell, weil sie es erlaubt, die praktische Naturbeziehung als eine kumulativ wachsende Substanz der Geschichte von den akzidentellen und folglich auch veränderlichen Formen zu unterscheiden, die sie in der Geschichte annimmt. In der genauen Analyse dieser Formen liegt die zentrale Aufgabe der Gesellschaftstheorie, die bei Marx ‹Ökonomie› heißt. Die Substanz-Form-Unterscheidung ist folglich ein Thema, das in den einschlägigen Schriften immer wieder aufgegriffen wird. So etwa in der Differenzierung zwischen Gebrauchs- und Tauschwert der Ware oder in der Differenzierung zwischen dem Kapital als Produktionsinstrument und als gesellschaftliches Verhältnis. Wird das Kapital, um bei diesem Beispiel zu bleiben, als Produktionsinstrument definiert, so wird «die einfache Materie des Capitals betrachtet, abgesehn von der Formbestimmung, ohne die es nicht Capital ist […] Wird so von der bestimmten *Form* des Capitals abstrahirt, und nur der *Inhalt* betont, *als welcher es ein nothwendiges Moment aller Arbeit ist, so ist natürlich nichts leichter zu beweisen, als daß Capital eine nothwendige Bedingung aller menschlichen Production ist.* Der Beweis wird eben geführt durch die Abstraction von den spezifischen Bestimmungen, die es zum Moment einer besonders entwickelten historischen Stufe der menschlichen Production machen […] *Das Capital wird als Sache gefaßt, nicht als Verhältniß.*» (II,1.1:179f/42:182f) Diese Stelle sollte ausreichen, um erkennen zu können, (a) welche Bedeutung die Substanz-Form-Unterscheidung für Marx hatte; (b) wie konsequent er sie von der Schlüsselidee des Historischen Materialismus ausgehend bis in seine politische Ökonomie hinein durchführte; (c) welchen Ertrag sie für den Nachweis der Historizität der bestehenden Verhältnisse erbrachte; und (d) wie eng sie mit dem Konzept eines Materialismus zusammenhing, der nicht primär auf Sachen oder Stoff, sondern auf Verhältnisse und ihre Entwicklung bezogen war.

Wenn das Theoriedesign des Historischen Materialismus aber auf die Beziehung zwischen den ersten beiden Ebenen zugeschnitten ist; wenn es also tatsächlich primär um das menschliche Naturverhältnis und die aus ihm erwachsenden Gesellschafts*formen* und *-strukturen* geht, dann lässt sich daraus ein wichtiger Hinweis auf die Reichweite seiner Erklärungsansprüche gewinnen. Diese richten sich nämlich vornehmlich auf die strukturgeschichtliche Entwicklung und *nicht* auf einzelne politische, militärische oder kulturelle Ereignisse. Das soll freilich nicht heißen, dass die «Haupt- und Staatsaktionen» der dritten Ebene unverbunden neben den beiden anderen Geschichtsebenen herlaufen und vollkommen unabhängig von ihnen sind. Die Entwicklung der Produktivkräfte und die sich aus ihr ergebenden sozialen Strukturen stellen natürlich den *Boden* dar, auf dem sich die einzelnen politischen, militärischen oder kulturellen Ereignisse einstellen; aber die Ereignisse sind durch ihren Boden nicht festgelegt und können daher auch nicht von ihm abgeleitet werden. Analog dazu könnte man sagen: Warum die Blätter eines Baumes zu Boden fallen, ist nicht ohne das Gravitationsgesetz erklärbar; man kann aus ihm aber nicht ableiten, warum ein bestimmtes Blatt mit der Unterseite nach oben an eine bestimmte Stelle gefallen ist.

Marx hat diese Reichweitenbegrenzung nirgends explizit vertreten; und man wird nicht einmal sagen können, dass er implizit von ihr Gebrauch gemacht hat. Er hat in bestimmten Kontexten nicht nur gelegentlich den Eindruck erweckt, dass es eine durchgängige Determinationskette über die drei Ebenen hinweg, also von der Produktivkraft der Arbeit bis zu bestimmten Ereignissen, gebe. Beispiele dafür werde ich im folgenden Abschnitt anführen; sie betreffen den (vermeintlich) bevorstehenden Übergang vom Kapitalismus zum Sozialismus, stammen also aus einem politisch-praktischen Kontext. Während er dort, wo er die Teilnehmerperspektive einnahm, die prognostische Kraft seiner Theorie überstrapazierte, war er deutlich zurückhaltender dort, wo er aus einer Beobachterperspektive auf die Geschichte blickte. So ist oft bemerkt worden, dass er in seinen zeitgeschichtlichen Arbeiten einen eher flexiblen Gebrauch der Prinzipien des Historischen Materialismus gemacht und die konkreten historischen Prozesse und Ereignisse nicht in ein Prokrustesbett gepresst hat. Weniger oft ist bemerkt worden, dass weder im *Vorwort*, noch an vergleichbaren anderen programmatischen Stellen ein durchgängiger Determinationszusammenhang von der ersten zur dritten Ebene des historischen Prozesses postuliert wird. Behauptet wird hier lediglich ein Zusammenhang zwischen der ersten und zweiten Ebene. Die Marx vorschwebende Art der Geschichtsbetrachtung war nicht ereignisgeschichtlich orientiert, sondern folgte eher dem Modell von Fergusons *Versuch über die Geschichte der bürgerlichen Gesellschaft* oder Condorcets *Entwurf einer historischen Darstellung der Fortschritte des menschlichen Geistes.* In den Manuskripten zur *Deutschen Ideologie* kommt dies dort zum Ausdruck, wo gesagt wird: Gehe man von einer Bestimmung der Produktionsverhältnisse (die hier noch mit der ‹bürgerlichen Gesellschaft› gleichgesetzt werden) durch die Produktivkräfte aus, so zeige sich, «daß diese bürgerliche Gesellschaft der wahre Heerd & Schauplatz aller Geschichte ist, & wie widersinnig die bisherige, die wirklichen Verhältnisse vernachlässigende Geschichtsauffassung mit ihrer Beschränkung auf hochtönende Haupt- und Staatsaktionen ist» (I,5:39/3:36). Die historischen Passagen des *Kapitals* folgen diesem strukturgeschichtlichen Modell.

Fortschritt. Für Marx gab es keinen Zweifel daran, dass die Geschichte progressiv ist. Wenn wir ihm nun kein pauschalisierendes Konzept vom Fortschritt *der* Geschichte unterstellen wollen, ist genauer nachzufragen, wie seine Progressionsthese zu verstehen ist. Generell gilt: Um von Fortschritt sinnvoll sprechen zu können, muss dem fortschreitenden Gegenstand (a) eine gerichtete Entwicklung zugeschrieben werden, die (b) positiv bewertet wird. Wir haben also im Hinblick auf Marx zu fragen, wie er sich zu diesen beiden Punkten verhalten hat. Ich möchte im Folgenden dafür argumentieren, dass eine korrekte Antwort auf diese Frage nur gegeben werden kann, wenn wir von der Unterscheidung der drei genannten Geschichtsebenen ausgehen; und wenn wir das von ihm vertretene Wertkriterium auf sie anwenden.

Es zeigt sich dann sehr rasch, dass Marx einen Fortschritt für die erste, basale Ebene der Geschichte behauptet hat. Zunächst ist klar, dass wir es hier mit einer gerichteten Entwicklung zu tun haben. Die Produktivkraft der Arbeit war von den Anfängen der Menschheit bis in seine Gegenwart dramatisch angewachsen und Marx war sehr bewusst, dass der Löwenanteil dieser Steigerung in die historisch kurze Phase der kapitalistischen Produktionsweise gefallen war. Ungeachtet aller lokalen Geschwindigkeitsunterschiede und Rückschritte war es für ihn eine Tatsache, dass die Produktivkraft der Arbeit im welthistorischen Maßstab ein kumulatives Wachstum durchlaufen hatte und in diesem Sinne gerichtet war. Es ist nicht überflüssig, noch einmal daran zu erinnern, dass diese Fortschrittsidee *nicht* teleologisch ist; dass diese Idee in der Nachfolge von Hobbes und Rousseau gerade als Gegenmodell zur Aristotelischen Anthropologie und ihren Nachfolgekonzeptionen vorgestellt worden war, die Entwicklung nur als Fortschreiten zu einem feststehenden substantiellen Ziel kannten. Auch bei Marx ist die Entwicklung der Produktivkraft der Arbeit ein offener Prozess; in *diesem* Punkt ging er auf Distanz zu Aristoteles und stellte sich auf die Seite der antiteleologischen Moderne. In einem *anderen* Punkt hielt er demgegenüber umso hartnäckiger an seinem antiken Vorbild fest: Die Entwicklung der Produktivkraft der Arbeit wird zum einen als Realisierung innerer Wesenskräfte, als Entfaltung der menschlichen Natur begriffen; die zum anderen die Voraussetzungen dafür schafft, dass jenseits der materiellen Produktion ein ‹Reich der Freiheit› entsteht, in dem sich die menschlichen Fähigkeiten auf genuin Aristotelische Weise ‹als Selbstzweck› entwickeln und betätigen können. «Die Freiheit in diesem Gebiet kann nur darin bestehn, daß der vergesellschaftete Mensch, die associirten Producenten, diesen ihren Stoffwechsel mit der Natur rationell regeln, unter ihre gemeinschaftliche Kontrolle bringen, statt von ihm als von einer blinden Macht beherrscht zu werden; ihn mit dem geringsten Kraftaufwand und unter den, ihrer menschlichen Natur würdigsten und adäquatesten Bedingungen vollziehn. Aber es bleibt ein Reich der Nothwendigkeit. Jenseits dessen beginnt die menschliche Kraftentwicklung, die sich als Selbstzweck gilt, das wahre Reich der Freiheit, das aber nur auf jenem Reich der Nothwendigkeit als seiner Basis aufblühn kann. Die Verkürzung des Arbeitstags ist die Grundbedingung.» (II,15:795/25:828) Kurz: Die «menschliche Kraftentwicklung, die sich als Selbstzweck gilt», stellt das Wertkriterium dar, im Hinblick auf das die Geschichte auf ihrer ersten, basalen Ebene als eine Fortschrittsgeschichte geschrieben werden kann.

Dieses Wertkriterium liegt auch der Marxschen Auseinandersetzung mit den ökonomischen Theorien seiner bürgerlichen Vorgänger und Zeitgenossen zugrunde. Als Adam Smith 1776 sein bahnbrechendes Buch über das *Wesen und die Ursachen des Reichtums der Nationen* publizierte, war für ihn klar, worin dieser Reichtum bestand: in allen «notwendigen und angenehmen Dingen des Lebens».[13] Ganz anders Marx; für ihn bestand der Reichtum eben nicht in irgendwelchen *Dingen*, sondern in den Fähigkeiten der Individuen. Er unterstrich das an vielen Stellen seines Werkes, ohne dass es die Mehrzahl seiner Interpreten bemerkt hätte: «Denn der wirkliche Reichthum ist die entwickelte Productivkraft aller Individuen.» (II,1.2:584/ 42:604) In eben diesem Sinne ist jede Steigerung der Produktivkräfte eine Vermehrung des «wirklichen Reichtums», nicht des äußeren, sondern des *inneren* Reichtums der Individuen. Im Zusammenhang seiner Auseinandersetzungen mit den ökonomischen Theorien macht Marx diesen Punkt explizit: «Ricardo betrachtet mit Recht, für seine Zeit, die capitalistische Productionsweise als die vortheilhafteste für die Production überhaupt; als die vortheilhafteste zur Erzeugung des Reichthums. Er will die *Production der Production halber* und dieß ist *Recht*. Wollte man behaupten, wie es sentimentale Gegner Ricardo's gethan haben, daß die Production nicht als solche der Zweck sei, so vergißt man daß Production um der Production halber nichts heißt als Entwicklung der menschlichen Productivkräfte, also *Entwicklung des Reichthums der menschlichen Natur als Selbstzweck*.» (II,3.3:768/26.2:110f) Es ist bemerkenswert, dass Marx seine Ansichten über den wahren Reichtum in einen Zusammenhang mit der Differenz Materialismus-Idealismus bringt und dabei dann auch zu einem weniger günstigen Urteil über Ricardo kommt: «Die ganze objektive Welt, die ‹Güterwelt›, versinkt hier als blosses Moment, blos stets verschwindende und stets neuerzeugte Bethätigung der gesellschaftlich producirenden Menschen. Nun vergleiche man diesen ‹Idealismus› mit dem grob materiellen Fetischismus, worin die Ric[ardo]sche Theorie […] ausläuft, wo nicht nur der Unterschied zwischen Mensch und Thier, sondern sogar zwischen Lebendigem und Ding verschwindet. Und danach sage man, daß der proletarische Gegensatz dem erhabnen Spiritualismus der bürgerlichen Ökonomie gegenüber einen rohen, auf das brutale Bedürfniß ausschließlich gerichteten Materialismus gepredigt!» (II,3.4:1398/26.3:262f) In ironischer Verkehrung wird die Fixierung auf den dinglichen Reichtum als ‹materialistisch› bezeichnet, die Orientierung auf den inneren Reichtum der Subjekte hingegen als ‹idealistisch›.

Nun reduziert sich die Geschichte nicht auf ihre basale Ebene, sondern umfasst zwei weitere. Sind auch sie progressiv? Wenn wir uns zunächst der strukturgeschichtlichen Ebene zuwenden, so kann hier offensichtlich nicht in demselben Sinne von Fortschritt die Rede sein wie im Hinblick auf die erste. Denn auf die durch Revolutionen unterbrochene Abfolge unterschiedlicher Gesellschaftsformationen sind die beiden Fortschrittskriterien nicht ohne weiteres anwendbar: In ihr kumuliert nicht der einzige *intrinsische* Wert, den Marx kennt. Die Abfolge von Gesellschaftsformationen kann allerdings insofern als progressiv bezeichnet werden, als sie den Raum für die Entfaltung der Produktivkraft der Arbeit erweitert. Einen gesellschaftlichen und politischen Fortschritt gibt es demnach nur in einem abgeleiteten Sinne; er ist jedenfalls kein ‹Selbstzweck›. Es ist daher auch falsch, wenn in der Sekundärliteratur gelegentlich behauptet wird, das Ziel der Geschichte sei für Marx die sozialistische bzw. kommunistische Gesellschaft. Eine Gesellschaftsformation kann für ihn immer nur einen instrumentellen Wert haben und immer nur die Form eines Inhalts sein. – Ähnliches gilt für die dritte Ebene des historischen Prozesses: Einzelne Prozesse und Ereignisse haben keinen intrinsischen Wert und tragen nur insofern zum Fortschritt bei, als sie ‹die menschliche Kraftentwicklung, die sich als Selbstzweck gilt›, fördern. Dass die Geschichte an ihrer Oberfläche *nicht* als Fortschrittsgeschichte geschrieben werden kann, war Marx sehr wohl bewusst. Im unmittelbaren Anschluss an die oben zitierte Passage, in der die ‹Entwicklung des Reichtums der menschlichen Natur als Selbstzweck› charakterisiert worden war, fährt er fort: «Stellt man, wie Sismondi, das Wohl des Einzelnen diesem Zweck gegenüber, so behauptet man, daß die Entwicklung der Gattung *aufgehalten* werden muß, um das Wohl des Einzelnen zu sichern, daß also z. B. kein Krieg geführt werden dürfe, worin Einzelne jedenfalls caput gehn […] Daß diese Entwicklung der Fähigkeiten der Gattung *Mensch*, obgleich sie sich zunächst auf Kosten der Mehrzahl der Menschenindividuen und ganzer Menschenklassen macht, schließlich diesen Antagonismus durchbricht und zusammenfällt mit der Entwicklung des einzelnen Individuums, daß also die höhere Entwicklung der Individualität nur durch einen historischen Proceß erkauft wird, worin die Individuen geopfert werden, wird nicht verstanden […]» (II,3.3:768/26.2:111).

Man mag die große Geste befremdlich finden, mit der hier über Opfer hinweggegangen wird, die der Fortschritt der menschlichen Natur kostet. Zu beachten ist allerdings, dass er diese Opfer nicht befürwortet, sondern registriert. Er war also nicht blind für die Opfer, die der Fortschritt kostet, und seine revolutionären Ambitionen waren durch das Ziel motiviert, diese Opfer zu minimieren. Wichtiger für den hier zu behandelnden Zusammenhang ist, dass er damit ein Problem aufgreift, das sich für *jede* Theorie stellt, die einen Fortschritt in der Geschichte behauptet. So hatte bereits Kant konstatiert, «daß die ältern Generationen nur scheinen um der späteren willen ihr mühseliges Geschäft zu treiben, um nämlich diesen eine Stufe zu bereiten, von der diese das Bauwerk, welches die Natur zur Absicht hat, höher bringen könnten; und daß doch nur die spätesten das Glück haben sollen, in dem Gebäude zu wohnen, woran eine lange Reihe ihrer Vorfahren (zwar freilich ohne ihre Absicht) gearbeitet hatten, ohne doch selbst an dem Glück, das sie vorbereiteten, Anteil nehmen zu können.» Und auch Hegel kam nicht umhin, die Geschichte einerseits als eine «Schlachtbank» zu betrachten, «auf welcher das Glück der Völker, die Weisheit der Staaten und die Tugend der Individuen zum Opfer gebracht» werden, zugleich aber auch als ein Fortschritt im Bewusstsein der Freiheit.[14] – Wie Kant und Hegel nahm auch Marx in der Geschichtsphilosophie die Position eines Beobachters ein, der den historischen Prozess aus der Distanz analysiert und hinter den Leiden der Individuen eine den Teilnehmern nicht ohne weiteres ersichtliche Ebene identifiziert, die ihn eine bessere Zukunft erwarten lässt. Von seinen geschichtsphilosophischen Vorgängern unterscheidet sich Marx aber in zwei wichtigen Punkten. Der eine besteht darin, dass er nicht *nur* diese distanzierte Perspektive eingenommen hat, sondern zugleich auch eine andere, eine praktische Perspektive. Auf sie werde ich noch eingehen.

Der zweite Differenzpunkt ergibt sich daraus, dass Marx sich gegen die Verklärung der Opfer des Fortschritts zu einem Mittel des Fortschritts wandte, wie es vor allem bei Kant angeklungen war: Die Geschichte ist kein geplanter Prozess, in dem die Früheren leiden, *damit* die Späteren davon profitieren. «Die Geschichte ist nichts als die Aufeinanderfolge der einzelnen Generationen, von denen Jede die ihr von allen vorhergegangenen übermachten Materiale, Kapitalien, Produktionskräfte exploitirt, daher also einerseits unter ganz veränderten Umständen die überkommene Thätigkeit fortsetzt & andrerseits mit einer ganz veränderten Thätigkeit die alten Umstände modifizirt, was sich nun spekulativ so verdrehen läßt, daß die spätere Geschichte zum Zweck der früheren gemacht wird, z. B. daß der Entdeckung Amerikas der Zweck zu Grunde gelegt wird, der französischen Revolution zum Durchbruch zu verhelfen, wodurch dann die Geschichte ihre aparten Zwecke erhält & eine ‹Person neben anderen Personen› (als da sind ‹Selbstbewußtsein, Kritik, Einziger› &c) wird, während das, was man mit den Worten ‹Bestimmung›, ‹Zweck›, ‹Keim›, ‹Idee› der früheren Geschichte bezeichnet, weiter nichts als eine Abstraktion von der späteren Geschichte ist, eine Abstraktion von dem eben aktiven Einfluß, den die frühere Geschichte auf die spätere ausübt.» (I,5:40/3:45) Die Geschichte, so erfahren wir hier, folgt keinem Programm, das die früheren Ereignisse und Strukturen zu Mitteln der späteren macht; sie ist also nicht teleologisch vorstrukturiert, sondern vollzieht sich als Kumulation der menschlichen Fähigkeiten, als Entfaltung der menschlichen Natur.

2. *Auspizien der Revolution*

> *Die Entwicklung der Produktivkräfte der gesellschaftlichen Arbeit ist die historische Aufgabe und Berechtigung des Kapitals. Eben damit schafft es unbewußt die materiellen Bedingungen einer höhern Produktionsform.*
>
> Karl Marx

Der dritte Hauptsatz des Historischen Materialismus postuliert einen kausalen Zusammenhang zwischen der Entwicklung der Produktivkraft der Arbeit und den Änderungen der Produktionsverhältnisse einschließlich der auf ihnen beruhenden Überbauten. Er besagt daher nur, dass *irgendwann* einmal eine Revolution (in der ersten der beiden Bedeutungen) stattfinden *muss.* – Marx wollte aber mehr. Er wollte nicht nur etwas über die Makrostruktur der Weltgeschichte aussagen, sondern auch etwas über die Auspizien revolutionärer Veränderungen in seiner *Gegenwart.* Die Geschichte war nach seiner Überzeugung reif für die Revolution, für den Sozialismus und für die ultimative Geschichtswende: «Die bürgerlichen Produktionsverhältnisse sind die letzte antagonistische Form des gesellschaftlichen Produktionsprocesses, antagonistisch nicht im Sinn von individuellem Antagonismus, sondern eines aus den gesellschaftlichen Lebensbedingungen der Individuen hervorwachsenden Antagonismus, aber die im Schooß der bürgerlichen Gesellschaft sich entwickelnden Produktivkräfte schaffen zugleich die materiellen Bedingungen zur Lösung dieses Antagonismus. Mit dieser Gesellschaftsformation schließt daher die Vorgeschichte der menschlichen Gesellschaft ab.» (II,2:101/13:9) Zwar benennt auch diese Äußerung keine bestimmte Zeitspanne, innerhalb derer das alles geschehen sollte; es ist aber keine unfaire Unterstellung, sie als Prognose eines in naher Zukunft liegenden Ereignisses zu lesen. Es gibt eine Reihe von biographischen und schriftlichen Zeugnissen dafür, dass er das Ende des Kapitalismus für unmittelbar bevorstehend hielt.[15] Diese Erwartung stellt sich im historischen Rückblick als Ausdruck eines revolutionären Wunschdenkens dar, Marx glaubte aber, gute Gründe für sie zu haben.

Zeitalter der Revolution. Für die Rechtfertigung einer Prognose kommen drei Arten von Gründen in Frage. Wer etwa voraussagen würde, dass auch morgen die Sonne wieder aufgehen wird, könnte (a) anführen, dass dies bisher immer so gewesen ist; das wäre eine induktive Begründung. Er könnte (b) auf die Struktur des Sonnensystems und die Erdumdrehung verweisen und daraus ableiten, dass nach vollendeter Erdumdrehung die Sonne wieder über dem Horizont sichtbar werden muss; das wäre eine Erklärung auf der Grundlage eines kausalen Mechanismus. Schließlich könnte er (c) geltend machen, dass die Welt so eingerichtet ist, dass die Menschen, nachdem sie ausreichend Zeit zum Schlafen hatten, ihr waches Leben im Hellen verbringen können; das wäre eine teleologische Begründung. – Das Beispiel veranschaulicht vier für unseren Zusammenhang wichtige Punkte. *Zum ersten* ist zwischen dem Inhalt der Prognose, der Art ihrer Begründung und der zeitlichen Terminierung des prognostizierten Ereignisses zu unterscheiden. *Zum zweiten* ist zwischen verschiedenen Arten der Begründung einer Prognose zu unterscheiden. Interessanter als diese beiden Punkte ist *drittens*, dass die Richtigkeit der Prognose (=ihr tatsächliches Eintreffen und/oder ihre zeitliche Terminierung) nicht von der Art ihrer Begründung abhängt; eine Prognose kann also in Erfüllung gehen, unabhängig davon, ob sie etwa induktiv oder teleologisch begründet wurde. Das heißt auch: Aus der Richtigkeit oder Falschheit einer Prognose kann nicht auf die Adäquatheit der *Art* ihrer Begründung zurückgeschlossen werden. *Zum vierten* sind die drei Begründungsarten nicht exklusiv; man kann (wie in unserem Beispiel) dieselbe Prognose induktiv, kausal und teleologisch begründen und man kann alle drei Arten miteinander kombinieren. Solche Kombinationen waren in der Geschichte gerade dort beliebt, wo die teleologische Begründung als die vorzüglichste galt: Kausale Faktoren wurden dann als ‹Hilfsursachen› in den Dienst teleologischer Erklärungen bzw. Prognosen gestellt.

Auf welche dieser Begründungsarten stützte sich Marx, als er seine Revolutionsprognosen abgab? Eine Antwort auf diese Frage ist nicht nur wissenschaftstheoretisch von Interesse, sondern berührt die Frage nach dem materialistischen Charakter seiner Theorie. Denn während induktive und kausale Argumente sich nahtlos in den materialistischen Theorietypus einfügen, ist dies bei teleologischen Argumenten nicht der Fall. Vertreter des Materialismus haben solche Argumente in aller Regel abgelehnt, weil sie eine irgendwie geartete Rationalität in der Welt voraussetzen und damit eine hinter den empirischen Dingen stehende geistige Instanz entweder explizit anführen (vor allem natürlich einen Gott) oder aber implizit nahelegen. Woher sollte, um auf das Beispiel zurückzukommen, die sinnvolle Einrichtung der Welt kommen, die den Menschen einen wohltuenden Schlaf-Wach-Rhythmus sichert, wenn nicht von einem Gott oder einem Geist? Da nun auch der Fortschritt als etwas Positives definiert ist, liegt der Verdacht nahe, dass Theorien, die einen Fortschritt in der Geschichte behaupten, auf teleologischen Prämissen beruhen. Auf einige der prominentesten Geschichtsphilosophien trifft das auch zu; die Frage ist, ob auch die materialistisch sein wollende Theorie von Marx darunter fällt.[16] – Nun haben wir bereits gesehen, dass Marx seine Fortschrittsthese hinsichtlich der basalen Geschichtsebene *nicht* teleologisch begründet. Wie steht es aber mit den beiden anderen Ebenen? Insbesondere mit den Gründen, die er für seine Revolutionsprognose anführt?

Wenn wir zu verstehen versuchen, wie Marx auf seine grundsätzliche Revolutionsprognose einerseits und auf seine kurzfristige Erwartung einer Revolution andererseits gekommen sein könnte, so sollten wir die historischen Rahmenbedingungen nicht aus dem Auge verlieren, unter denen sich seine Theoriebildung vollzog. Als er 1818 geboren wurde, lag die Französische Revolution keine drei Jahrzehnte zurück; nimmt man die napoleonischen Kriege als eine in den größeren Kontext der Revolution gehörige Erscheinung hinzu, so fehlten ihm gerade einmal drei Jahre, um noch als Zeitgenosse dieser Revolution gelten zu können. Dabei ist zu berücksichtigen, dass Trier seit 1794 unter französischer Herrschaft stand und dass die seitdem durchgesetzten Reformen auch über den Wiener Kongress hinaus Bestand hatten.[17] Die Französische Revolution war für Marx also kein fernes historisches Geschehen, sondern eine in ihren Nachwirkungen während seiner gesamten Jugend persönlich spürbare Geschichtswende. Weiterhin sollte man nicht übersehen, dass Marx während der gesamten ersten drei Jahrzehnte seines Lebens Zeitgenosse dicht aufeinanderfolgender revolutionärer Ereignisse war. Die folgende Liste enthält eine Aufstellung von Ereignissen aus den ersten drei Lebensjahrzehnten von Marx, die als entweder ‹revolutionär› oder als ‹gegenrevolutionär›, d. h. als Reaktionen auf befürchtete oder wirkliche revolutionäre Entwicklungen, gedeutet werden können.

Die Liste erhebt keinen Anspruch auf Vollständigkeit und ist auf Europa beschränkt, lässt also beispielsweise die revolutionären Ereignisse in Südamerika unberücksichtigt.

Tabelle 2: (Gegen-)Revolutionäre Ereignisse in Europa 1819–1848

1819	Karlsbader Beschlüsse: Unterdrückung liberaler und demokratischer Tendenzen im Deutschen Bund
1820/21	Aufstände in Spanien, Portugal, Neapel
1820	Carbonari-Aufstand in Piemont
1821–26	Griechischer Freiheitskampf gegen die Herrschaft der Osmanen
1825	Dekabristenaufstand in Russland: erfolgloser Putsch zur Abschaffung der Zarenherrschaft
1830	Julirevolution in Frankreich
1830–32	Politisch-revolutionäre Bewegungen in weiten Teilen Europas, ausgelöst durch die Julirevolution in Frankreich: z. B. Belgische Revolution (1830), Novemberaufstand in Polen (1830/31), Hambacher Fest (1832)
1834	Bundesbeschlüsse zur «Demagogenverfolgung»; Arbeiteraufstände in Lyon und Paris
1832–34	Bürgerkrieg in Portugal, kleinere Revolten dauern an bis 1847
1833–40	Bürgerkrieg in Spanien (erster Karlistenkrieg)
1834	‹Slavery Abolishing Act›: Abschaffung der Sklaverei im British Empire
1837	Entlassung der ‹Göttinger Sieben› durch den König von Hannover
1837/38	Ausarbeitung der ‹People's Charter› der englischen Arbeiterbewegung (Chartistenbewegung)
1842	Generalstreik der Arbeiter in Wales, Schottland sowie Teilen Englands
1844	Weberaufstand in Schlesien
1846	Krakauer Aufstand und Veröffentlichung des ‹Krakauer Manifests›
1847	Sonderbundskrieg in der Schweiz, in der Folge wird der Staatenbund Schweiz zum Bundesstaat geeint
1848/49	Europäische Revolutionen

Quellen: Hobsbawm, *Europäische Revolutionen*: 641–47; Bergeron/Furet/Koselleck, *Zeitalter der europäischen Revolution*: 323–26; Tilly, *Die europäischen Revolutionen;* Osterhammel, *Die Verwandlung der Welt.*

Man kann mit einigem Recht behaupten, dass Marx während seiner Jugend und der für seine Theoriebildung richtunggebenden Jahre in einem *Zeitalter der europäischen Revolution* (so der Titel eines Buches von Bergeron/

Furet/Koselleck) lebte. Diese Diagnose wird noch unterstrichen, wenn wir die industrielle Revolution und die rasche wissenschaftlich-technische Entwicklung dieser Periode hinzunehmen, Prozesse also, die in einem nichtpolitischen Sinne als revolutionär qualifiziert werden können. – Nach der Niederlage von 1848 werden die revolutionären Ereignisse seltener, hören aber nicht vollständig auf. Man denke an den Amerikanischen Bürgerkrieg (den Marx als einen Konflikt zwischen zwei konkurrierenden Gesellschaftssystemen interpretierte, der mit dem Sieg des progressiveren Systems endete), an die Pariser Commune und an den Aufschwung der Arbeiterbewegung in verschiedenen europäischen Ländern, vor allem in Deutschland, der auch durch die Bismarckschen Sozialistengesetze (1878) nicht gestoppt werden konnte. Vor diesem Hintergrund erscheint die Marxsche Revolutionsprognose einschließlich der Naherwartung als weniger abwegig als es der historische Rückblick nahelegt: Sie hatte eine induktive Basis.

Bemerkenswert ist allerdings, dass sich Marx *nicht* auf diese induktive Basis berufen hat. Die genannten Ereignisse haben ihn vermutlich in seiner subjektiven Revolutionsgewissheit bestärkt; ihm dürfte aber klar gewesen sein, dass eine Extrapolation einschlägiger Entwicklungen in die Zukunft keine *Notwendigkeit* zu begründen vermag. Genau das aber gehört zu den Anforderungen, die Marx an die theoretische Durchdringung eines beliebigen Gegenstandes stellte. Darin folgte er einem klassischen, auf Platon und Aristoteles zurückgehenden und bis in seine Gegenwart nachwirkenden Wissenschaftsverständnis. Ihm zufolge bestand die Aufgabe der Wissenschaft in der Identifikation des Allgemeinen und Notwendigen sowie der Ursachen des Allgemeinen und Notwendigen. Nach Aristoteles gibt es kein Wissen vom Zufälligen; und so gilt von demjenigen, wovon man Wissen hat, dass es «sich nicht anders verhalten kann».[18] Diesem Wissenschaftsideal waren, um nur zwei Autoren zu nennen, auch Vico und Hegel in ihrer Geschichtsphilosophie gefolgt.[19] Marx setzte also eine gewichtige Tradition fort, als er sich nicht mit Trendextrapolationen begnügen, sondern aufzeigen wollte, (a) was *notwendig* der Fall ist und sein wird und (b) *warum* es der Fall ist.

Ökonomische Gesetze. Hatten in der Aristotelischen Tradition ursprünglich vier verschiedene Ursachen zur Verfügung gestanden, wenn es um die Beantwortung solcher Warum-Fragen ging, so schrumpfte diese Auswahl seit dem 17. Jahrhundert auf eine davon, auf die Wirkursache. Unter dem

Eindruck der Erfolge der modernen Naturwissenschaften wurden diese Wirkursachen dann mit Antezedensbedingungen von (Natur-)Gesetzen identifiziert; zu nennen sind hier besonders die Kraftgesetze, die Newton formuliert und im dritten Buch der *Principia* auf das Sonnensystem angewendet hatte. Diese Fokussierung auf Gesetze blieb nicht auf die Naturwissenschaften beschränkt; auch in der Geschichtsphilosophie, der Gesellschaftstheorie und der politischen Ökonomie wurde nun nach Gesetzen gesucht, um auf ihrer Basis die jeweils relevanten Erscheinungen zu erklären oder Vorhersagen zu treffen. Marx bewegte sich also im wissenschaftstheoretischen Mainstream seiner Zeit, wenn er das Kerngeschäft seiner ökonomischen Theorie darin sah, von den allgemeinen Aussagen des Historischen Materialismus zur Formulierung empirisch fundierter Gesetze voranzukommen. Für ihn bestand der «letzte Endzweck» seiner Theorie daher darin, «das ökonomische Bewegungsgesetz der modernen Gesellschaft zu enthüllen» (II,8:45/23:15). Nicht von ungefähr erinnert die Rede vom ‹ökonomischen Bewegungsgesetz› an die Newtonschen Bewegungsgesetze. Wenn es im *Kapital* heißt: «Wissenschaftliche Analyse der Konkurrenz ist nur möglich, sobald die innere Natur des Kapitals begriffen ist, ganz wie die scheinbare Bewegung der Himmelskörper nur dem verständlich, der ihre wirkliche, aber sinnlich nicht wahrnehmbare Bewegung kennt» (II,10:285/23:335), so wird hier die Analogie zwischen politischer Ökonomie und Himmelsmechanik explizit gemacht.

Es leuchtet ein, dass mit dieser Analogie das Aristotelische Wissenschaftsideal mustergültig erfüllt wäre: Das System und die ‹Bewegung› der kapitalistischen Produktionsweise wären in ihrer Determiniertheit offengelegt und durch die ihnen zugrunde liegenden Mechanismen erklärt. Es leuchtet auch ein, dass dies politisch hochwillkommen war, denn Marx war von der Perspektivlosigkeit dieser Produktionsweise fest überzeugt und die Newtonianische Analogie sollte dieser Überzeugung ein wissenschaftliches Fundament geben. – Nun liegt Analogien niemals eine perfekte Übereinstimmung zugrunde, und der hier vorliegende Fall macht keine Ausnahme von dieser Regel. Wo also liegen im vorliegenden Fall die Differenzen zwischen Marx' ökonomischen Gesetzen und Newtons Gesetzen und welches Gewicht kommt ihnen zu? Eine erste Disanalogie besteht darin, dass die von Marx aufgestellten ökonomischen Gesetze im Unterschied zu den Newtonschen Gesetzen *statistischer* Natur sind: «Es ist überhaupt bei der ganzen kapitalistischen Produktion immer nur in einer sehr verwickelten und annähernden Weise, als nie festzustellender Durchschnitt ewiger Schwankungen, daß sich das allgemeine Gesetz als die beherrschende Tendenz durchsetzt.» (II,15,162/25:171) Diese Gesetze erlauben daher nicht, Einzelereignisse mit Gewissheit vorauszusagen.

Gravierender ist ein damit zusammenhängender zweiter Punkt. Wie die meisten seiner zeitgenössischen Kollegen, hatte Marx ein sehr entspanntes Verständnis von ‹Gesetz›. Dies wird deutlich, wenn er im *Kapital* den Zusammenhang zwischen dem Wachstum des gesellschaftlichen Reichtums und dem Anwachsen der Arbeitslosigkeit als «*das absolute, allgemeine Gesetz der kapitalistischen Akkumulation*» bezeichnet (II,10:579/23:673f) oder wenn es heißt, die «Produktion von Mehrwerth oder Plusmacherei ist das absolute Gesetz dieser Produktionsweise» (II,10:555/23:647). Nach heutigen wissenschaftstheoretischen Maßstäben würde man eher von Ceteris-paribus-Gesetzen sprechen. Diese sind eben nicht absolut, d. h. unter allen Umständen, gültig. Vielmehr drücken sie aus, was unter normalen oder unter idealisierten Bedingungen passiert, ohne dass näher angegeben wird, welche Bedingungen das sind. Einen Vergleich mit den drei Newtonschen Bewegungsgesetzen (von denen ja auch nur das zweite als echtes Naturgesetz gilt) halten sie daher weder hinsichtlich ihrer Erklärungs- noch hinsichtlich ihrer Prognosekraft aus. Marx selbst räumt das indirekt ein, wenn er dem eben zitierten «absoluten, allgemeinen Gesetz der kapitalistischen Akkumulation» eine starke Ceteris-paribus-Klausel anhängt, indem er im unmittelbaren Anschluss an die Formulierung fortfährt: «Es wird gleich allen andren Gesetzen in seiner Verwirklichung durch mannigfache Umstände modifiziert, deren Analyse nicht hierher gehört». Das ist ein merkwürdiger Zusatz zu einem «absoluten, allgemeinen» Gesetz; in jedem Fall aber können Prognosen auf seiner Basis kaum mehr als Vermutungen sein, solange nicht geklärt ist, ob die Zusatzbedingungen erfüllt sind. Dies zu beurteilen dürfte umso schwerer sein, als nach Marx mannigfache ungenannte Bedingungen im Spiel sind, deren Art und Grad der Beeinflussung auf den gesetzmäßigen Gang der Dinge unklar ist. – Marx hatte aber nicht nur deutlich niedrigere Ansprüche an den Gesetzesbegriff; er bestritt nachdrücklich, dass man auf der Basis universaler (also gesellschaftsübergreifender) gesellschaftlicher Gesetze eine bestimmte Produktionsweise adäquat erfassen könne; dies sei nur mit Hilfe von Gesetzen möglich, die für die jeweilige Produktionsweise *spezifisch* sind (II,1.1:7ff/42:5ff). Hintergrund dieser Auffassung war sein Eindruck, dass universale gesellschaftliche Gesetze der kapitalistischen Produktionsweise eine universale Geltung sichern würden, während es ihm doch darauf ankam, ihre Vergänglichkeit zu demonstrieren.

Hinzu kommt eine dritte Disanalogie. Die Newtonschen Gesetze erklären die Bewegungen der Himmelskörper und erlauben zugleich Prognosen über die künftigen Positionen der einzelnen Planeten; sie erklären das Funktionieren des Sonnensystems und sagen zukünftige Zustände dieses Systems voraus. Darum war es auch Marx zu tun, der mit seiner Ökonomischen Theorie das Funktionieren des Systems der kapitalistischen Ökonomie erklären und ihre künftigen Zustände voraussagen wollte. Einige seiner Gesetze lassen sich genau so verstehen: Das Wertgesetz beispielsweise erklärt, wie sich in einer Gesellschaft voneinander unabhängiger Warenproduzenten eine bestimmte proportionale Verteilung der Arbeit einstellen kann. In diesem Sinn erklärt das Wertgesetz das Funktionieren einer Gesellschaft, in der die Produktion nicht bewusst koordiniert wird. Doch Marx wollte mehr und wollte noch etwas anderes. Es ging ihm *vor allem* um den Nachweis «der transitorischen Notwendigkeit der kapitalistischen Produktionsweise» (II,8:556/23:618). Demgegenüber erklären die Newtonschen Gesetze das *Funktionieren* des Sonnensystems, aber *nicht* seinen Nieder- und Untergang (solange keine äußeren Kräfte auf es einwirken). Wo Newton die Bedingungen der Stabilität des Sonnensystems (zumindest für sehr lange Zeit) darlegen wollte, hoffte Marx die Bedingungen der Instabilität des Kapitalismus offenlegen zu können. – Was er dafür brauchte, waren nicht *Bewegungs*gesetze à la Newton, die gleichförmige Veränderungen innerhalb eines gegebenen Systems beschreiben, sondern *Entwicklungs*gesetze, die ein Fortschreiten in Richtung auf qualitativ neue Zustände des Systems beschreiben und eine notwendige «transitorische» Perspektive aufzeigen. Tatsächlich hat Marx gelegentlich, wenn auch eher beiläufig, von einem «Entwicklungsgesetz der kapitalistischen Produktionsweise» (II,15:856/25:892) gesprochen. Man kann diese Rede als ökonomisch-wissenschaftliche Fortführung einer philosophischen Idee auffassen, die sich schon in der Literatur des 18. Jahrhunderts etwa bei Condorcet, später dann bei Hegel, Comte oder Lorenz von Stein findet: der Idee von Gesetzen, die den historischen Prozess in eine bestimmte Richtung lenken.[20]

Tatsächlich hat Marx mehrere ökonomische Gesetze formuliert, aus denen sich die prinzipielle Beschränktheit der kapitalistischen Produktionsweise und die Notwendigkeit ihrer Überwindung durch den Sozialismus ergeben sollte. Das wichtigste von ihnen ist das in der Marx-Rezeption kontrovers diskutierte «Gesetz des tendenziellen Falls der Profitrate» (II,15:209ff/25:221ff). Auf den speziellen ökonomischen Gehalt dieses Gesetzes kommt es hier nicht an. Wichtig ist allein, dass es eine Niedergangstendenz beschreiben und damit «den nur historischen, vorübergehenden Charakter der kapitalistischen Produktionsweise» (II,15:238/25:252) bezeugen soll. Allerdings war Marx vorsichtig genug, auf «entgegenwirkende Ursachen» hinzuweisen, die das Gesetz zwar nicht aufheben, seine Wirkung aber «verlangsamen und theilweise paralysiren» (II,15:236/25:249). Auch hier ist also eine massive Ceteris-paribus-Klausel eingebaut, die den prognostischen Wert des Gesetzes drastisch schrumpfen lässt. – Während er zunächst aber noch der Überzeugung war, dass sich die in dem Gesetz behauptete Tendenz zumindest langfristig durchsetzen werde, scheint er daran später nicht mehr geglaubt zu haben. Jedenfalls hat er das Gesetz nach 1864/65 in seinen ökonomischen Arbeiten nicht mehr angeführt.[21] Marx war offenbar bereit, auch solche Thesen zu revidieren, die seinen Wünschen stark entgegenkamen.

Geschichtsphilosophisch und politisch entscheidend ist aber ein ganz anderer Punkt. Vorausgesetzt, das Gesetz vom tendenziellen Fall der Profitrate (oder ein anderes ähnliches Gesetz) wäre empirisch zutreffend: Dann würde es den Niedergang des Kapitalismus voraussagen, aber *nicht* den Übergang zum Sozialismus. Vorstellbar wäre ja auch, dass der Niedergang in einen Zusammenbruch der Zivilisation führt oder in eine Gesellschaft mit noch völlig unbekannten Eigenschaften. Es würde sich also nicht um ein Entwicklungsgesetz in dem Sinne handeln, dass es mit dem (notwendigen) Niedergang der einen Gesellschaftsordnung zugleich den (notwendigen) Aufstieg einer anderen, höheren Gesellschaftsordnung prognostiziert. Marx ist offenbar davon ausgegangen, mit den Gesetzen seiner ökonomischen Theorie drei verschiedene Vorgänge erfassen zu können, die er als mehr oder weniger zusammenfallend, zumindest aber als eng miteinander verbunden ansah: (a) das Funktionieren der kapitalistischen Produktionsweise; (b) ihren gesetzmäßigen Untergang; und (c) den damit notwendig verbundenen Aufstieg einer sozialistischen Gesellschaft. – Es ist leicht erkennbar, dass dieses ehrgeizige Theorieprogramm die Newtonianische Analogie vollends sprengt. Wir haben ja schon gesehen, dass an dieser Analogie zwar im Hinblick auf (a) festgehalten werden kann, nicht aber im Hinblick auf (b) und noch weniger im Hinblick auf (c). Die Newtonschen Gesetze sollen das Funktionieren des Sonnensystems erklären und Prognosen über künftige Zustände dieses Systems ermöglichen, solange es intakt bleibt; sie sagen aber nicht seinen Untergang voraus; und selbst wenn sie es täten, würde kein Nachfolgersystem ableitbar sein.

Es spricht wenig dafür, dass Marx diese Differenzen gesehen hat; es spricht aber auch wenig dafür, dass er seine ökonomische Analyse des Kapitalismus vollständig oder auch nur hauptsächlich auf der Newtonianischen Analogie aufgebaut hätte. Die physikalischen Wissenschaften, insbesondere die Himmelsmechanik, galten im 19. Jahrhundert zwar als *das* Paradigma wissenschaftlicher Erkenntnis, an dem sich auch die Sozialwissenschaften zu orientieren hatten;[22] aber sie waren nicht das einzige Vorbild. Es ist daher mit der Möglichkeit zu rechnen, dass Marx das von ihm angekündigte «ökonomische Bewegungsgesetz der modernen Gesellschaft» nicht oder nicht ausschließlich am Vorbild der Newtonschen Bewegungsgesetze ausgerichtet hat; dass sein Determinismus durch andere, nichtphysikalische Bereiche der Natur(wissenschaft) inspiriert war.

Organische Entwicklung. Die Rede von ‹Gesetzen› ist in den ökonomischen Schriften von Marx geradezu ubiquitär; kaum weniger häufig sind aber Ausdrücke und Wendungen, die dem Feld der zeitgenössischen Biowissenschaften entstammen. So spricht Marx vom «Gesellschaftskörper» (I,22:100/17:592 und II,1.1:23/42:21), von der «Physiologie des bürgerlichen Systems» und seinem «innren organischen Zusammenhang» (II,3.3:817/26.2:163) oder von den mechanischen Arbeitsmitteln als dem «Knochen- und Muskelsystem der Produktion» (II,8:194/23:195). Die Beispiele ließen sich beliebig vermehren, sodass wir von einer systematischen Bedeutung der biologischen Metaphorik im Werk von Marx ausgehen können. Sie dient mehreren theoretischen Zwecken. – Sie hebt *erstens* die innere funktionale Gliederung der Gesellschaft, die wechselseitige Interaktion ihrer unterschiedlichen Glieder und die sich in dieser Interaktion manifestierende Einheit der Gesellschaft hervor. Im Anschluss an Hegel fasste Marx die Gesellschaft als ein System bzw. als eine ‹Totalität› auf und schon Hegel hatte sich zur Erläuterung seines Totalitätsbegriffs gern auf Analogien zur organischen Welt bezogen. – Ein wichtiger *zweiter* Vorzug dieser Metaphorik bestand darin, dass sich auf ihrer Basis der *System*gedanke auf eine intuitiv plausible Weise mit dem *Entwicklungs*gedanken verbinden ließ. Organismen sind ja Systeme, die sich differenzieren und entwickeln, ohne dass der Zusammenhang und das Zusammenwirken zwischen den Organen jemals unterbrochen würde. Diese Verbindung von System und Entwicklung ließ sich zwanglos auf die Gesellschaft übertragen; in den *Grundrissen* liest sich das so: «Wenn im vollendeten bürgerlichen System, jedes ökonomische Verhältniß das andre in der bürgerlich-ökonomischen Form voraussetzt und so jedes Gesezte zugleich Voraussetzung ist, so ist das mit jedem organischen System der Fall. Dieß organische System selbst als Totalität hat seine Voraussetzungen und seine Entwicklung zur Totalität besteht eben [darin], alle Elemente der Gesellschaft sich unterzuordnen, oder die ihm noch fehlenden Organe aus ihr heraus zu schaffen. Es wird so historisch zu Totalität. Das werden zu dieser Totalität bildet ein Moment seines Prozesses, seiner Entwicklung.» (II,1.1:201/42:203) – Die *dritte* Pointe der biologischen Metaphorik besteht darin, dass die Entwicklung eines Organismus mit guten Gründen als ein *determinierter* Prozess aufgefasst werden kann. Ungeachtet dessen, dass diese Entwicklung von außen gestört werden kann und dass auch intern verursachte Fehlentwicklungen möglich sind, ist sie doch in ihren Grundzügen festgelegt und vorhersehbar: Aus einem Hühnerei wird ein Küken, das sich dann zu einem erwachsenen Huhn entwickelt. Der gesamte Prozess vom Ei zum Huhn ist von jenen inneren Faktoren determiniert, die wir heute als ‹genetisches Programm› und als ‹epigenetische Mechanismen› bezeichnen; er ist aufgrund dieser Faktoren zielgerichtet und kann daher zwanglos als ‹Fortschritt› beschrieben werden.[23]

Vor dem Hintergrund des letzten Punktes stellt sich der Marxsche Determinismus in einem neuen Licht dar. Wenn in der oben zitierten programmatischen Passage aus dem Vorwort zur ersten Auflage des *Kapitals* «der letzte Endzweck» dieses Buches dahingehend bestimmt wird, «das ökonomische Bewegungsgesetz der modernen Gesellschaft zu enthüllen», so schließt Marx nicht notwendigerweise an die Newtonschen Bewegungsgesetze an; die ausgeprägte biologische Metaphorik spricht für die Vermutung, dass ihm als Vergleichspunkt weniger die mechanischen Planeten*bewegungen* vorgeschwebt haben als die ontogenetischen *Entwicklungs*prozesse bei Organismen. Für eine solche Interpretation spricht auch, dass Marx auf der vorhergehenden Seite angekündigt hatte, dass die Verhältnisse in England als «Hauptillustration meiner theoretischen Entwicklung» dienen werden; und dann fortfährt: «An und für sich handelt es sich nicht um den höheren oder niedrigeren Entwicklungsgrad der gesellschaftlichen Antagonismen, welche aus den Naturgesetzen der kapitalistischen Produktion entspringen. Es handelt sich um diese Gesetze selbst, um diese mit eherner Notwendigkeit wirkenden und sich durchsetzenden Tendenzen. Das industriell entwickeltere Land zeigt dem minder entwickelten nur das Bild der eignen Zukunft.» (II,8:44/23:12) Wenn wir die Rede von einer «ehernen Notwendigkeit» als eine rhetorische Übertreibung beiseitelassen, bleibt ein plausibler Gedanke: Wie den Organismen derselben Art dieselbe ontogenetische Entwicklung vorgezeichnet ist, so ist auch den Gesellschaftsformationen ihre Entwicklung vorgezeichnet; im einen Fall zeigen die Hühner den Küken das «Bild der eignen Zukunft», im anderen Fall zeigt England den Deutschen und Franzosen die Richtung, in die sich die Ökonomie ihrer Länder entwickeln wird. – Für ein an der organismischen Entwicklung orientiertes Verständnis von ‹Notwendigkeit› spricht weiter, dass Marx häufig von «inneren Gesetzen» der kapitalistischen Produktion spricht (II,15:189,347/ 25:199,368), an anderen Stellen auch im Singular von «das innere Gesetz» (II,15:802,852/25:836,887). Es wird also eine von inneren Triebkräften indizierte notwendige Entwicklung postuliert, die der von inneren Programmen und Mechanismen gesteuerten organismischen Entwicklung ähnelt. Es ist leicht erkennbar, dass diese ontogenetische Analogie die Entwicklungsprozesse einer Produktionsweise besser trifft als der Vergleich mit der Newtonschen Himmelsmechanik, denn in der Entwicklung von Organismen entstehen vom Küken zur Henne neue Eigenschaften, während die Planeten sich auf immer gleichen Umlaufbahnen bewegen.

Hinzu kommt, dass Marx die Entwicklung der kapitalistischen Produktionsweise als einen von inneren Gesetzen (oder besser: Mechanismen) determinierten, gerichteten und in Stadien verlaufenden Prozess verstanden wissen wollte. Dieses Bild lässt sich leicht mit der Entwicklung von Organismen parallelisieren, die ebenfalls einen solchen von inneren Gesetzen determinierten, gerichteten und in Stadien verlaufenden Prozess durchlaufen. Der große Vorzug dieser Parallelisierung besteht darin, dass auf diese Weise der Untergang von Produktionsweisen vorhersehbar ist: So wie Organismen müssen auch Gesellschaftsordnungen notwendig sterben, wenn sie die vorgezeichneten Stadien durchlaufen haben. Damit hätten wir also den Determinismus, den Marx brauchte, um Sicherheit hinsichtlich des Untergangs des Kapitalismus zu haben. – Es gibt naheliegenderweise kein direktes Bekenntnis von Marx zu einer solchen Analogisierung von Geschichte und Ontogenese; es lassen sich aber indirekte Indizien dafür finden. So zitiert er im Nachwort zur zweiten Auflage des *Kapitals* die folgenden Sätze aus einer russischen Rezension der ersten Auflage: «Der wissenschaftliche Werth solcher Forschung liegt in der Aufklärung der besondren Gesetze welche

Entstehung, Existenz, Entwicklung, Tod eines gegebenen gesellschaftlichen Organismus und seinen Ersatz durch einen andren, höheren regeln. Und diesen Werth hat in der That das Buch von Marx.» (II,8:54/23:27) Es ist offensichtlich, dass in dieser Würdigung die Differenz zwischen der Entwicklung eines Organismus und dem historischen Übergang von einer zu einer *anderen* Gesellschaft verwischt wird: Der Autor spricht von «besondren Gesetzen», die Entstehung, Existenz, Entwicklung, Tod eines gegebenen gesellschaftlichen Organismus regeln und darüber hinaus auch seinen Ersatz durch einen «andren, höheren». Da Marx seinen Rezensenten zustimmend zitiert und ihm bescheinigt, seine (also Marx') «dialektische Methode» treffend geschildert zu haben, ist anzunehmen, dass er gegen die Parallelisierung von Geschichte und Ontogenese keine Einwände erhoben hätte. Wir hätten uns den Übergang zur sozialistischen Gesellschaft demnach in Analogie zu dem Gestaltwechsel vorzustellen, den die Individuen bestimmter Arten in ihrer Ontogenese durchlaufen. Die bekanntesten Beispiele liefern Amphibien (Kaulquappe/Frosch) und Insekten (Raupe/Schmetterling), die eine Metamorphose durchlaufen, in deren Verlauf der Körper äußerlich und innerlich umgebaut wird. In der Zoologie wird dabei zwischen einer «kontinuierlichen Metamorphose» zu Beginn des Prozesses und einer sich anschließenden «katastrophalen Metamorphose» unterschieden, in der große Teile des Larvenkörpers abgeworfen werden und der neue Körper entsteht. Die Parallele zum Marxschen Revolutionsverständnis liegt auf der Hand: Auf eine kontinuierliche Entwicklung der kapitalistischen Produktionsweise bis zur ‹Reife› folgt die revolutionäre Umgestaltung, aus der dann die neue Gesellschaft hervorgeht.

Eine solche Parallelisierung von Geschichte und Ontogenese bietet sich schon deshalb an, weil wir es mit der Entwicklung *einer* Gesellschaft zu tun haben, die sukzessive unterschiedliche Formen annimmt.[24] Es ist daher nicht überraschend, dass diese Parallelisierung in der Geschichtsphilosophie bereits eine lange Tradition hatte, der Marx sich offenbar anschloss. So unterliegen die Fortschritte des menschlichen Geistes nach Condorcet «denselben allgemeinen Gesetzen, die sich an der Entwicklung der Fähigkeiten bei den Individuen beobachten lassen».[25] Und nach August von Cieszkowski ist die Geschichte als ein einziger Organismus anzusehen, bei dem ebenso aus der Vergangenheit auf die Zukunft geschlossen werden könne, wie Cuvier aus einem Zahn den gesamten Organismus herzuleiten vermocht habe.[26] – Marx bezieht sich in seinen Schriften zwar nicht direkt auf diese Tradition, es kann aber davon ausgegangen werden, dass sie ein Reservoir darstellte, aus dem er Hintergrundannahmen für seine Theorie bezog. Dazu zählen, auffallend genug, massive *Kontinuitäts*annahmen: (a) So wie der Schmetterling in gewissem Sinne in der Raupe vorhanden war, so ist auch der Sozialismus bereits im Kapitalismus vorgeprägt. Genau das war die durchgängige politische Botschaft der ökonomischen Theorie von Marx: Der Kapitalismus schafft die Produktivkräfte, die den Sozialismus möglich und notwendig machen. Hinzu kommen speziellere Vorbereitungen wie die Entstehung von Aktiengesellschaften: «Es ist dies die Aufhebung der kapitalistischen Produktionsweise innerhalb der kapitalistischen Produktionsweise selbst, und daher ein sich selbst aufhebender Widerspruch, der prima facie als bloßer Übergangspunkt zu einer neuen Produktionsform sich darstellt.» (II,15,429/25:454) Der Sozialismus steht also nicht in einem prinzipiellen Diskontinuitätsverhältnis zum Kapitalismus, sondern bringt nur das zur Vollendung, was sich in ihm angebahnt hat. (b) Zwar bedarf es dazu einer «katastrophalen Metamorphose», die sich als Revolution manifestiert; diese Revolution führt aber lediglich einen Gestaltwechsel herbei. Wir erinnern uns an die Marxsche Rede von den Produktionsverhältnissen als der ‹Form› der menschlichen Naturbeziehung. Revolutionen (sowohl in der ersten wie in der zweiten Bedeutung des Wortes) sind Umbrüche der Form, die die Kontinuität der basalen Geschichtsebene nicht tangieren. (c) Deshalb stellt auch die sozialistische Gesellschaft nichts genuin Neues dar, sondern muss als eine Art umgeformter Kapitalismus angesehen werden. Bezeichnend dafür ist die von Marx immer wieder benutzte Metaphorik des ‹Umkehrens› oder ‹Umstülpens›: Im Sozialismus wird umgekehrt oder umgestülpt, was im Kapitalismus ‹verkehrt› ist. Die Marxsche Zurückhaltung, Bilder der künftigen Gesellschaft auszumalen, dürfte hier einen ihrer Gründe haben; denn es genügte seiner Auffassung nach, ein Bild des Kapitalismus vor Augen zu haben, um daran die essentiellen Züge des Sozialismus ablesen zu können.

Doch so attraktiv das Parallelisierungsprojekt für Marx offenbar war, es weckt einen Verdacht im Hinblick auf seinen geschichtstheoretischen Materialismus. Erfordert die von ihm postulierte Metamorphose der Gesellschaft nicht einen Rückgriff auf teleologische Prinzipien? Behauptet wird ja, dass sich der historische Prozess über bestimmte Stufen einem bestimmten Ziel nähern wird: einer Struktur von Produktionsverhältnissen, die flexibel genug sind, um der Entwicklung der Produktivkraft der Arbeit keine Hindernisse in den Weg zu stellen. Es handelte sich dann um ein teleologisches Geschichtsmodell zwar nicht auf der basalen Ebene der Produktivkraft der Arbeit, immerhin aber auf der zweiten (und vielleicht auch dritten) der oben genannten Ebenen des historischen Prozesses. – Nun ist die Annahme gerichteter Prozesse nicht per se teleologisch, wie wir nicht zuletzt am Beispiel der Ontogenese sehen können. Die Entwicklung beliebiger Organismen ist zwar zielgerichtet, wird heute aber nicht mehr als teleologisch (im Sinne einer rückwärtsgerichteten Kausalität), sondern als ‹teleonom› angesehen: als Resultat des Wirkens genetischer und epigenetischer *Programme*, die selbst wiederum ausschließlich kausalen Gesetzen gehorchen. Dementsprechend hängt die korrekte Antwort auf die Frage nach der Teleologie bei Marx davon ab, ob er analog zu solchen genetischen und epigenetischen Programmen der Ontogenese ein ökonomisches Programm der historischen Entwicklung formuliert hat.[27] Zugunsten einer solchen Deutung spricht sicher die Marxsche Berufung auf ‹innere Gesetze›, auf ein Bewegungs- oder Entwicklungsgesetz der kapitalistischen Produktionsweise; wir können das als ein ökonomisches Äquivalent biologischer Programme für die Ontogenese ansehen. Auf der anderen Seite aber ist nicht zu übersehen, dass sich diese ‹inneren Gesetze› ausschließlich auf die innerkapitalistische Entwicklung beziehen, dass sie also (in zoologischer Nomenklatur) Gesetze der «kontinuierlichen Metamorphose» sind; im Hinblick auf die «katastrophale Metamorphose» finden sich in seiner ökonomischen Theorie keine Gesetze. Wir können daher festhalten, dass Marx im Hinblick auf den Niedergang des Kapitalismus auf dem Boden des Materialismus geblieben ist; seine Überzeugung hingegen, dass dieser Niedergang notwendig mit dem Aufstieg des Sozialismus zusammenfalle, hat demgegenüber keine materialistische Grundlage.

Heimliche Teleologie? Diese Differenz zwischen der destruktiven und der konstruktiven Seite seiner Revolutionsprognose weckt natürlich den Verdacht, dass Marx entgegen seinem Selbstverständnis eben doch dem teleologischen Denkmodus verhaftet geblieben sein könnte. Ganz abwegig erscheint dieser Verdacht schon deshalb nicht, weil er seiner philosophischen Herkunft nach ein Gewächs der Hegelschen Schule war. Der Denkansatz dieser Schule war maßgebend für seine philosophische Ausbildung und blieb, wie wir mehrfach gesehen haben, auch für seine spätere Theoriebildung prägend. Gerade im Hinblick auf die Geschichte war dieser Denkansatz alles andere als teleologiefrei. Für Hegel selbst war die Geschichte ein «Fortschritt im Bewußtsein der Freiheit – ein Fortschritt, den wir in seiner Notwendigkeit zu erkennen haben», also ein zielgerichteter Prozess; und auf die eine oder andere Weise schlossen sich ihm seine Nachfolger darin an, so beispielsweise Cieszkowski und Heß.[28] – Natürlich hatte sich Marx Mitte der 1840er Jahre von philosophischen Geschichtsdeutungen dieser Art distanziert und sich noch drei Jahrzehnte später gegen Deutungen gewandt, die im *Kapital* «eine geschichtsphilosophische Theorie des allgemeinen Entwicklungsganges» sehen wollten, «der allen Völkern schicksalhaft vorgeschrieben ist». (19:111) – Solche Versicherungen garantieren aber nicht ihre Wahrheit. Der Verdacht einer heimlichen Teleologie bezieht sich nicht auf das, was Marx mit seiner Theorie sagen *wollte*, sondern auf Denkmotive, die hinter seinem Rücken in ihr wirksam sind. Seine biographischen Wurzeln im Hegelianismus beweisen nichts dergleichen; sie weisen aber auf den Weg hin, auf dem teleologische Denkmotive in seine Theorie eingeflossen sein könnten. Zwei solche Denkmotive seien kurz skizziert.

Auf das erste stoßen wir überall dort, wo Marx (und auch Engels) von einer «Aufgabe» der Geschichte spricht oder von einer «Aufgabe», einer «Bestimmung», einer «Sendung» oder einem «Beruf» irgendwelcher gesellschaftlichen Akteure oder Strukturen. Wir wundern uns nicht, im Frühwerk auf solche Formulierungen zu stoßen oder in den Schriften des Übergangs, in denen er sich von seinen Hegelianischen Anfängen noch nicht gelöst hatte. Es sei, so schrieb er 1844, «die *Aufgabe der Geschichte*, nachdem das *Jenseits der Wahrheit* verschwunden ist, die *Wahrheit des Diesseits* zu etabliren» (I,2:171/1:379). Kurze Zeit später stellte er die Frage, welchen «Sinn, in der Entwicklung der Menschheit» die Reduktion ihres größten Teils auf die abstrakte Arbeit habe (I,2:333/40:477). Formulierungen dieser Art tauchen aber auch in späteren Schriften häufig auf, in denen Marx den Hegelianismus längst hinter sich gelassen zu haben glaubte. So wird dem Kapital in den *Grundrissen* eine «historische Bestimmung» (II,1.1:241/42:244) zugeschrieben, die in den Manuskripten bekräftigt wird, aus denen Engels dann den dritten Band des *Kapitals* zusammenstellen sollte. Hier lesen wir: «Die Entwicklung der Produktivkräfte der gesellschaftlichen Arbeit ist die historische Aufgabe und Berechtigung des Kapitals. Eben damit schafft es unbewußt die materiellen Bedingungen einer höhern Produktionsform.» (II,15:255f/25:269) Da dem Kapital die Einführung dieser höheren Produktionsform nicht selbst zuzutrauen ist, wird diese Aufgabe dem Proletariat zugeteilt, handelt es sich bei ihm doch um die Klasse, «deren geschichtlicher Beruf die Umwälzung der kapitalistischen Produktionsweise und die schließliche Abschaffung der Klassen ist» (II,8:51/23:22). Die Beispiele ließen sich vermehren. – Man kann solche Formulierungen als eine bloße Façon de parler betrachten; gegen eine solche Bagatellisierung sprechen aber die Häufigkeit und die Kontinuität dieser Redeweise von der idealistischen Jugend bis zur materialistischen Reife. Das Problem besteht darin, dass man nur auf der Basis der Vorstellung eines in der Geschichte wirksamen Programms sinnvollerweise von einer zu erfüllenden «Aufgabe», «Sendung» oder «Bestimmung» sprechen kann. Marx selbst mag gespürt haben, dass diese Redeweise nicht unproblematisch ist. Darauf deutet eine Korrektur hin, die er 1876 an dem Text seiner *Klassenkämpfe in Frankreich* vornahm: War in der ersten Ausgabe von 1871 noch von der «geschichtlichen Sendung» der Arbeiterklasse die Rede, so ist in der fünf Jahre später veröffentlichten Ausgabe die «Sendung» durch «Tendenz» ersetzt (I,22:206/17:343). Damit wurde zwar der teleologisch belastete Ausdruck durch einen neutraleren ersetzt; ob auch die entsprechenden Hintergrundannahmen ebenfalls ersetzt wurden, bleibt eine offene Frage.

Skeptisch stimmt in dieser Hinsicht nicht allein die Verwendung von Ausdrücken wie «Aufgabe», sondern auch die damit einhergehende Idee, dass historische Akteure den historischen Fortschritt auch ohne oder gegen ihren Willen herbeiführen. Die eben zitierte Äußerung, dass das Kapital «unbewußt die materiellen Bedingungen einer höhern Produktionsform» schafft, liefert ein Beispiel für diesen Gedanken. Bringt man ihn in einen nicht eben fernliegenden Zusammenhang mit den oben [III,2] referierten Überlegungen zu den unintendierten Handlungsfolgen einerseits und der spontanen Entstehung von Ordnung andererseits, so muss man die Denkschraube nur ein Stückchen weiterdrehen, um auf ein sehr optimistisches Bild vom geschichtlichen Prozess zu kommen. Wie sich die unintendierten Handlungsfolgen der nach Adam Smith ausschließlich ihrem Eigeninteresse folgenden Wirtschaftssubjekte durch das Wirken der unsichtbaren Hand auf wunderbare Weise zum allgemeinen Wohl aggregieren, so führt die Entwicklung der kapitalistischen Produktionsweise über kurz oder lang «die materiellen Bedingungen einer höhern Produktionsform» herbei. Wohlgemerkt: Marx spricht hier von den *Bedingungen* einer höheren Produktionsform, nicht von dieser selbst. Dem Proletariat bleibt also ein revolutionäres Pensum abzuarbeiten. – Dieses Pensum kann aber mit einer weiteren Drehung der Denkschraube erheblich leichter gemacht werden. An einer berühmten Stelle des *Kapitals* stellt Marx die «geschichtliche Tendenz der kapitalistischen Akkumulation» dar. Nachdem die große Masse der unmittelbaren Produzenten ihre Arbeitsmittel (insbesondere bäuerliches Kleineigentum) verloren hat und Proletarier geworden ist, setzt ein Prozess der Konzentration des Kapitals in immer weniger Händen ein: «Je ein Kapitalist schlägt viele todt.» Wenige Zeilen später lesen wir dann: «Die Centralisation der Produktionsmittel und die Vergesellschaftung der Arbeit erreichen einen Punkt, wo sie unverträglich werden mit ihrer kapitalistischen Hülle. Sie wird gesprengt. Die Stunde des kapitalistischen Privateigenthums schlägt. Die Expropriateurs werden expropriirt. Die aus der kapitalistischen Produktionsweise hervorgehende kapitalistische Aneignungsweise, daher das kapitalistische Privateigenthum, ist die erste Negation des individuellen, auf eigne Arbeit gegründeten Privateigenthums. Aber die kapitalistische Produktion erzeugt mit der Nothwendigkeit eines Naturprocesses ihre eigne Negation. Es ist Negation der Negation. Diese stellt nicht das Privateigenthum wieder her, wohl aber das individuelle Eigenthum auf Grundlage der Errungenschaft der kapitalistischen Aera: der Kooperation und des Gemeinbesitzes der Erde und der durch die Arbeit selbst producirten Produktionsmittel.» (II,10:684f/23:790f)

Die zentrale Idee dieses Gedankengangs besteht offenbar darin, dass (a) die ökonomische Konkurrenz zu einer Konzentration des Kapitals führt, die über kurz oder lang den Rahmen der kapitalistischen Produktionsweise sprengen und (b) den Übergang zum Sozialismus herbeiführen wird. Dieser Übergang wird (c) als das unbeabsichtigte Resultat des Handelns der kapitalistischen Wirtschaftssubjekte dargestellt, das (d) aufgrund der inneren ‹Logik› des kapitalistischen Wirtschaftens notwendig ist. Wie auch immer es empirisch damit bestellt sein mag, der für uns entscheidende Punkt besteht darin, dass Marx seinen Gedankengang mit einer Berufung auf das Prinzip der Negation der Negation beglaubigt. Nach diesem auf Hegel zurückgehenden Prinzip folgen Entwicklungsprozesse einem allgemeinen dialektischen Muster: Sie beginnen mit einem Zustand, der durch einen zweiten Zustand abgelöst (‹negiert›) wird, der wiederum von einem dritten Zustand abgelöst wird; die erste Negation wird abermals negiert. Dabei ist ‹Negation› nicht als eine totale Verneinung oder Vernichtung zu verstehen, sondern als ein Vorgang, der den jeweils vorherigen Zustand in dem bekannten dreifachen Sinne ‹aufhebt›. Die Pointe dieser Denkfigur besteht darin, dass sie Entwicklungsprozessen eine progressive Struktur zuschreibt, da jede der Negationen bestimmte wichtige Eigenschaften der vorangegangenen Zustände bewahrt und zugleich anreichert; es entsteht nicht nur etwas genuin Neues, sondern etwas eo ipso ‹Höheres›. In dialektischer Terminologie reformuliert das Prinzip der Negation der Negation damit bestimmte Züge der ontogenetischen Entwicklung: Das Küken ‹negiert› das Ei und wird wiederum von der Henne ‹negiert›. – Hier fand Marx genau die Denkfigur, die es ihm erlaubte, die destruktive und die konstruktive Seite seiner Revolutionsprognose zusammenzubringen: Verstanden als eine Negation der Negation, fällt der Untergang des Kapitalismus mit dem Aufstieg des Sozialismus notwendig zusammen. Aber dieses Zusammenfallen war nicht durch die ökonomischen Gesetze gesichert, die Marx in seinem Werk anführt, sondern durch den Rückgriff auf eine teleologisch kontaminierte Denkfigur.

3. *Möglichkeiten und Notwendigkeiten*

Die Philosophen haben die Welt nur verschieden interpretiert, es kömmt drauf an, sie zu verändern.

Karl Marx

Die Betonung der Notwendigkeit historischer Prozesse, insbesondere des notwendigen Übergangs vom Kapitalismus zum Sozialismus, hat die Marxsche Theorie mit einem Anschlussproblem belastet. Wenn der historische Prozess als notwendig angesehen werden muss, welche Rolle fällt dann dem menschlichen Handeln noch zu? Bereits Ende des 19. Jahrhunderts hat Rudolf Stammler diese Frage zu einem Einwand zugespitzt: «Wenn wissenschaftlich eingesehen wird, daß ein gewisses Ereignis in ganz bestimmter Art in seinem Eintreten notwendig ist, so ist es sinnlos, gerade diese bestimmte Art dieses gewissen Ereignisses auch noch zu wollen oder begünstigen zu wollen. Man kann nicht eine Partei gründen, welche das Kommen und den Eintritt einer exakt berechneten Mondfinsternis ‹zielbewußt begünstigen› will.»[29] – Es ist leicht erkennbar, dass dieser Einwand das Marxsche Projekt eines wissenschaftlichen Sozialismus in seinem Kern bedroht. Marx wollte die (soziale) Welt ja nicht nur interpretieren, sondern auch verändern: Er wollte sie interpretieren, *um* sie zu verändern. Die Verbindung von Theorie und Praxis ist essentiell für sein Projekt; seine Geschichtstheorie scheint aber genau diese Verbindung zu konterkarieren. Denn wozu sollte es eines praktischen Engagements bedürfen, wenn sich der geschichtliche Prozess mit Notwendigkeit in die gewünschte Richtung bewegt?

Möglichkeiten. Marx' Übergang zum Materialismus war, wie wir oben gesehen haben, eng mit seinem Versuch zur Lösung des Theorie-Praxis-Problems verknüpft gewesen. Er war die Frucht der Einsicht, dass die Verhältnisse, die es praktisch zu verändern galt, nicht bloß in und aus Gedanken bestehen, dass sie vielmehr wirkliche, materielle Verhältnisse waren, die nur durch wirkliches, materielles Handeln überwunden werden konnten. Der Übergang zum Materialismus war also Ausdruck eines Gewinns an politischem Realismus. Aber er hatte eine Kehrseite, denn er verschärfte das Theorie-Praxis-Problem, machte es in gewissem Sinne überhaupt erst zu einem echten Problem. Beruhten die politischen, sozialen und ökonomischen Strukturen allein auf Ideen, müssten nur diese Ideen geändert werden, um die Strukturen zu ändern. Politik reduzierte sich auf die Veränderung des Bewusstseins und die Intellektuellen wären das Subjekt dieses Prozesses. Die Junghegelianer hatten sich Politik so ähnlich vorgestellt – und mit ihnen (zunächst) auch Marx, der in seiner Dissertation geschrieben hatte: «Allein die *Praxis* der Philosophie ist selbst *theoretisch*. Es ist die *Kritik*, die die einzelne Existenz am Wesen, die besondere Wirklichkeit an der Idee mißt.» (I,1:68/40:327f) Mit der schönen Idee, es komme nur darauf an, das Richtige zu denken und allgemein bekannt zu machen, um die Welt zu revolutionieren, war es aber wenige Jahre später vorbei. Es waren nach 1844 dickere Bretter zu bohren, wenn man revolutionär zu handeln beabsichtigte. Zwar konnte das Theorie-Praxis-Problem noch immer im Denken aufgeworfen werden und das Denken konnte auch Wege zu seiner Lösung weisen; es konnte diese Lösung aber nicht mehr *realisieren*, da die revolutionäre Praxis nun als ein *außertheoretischer* Prozess zu gelten hatte.

Für Marx und Engels stellten sich nach 1844 zwei miteinander gekoppelte, aber doch verschiedene Fragen. Die erste bezog sich auf die Aufgaben, die den *Theoretikern* unter diesen Voraussetzungen blieben. Marx beantwortete sie mit der Idee des organischen Intellektuellen: Der revolutionäre Theoretiker hat sich als ‹Organ› der wirklichen Bewegung zu verstehen und zu wirken. Die zweite Frage bezog sich auf die Aufgaben, die der *Theorie* in diesem Kontext zufielen. Klar war zwar, dass die Theorie selbst nichts bewegen konnte; klar war aber auch, dass sie der Praxis vorarbeiten konnte, indem sie die objektiven und die subjektiven *Voraussetzungen* für den Erfolg der (revolutionären) Praxis ermittelte. Genau dieses Ziel verfolgte Marx mit seiner materialistischen, zunächst noch eher philosophischen, dann ökonomischen Theoriebildung.

Beginnen wir mit den objektiven Voraussetzungen. Marx hat sie auf drei Ebenen seines Werkes festzustellen gesucht. Auf einer ersten, sehr grundsätzlichen, sozialontologischen Ebene besteht seine These darin, dass die Gesellschaft das «Produkt des wechselseitigen Handelns der Menschen» (III,2:71(fr.)/27:452) ist; dass sie sogar aus Handlungsweisen realer menschlicher Individuen besteht. Gesellschaft *ist* menschliches Handeln, *ist* Praxis. Wenn die gesellschaftlichen Verhältnisse daher weder göttliche Einrichtungen noch unveränderliche Naturgegebenheiten sind, so heißt das: Sie sind prinzipiell änderbar. Es ist nicht weit hergeholt, der relationalen Sozialontologie eine politische Dimension zuzuschreiben, die in der These besteht, dass es *ontologisch möglich* ist, die bestehenden Verhältnisse zu verändern.

Ähnliches gilt auf der zweiten, spezifischeren Ebene. Die Gesellschaft ist keine starre Struktur, sondern unterliegt ständigen Veränderungen, auch wenn diese sich manchmal nur langsam durchsetzen; und die Geschichte ist eine Abfolge unterschiedlicher Gesellschaftsformationen. Jede konkrete Gesellschaftsformation ist daher vergänglich, auch der Kapitalismus. Es gehörte aus naheliegenden Gründen zu den Hauptanliegen der ökonomischen Theorie von Marx, die Historizität gerade *dieser* Gesellschaftsformation aufzuzeigen. Damit sollte auch die Tendenz ‹bürgerlicher› Ökonomen konterkariert werden, «den nur historischen, vorübergehenden Charakter der kapitalistischen Produktionsweise» (II,15:238/25:252) zu verkennen und zu bemänteln. Es ist also *historisch möglich*, die kapitalistische Produktionsweise zu überwinden.

Das sollte drittens nicht nur prinzipiell gelten, sondern sehr konkret für die Marxsche Gegenwart. Die kapitalistische Produktionsweise war eine sehr progressive, die Welt beständig revolutionierende Produktionsweise; man muss nur die erste Hälfte des *Kommunistischen Manifests* lesen, um gewahr zu werden, mit welcher Begeisterung Marx und Engels sich über den Kapitalismus äußern konnten. Diese Begeisterung bezog sich allerdings auf seine Vergangenheit; längst hatte er nach Marx' Eindruck seine progressive Funktion verloren und war zu einem Fortschrittshindernis geworden. Aber er hatte ein großes Verdienst erworben, indem er die materiellen Voraussetzungen der sozialistischen Gesellschaft geschaffen hat. Entsprechende Äußerungen habe ich bereits zitiert; wegen der zentralen Bedeutung, die dieser Punkt für Marx hatte, sei eine weitere längere Passage aus den *Grundrissen* angeführt: «Die grosse geschichtliche Seite des Capitals ist diese *Surplusarbeit*, überflüssige Arbeit vom Standpunkt des blosen Gebrauchswerths, der blosen Subsistenz aus zu *schaffen*, und seine historische Bestimmung ist erfüllt, sobald einerseits die Bedürfnisse so weit entwickelt sind, daß die Surplusarbeit über das Nothwendige hinaus selbst allgemeines Bedürfniß ist, aus den individuellen Bedürfnissen selbst hervorgeht – andrerseits die allgemeine Arbeitsamkeit durch die strenge Disciplin des Capitals, wodurch die sich folgenden Geschlechter durchgegangen sind, entwickelt ist als allgemeiner Besitz des neuen Geschlechts – endlich durch die Entwicklung der Produktivkräfte der Arbeit, die das Capital in seiner unbeschränkten Bereicherungssucht und den Bedingungen, worin es sie allein realisiren kann beständig voranpeitscht, so weit gediehen ist, daß der Besitz und die Erhaltung des allgemeinen Reichthums einerseits nur eine geringre Arbeitszeit für die ganze Gesellschaft erfordert und die arbeitende Gesellschaft sich wissenschaftlich zu dem Process ihrer fortschreitenden Reproduction, ihrer Reproduction in stets größrer Fülle verhält; also die Arbeit, wo der Mensch in ihr thut, was er Sachen für sich thun lassen kann, aufgehört hat.» (II,1.1:241/42:244) Kurz: Es ist *ökonomisch möglich*, zu einer anderen Produktionsweise überzugehen.

Hervorzuheben ist an dieser Liste, dass sie Voraussetzungen oder Bedingungen aufzählt; und dass durch Voraussetzungen und Bedingungen *Möglichkeiten* geschaffen werden. Marx präsentiert uns also eine Hierarchie verschiedener Arten von Möglichkeiten, die mit sehr abstrakten ontologischen Möglichkeiten beginnt und über allgemein-historische Möglichkeiten bis zu deutlich konkreteren ökonomischen Möglichkeiten fortschreitet.[30] Marx behauptet hier also keine geschichtsmetaphysische Notwendigkeit des Übergangs vom Kapitalismus zum Sozialismus, sondern konstatiert die Möglichkeit eines solchen Übergangs. Es ließe sich leicht eine lange Liste von Äußerungen zusammenstellen, die als Notwendigkeitsaussagen oder als Prognosen gelesen werden können, die aber tatsächlich nur von Möglichkeiten sprechen. Um nur ein weiteres Beispiel zu zitieren: «Aber innerhalb der bürgerlichen, auf dem *Tauschwerth* beruhenden Gesellschaft, erzeugen sich sowohl Verkehrs- als Productionsverhältnisse, die ebenso viel Minen sind um sie zu sprengen. (Eine Masse gegensätzlicher Formen der gesellschaftlichen Einheit, deren gegensätzlicher Charakter jedoch nie durch stille Metamorphose zu sprengen ist. Andrerseits, wenn wir nicht in der Gesellschaft, wie sie ist, die materiellen Productionsbedingungen und ihnen entsprechenden Verkehrsverhältnisse für eine Klassenlose Gesellschaft verhüllt vorfänden, wären alle Sprengversuche Donquichoterie.)» (II,1.1:92/42:93) – Man kann natürlich geltend machen, dass Marx mit seiner Distanzierung von der revolutionären Donquichoterie nicht weit genug gekommen sei und dass er sich von bestimmten Illusionen nie ganz zu lösen vermocht habe. Immerhin aber lässt die Passage erkennen, dass er ein Bewusstsein davon hatte, (a) dass revolutionäres Handeln nur verantwortbar ist, wenn bestimmte Bedingungen erfüllt sind, und (b) dass es zu den Aufgaben eines organischen Intellektuellen gehört, das tatsächliche Vorliegen dieser Bedingungen zu ermitteln.

Praktische Notwendigkeit. Nun unterscheiden sich Möglichkeiten von Notwendigkeiten dadurch, dass sie nicht von selbst zu Wirklichkeit werden. Auf dem Feld von Gesellschaft und Geschichte, auf dem nichts ohne menschliches Handeln geschieht, können gegebene Möglichkeiten nur dann Wirklichkeit werden, wenn sie von handelnden Menschen realisiert werden. Wer die Gesellschaft verändern will, wird also nicht nur die (objektive) Möglichkeit dazu identifizieren müssen, sondern auch die menschlichen Subjekte, die sie nutzen. Das war ein weiterer Punkt, an dem sich Marx von der junghegelianischen Politikkonzeption abgesetzt hatte. Wenn die Geschichte als die Resultante des Handelns realer Menschen begriffen werden muss, kann auch das politische Eingreifen in sie nur von realen Menschen erwartet werden. Allerdings nicht von irgendwelchen Menschen: Es mussten Menschen sein, die einerseits ein Interesse an einer solchen Veränderung hatten und andererseits machtvoll genug waren, sie durchzusetzen. Diese beiden Bedingungen erfüllte nach Marx' Eindruck nur das Proletariat. – Wir haben oben [II,2] gesehen, dass dieser Eindruck eher spekulative als empirische Gründe hatte; und sicher hat das Proletariat auch in der Folgezeit die an es gerichteten Erwartungen zu keinem Zeitpunkt erfüllt. Für Marx aber hatte es sich aus *objektiven* Gründen für seine Rolle als subjektiver Faktor qualifiziert: für seine Rolle als das entscheidende Handlungssubjekt, das die Geschichte vorantreibt. Diese (revolutionäre) Rolle fiel ihm nicht aufgrund beliebiger Ideen zu, sondern aufgrund seiner objektiven Lebenslage. «Es handelt sich nicht darum, was dieser oder jener Proletarier oder selbst das ganze Proletariat als Ziel sich einstweilen *vorstellt*. Es handelt sich darum, *was* es *ist* und was es diesem *Sein* gemäß geschichtlich zu tun gezwungen sein wird. Sein Ziel und seine geschichtliche Aktion ist in seiner eignen Lebenssituation wie in der ganzen Organisation der heutigen bürgerlichen Gesellschaft sinnfällig, unwiderruflich vorgezeichnet.» (2:38) Wie haben wir diese vielzitierte Formulierung aus der *Heiligen Familie* zu verstehen? Haben wir es, wie nicht ganz selten bei Marx und Engels, mit einer rhetorischen Pointierung zu tun? Oder mit einem rigiden Determinismus, der das Proletariat zur Marionette eines vorgezeichneten Geschichtsverlaufs macht?

Liest man die Stelle in ihrem Kontext und beachtet ihre politische Stoßrichtung, so erweist sie sich zunächst als Teil einer Polemik gegen den linkshegelianischen Glauben an die Kritik als den entscheidenden Hebel politischer Veränderungen und an die Intellektuellen als den entscheidenden Subjekten dieser Veränderung. Unter Berufung auf (den später heftig kritisierten) Proudhon und seine berühmte Schrift *Qu'est-ce que la propriété?* versuchen Marx und Engels diesem voluntaristischen Politikkonzept ein realistischeres entgegenzusetzen, das die objektiven Bedingungen erfolgreichen politischen Handelns betont und das Handeln des revolutionären Subjekts als eine Reaktion auf seine depravierten Lebensbedingungen begreift. Wenige Zeilen vor der zitierten Stelle lesen wir: «Wie die Abstraktion von aller Menschlichkeit, selbst von dem *Schein* der Menschlichkeit, im ausgebildeten Proletariat praktisch vollendet ist, weil in den Lebensbedingungen des Proletariats alle Lebensbedingungen der heutigen Gesellschaft in ihrer unmenschlichen Spitze zusammengefasst sind, weil der Mensch in ihm sich selbst verloren, aber zugleich nicht nur das theoretische Bewusstsein dieses Verlustes gewonnen hat, sondern auch unmittelbar durch die nicht mehr abzuweisende, nicht mehr zu beschönigende, absolut gebieterische *Not* – den praktischen Ausdruck der *Notwendigkeit* – zur Empörung gegen diese Unmenschlichkeit gezwungen ist, darum kann und muß das Proletariat sich selbst befreien.» Zu dieser Stelle wäre manches anzumerken; der für unseren Zusammenhang zentrale Punkt besteht darin, dass sich das, was das Proletariat «geschichtlich zu tun gezwungen sein wird», nicht aus einer geschichtsmetaphysischen Notwendigkeit ergeben soll, sondern als eine *praktische Notwendigkeit* erweist. In kantischen Termini wäre genauer von einer hypothetisch-praktischen Notwendigkeit zu sprechen: Das Proletariat *muss* die Gesellschaft verändern, *um* seine Not beenden und *um* humane Lebensbedingungen durchsetzen zu können.

Diese Passage ist kein Einzelfall. Auch an anderen Stellen erweisen sich die von Marx beschworenen Notwendigkeiten bei genauerer Betrachtung als praktische Notwendigkeiten. So beispielsweise im *Kapital*, wo die ständige technische und organisatorische Revolutionierung der kapitalistischen Produktion analysiert wird. Zunächst beschreibt er die «negative Seite» dieses Prozesses; sie besteht darin, dass er «alle Ruhe, Festigkeit, Sicherheit der Lebenslage des Arbeiters aufhebt» und ständig mit Arbeitslosigkeit bedroht. Im unmittelbaren Anschluss kommt eine zweite Seite des Prozesses zur Sprache: «Wenn aber der Wechsel der Arbeit sich jetzt nur als überwältigendes Naturgesetz und mit der blind zerstörenden Wirkung eines Naturgesetzes durchsetzt, das überall auf Hindernisse stößt, macht die große Industrie durch ihre Katastrophen selbst es zur Frage von Leben und Tod, den Wechsel der Arbeiten und daher möglichste Vielseitigkeit der Arbeiter als allgemeines gesellschaftliches Produktionsgesetz anzuerkennen und seiner normalen Verwirklichung die Verhältnisse anzupassen. Sie macht es zu einer Frage von Leben oder Tod, die Ungeheuerlichkeit einer elenden, für das wechselnde Exploitationsbedürfniß des Kapitals in Reserve gehaltenen, disponiblen Arbeiterbevölkerung zu ersetzen durch die absolute Disponibilität des Menschen für wechselnde Arbeitserfordernisse; das Theilindividuum, den bloßen Träger einer gesellschaftlichen Detailfunktion, durch das total entwickelte Individuum, für welches verschiedne gesellschaftliche Funktionen einander ablösende Bethätigungsweisen sind.» (II,8:471/23:511f) Es ist unzweifelhaft, dass mit der Beschwörung von «Leben und Tod» ein hypothetisch-praktischer Imperativ benannt werden soll: *Wenn* die Arbeiter ihr Leben sichern und ihren Tod vermeiden wollen, *dann* müssen sie die angesprochenen gesellschaftlichen Veränderungen durchsetzen.

Umso überraschter sind wir, wenn wenige Zeilen später «die unvermeidliche Eroberung der politischen Gewalt durch die Arbeiterklasse» prognostiziert wird. Natürlich kann diese Voraussage als eine Fortführung der vorhergehenden Argumentation interpretiert werden: Die Eroberung der politischen Macht wäre dann hypothetisch-praktisch unvermeidlich, damit die Arbeiterklasse ihre Interessen sichern kann. In den meisten Fällen hat der Ausdruck ‹unvermeidlich› aber einen deutlich stärkeren Sinn und bezeichnet ein bevorstehendes kausal determiniertes Ereignis, dessen Eintreten eben nicht von menschlichem Handeln abhängt. Man kann also nicht ausschließen, dass Marx unversehens von einer praktischen zu einer kausalen Notwendigkeit übergeht. Und da sich solche Übergänge auch an anderen Stellen seines Werkes finden, steht der Interpret vor einem Rätsel. Sollte Marx übersehen haben, dass praktische Notwendigkeit etwas anderes ist als kausale Unvermeidlichkeit? Mit ähnlichen Überraschungen wartet Marx auch dort auf, wo es um Möglichkeit und Notwendigkeit geht. Charakteristisch dafür ist eine politische Lageanalyse aus dem Jahre 1850, in der Marx die Niederlage der Revolution im vorausgegangenen Jahr reflektiert und in diesem Zusammenhang auch über die Aussichten auf eine neue Revolution nachdenkt: «Eine solche Revolution ist nur in den Perioden möglich, wo diese *beiden Faktoren*, die *modernen Produktivkräfte* und die *bürgerlichen Produktionsformen*, miteinander *in Widerspruch* gerathen [...] *Eine neue Revolution ist nur möglich im Gefolge einer neuen Krisis. Sie ist aber auch ebenso sicher wie diese.*» (I,10:467/7:440) So wie oben aus der praktischen eine kausale Notwendigkeit geworden war, verwandelt sich hier die Möglichkeit im Handumdrehen in eine Notwendigkeit. Welchen Reim sollen wir uns darauf machen? Handelt es sich um eine bloße Laxheit im Umgang mit modalen Aussagen oder haben wir es mit einem tiefer reichenden Problem zu tun?

Emphatische Wirklichkeit. Von einer bloßen Nachlässigkeit ist nicht auszugehen. Eine erste Vermutung könnte dahin gehen, dass die Unklarheiten mit einem beständigen Wechsel zwischen der Beobachter- und der Teilnehmerperspektive zusammenhängen: Sofern Marx die Position des distanzierten Geschichtstheoretikers einnimmt, hebt er die Notwendigkeit des Geschichtsverlaufs hervor; mit dem Wechsel auf den praktischen Teilnehmerstandpunkt aber rücken die Möglichkeiten in den Vordergrund. Diese Vermutung ist sicher nicht ganz falsch, reicht aber nicht weit genug. Wir müssen vielmehr damit rechnen, dass die aufgezeigten Unklarheiten beim Gebrauch modaler Kategorien tief in den philosophischen Voraussetzungen des Historischen Materialismus verwurzelt sind, insbesondere in der Marxschen Idee eines wissenschaftlichen Sozialismus. Wir erinnern uns, dass diese Idee zum einen auf der geschichtsmaterialistischen Annahme beruhte, dass der neuere Sozialismus der theoretische Ausdruck der Befreiungsbestrebungen des Proletariats sei, die wiederum ihre Basis in einem fortgeschrittenen Entwicklungsstadium des Kapitalismus haben. Unter diesen äußeren Bedingungen konnte die sozialistische Theorie dann zweitens in ihrer internen Struktur einen wissenschaftlichen Charakter annehmen. Solange die äußeren sozialen Bedingungen unentwickelt waren, blieben die sozialistischen Theoretiker ‹Utopisten›; notgedrungen hatten ihre Theorien einen phantastisch-idealistischen bzw. ethisch-religiösen Charakter. «Aber in dem Masse, wie die Geschichte voranschreitet und mit ihr der Kampf des Proletariats sich deutlicher abzeichnet, haben sie nicht mehr nöthig, die Wissenschaft in ihrem Kopfe zu suchen; sie haben nur sich Rechenschaft abzulegen von dem, was sich vor ihren Augen abspielt und sich zum Organ desselben zu machen.» (I,30:302/4:143) Der sozialistischen Theorie wuchs in Gestalt der avancierten Produktionsverhältnisse und der Arbeiterbewegung eine empirische Grundlage in der sozialen Realität zu. – Unter diesen Bedingungen schien es Marx in zweifacher Hinsicht unzureichend zu sein, von der bloßen *Möglichkeit* einer Revolution zu sprechen.

Erstens: Wenn das Proletariat eine gewisse quantitative Stärke erreicht und die Arbeiterbewegung ihren Befreiungskampf aufgenommen hatte, dann war die Revolution nicht mehr nur möglich, sondern in gewissem Sinne bereits *wirklich*. Wirklich in dem Sinne, dass in Gestalt der Arbeiterbewegung die geschichtliche Tendenz zur Überwindung des Kapitalismus wirksam geworden ist. Zugrunde liegt dem ein Verständnis von Wirklichkeit, das über die gegebene Faktizität hinausgeht und die ihr zugleich innewohnenden wie über sie hinausweisenden Tendenzen einschließt. Hilfreich für das Verständnis dieses Gedankens ist einmal mehr die organismische Analogie. Ein Keim ist nicht nur darin wirklich, dass er tatsächlich existiert, sondern auch darin, dass er sich zu einer Pflanze entwickeln *wird*; dass ihm also eine über seinen gegenwärtigen Zustand hinausführende Tendenz innewohnt. Analog dazu reduziert sich die soziale Wirklichkeit nicht auf ihren gegebenen Zustand, sondern muss als etwas Produktives verstanden werden, das Tendenzen der Veränderung einschließt. – Es ist unverkennbar, dass Marx mit diesem Wirklichkeitsverständnis fest auf dem Boden der Hegelschen Philosophie stand. Hegel war nicht bereit gewesen, jedem beliebig Existierenden «den emphatischen Namen eines Wirklichen» zuzubilligen. Die bloße Erscheinung war für ihn ebenso wenig schon wirklich wie das Zufällige, also jene «Existenz, die keinen größern Wert als den des *Möglichen* hat, die so gut *nicht sein* kann, als sie ist».[31] Der Ausdruck ‹wirklich› war für ihn nicht nur etymologisch mit ‹wirken› verbunden, sondern seiner tiefsten Bedeutung nach: ‹Wirklich› war das, was wirksam ist und zwar wirksam in Übereinstimmung mit der Vernunft. Vor diesem Hintergrund ist auch der (schon zu Lebzeiten Hegels berüchtigte) Satz aus der Vorrede der *Rechtsphilosophie* zu verstehen: «Was vernünftig ist, das ist wirklich, und was wirklich ist, das ist vernünftig.» Die Aufgabe der Philosophie, so betont Hegel hier mit allem Nachdruck, bestehe im Hinblick auf den Staat ebenso wie im Hinblick auf andere Gegenstände darin, zu begreifen, *was ist*, «denn das, *was ist*, ist die Vernunft». Aus diesem ‹emphatischen› Verständnis von Wirklichkeit und aus der damit zusammenhängenden Bestimmung der Aufgabe der Philosophie ergab sich für Hegel eine Frontstellung gegen alle Arten normativistischer Theorien, die von einem unversöhnlichen Gegensatz zwischen Ideal und Wirklichkeit, Sollen und Sein ausgehen. Dem hielt er entgegen, «dass die Philosophie, weil sie das *Ergründen des Vernünftigen* ist, eben damit das *Erfassen* des *Gegenwärtigen* und *Wirklichen*, nicht das Aufstellen eines *Jenseitigen*, ist, das Gott weiß wo sein sollte».[32] – In diesen Äußerungen ist die Kernidee des wissenschaftlichen Sozialismus leicht wiederzuerkennen. Marx ging es nicht um die Realisierung sozialer Ideale oder Utopien, um etwas «Jenseitiges» also, das «Gott weiß wo sein soll»; vielmehr sah er in der Arbeiterbewegung und ihrem Befreiungskampf das «Gegenwärtige und Wirkliche», das es zu «erfassen» galt, und dessen objektive Grundlagen theoretisch zu ermitteln waren.[33] Es ging nicht um das bloß Mögliche (das ebenso gut sein kann, wie auch nicht), sondern um das in einem anspruchsvollen Sinne Wirkliche.

Zweitens: Dass die Idee des wissenschaftlichen Sozialismus ein materialistisch umgestülpter und aktivistisch zugespitzter Hegelianismus ist,[34] bestätigt sich, wenn wir einen weiteren Schritt der Hegelschen Konzeption von Wirklichkeit nachvollziehen. Dieser Schritt besteht darin, von der negativen These, nach der das Wirkliche nicht nur möglich und in diesem Sinne zufällig ist, zu der positiven These überzugehen, dass wirklich in jenem «emphatischen» Sinne nur das sei, was zugleich auch *notwendig* ist. Um die angeführte Analogie noch einmal zu bemühen: Wenn ein Keim wirklich ist (=wirkt), kann die künftige Pflanze nicht mehr nur als möglich oder als zufällig angesprochen werden. Vorausgesetzt, dass keine Hindernisse auftreten und dass bestimmte Bedingungen gegeben sind, entwickelt sie sich notwendig. In dem zitierten Satz, dass das Wirkliche vernünftig und das Vernünftige wirklich sei, ist diese Notwendigkeitsthese bereits enthalten, denn das Vernünftige ist nach Hegel immer auch notwendig. In seiner *Philosophie der Geschichte* kommt das darin zum Ausdruck, dass er dem historischen Prozess hier einen zwar nicht in allen Details, aber in seiner Gesamttendenz notwendigen Verlauf bescheinigt und zugleich auch als vernünftig charakterisiert; ihn dem Zufall anheimzugeben, wäre ihm als eine Kapitulation der Vernunft erschienen.[35] – Ebenso wie das klassische Wissenschaftsideal, das die Identifikation von Ursachen und Notwendigkeiten vorschrieb, bildet die Hegelsche Deutung von Wirklichkeit eine der philosophischen Voraussetzungen der Marxschen Idee eines wissenschaftlichen Sozialismus. Die Aufgabe des Theoretikers bestand nun darin, die sich entwickelnde Wirklichkeit des zeitgenössischen Kapitalismus in ihrer Notwendigkeit zu begreifen; einer Notwendigkeit, die den Übergang zu einer sozialistischen Gesellschaft einschloss.

Man wird Marx also nicht vorwerfen können, die Differenzen zwischen den verschiedenen Modalitäten leichtfertig ignoriert zu haben. Vielmehr konnte er sie aufgrund seiner Hegelianischen Voraussetzungen nicht als echte Differenzen akzeptieren. Anstatt scharfer Grenzen zwischen Wirklichkeit, Möglichkeit und Notwendigkeit gab es für ihn enge Zusammenhänge und gleitende Übergänge zwischen ihnen. Eine sorgfältige Analyse der prozessual verfassten sozialen *Wirklichkeit* musste demnach Tendenzen offenlegen, durch die *Möglichkeiten* eröffnet wurden; und je konkreter diese Möglichkeiten bestimmt wurden, desto stärker erwiesen sie sich als *Notwendigkeiten*. Vor dem Hintergrund dieser von Hegel spekulativ entfalteten, von Marx ins Ökonomisch-Politische transponierten Modalitätsauffassung musste die Feststellung, dass eine Revolution möglich sei, als eine auf halbem Wege stehengebliebene Analyse erscheinen.

Determinismus. Die Betonung der historischen Notwendigkeit hat der Marxschen Theorie unter seinen Gegnern wie unter seinen Anhängern den Ruf des Determinismus eingetragen. Diese Charakterisierung ist korrekt, aber nicht sehr instruktiv. Eine Theorie gilt als deterministisch dann, wenn sie davon ausgeht, dass alle Ereignisse durch vorhergehende Bedingungen festgelegt sind. Damit ist aber noch nichts darüber ausgemacht, welche Typen vorhergehender Bedingungen von der betreffenden Theorie angenommen werden; und was mit ‹festgelegt› gemeint ist. Es bleibt Spielraum für unterschiedliche Arten und unterschiedlich starke Versionen von Determinismus. Im Hinblick auf unseren Zusammenhang wird es nützlich sein, vorab auf drei Fehldeutungen einzugehen, denen der Ausdruck unterliegt.

Die erste besteht in der Identifikation von Determinismus und Materialismus. Daran ist so viel richtig, dass es bereits in der Antike philosophische Schulen gab, die zugleich materialistisch und deterministisch waren (vor allem die Stoa), und dass einige Materialisten des 18. Jahrhunderts einen naturgesetzlich basierten Fatalismus vertreten haben: «Alles, was in uns vorgeht, und alles, was durch uns geschieht, ist, ebenso wie alles, was sich in der Natur ereignet oder was wir ihr zuschreiben, durch notwendige Ursachen bedingt, die aufgrund notwendiger Gesetze wirken und die notwendigen Wirkungen hervorrufen, aus denen wiederum andere hervorgehen. Die Fatalität ist die in der Natur festgesetzte ewige, unwandelbare, notwendige Ordnung oder die unvermeidliche Verbindung der Ursachen mit den von ihnen hervorgerufenen Wirkungen.»[36] – Dem stehen allerdings zwei Tatsachen gegenüber. Einmal wurden ähnliche Positionen auch von nichtmaterialistischer Seite aus vertreten. Das bekannteste Beispiel ist die vom Heiligen Augustinus begründete Prädestinationslehre, die in der Neuzeit von protestantischer Seite popularisiert wurde. Spinoza ist ein weiteres Beispiel; und auch Hegel war der Überzeugung, dass der Geschichtsverlauf durch einen Endzweck festgelegt ist und dass die menschlichen Handlungen nur «die Mittel und Werkzeuge» zur Realisierung dieses Zwecks sind.[37] Zweitens kann man Materialist sein und einen durchgängigen Determinismus ablehnen. In der Antike hat Epikur diese Auffassung vertreten, und Marx hat diese Zurückweisung des Determinismus in seiner Dissertation (I,1:29 et passim/40:266 et passim) stark hervorgehoben.

Weiterhin wird oft angenommen, dass deterministische Theorien den Lauf der Welt als eine Fahrt auf fest verlegten Schienen konzipieren, die keinerlei Abweichungen vom vorgegebenen Kurs erlauben; Raum für den Zufall bleibe unter diesen Voraussetzungen nicht. Tatsächlich war d'Holbach der Ansicht, dass das Wort ‹Zufall› keinen Sinn habe, da *alles* determiniert sei.[38] – Nun ist aber nicht jede Variante des Determinismus auf eine vollständige Negation des Zufalls festgelegt. Hegel, der dem Zufall keineswegs wohlgesonnen war, hat seine Existenz nicht bestritten; dasselbe gilt für Marx, der die «Berechtigung des Zufalls» (II,1.1:44/42:43) ausdrücklich bekräftigt hat. In seiner ökonomischen Theorie hat er schon deshalb keinen ausschließenden Gegensatz zwischen Zufall und Notwendigkeit angenommen, weil sich die letztere seiner Auffassung nach (zumindest in vielen Fällen) durch Zufälle durchsetzt. Statistische Gesetze liefern die wohl besten Beispiele dafür und Marx hat ihnen, wie wir sahen, ein erhebliches Gewicht in seiner ökonomischen Theorie beigemessen.[39] – Folglich ist das geschichtliche Handeln des Menschen nicht nur den Gesetzen, sondern auch dem Zufall unterworfen: «Die Weltgeschichte wäre allerdings sehr bequem zu machen, wenn der Kampf nur unter der Bedingung unfehlbar günstiger Chancen aufgenommen würde. Sie wäre andrerseits sehr mystischer Natur, wenn ‹Zufälligkeiten› keine Rolle spielten. Diese Zufälligkeiten fallen natürlich selbst in den allgemeinen Gang der Entwicklung und werden durch andre Zufälligkeiten wieder kompensiert. Aber Beschleunigung und Verzögerung sind sehr von solchen ‹Zufälligkeiten› abhängig – unter denen auch der ‹Zufall› des Charakters der Leute, die zuerst an der Spitze der Bewegung stehn, figuriert.» (33:209) Zwei Punkte werden in dieser brieflichen Äußerung deutlich. Einerseits ist der Zufall ein objektiver Faktor, mit dem der Beobachter historischer Prozesse ebenso zu rechnen hat wie der Teilnehmer. Er ist ein nicht (vollständig) kontrollierbarer Faktor, der historische Möglichkeiten ebenso eröffnen wie zunichtemachen kann. Andererseits hat der Zufall aber nicht das letzte Wort, denn auf lange Sicht setzen sich die historischen Notwendigkeiten durch.

Die dritte, für uns wichtigste Fehlannahme besagt, dass eine deterministische Theorie keinen Raum für (freies) menschliches Handeln lasse, da ihr zufolge ja alles im Vorhinein festgelegt sei. Auch hier gilt zunächst, dass deterministische Theorien solche Konsequenzen haben können, aber nicht haben müssen. Vor allem aber ist zu bedenken, dass, genau wie ein übermäßig starker Determinismus keinen Raum für (freies) menschliches Handeln lassen würde, ein übermäßig starker Indeterminismus (erfolgreiches) menschliches Handeln unmöglich machen würde. Ohne eine hinlängliche Regelmäßigkeit und Verlässlichkeit, sei es der natürlichen oder der sozialen Welt, bliebe das Handeln ein Vabanquespiel. Das heißt aber: Die Existenz von (wie auch immer näher zu bestimmenden) Determinanten steht dem menschlichen Handeln nicht entgegen, sondern bildet seine *Voraussetzung*. Gerade unter praktischen Gesichtspunkten wäre ein strikter Indeterminismus ebenso unattraktiv wie ein strikter Determinismus.

Wenn wir, dies alles vorausgeschickt, nach der Art von Determinismus fragen, die Marx vertreten hat, so dürfte grundsätzlich klar sein, dass es sich nicht um irgendeine Art von metaphysischem Determinismus handelt. Die Geschichte war für ihn kein Produkt des Schicksals, kein Resultat göttlicher Providenz und keine Veranstaltung des Weltgeistes. Die Geschichte war für ihn vielmehr der Entwicklungsprozess, den die Menschen und ihre Gesellschaft im Ergebnis des menschlichen Handelns durchlaufen. Wie die Gesellschaft ist auch die Geschichte (a) ein Produkt menschlichen Handelns, das (b) nur im menschlichen Handeln instantiiert ist. Das gilt auch für die sozialen Gesetze, denen das geschichtliche Handeln der Menschen unterliegt. – Wie die Geschichte insgesamt, unterliegen auch die Einzelhandlungen der Individuen keinem metaphysischen Determinismus. Aber so frei die Individuen in einem metaphysischen Sinne auch sind, so gravierend sind die konkreten empirischen Einschränkungen ihres Handelns. Unter den von Marx an verstreuten Stellen erwähnten, also nirgends systematisch zusammengefassten Einschränkungen möchte ich drei hervorheben.

Erstens ist menschliches Handeln niemals voraussetzungslos: «Die Menschen machen ihre eigene Geschichte, aber sie machen sie nicht aus freien Stücken unter selbstgewählten, sondern unter unmittelbar vorhandenen, gegebenen und überlieferten Umständen. Die Tradition aller todten Geschlechter lastet wie ein Alp auf dem Gehirne der Lebenden.» (I,11:96f/8:115) Diese vielzitierte Stelle weist pauschal auf die vielfältigen äußeren Umstände hin, von denen menschliches Handeln stets ausgehen muss; und die bestimmte Arten von Handlungen einerseits ermöglichen, andererseits aber auch unmöglich machen können. Zum Teil handelt es sich dabei um naturgegebene Umstände, zum anderen Teil um Voraussetzungen, die Produkt des Handelns anderer Menschen sind: Produktivkräfte, Produktionsverhältnisse, Überbauten oder Bewusstseinsformen. In dem Zitat nicht explizit angesprochen, aber deshalb nicht weniger wichtig ist weiter, dass die Individuen auch sich selbst vorfinden: zum Teil als etwas von Natur vorgegebenes, zum Teil aber auch als Produkte der geschichtlichen Entwicklung. Da das menschliche Wesen «das ensemble der gesellschaftlichen Verhältnisse» (IV,3:21/3:6) ist, und da die gesellschaftlichen Verhältnisse den Individuen vorgegeben sind, stehen die Individuen nicht außerhalb des historischen Prozesses, sondern sind sein Produkt. Allerdings kein passives Produkt: Wie auf die äußeren Umstände wirken sie auch auf sich selbst, auf ihr ‹Innerstes›, ein, modifizieren es und gestalten es um.

Eine zweite Einschränkung ergibt sich daraus, dass die Individuen zwar auf die gegebenen äußeren Umstände, auf sich selbst und auf andere Individuen einwirken, dass die daraus erwachsenden Wirkungen aber nicht immer den Intentionen entsprechen. Friedrich Engels hat das so beschrieben: «Nur selten geschieht das Gewollte, in den meisten Fällen durchkreuzen und widerstreiten sich die vielen gewollten Zwecke, oder sind diese Zwecke selbst von vornherein undurchführbar, oder die Mittel unzureichend. So führen die Zusammenstöße der zahllosen Einzelwillen und Einzelhandlungen auf geschichtlichem Gebiet einen Zustand herbei, der ganz dem in der bewußtlosen Natur herrschenden analog ist. Die Zwecke der Handlungen sind gewollt, aber die Resultate, die wirklich aus den Handlungen folgen, sind nicht gewollt, oder soweit sie dem gewollten Zweck zunächst doch zu entsprechen scheinen, haben sie schließlich ganz andere als die gewollten Folgen.» (I,30:152/21:297) Auch wenn die Individuen die Geschichte *machen*, so *gestalten* sie sie deshalb doch nicht; jedenfalls in der *bisherigen* Geschichte nicht. Die Überwindung der ‹Naturwüchsigkeit› der gesellschaftlichen Beziehungen und der historischen Entwicklung stand im Mittelpunkt der Marxschen Vorstellung einer sozialistischen Gesellschaft. In ihr sollte ein Handeln möglich sein, bei dem Intentionen und Resultate nicht notwendig auseinanderklaffen.

Das ist drittens nicht so zu verstehen, dass menschliches Handeln unter sozialistischen Bedingungen von allen Voraussetzungen unabhängig wäre und dass hier die Intentionen allein über die Resultate entscheiden. Nach Marx unterliegt menschliches Handeln *immer* gesellschaftlichen Gesetzen (so wie es auch immer Naturgesetzen unterliegt) und ist deshalb nie in einem absoluten Sinne frei. Er ging aber davon aus, dass diese Gesetze unter sozialistischen Bedingungen erkannt und im Handeln berücksichtigt werden können (so wie auch Naturgesetze erkannt und im Handeln berücksichtigt werden können), sodass ihre Existenz zu einem Mittel gezielten und erfolgreichen geschichtlichen Handelns wird.

Die Geburtshelferkonzeption. Der Einwand, eine deterministische Geschichtskonzeption sei mit aktivistischen Konzepten von Politik unvereinbar, erweist sich vor diesem Hintergrund als vorschnell. So war auch Stammler mit der Mondfinsternis-Analogie an einer der zentralen ontologischen Annahmen des Historischen Materialismus vorbeigegangen. Im Unterschied zu natürlichen Vorgängen wie den Bewegungen der Himmelskörper geschieht in Gesellschaft und Geschichte nichts ohne menschliches Handeln. Die handelnden Subjekte stehen nicht in demselben Sinne außerhalb der sozialen und historischen Prozesse, in dem sie außerhalb der astronomischen Vorgänge stehen, und greifen daher auch nicht von außen in sie ein. Hinzu kommt, dass Stammlers Analogie insofern suggestiv ist, als sie einen bestimmten Typus notwendiger gesetzmäßiger Vorgänge als paradigmatisch erscheinen lässt: solche, in die Menschen nicht einzugreifen vermögen. Neben diesen Vorgängen gibt es aber auch solche, die zwar einen notwendigen Verlauf haben, aber dennoch keine Immunität gegenüber menschlichen Eingriffen besitzen. Auf ein solches Beispiel hat Marx selbst metaphorisch angespielt.

Im Vorwort zur ersten Auflage des *Kapitals* heißt es: «Auch wenn eine Gesellschaft dem Naturgesetz ihrer Bewegung auf die Spur gekommen ist, – und es ist der letzte Endzweck dieses Werks, das ökonomische Bewegungsgesetz der modernen Gesellschaft zu enthüllen – kann sie naturgemäße Entwicklungsphasen weder überspringen, noch wegdekretieren. Aber sie kann die Geburtswehen abkürzen und mildern.» (II,8:45/23:15f) Ich habe diese beiden Sätze bereits in Fragmenten zitiert. Ihr genauer Inhalt ist unklar; erkennbar ist aber, dass Marx in ihnen die Gesetzmäßigkeit dieses Prozesses betonen, zugleich aber auch eine Tür für die Einflussnahme durch menschliches Handeln öffnen will. Üblicherweise werden die Sätze so verstanden, dass mit den ‹Geburtswehen› der Übergang vom Kapitalismus zum Sozialismus gemeint sei. Obwohl diese Deutung aus den oben angegebenen Gründen nicht zwingend ist, möchte ich mich ihr hier dennoch anschließen. Auf ihrer Basis wird es nämlich möglich, einen Zusammenhang mit der bereits diskutierten Analogie zur ontogenetischen Entwicklung herzustellen. In beiden Fällen wird der Übergang zwischen zwei verschiedenen Gesellschaftsordnungen (nicht mit physikalischen, sondern) mit biologischen Prozessen parallelisiert; dies aber mit einem wichtigen Unterschied. Wenn Marx den Übergang mit der Ontogenese analogisiert, nimmt er eine rein theoretische, eine Beobachterperspektive ein. Bedient er sich hingegen der Geburtsmetaphorik, so wechselt er auf die praktische, die Teilnehmerperspektive über, indem er die mögliche Abkürzung und Milderung der Geburtswehen unterstreicht. Marx hat sich dieser Metaphorik nicht sehr oft, aber doch mehrfach und unter Verwendung alternativer Ausdrücke wie «Geburtshelfer» oder «Hebamme» bedient.[40] Er stellt damit eine Parallele zwischen dem perinatalen und dem politischen Handeln her, sodass man von einer Geburtshelferkonzeption bzw. einer «obstetrischen Konzeption»[41] von Politik sprechen kann. Tatsächlich lässt sich leicht eine Reihe von Übereinstimmungen festhalten, die zwischen der geburtshilflichen Praxis und dem Marxschen Verständnis von (revolutionärer) Politik bestehen:

(1) Grundlegend zunächst ist die Einsicht, dass eine Schwangerschaft nicht durch Zufall, sondern mit Notwendigkeit zur Geburt führt. Diese Notwendigkeit hängt nicht vom Wunsch und Willen der Beteiligten ab, sondern liegt in der Natur der Sache und ist daher objektiv. – Das gilt analog auch für Gesellschaftsformationen, die nach Marx nicht als statische Gebilde anzusehen sind, sondern als aufgrund ihrer inneren Gesetze in

ständiger Entwicklung begriffene Organismen. Entscheidend ist, dass es sich dabei um eine Entwicklung handelt, die schließlich über diese Formation hinausführt. So führt auch die innere Entwicklung des Kapitalismus *notwendig* zur Geburt einer neuen, sozialistischen Gesellschaft. (Der ontogenetischen Analogie entsprechend, handelte es sich nicht um die Geburt eines neuen Organismus, sondern um die «katastrophale Metamorphose» des bereits Vorhandenen. Ob diese Differenz konzeptionell relevant ist, kann hier nicht geprüft werden.)

(2) Obwohl die Schwangerschaft notwendig zur Geburt führt, wartet eine Schwangere in aller Regel die Geburt ihres Kindes nicht passiv ab, sondern trifft verschiedene Vorbereitungen und schaltet kundige Helfer ein, die die Schwangerschaft und den Geburtsprozess begleiten und günstig beeinflussen sollen. – Ähnlich ist «eine Nation» (man beachte, dass Marx hier nicht vom Proletariat oder von einer politischen Partei spricht) nicht dazu verurteilt, die unvermeidliche Revolution still abzuwarten; sie kann die Revolution vorantreiben und aktiv gestalten, um auf diese Weise die Geburtswehen abzukürzen und zu mildern.

(3) Um erfolgreich zu sein, haben Geburtshelfer und Hebammen keine idealen Kinder zu konzipieren; sie haben vielmehr die Gesetzmäßigkeiten oder Mechanismen von Schwangerschaft und Geburt zu analysieren und die dabei gewonnenen Kenntnisse geburtshilflich zu nutzen. – Dementsprechend haben auch die Sozialisten keine ideale sozialistische Gesellschaft auszuhecken; sie haben die Gesetzmäßigkeiten und Mechanismen des Kapitalismus und seiner Entwicklung zu studieren und auf der Grundlage der damit gewonnenen Kenntnisse den Übergang zur neuen Gesellschaft aktiv zu fördern.

(4) Geburtshelfer und Hebammen können die Geburt eines Kindes nicht zu jedem beliebigen Zeitpunkt herbeiführen. Zu den Voraussetzungen einer Geburt gehören eine Schwangerschaft und eine gewisse Reife des Fötus. Da Frauen nicht immer schwanger und Föten nicht von Beginn an reif sind, ist eine erfolgreiche Geburt nur zu bestimmten Zeitpunkten möglich. – Ähnlich ist es in der Politik: Der Übergang zu einer neuen Gesellschaft kann nicht durch bloßen revolutionären Willen erzwungen werden, sondern ist auf jene objektiven und subjektiven Voraussetzungen angewiesen, die Marx zu definieren versucht hatte. Der Zeitpunkt (erfolgreichen) revolutionären Handelns ist durch das Vorliegen dieser Voraussetzungen definiert.

(5) Schließlich führen die Geburtshelfer und Hebammen die Schwangerschaft nicht selbst herbei; auch die Reife des Fötus ist für sie nicht beeinflussbar. – Analog dazu können die Sozialisten (oder «die Nation»?) die objektiven Voraussetzungen des Sozialismus nicht künstlich erzeugen; sie können diese Voraussetzungen, wenn sie gegeben sind, nur nutzen.

Marx hat uns an keiner Stelle seines Werkes *systematische* Überlegungen zum Thema ‹Politik› hinterlassen. Das war kein zufälliges Versäumnis, sondern eine Konsequenz, die sich aus der zweiten Grundidee des Historischen Materialismus aufdrängte, nach der die Politik ein Überbauphänomen ist, dem keine selbständige Existenz und Relevanz zukommt. Politische Fragen sind demnach immer sekundär gegenüber den ökonomischen Fragen. Ob das eine *zwingende* Konsequenz aus dem Historischen Materialismus ist, kann hier nicht diskutiert werden. Dass Marx sie gleichwohl gezogen hat, zeigt sich nicht zuletzt daran, dass er in seinen theoretisch-programmatischen Äußerungen Politik immer nur als Subsystem der Gesellschaft in den Blick genommen hat; politisches *Handeln*, das revolutionäre Handeln eingeschlossen, kommt nur in seinen historischen und journalistischen Arbeiten vor. Als *Arbeit* spielt menschliches Handeln eine zentrale Rolle in seiner Theorie; andere Formen des Handelns erscheinen demgegenüber nur am Rande. – Genau das macht die obstetrische Metaphorik für uns interessant. Wir wissen zwar nicht, wie ernst Marx sie genommen hat und ob er sie tatsächlich als die Grundmetapher seiner Konzeption politischen Handelns angesehen hat. Die Metapher lässt aber zwei tragende Pfeiler dieser (von Marx nicht ausgearbeiteten) Konzeption erkennen. Zum einen wird deutlich, dass Marx ein eher *technisches* Konzept politischen Handelns vorschwebte. Die Funktion der Hebammen und Geburtshelfer reduziert sich darauf, den möglichst reibungslosen Ablauf eines prinzipiell eigenständigen Prozesses sicherzustellen. Dass es im politischen Handeln auch um die Gestaltung eines Prozesses gehen könnte, in dem es um die Realisierung *normativ* begründeter Ziele gehen und zwischen normativ unterschiedlichen Teilzielen *entschieden* werden muss, wird in der Geburtshelferanalogie unterschlagen. Zum anderen bezweifelt Marx zwar nicht die Möglichkeit (revolutionären) politischen Handelns, räumt ihm aber nur einen in jeder Hinsicht geringen Spielraum ein. Die Menschen sind *Subjekte* der Geschichte im doppelten Sinne des Wortes: Sie *machen* sie, sind ihr aber zugleich auch *unterworfen*.

NACHWORT
DIE BESONDERHEIT DES *HISTORISCHEN* MATERIALISMUS

Die Theorie von Marx ist oft als die These verstanden worden, dass alles irgendwie von der Wirtschaft abhängt. Man wird nicht einwenden können, dass diese Deutung falsch sei. Aber sie ist ebenso informativ wie es die Auskunft wäre, dass nach Platon alles von den Ideen abhängt. Von ihrer banalisierenden Tendenz ganz abgesehen, lässt diese Deutung nicht erkennen, worin die *philosophische* Relevanz einer solchen Theorie bestehen könnte. – Es sind aber auch andere Deutungen der Marxschen Theorie möglich, Deutungen, die jene philosophischen Gehalte hervorheben, über die Marx sich selbst und seinen Lesern aus historisch kontingenten Gründen keine systematische Rechenschaft abgelegt hat. Die Umrisse einer solchen Deutung habe ich in diesem Buch zu zeichnen versucht. Ihr Ausgangspunkt ist das Marxsche Selbstverständnis als Materialist; sie weicht von diesem Selbstverständnis aber insoweit ab, als sie den Materialismus als eine genuin philosophische Theorie auffasst und auf dieser Basis nach der Besonderheit seines, des Historischen Materialismus fragt.

Diese Besonderheit zeigt sich zunächst darin, dass Marx kein umfassendes metaphysisches System entwickeln wollte, seine Agenda vielmehr auf zwei Fragen konzentriert hat: Wie sind Gesellschaft und Geschichte theoretisch aufzufassen und wie können sie praktisch verändert werden? Beide Fragen bildeten für ihn eine Einheit. Er wollte die (soziale und geschichtliche) Welt interpretieren, um sie zu verändern. Der Historische Materialismus ist daher schon sehr früh als eine *Philosophie der Praxis* charakterisiert worden: Sehr zu Recht, sofern damit nicht nur die politische Programmatik gemeint ist, die Marx in Gestalt des ‹wissenschaftlichen Sozialismus› entwickelt hat. Die volle Tragweite der Charakterisierung erschließt sich erst, wenn sie darüber hinaus auch auf die theoretische Perspektive ausgedehnt wird, aus der sich Marx den gesellschaftlichen und geschichtlichen Phänomenen nähert. Sein Materialismus stellt sich dann als die Ausformulierung der folgenden ontologischen These dar: *Gesellschaft und Geschichte sind entweder menschliches Handeln oder dessen Produkt*. Wir haben in den vorangegangenen Kapiteln gesehen, wie sich diese Schlüsselstellung des menschlichen Handelns auf allen Ebenen der Marxschen Theorie ausprägt:

Erinnern wir uns zunächst an die *anthropologische* Ebene. Für Marx ist die Grundsituation des Menschen in der Welt, seine basale Beziehung zu ihr, nicht sein Denken, sondern sein Handeln. Der Mensch ist zuallererst ein *handelndes* Wesen. Die Grundform dieses Handelns ist die Arbeit, d. h. die produktive Aneignung der Natur. Mit ihr verschafft er sich nicht nur die notwendigen Mittel seiner Existenz, sondern betätigt zugleich seine spezifischen Wesenskräfte: Die Arbeit ist die dem Menschen und seinen kreativen Fähigkeiten adäquate Lebensform.

Da der Mensch ein von Natur aus soziales Wesen ist, steht er bei der Arbeit stets in einem ‹doppelten Verhältnis› zur Natur auf der einen und zu seinen Mitmenschen auf der anderen Seite. Indem wir unsere theoretische Aufmerksamkeit von der Naturseite des doppelten Verhältnisses auf ihre kooperative, soziale Seite verlagern, gehen wir von der anthropologischen Ebene auf die *sozialphilosophische* Ebene über. Die konkrete Art und Weise, in der die Individuen produktiv handeln, schließt notwendigerweise die Entstehung bestimmter Arten von sozialen (Marx sagt: ‹ökonomischen›) Beziehungen zwischen ihnen ein. In Abhängigkeit von der Verfügung über die Produktionsmittel kristallisiert sich im Produktionsprozess eine bestimmte ökonomische Struktur der Gesellschaft heraus. Die Gesellschaft ist eine Naturtatsache; ihre jeweilige ‹Form› aber ergibt sich als nichtintendierte Folge des produktiven Handelns. In ontologischer Hinsicht hat die Gesellschaft keine stoffliche oder dingliche Realität; insbesondere besteht sie nicht aus Individuen oder Menschen. Sie ist nach Marx vielmehr als ein Gefüge von Relationen zwischen Individuen aufzufassen, das sich allein in ihrem Handeln manifestiert: Gesellschaftliche Verhältnisse sind Verhältnisse zwischen Handlungsweisen von Menschen. Der politische Subtext dieser Sozialontologie besagt natürlich, dass, was entweder menschliches Handeln oder Produkt menschlichen Handelns ist, prinzipiell auch geändert und gestaltet werden kann.

Stellen wir schließlich in Rechnung, dass Menschen nach Marx die natürliche Tendenz haben, ihre Fähigkeiten weiterzuentwickeln, so gelangen wir auf die *geschichtsphilosophische* Ebene. In ihrem Kern ist die Geschichte die fortschreitende Entwicklung der in der Arbeit sich manifestierenden menschlichen Natur; sie hat aber noch eine Formseite. Denn mit der Entwicklung ihrer Fähigkeiten (= ‹Produktivkraft der Arbeit›) wandelt sich das doppelte Verhältnis: Die Menschen verändern ihr produktives Verhältnis zur äußeren Natur und zugleich ihre Beziehungen untereinander, d. h. die sozialen Strukturen, die sie in ihrem Produktionshandeln etablieren. Wie die Gesellschaft, ist auch ihre (bisherige) Geschichte ein nichtintendiertes Produkt menschlichen Handelns. Aus der Einsicht in diesen Umstand schließt Marx auf die prinzipielle Möglichkeit einer bewussten Gestaltung der Geschichte.

Wie auch immer es um die Tragweite dieser Sozialphilosophie bestellt sein mag: Kann sie noch als ‹materialistisch› durchgehen? Gehört die Betonung der Subjektivität des Menschen, seiner aktiven Rolle in der Welt nicht von jeher in das Arsenal idealistischen Denkens, ebenso wie die Akzentuierung des relationalen Charakters der Realität? Man sollte die Relevanz von Bezeichnungen nicht allzu hoch veranschlagen. Marx hat sich von den Vertretern des philosophischen Idealismus nicht weniger inspirieren lassen als von seinen materialistischen Vorläufern; und er hat die Bezeichnung ‹Materialismus› *auch* gewählt, weil sie seinerzeit maximal provokativ war. Über diese Provokation sollten wir heute gelassen hinweggehen und uns den sachlichen Gründen zuwenden, die für eine solche Selbstbezeichnung sprechen. Die Grundintuition, auf der ein Materialismus à la Marx beruht, besteht in der Einsicht, dass es im sozialen Leben weniger auf das ankommt, was die Individuen denken oder sagen, als auf das, was sie *tun*. Das schließt nicht aus, sondern ein, dass das, was sie tun, auch davon abhängt, was sie denken. Aber zum einen ist das, was sie denken, nicht unabhängig von dem, was getan wurde und wird; und zum zweiten können sie sich durch Denken allein nicht über objektive Gegebenheiten hinwegsetzen. Vor allem aber hat ihr Handeln objektive, von ihrem Denken unabhängige Konsequenzen, unter denen sich nach Marx auch die ‹Form› der Gesellschaft befindet: ihre ökonomische Struktur. – Diese These ist es, die den Historischen Materialismus zu einer Variante des Materialismus macht, zu einer Variante freilich, die sich vom Hauptstrom dieser Bewegung darin unterscheidet, dass er (a) einen Realismus der sozialen *Formen* und *Strukturen* vertritt, die sich (b) als Produkte menschlichen *Handelns* ergeben. Seine Besonderheit besteht darin, ein nicht-naturalistischer Materialismus zu sein.

ANMERKUNGEN

I. Das Materialismusproblem

1 Adler, *Marxistische Probleme*: 62–64; Schumpeter, *Kapitalismus, Sozialismus und Demokratie*: 28; Cohen, *Karl Marx's Theory of History*: 27 (im Register dieses Buches kommt das Stichwort ‹materialism› nicht vor, im Text taucht es nur gelegentlich auf, z. B. 98); Elster, *Making Sense of Marx*: 55.

2 Lange, *Geschichte des Materialismus*: 7.

3 So Braun, *Materialismus – Idealismus*: 985. Ähnliches gilt für den Gegenbegriff ‹Idealismus›, vgl. Zeltner, *Idealismus*: 30. Zum Begriff ‹Materialismus› vgl. auch die Übersichten bei Geisler, *Matérialisme, Matérialiste* und Sandkühler, *Materialismus*.

4 Epikur, *Brief an Menoikeus*: 103 f. Ähnlich d'Holbach/Du Marsais, *Essay über die Vorurteile*: 200.

5 «Materialism is now the dominant systematic ontology among philosophers and scientists, and there are currently no established alternative ontological views competing with it.» Moser/Trout, *Preface*: ix. Was diese Art von Materialismus behauptet, fasst David Lewis, *New Work for a Theory of Universals*: 33 f. gut zusammen: «Roughly speaking, Materialism is the thesis that physics – something not too different from present-day physics, though presumably somewhat improved – is a comprehensive theory of the world, complete as well as correct. The world is as physics says it is, and there's no more to say.»

6 Vgl. Neurath, *Empirische Soziologie*, wo u. a. Folgendes behauptet wird: «*Marx* und *Engels* sind ‹Materialisten›, insofern sie nur von dem sprechen, was man mit Hilfe der Sinne beobachten kann.» (40) «Die Frage ‹Materie› oder ‹Geist› wird dadurch gelöst, dass die Lehre vom ‹Geist› verschwindet und nur die Lehre von der ‹Materie›, nur die *Physik* übrig bleibt.» (60) «Das Wort ‹materialistisch› drückt aus, dass nur räumlich-zeitliche Ordnung, nur räumlich-zeitliche Gebilde behandelt werden und sonst nichts.» (60 f.) Keine dieser Aussagen wäre von Marx akzeptiert worden, auch von Engels nicht.

7 Vgl. Platon, *Nomoi*: 907c–909d. Diogenes Laertios berichtet: «Platon wollte alle ihm verfügbaren Demokrit-Schriften verbrennen, doch die Pythagoreer Amyklas und Kleinias hätten das als zwecklos verhindert, denn die Bücher wären schon zu sehr verbreitet gewesen.» *Leben und Lehre der Philosophen*: IX,40.

8 Bloch, *Das Materialismusproblem*: 135 f.

9 Bloch hat den produktiven Gehalt geltend gemacht, den die Überlegungen zum Materiebegriff von idealistischer Seite oft hatten. Die Materie sei für sie «eine Verlegenheit» gewesen, die das Denken über sie stimulierte: «gerade bei den großen Philosophen wie Aristoteles, Spinoza, Leibniz, Schelling, Hegel finden sich im Einzelnen wie im Ganzen durchaus kryptomaterialistische Züge». *Das Materialismusproblem*: 129. Ähnlich hat Sandkühler, *Materialismus*: 234 hinsichtlich der

klassischen deutschen Philosophie auf «die dem Idealismus immanenten materialistischen Gegentendenzen» hingewiesen.

10 Diese Äußerung findet sich in der *Heiligen Familie* (2:133) im Rahmen eines kurzen Abrisses zur Geschichte des Materialismus im 17. und 18. Jahrhundert, der gelegentlich in den Rang einer autoritativen Probe Marxscher Philosophiegeschichtsschreibung erhoben wurde. Seit längerem ist aber bekannt, dass Marx sich in dieser Passage eng an ein von Charles Renouvier 1842 veröffentlichtes Handbuch angelehnt hat. Vgl. O. Bloch, *Marx, Renouvier et l'histoire du matérialisme.*

11 Jeder Versuch einer quantitativen Einschätzung der Dominanz einer bestimmten philosophischen Richtung stößt auf ebenso große wie leicht erkennbare methodische Schwierigkeiten; solche Versuche sind daher auch nur selten unternommen worden. Zu den wenigen Ausnahmen gehört eine Untersuchung von Sorokin, *The Fluctuation of Idealism and Materialism in the Greco-Roman and European Cultures from 600 B. C. to 1920 A. D.*, nach der (a) die idealistische Strömung in dem genannten Zeitraum etwa vier Mal so stark war wie die materialistische; und (b) gemischte Positionen häufiger waren als Idealismus und Materialismus zusammen.

12 Bloch, *Das Materialismusproblem*: 129.

13 D'Alembert, *Materie:* 626 (Übersetzung geändert).

14 Die Analogie legt Cicero einem Vertreter der Stoa in dessen Polemik gegen die epikureische Schule in den Mund: *De natura deorum*: II,93. Dieselbe Analogie wurde zwei Jahrtausende später auch gegen Darwins Evolutionstheorie vorgebracht.

15 D'Holbach, *System der Natur*: 44.

16 Aristoteles, *Über die Teile der Lebewesen*: IV,10 687a 9.

17 Aristoteles, *Physikvorlesung*: VIII,1 252a 11–12.

18 Ob die Ordnung der Natur auf materialistischer Basis, ohne Inanspruchnahme der Teleologie entschlüsselt werden kann, ist bis heute umstritten. Neuerdings hat Thomas Nagel diese Frage negativ beantwortet: «Vielleicht ist die Ordnung der Natur nicht ausschließlich physikalisch [...].» *Geist und Kosmos*: 30 (NB die Identifikation von Materialismus und Physikalismus). Von anderen Voraussetzungen ausgehend und mit einer eher historisch-politischen Zielstellung hat auch Ernst Bloch einen finalistischen Materiebegriff vertreten und von einem «Bogen Utopie – Materie» gesprochen sowie von einer «Materie nach vorwärts», *Das Materialismusproblem*: 469 vgl. auch 20, 472.

19 D'Holbach, *System der Natur*: 44. Der Ausdruck «Gesetze der Moral» umfasst hier nicht nur moralische Regeln, sondern ist in einem weiten Sinne zu verstehen, der alle Arten sozialer Regeln einschließt.

20 Kant, *Idee zu einer allgemeinen Geschichte in weltbürgerlicher Absicht*: 34.

21 Vgl. die Übersicht bei Viner, *The Role of Providence in the Social Order.* Diesem Buch sind auch die weiter unten zitierten Verse von Cecil Frances Alexander entnommen (86).

22 D'Holbach, *System der Natur*: 108.

23 Hobbes, *Leviathan*: 5

24 Kant, *Metaphysik der Sitten*: 312.

II. Theorie und Praxis

1 Lange, *Geschichte des Materialismus*: II,520.
2 Gutzkow, *Die Zeitgenossen*: 439.
3 Die Stelle heißt im Zusammenhang: «Übrigens, um aufrichtig zu sein, Sie und Ihre Freunde scheinen mir nicht gerade den klügsten Weg gegangen zu sein. Die Gesellschaft mittels der Idee, von der gebildeten Klasse aus zu reformieren? Unmöglich! Unsere Zeit ist rein materiell; wären Sie je direkter politisch zu Werke gegangen, so wären Sie bald auf den Punkt gekommen, wo die Reform von selbst aufgehört hätte.» Büchner, *Werke und Briefe*: 191.
4 Heine, *Geschichte der Religion und Philosophie in Deutschland*: 230–2. Die Forderung nach einer «Rehabilitation der Materie» findet sich auch bei Cieszkowski, *Prolegomena zur Historiosophie*: 127ff. sowie bei Gans (bei dem Marx studiert hatte), *Naturrecht und Universalrechtsgeschichte*: 59.
5 Heine, *Deutschland. Ein Wintermärchen*: 436.
6 Heß, *Die heilige Geschichte der Menschheit*: 47.
7 Feuerbach, *Notwendigkeit einer Veränderung*: 220. Bereits in seinem zuvor erschienenen Hauptwerk *Das Wesen des Christentums*: 443 hatte Feuerbach eine Zeitenwende gefordert: «Der notwendige Wendepunkt der Geschichte ist daher dieses *offne Bekenntnis und Eingeständnis*, dass das Bewusstsein Gottes nichts andres als das Bewusstsein der Gattung [...].»
8 Feuerbach, *Notwendigkeit einer Veränderung*: 233 f.
9 Feuerbach, *Das Wesen des Christentums*: 119 f.
10 Feuerbach, *Vorläufige Thesen zur Reform der Philosophie*: 125.
11 Ibid.: 139.
12 Feuerbach, *Grundsätze der Philosophie der Zukunft*: 216 (=§54).
13 Feuerbach, *Die Naturwissenschaft und die Revolution*: 20 u. 28.
14 Zum naturwissenschaftlichen Materialismus des 19. Jahrhunderts vgl. Bayertz, *Materialism* und *Dépasser la philosophie pour la science* sowie die in Bayertz/Gerhard/Jaeschke (Hg.), *Der Materialismus-Streit* abgedruckten Dokumente.
15 Haym, *Hegel und seine Zeit*: 5 f.
16 Hegel, *Grundlinien der Philosophie des Rechts*: 16.
17 Cieskowski, *Prolegomena zur Historiosophie*: 129.
18 Heß, *Philosophie der That*: 219. Zum historischen Kontext vgl. Mayer, *Die Anfänge des politischen Radikalismus im vormärzlichen Preußen*; Stuke, *Philosophie der Tat*; Quante, *After Hegel: The Actualization of Philosophy in Practice*.
19 *Über den Gemeinspruch: Das mag in der Theorie richtig sein, taugt aber nicht für die Praxis*: 172.
20 Schiller, *Über die ästhetische Erziehung des Menschen in einer Reihe von Briefen*: 590 f.
21 D'Holbach/Du Marsais, *Essay über die Vorurteile*: 265.
22 Saint-Simon, *Das Industriesystem*: 296.
23 Vgl. Schneiders, *Die Philosophie des aufgeklärten Absolutismus*.
24 Helvétius, *Vom Menschen*: 473, 383.
25 Saint-Simon, *Das Industriesystem*: 302, 305 u. 307.
26 B. Bauer, *Die gute Sache der Freiheit und meine eigene Angelegenheit*: 142.
27 E. Bauer, *Der Streit der Kritik mit Kirche und Staat*: 7 u. 11. Diese erste Auflage die-

ses Buches war 1843 in Charlottenburg erschienen und polizeilich beschlagnahmt worden; der Verfasser wurde angeklagt und 1845 zu vier Jahren Festungshaft verurteilt.

28 Nicht zuletzt aus diesem Grund kann man die drei Modelle als ‹utopisch› bezeichnen, denn, wie Stanislaw Lem bemerkt: «Utopisch ist gerade der Gedanke, man könne ein Projekt entwerfen, einen Plan aufstellen, der nur Anhänger findet.» *Phantastik und Futurologie*: 509 f.

29 Vgl. Wehler, *Deutsche Gesellschaftsgeschichte* 2: 281–96. Nach Charles Tilly bildet die Proletarisierung von vielen Millionen Menschen «die umfassendste gesellschaftliche Veränderung, die sich in den letzten 400 Jahren im Westen vollzogen hat und auf dem ganzen Erdball noch heute anhält.» Wehler, der diese Äußerung zitiert (241), spricht von einem pointierten Urteil, an dem aber soviel richtig sei: «In universalgeschichtlicher Perspektive stellt sich der mit dem Vordringen des Kapitalismus unauflöslich verbundene Übergang zur Lohnarbeit, mithin zum Verkauf von menschlicher Arbeitskraft und Leistungsqualifikation als marktabhängiger Ware an Produktionsmittelbesitzer oder andre Arbeitgeber in der Tat als ein ungeheuer folgenreicher, alle Dimensionen des Lebens verändernder Transformationsprozeß dar.»

30 Rosenkranz, *Ästhetik des Hässlichen*: 264.

31 Zitiert nach Wehler, *Deutsche Gesellschaftsgeschichte* 2: 265.

32 Stein, *Der Socialismus und Communismus des heutigen Frankreichs*: 129.

33 Heß, *Socialismus und Communismus.*

34 Entgegen anderslautenden Behauptungen hat Marx selbst diese Bezeichnung mehrfach verwandt (I,27:542/19:185 sowie 34:474ff). Zum Konzept eines ‹wissenschaftlichen Sozialismus› vgl. Bayertz, *Wissenschaftlicher Sozialismus.* Zur (Vor-) Geschichte des Konzepts vgl. Pelger, *Was verstehen Marx/Engels und einige ihrer Zeitgenossen bis 1848 unter «wissenschaftlichem Sozialismus», «wissenschaftlichem Kommunismus» und «revolutionärer Wissenschaft»?*; Schieder, *Zur Geschichte des Begriffs «Wissenschaftlicher Sozialismus» vor 1914;* Grandjonc/Pelger, *Die Diskussion über utopischen und wissenschaftlichen Sozialismus um 1840.* Zur Kritik dieses Konzepts vgl. Cohen, *Gleichheit ohne Gleichgültigkeit*: 66–117.

35 Schieder, *Karl Marx als Politiker*: 77. Zum Theorie-Praxis-Verständnis bei Marx und seinen Wandlungen vgl. auch Arndt, *Karl Marx*: 102–19.

36 Sperber, *Karl Marx*: 189. Wie groß die Bedeutung war, die der Theorie in dem von Marx geprägten Flügel der Arbeiterbewegung auch später zugemessen wurde, lässt sich an einem Diktum Lenins ablesen: «Ohne revolutionäre Theorie kann es auch keine revolutionäre Praxis geben.» *Was tun?*: 161.

37 Saint-Simon, *Neues Christentum*: 455.

38 Weitling, *Garantien der Harmonie und Freiheit*: 259.

39 Hegel, *Vorlesungen über die Philosophie der Geschichte*: 34, 90 f. sowie 51–4. Vgl. dazu Siep, *Hegel über Moralität und Wirklichkeit.* – Hegels *Vorlesungen über die Philosophie der Geschichte* sind eine Zusammenstellung aus Vorlesungsmitschriften seiner Schüler und können daher nur bedingt als authentisch gelten. Ich zitiere hier dennoch aus ihnen, weil es sich bei ihnen um den Text handelt, der Marx zur Verfügung stand.

40 Stirner, *Der Einzige und sein Eigentum*: 277. Zum Kontext und zu Marx' und Engels' Auseinandersetzung mit Stirner vgl. Pagel, *Der Einzige und die Deutsche Ideologie.*

41 Althusser, *Für Marx*: 30 ff.
42 Sandkühler, *Zwischen Philosophie und Wissenschaften* sowie die übrigen Beiträge in Griese/Sandkühler (Hg.), *Karl Marx – Zwischen Philosophie und Naturwissenschaften.*
43 Der bis heute ermittelte Bestand der Bibliotheken von Marx *und* Engels umfasst insgesamt 1450 Titel; davon fallen 68 unter die Rubriken ‹Philosophie und Philosophiegeschichte› sowie ‹Geschichtsphilosophie›. Man vergleiche dies etwa mit den 138 Titeln zum Themengebiet ‹Land- und Forstwirtschaft›. Vgl. Harstick et al. (Hg.), *Die Bibliotheken von Karl Marx und Friedrich Engels*: 733 und 730. – Wer vermutet, dies sei beim jungen, philosophischeren Marx ganz anders gewesen, konsultiere die sog. Daniels-Liste der Marxschen Bibliothek aus dem Jahre 1850. Sie verzeichnet von insgesamt 400 Titeln 27 (ca. 7 %) der Gebiete ‹Antike und neuzeitliche Philosophie, Geschichtsphilosophie, Politische Theorie›, dagegen 50 Titel (ca. 12 %) aus dem Bereich ‹Politische Ökonomie, Wirtschaftsgeschichte und Bankwesen›. Ibid.: 36 f.

III. Die Gesellschaft und ihre Basis

1 Mohl, *Gesellschafts-Wissenschaften und Staats-Wissenschaften*: 6.
2 Hegel, *Grundlinien der Philosophie des Rechts*, §§ 190, 189, 199, 200, 245, 289. Zur Interpretation vgl. Horstmann, *Hegels Theorie der bürgerlichen Gesellschaft.*
3 D'Holbach, *System der Natur*: 11.
4 «Es kann in unsern Tagen nicht oft genug daran erinnert werden, daß das, wodurch sich der Mensch vom Thiere unterscheidet, das Denken ist.» Hegel, *Wissenschaft der Logik*: I,10; vgl. auch Hegel, *Enzyklopädie der philosophischen Wissenschaften*: §5.
5 Feuerbach, *Das Wesen des Christentums*: 333.
6 Henrich, *Die Grundstruktur der modernen Philosophie.*
7 Aristoteles, *Metaphysik*: VII,7 1032a 27–1032b 1.
8 Vgl. Taylor, *Hegel*: 27–49. – Was Marx' Arbeitsbegriff dieser expressivistischen Tradition verdankt, wird deutlich, wenn man die oben zitierte Äußerung über die Operationen der Spinne mit der folgenden Stelle bei Herder vergleicht: «Die Spinne webet mit der Kunst der Minerve; aber alle ihre Kunst ist auch in diesem engen Spinnraum verwebet; das ist ihre Welt! Wie wundersam ist das Insekt, und wie enge ist der Kreis seiner Würkung!» *Abhandlung über den Ursprung der Sprache*: 22 f. Der zentrale Gedanke besteht in beiden Fällen darin, dass die Perfektion bestimmter tierischer Leistungen ein Ausdruck ihrer (instinktiven) Festgelegtheit ist; der Mensch ist demgegenüber freier und flexibler, muss sich aber eben deshalb *selbst* ‹perfektionieren›. Zu den Verbindungen des Marxschen Arbeitsbegriffs zur Tradition des deutschen Idealismus vgl. Moggach, *German Idealism and Marx.*
9 Hegel, *Phänomenologie des Geistes*: 115.
10 Feuerbach, *Das Wesen des Christentums*: 201.
11 Bauer, *Die christliche Glaubenslehre in ihrer geschichtlichen Entwicklung und im Kampf mit der modernen Wissenschaft*: 84.
12 Von ‹Zoon politikon› ist im Frühwerk (I,2:476/1:339) ebenso die Rede wie in den späteren ökonomischen Schriften: so in den *Grundrissen* (II,1.1:22/42:20) und im *Kapital* (II,10:294/23:346). Die letztgenannte Stelle zeigt auch, dass sich Marx der

Tatsache bewusst war, dass die Übersetzung ‹gesellschaftliches Lebewesen› ungenau ist: «Aristoteles' Definition ist eigentlich die, daß der Mensch von Natur Stadtbürger. Sie ist für das klassische Alterthum ebenso charakteristisch, als Franklin's Definition, daß der Mensch von Natur Instrumentenmacher, für das Yankeethum.» – Dass der Mensch von Natur aus gesellschaftlich ist, hatte Marx im Übrigen auch bei Ferguson lesen können, *Versuch über die Geschichte der bürgerlichen Gesellschaft*: 103, 172.

13 Marx hat Definitionen ängstlich vermieden; so ängstlich, dass man versucht ist, eine Definitionsphobie bei ihm zu diagnostizieren. Eine Rechtfertigung dieser Phobie in Termini von Dialektik hat Engels (25:20) versucht.

14 Cohen, *Karl Marx's Theory of History*: 31 fasst die Produktionsverhältnisse demgegenüber als eine zweistellige Relation «either between a person (or group of persons) and another person (or group of persons), or between a person (or group of persons) and a productive force (or group of productive forces)».

15 Zum Klassenbegriff, auf den ich in diesem Buch nicht näher eingehen werde, vgl. Berger, *Was behauptet die Marxsche Klassentheorie – und was ist davon haltbar?*

16 Stiehler, *Gesellschaft und Geschichte*: 69.

17 Vgl. dazu Stephan, *Emergenz* und *Emergenz in sozialen Systemen* sowie Mayntz, *Emergenz in Philosophie und Sozialtheorie*.

18 «If everybody always thinks that this sort of thing is money, and they use it as money and treat it as money, then it is money. If nobody ever thinks this sort of thing is money, then it is no money. And what goes for money goes for elections, private property, wars, voting, promises, marriages, buying and selling, political offices, and so on.» Searle, *The Construction of Social Reality*: 32.

19 Hobbes, *Leviathan*: 5. Man erinnert sich in diesem Zusammenhang auch an die Sentenz der englischen Sozialphilosophin Margaret Thatcher: «And, you know, there is no such thing as society. There are individual men and women, and there are families.» *Women's Own*, 23. 9. 1987.

20 Hegel, *Grundlinien der Philosophie des Rechts*, § 303 Anm.; an früherer Stelle hatte er betont, dass in der bürgerlichen Gesellschaft die besondere Person «wesentlich in *Beziehung* auf andere» auftrete (§ 182). Vgl. auch Hegel, *Enzyklopädie der philosophischen Wissenschaften*, §§ 98 und 523.

21 Die nachfolgende Analogie findet sich bei Cohen, *Karl Marx's Theory of History*: 35 f.

22 Althusser, *Für Marx*: 176 u. 179.

23 Luhmann, *Soziologie der Moral*: 30.

24 Gould, *Marx' Social Ontology*: 33.

25 Ich lehne mich hier an eine Formel an, die Sève, *Marxismus und Theorie der Persönlichkeit*: 194 ff. in einem anderen, psychologischen Zusammenhang geprägt hat.

26 Hegel, *Phänomenologie des Geistes*: 18. Vgl. auch die spätere Äußerung, es werde gehandelt, «weil das Thun an und für sich selbst das Wesen der Wirklichkeit ist»: 222.

27 Machiavelli, *Der Fürst*, Kap. 25.

28 Vico, *Prinzipien einer neuen Wissenschaft über die gemeinsame Natur der Völker*: 91 (§133); Mandeville, *Die Bienenfabel*: 59 et passim; Montesquieu, *Vom Geist der Gesetze*: I,41; Ferguson, *Versuch über die Geschichte der bürgerlichen Gesellschaft*: 258 f.; Hegel, *Grundlinien der Philosophie des Rechts*: § 199.

29 Smith, *Eine Untersuchung über das Wesen und die Ursachen des Reichtums der Nationen*: II,216.

30 Vgl. Khalil, *Making Sense of Adam Smith's Invisible Hand*.

31 Vgl. Ullmann-Margalit, *Invisible-Hand Explanations.*

32 Zum Strukturenrealismus und seinen Spielarten vgl. die Beiträge in Bokulich/Bokulich (Hg.): *Scientific Structuralism.*

33 Aristoteles, *Kategorien*: 4, 1b 25–2a 4, sowie 7, 6a 36–8b 22.

34 Aristoteles, *Metaphysik*: XIV,1 1088a 29–30.

35 Locke, *Über den menschlichen Verstand*: I,401f u. 402. Auch Destutt de Tracy nimmt Relationen nicht ontologisch, sondern nur epistemisch in den Blick: als «Sichtweise unseres Geistes» bzw. als «Akt unseres Denkvermögens». *Grundzüge einer Ideenlehre*: 50.

36 Diese Feststellung ist originär von Marx; sie findet sich nicht in der Vorlage von Renouvier, auf die Marx in dieser Passage der *Heiligen Familie* zurückgegriffen hatte. Vgl. O. Bloch, *Marx, Renouvier, et l'histoire du matérialisme*: 15.

37 So stimmt Leibniz der Lockeschen These zu, dass Relationen das geringste Maß an Realität in sich schließen: «Die Relationen und die Ordnungen sind in gewissem Sinne Vernunftwesen, obgleich sie in den Dingen selbst ihren Grund haben; denn man kann sagen, dass ihre Realität, wie die der ewigen Wahrheiten und die der Möglichkeiten, aus der höchsten Vernunft stammt.» *Neue Abhandlung über den menschlichen Verstand*: 236.

38 Ibid.: 238.

39 In einem Brief an Engels heißt es: «You know my admiration for L[eibniz].» (32:504) Marx besaß ein Exemplar des Clarke-Leibniz-Briefwechsels, in dem sich zahlreiche Marginalien von ihm finden, Harstick et al. (Hg.), *Die Bibliotheken von Karl Marx und Friedrich Engels*: 192. Zur Leibniz-Rezeption bei Marx vgl. auch Weckwerth, *Die beste aller möglichen Welten – bei Marx nachgefragt* sowie Moggach, *German Idealism and Marx.*

40 So u. a. in der ‹Wesenslogik›, die im zweiten Buch der *Wissenschaft der Logik*: II.136–55 u. II.184–205 entfaltet wird.

41 Eine Übersicht über die Erwähnungen der *Wissenschaft der Logik* in Marxschen Texten findet sich bei Harstick et al. (Hg.), *Die Bibliotheken von Karl Marx und Friedrich Engels*: 321f. Die Literatur über Marx' Verhältnis zu Hegel, insbesondere zu seiner Dialektik, ist kaum noch überschaubar, für einen ersten Überblick vgl. Arndt, *Karl Marx*: 216ff. sowie Quante, *Die Logik ist das Geld des Geistes* und *Dialektik.*

42 Vgl. Cassirer, *Substanzbegriff und Funktionsbegriff.*

43 Ostwald, *Die Überwindung des wissenschaftlichen Materialismus*: 220.

44 Vgl. die in Anmerkung 1 des ersten Kapitels genannten Arbeiten.

45 Im Original heißt es: «the science which studies human behaviour as a relationship between ends and scarce means which have alternative uses». Robbins, *An Essay on the Nature and Significance of Economic Science*: 16. In dieselbe Richtung geht eine neuere Definition von Gary Becker, nach der eine Analyse immer dann ‹ökonomisch› ist, wenn sie menschliches Verhalten so betrachtet, «als habe man es mit Akteuren zu tun, die ihren Nutzen, bezogen auf ein stabiles Präferenzsystem, maximieren und sich in verschiedenen Märkten eine optimale Ausstattung an Information und anderen Faktoren schaffen.» Becker, *Der ökonomische Ansatz zur Erklärung menschlichen Verhaltens*: 15.

46 Unter den Nachfolgern von Marx ist dieser entscheidende Punkt nicht immer klar genug gesehen worden. So finden wir bei dem prominenten marxistischen Wirtschaftswissenschaftler Oskar Lange folgende Definition, die als ein spätes Echo

der Auffassung Adam Smiths angesehen werden kann: «Der Gegenstand der politischen Ökonomie sind die gesellschaftlichen Gesetze der Produktion und Distribution. Die politische Ökonomie befasst sich also mit den Gesetzen der Produktion von Gütern und ihrer Zuführung in die Hände der Konsumenten oder Verbraucher, d. h. in die Hände der Menschen, die mit Hilfe dieser Güter ihre individuellen oder kollektiven Bedürfnisse befriedigen.» Erst auf der folgenden Seite werden dann auch die ‹ökonomischen Verhältnisse› eingeführt, als ob es sich um einen sekundären Gesichtspunkt handele. Lange, *Politische Ökonomie*: I,36.

47 II,1.2:367/42:371. Derselbe Gedanke taucht an vielen anderen Stellen wieder auf; um nur einige zu nennen: II,1:414f,589f/42:420,607f; II,6:533f/23:603f; II,15:851/25:886.

IV. Der Überbau und die Bewusstseinsformen

1 Vgl. Spitz, *Die Metaphorik des geistigen Schriftsinns*: 205–218; Nugel, *The Just Design*: 210 f., 215 et passim; René Descartes, *Meditationen über die Grundlagen der Philosophie*: 30–31; Ferguson, *Versuch über die Geschichte der bürgerlichen Gesellschaft*: 347.

2 So Cohen, *Karl Marx's Theory of History*: 216 f.

3 Man beachte, dass der Begriff ‹Struktur› (structura) bereits in der Lehre vom vierfachen Schriftsinn eine wichtige Rolle gespielt hatte: Er bezeichnet die Ordnung der Basis (fundamentum). Spitz, *Die Metaphorik des geistigen Schriftsinns*: 205 f. (Anm.3), 209 f. et passim.

4 Cohen, *Karl Marx's Theory of History*: 28 ff.

5 Unter realsozialistischen Theoretikern ist über diese Frage kontrovers diskutiert worden. Vgl. Stiehler, *Gesellschaft und Geschichte*: 185 ff.

6 Darunter Stalin, *Der Marxismus und die Fragen der Sprachwissenschaft*.

7 Benjamin, *Das Kunstwerk im Zeitalter seiner technischen Reproduzierbarkeit*: 435.

8 Nicht allzu weit davon entfernt war die *Lehre der Nahrungsmittel* von Jakob Moleschott, nach der das Denken vom Essen abhängt. Im Anschluss an diese Lehre hatte Feuerbach das berühmte Diktum geprägt «Der Mensch ist, was er isst.» Feuerbach, *Die Naturwissenschaft und die Revolution*: 36.

9 Cohen, *Karl Marx's Theory of History*: 231 ff. u. 278 ff.

10 Zur ‹downward causation› vgl. Stephan, *Emergenz*: 64; Mayntz, *Emergenz in Philosophie und Sozialtheorie*: 182 ff.

11 Cicero, *De re publica; Somnium Scipionis*: 13.

12 Stahl, *Die Philosophie des Rechts*: 115.

13 Kant, *Metaphysik der Sitten*: 313 (= § 45).

14 Hegel, *Grundlinien der Philosophie des Rechts*: §§ 257 u. 270A. Ähnlich heißt es in den *Vorlesungen über die Philosophie der Geschichte*: 57 «Der Staat ist die göttliche Idee, wie sie auf Erden vorhanden ist.» – Hegels Rede vom «göttlichen Willen» war kein schlichter Rückgriff auf theonome Modelle der Staatslegitimation, sondern ist eher als Element einer Strategie der Säkularisierung zu verstehen: Der Staat soll als Normgeber ausgewiesen werden, der nicht von transzendenten Autoritäten abhängig ist. Zugleich ist nicht zu übersehen, dass damit auch eine Tendenz zur Überhöhung des Staates verbunden ist. Vgl. dazu und zur zitierten Stelle Siep, *Der Staat als irdischer Gott*: 130 ff.

15 Bauer, *Der christliche Staat und unsere Zeit*: 31.
16 Montesquieu, *Vom Geist der Gesetze*: I,386.
17 Hobbes, *Leviathan*: 262.
18 Hegel, *Grundlinien der Philosophie des Rechts*: §§ 268, 270.
19 Nebenbei: Wer Formulierungen wie diese für übermäßig polemisch hält, lese die von Marx im Text beigebrachten Beispiele nach, um sich eines Besseren belehren zu lassen. Die Marxschen Beispiele für die «blinde Raubgier» des Kapitals und die daraus resultierende «maßlose Aussaugung der Arbeitskraft» waren regierungsoffiziellen Quellen entnommen.
20 Vgl. Winkler, *Primat der Ökonomie?*; Wippermann, *Die Bonapartismustheorie von Marx und Engels*.
21 So auch Cohen, *Karl Marx's Theory of History*: 231.
22 Man erinnere sich an Fußnote 29, Kapitel II.
23 Dieser Punkt ist Cohen nicht entgangen. *Karl Marx's Theory of History*: 218.
24 Locke, *Über den menschlichen Verstand*: I, 108.
25 D'Holbach, *System der Natur*: 120.
26 So auch Arndt, *Der Begriff des Materialismus bei Karl Marx*: 269 f.
27 Nach Becker folgt *alles* menschliche Handeln diesen Imperativen: Das Wirtschaften ohnehin, aber auch Kriminalität oder Heirat. Aus ökonomischer Sicht seien Kinder «als dauerhafte Konsumgüter» anzusehen, die sich die Eltern nach Kriterien der Nutzenmaximierung anschaffen: «Der Nutzen von Kindern wird über eine Nutzenfunktion oder ein Indifferenzkurvensystem mit dem anderer Güter verglichen. Der Verlauf der Indifferenzkurven hängt von den relativen Präferenzen für Kinder oder, mit anderen Worten, von ‹Vorlieben› ab.» *Der ökonomische Ansatz zur Erklärung menschlichen Verhaltens*: 190. Marx hätte diese Ansicht nicht überrascht.
28 Hegel, *Vorlesungen über die Philosophie der Geschichte*: 529.
29 Bacon, *Neues Organon*: 101.
30 Der Begriff ‹Ideologie› war von Destutt de Tracy eingeführt worden, um seine vor allem an Locke und Condillac anschließende ‹Wissenschaft von den Ideen› zu charakterisieren. Vgl. Destutt de Tracy, *Grundzüge einer Ideenlehre*. Seine abschätzige Bedeutung erhielt er erst, nachdem Napoleon ihn polemisch aufgegriffen hatte. Auf diese Umwertung durch Napoleon spielen Marx und Engels in der *Heiligen Familie* an (2:131).
31 Aristoteles, *Metaphysik*: I1, 981b 20–26.
32 D'Holbach, *System der Natur*: 336.
33 Hegel, *Grundlinien der Philosophie des Rechts*: 16. Entsprechend hatte der Junghegelianer Marx 1842 geschrieben, dass «jede wahre Philosophie die geistige Quintessenz ihrer Zeit» sei (I,1: 183/1:97).

V. Geschichte, Fortschritt, Revolution

1 Kant: *Idee zu einer allgemeinen Geschichte in weltbürgerlicher Absicht*: 34.
2 Hegel, *Vorlesungen über die Philosophie der Geschichte*: 22, 23. Nach Engels erscheint die Geschichte aus der Perspektive der Hegelschen Philosophie «nicht mehr als ein wüstes Gewirr sinnloser Gewaltthätigkeiten, die vor dem Richterstuhl der jetzt gereiften Philosophenvernunft alle gleich verwerflich sind, und die

man am besten so rasch wie möglich vergißt, sondern als der Entwicklungsprozeß der Menschheit selbst, dessen allmählichen Stufengang durch alle Irrwege zu verfolgen, und dessen innere Gesetzmäßigkeit durch alle scheinbaren Zufälligkeiten hindurch nachzuweisen, jetzt die Aufgabe des Denkens wurde.» (I,27:234/20:23) Hegel habe diese Aufgabe zwar nicht gelöst, sein «epochemachendes Verdienst» bestehe aber darin, sie gestellt zu haben.

3 Heß, *Die heilige Geschichte der Menschheit*: 42.

4 Hegel, *Vorlesungen über die Philosophie der Geschichte*: 74. Einige Seiten später wird die Weltgeschichte als «die Auslegung des Geistes in der Zeit» der Natur gegenübergestellt, die als Auslegung des Geistes im Raum begriffen werden müsse (96 f.).

5 Man kann die von Engels begonnenen Arbeiten zu einer *Dialektik der Natur* als den Versuch begreifen, dieses Naturverständnis in Termini einer materialistisch gewendeten Hegelschen Dialektik und auf der Basis der zeitgenössischen Naturwissenschaften auszuformulieren. Die Verwandtschaft dieser Theorie mit dem Marxschen Naturverständnis liegt auf der Hand; Marx war über die Engelsschen Überlegungen gut informiert und konnte sie im *Anti-Dühring* nachlesen. Es gibt keine Zeugnisse für einen Dissens mit Engels. Zum historischen Kontext der naturphilosophischen Arbeiten von Engels vgl. Bayertz/Krohn, *Engels im Kontext*.

6 Hollis, *Soziales Handeln*: 19, 20. Hollis fügt hinzu: «Liest man Marx' Werke im Zusammenhang, gewähren sie dem Handelnden und den einzelnen Aktoren weit mehr Handlungsspielraum als das zitierte Vorwort.» (S. 21) Das ist, wie ich im Folgenden plausibel zu machen hoffe, eher untertrieben. – Auch Dahrendorf kommen die Ausführungen des *Vorworts* seltsam unwirklich vor: «Produktionsweise, Produktivkräfte, Überbau – was tun bei alledem eigentlich die Menschen? Selbst wenn man mit Marx der Meinung ist, daß es nicht (!) die Menschen sind, die die Geschichte machen, bleibt doch die Frage, wie die Abstrakta des wirtschaftlichen Potentials oder der geltenden Sozialstruktur historisch wirklich werden. Eine Revolution ist schließlich nicht ein Naturereignis, dem jedermann nur zuschaut und an dem niemand beteiligt ist.» *Karl Marx und die Theorie des sozialen Wandels*: 277. Im Übrigen findet sich der von Hollis und Dahrendorf erhobene Vorwurf bereits ein halbes Jahrhundert vorher bei Eduard Bernstein, *Die Voraussetzungen des Sozialismus und die Aufgaben der Sozialdemokratie*: 34 f.

7 Stellvertretend für viele andere: Bucharin, *Theorie des historischen Materialismus*: 133, 148, 164. Cohen, *Karl Marx's Theory of History*: 29 et passim.

8 Kuzin, *Karl Marx und Probleme der Technik*: 23.

9 Cohen, *Karl Marx's Theory of History*: 28 und 37.

10 Hobbes, *Leviathan*: 75 (= 11. Kapitel). Leibniz, *Die Vernunftprinzipien der Natur und der Gnade*: 434 (= § 18). Rousseau, *Diskurs über die Ungleichheit*: 103. Kant, *Idee zu einer allgemeinen Geschichte in weltbürgerlicher Absicht*: 35 (= Erster Satz), im Original hervorgehoben. Condorcet, *Entwurf einer historischen Darstellung der Fortschritte des menschlichen Geistes*: 31.

11 Hegel, *Vorlesungen über die Philosophie der Geschichte*: 19, 31.

12 Ibid. 29.

13 Smith, *Eine Untersuchung über das Wesen und die Ursachen des Reichtums der Nationen*: 5 et passim.

14 Kant, *Idee zu einer allgemeinen Geschichte in weltbürgerlicher Absicht*: 37 (= Dritter Satz). Hegel, *Vorlesungen über die Philosophie der Geschichte*: 53. Weitere Beispiele

ließen sich anführen, darunter die darwinistisch inspirierte Darstellung des Kantianers Lange, *Die Arbeiterfrage*: 61 f.

15 Marx und auch Engels waren außerordentlich prognosefreudig. Schulz hat in seiner Dissertation *Marx und Engels über England* etwa 2000 «relativ leicht identifizierbare Prognosen» (385) untersucht; sehr viele davon beziehen sich auf krisenhafte Erscheinungen des Kapitalismus und/oder auf bevorstehende revolutionäre Prozesse (421–26). Zu beachten ist allerdings, dass sich diese Prognosen meist *nicht* in den theoretischen Schriften von Marx und Engels finden, sondern in ihren journalistischen Arbeiten, in Briefen etc.; je schärfer wir zwischen der Theorie von Marx und seinen persönlichen Überzeugungen unterscheiden, desto geringeres systematisches Gewicht fällt diesen Prognosen daher zu. Zu den Krisen- und Revolutionsprognosen vgl. auch Sperber, *Karl Marx*: 328 et passim; Wippermann, *Die Bonapartismustheorie von Marx und Engels:* 41–50.

16 In der Sekundärliteratur finden sich divergierende Antworten auf diese Frage. Elster, *Making Sense of Marx*: 109–12, 269–72 beantwortet sie positiv; Vadeé, *Marx Penseur du possible*: 248–52 demgegenüber negativ.

17 Sperber, *Karl Marx*: 18 ff.

18 Aristoteles, *Analytica posteriora*: I,2 71b 9–12. Im Wortlaut: «Zu wissen nun glauben wir eine jede Sache schlechthin, und nicht nur auf die sophistische, die zufällige Weise, wann immer wir von der Ursache glauben Kenntnis zu besitzen, aufgrund derer die Sache besteht, dass sie ihre Ursache ist, und dass sie sich nicht anders verhalten kann.»

19 Vico, *Prinzipien einer neuen Wissenschaft über die gemeinsame Natur der Völker*: 99 (=§ 163); Hegel, *Vorlesungen über die Philosophie der Geschichte*: 22,24,32.

20 Condorcet, *Entwurf einer historischen Darstellung der Fortschritte des menschlichen Geistes*: 31, 193; Hegel, *Vorlesungen über die Philosophie der Weltgeschichte*: 23; Comte: *Plan der wissenschaftlichen Arbeiten, die für eine Reform der Gesellschaft notwendig sind:* 91; Stein, *Geschichte der socialen Bewegung in Frankreich*: I, 62 f.

21 Der dritte Band des *Kapitals*, in dem das Gesetz prominent firmiert (II,15:209 et passim/25:221 et passim), ist nach Marx' Tod von Engels aus nachgelassenen Manuskripten zusammengestellt worden; darunter waren offenbar auch solche, die Marx selbst bereits verworfen hatte. Vgl. Heinrich, *Das «Gesetz vom tendenziellen Fall der Profitrate»*.

22 Vgl. Mill, *System der deductiven und inductiven Logik*: II,512ff (= VI,9).

23 Obwohl Hegel die wichtigste Quelle dieser Marxschen Auffassungen gewesen sein dürfte, war er wohl nicht die einzige. Ähnliche Überlegungen hatte Marx auch bei (dem Aristoteliker) Adolf Trendelenburg finden können, der in seinen *Logischen Untersuchungen* den Systemcharakter der Erkenntnisgegenstände und die Wechselwirkungen der Elemente dieser Systeme hervorgehoben (I,307f) und den Systembegriff eng an den Organismusbegriff angelehnt (II,74ff) hatte. Weiterhin vertrat Trendelenburg die Überzeugung, dass ‹Bewegung› die Schlüsselkategorie der Philosophie sei (I,141) und dass es in der Erkenntnis um die Identifikation von Notwendigkeiten gehe (II,104,336). Trendelenburg war Professor für Philosophie an der Berliner Universität, als Marx dort studierte. Nach Kaiser und Werchan (Hg.), *Ex libris Karl Marx und Friedrich Engels*: 227 befanden sich die *Logischen Untersuchungen* in der Bibliothek von Marx (in Harstick et al. (Hg.), *Die Bibliotheken von Karl Marx und Friedrich Engels* taucht es allerdings nicht auf).

24 Eine andere Möglichkeit besteht darin, die Geschichte in Analogie zur Phyloge-

nese zu betrachten, zu den Veränderungen also, die *verschiedene* voneinander abstammende Individuen über die Zeit durchlaufen. Vor dem Hintergrund des Erfolgs der Darwinschen Evolutionstheorie hätte diese Möglichkeit in der zweiten Hälfte des 19. Jahrhunderts besonders nahe gelegen; und tatsächlich hat Engels in seiner Rede auf dem Begräbnis von Marx eine Parallele zwischen dem von Darwin gezeichneten Bild der Evolution und dem Marxschen Bild einer gesetzmäßig verlaufenden Geschichte gezogen: «Wie Darwin das Gesetz der Entwicklung der organischen Natur, so entdeckte Marx das Entwicklungsgesetz der menschlichen Geschichte [...].» (19:335) – Die biologische Metaphorik im Marxschen Werk lässt nicht immer eine eindeutige Entscheidung darüber zu, ob sie an der Onto- oder an der Phylogenese orientiert ist. Im 19. Jahrhundert wurde allerdings auch von prominenten Biologen nicht immer deutlich zwischen beiden unterschieden.

25 Condorcet, *Entwurf einer historischen Darstellung der Fortschritte des menschlichen Geistes*: 31.

26 Cieszkowski, *Prolegomena zur Historiosophie*: 12.

27 Zu beachten ist, dass es hier allein um die Frage geht, ob er ein solches Programm *formuliert* hat; nicht um die Frage, ob das Programm sinnvoll oder erfolgversprechend ist.

28 Hegel, *Vorlesungen über die Philosophie der Weltgeschichte*: 32. Cieszkowski, *Prolegomena zur Historiosophie*: 70 f. et passim. Heß, *Heilige Geschichte der Menschheit*: 44.

29 Stammler, *Wirtschaft und Recht nach der materialistischen Geschichtsauffassung*: 433.

30 Zur Kategorie der Möglichkeit und ihrer Bedeutung bei Marx vgl. Vadeé, *Marx, penseur du possible.*

31 Hegel, *Enzyklopädie der philosophischen Wissenschaften*: § 6A.

32 Hegel, *Grundlinien der Philosophie des Rechts*: 16 und 14.

33 Man vergleiche dies mit Comtes Konzeption einer «positiven Politik», deren Überlegenheit gegenüber der «theologischen und metaphysischen Politik» darin bestehen soll, «daß sie dort *entdeckt*, wo die anderen *erfinden*. Die theologische und metaphysische Politik erdenken sich das System, das dem gegenwärtigen Zustande der Kultur entspricht, nach der absoluten Bedingung, dass es das denkbar beste sein müsse. Die positive Politik bestimmt es aus der Beobachtung ausschließlich als das, welches durch den Gang der Kulturentwicklung zu entstehen bestrebt ist.» *Plan der wissenschaftlichen Arbeiten, die für die Reform der Gesellschaft notwendig sind*: 107. Diese bemerkenswerte Übereinstimmung ändert freilich nichts an den *inhaltlichen* Differenzen, die zwischen den (konservativen) politischen Zielen Comtes und den (sozialistischen) Zielen von Marx bestehen.

34 Zu einem ähnlichen Ergebnis kommt (mit einer etwas anderen Begründung) auch Cohen: «Die Unterscheidung zwischen utopischem und wissenschaftlichem Sozialismus ist zutiefst hegelianisch. Sie repräsentiert eine Wiederkehr der verdrängten Philosophie, die den Versuch, Wissenschaft zu werden, untergrub.» *Gleichheit ohne Gleichgültigkeit*: 88.

35 Hegel, *Vorlesungen über die Philosophie der Geschichte*: 32, 20 u. 22.

36 D'Holbach, *System der Natur*: 164. Im Hinblick auf diesen Typ von Materialismus war Bernstein im Recht, als er schrieb, dass «der Materialist ein Kalvinist ohne Gott» sei. *Die Voraussetzungen des Sozialismus und die Aufgaben der Sozialdemokratie*: 33.

37 Hegel, *Vorlesungen über die Philosophie der Geschichte*: 40.

38 D'Holbach, *System der Natur*: 164. Engels hat den Determinismus der französischen Materialisten kritisiert und auf der Objektivität des Zufalls bestanden (I,26:368–371/20:486–90). Marx hat sich zu der allgemeinen metaphysischen Frage, ob ‹Zufall› als eine objektive Indeterminiertheit zu verstehen sei oder als eine subjektive Unkenntnis von Ursachen, nicht geäußert.

39 Vadée, *Marx, Penseur du possible*: 163–204.

40 So heißt es im *Kapital* an späterer Stelle: «Die Gewalt ist der Geburtshelfer jeder alten Gesellschaft, die mit einer neuen schwanger geht.» Es ist aufschlussreich, diese Stelle (II,8:702/23:779) in ihrem Kontext nachzulesen. Sie ist nämlich ein Fazit der historischen Analyse der Methoden und Mechanismen, mit denen der Übergang von der feudalen zur kapitalistischen Produktionsweise betrieben wurde. Es handelt sich also um eine historische Verallgemeinerung, *nicht* um ein Postulat für den Übergang zum Sozialismus. An einer anderen Stelle spricht Marx vom Krieg «als Hebamme der unvermeidlichen sozialen Revolution in Russland» (33:140).

41 Dieser hübsche Name stammt von Cohen, *Gleichheit ohne Gleichgültigkeit*: 67, der die entsprechende Konzeption ausführlich diskutiert und kritisiert.

LITERATURVERZEICHNIS

Adler, Max: *Marxistische Probleme. Beiträge zur Theorie der materialistischen Geschichtsauffassung und Dialektik,* ND der 5. Aufl., Berlin 1974.

Alembert, Jean-Baptiste le Rond d': *Materie,* in: Artikel aus der von Diderot und d'Alembert herausgegebenen Enzyklopädie, Frankfurt/M. 1985.

Althusser, Louis: *Für Marx,* Frankfurt/M. 1968.

Aristoteles: *Analytica posteriora,* übersetzt u. erläutert v. Wolfgang Detel (Werke in deutscher Übersetzung, Bd. 3), Berlin 1993.

Aristoteles: *Kategorien,* übersetzt u. erläutert v. Klaus Oehler (Werke in deutscher Übersetzung, Bd. 1,1), Berlin 1984.

Aristoteles: *Physikvorlesung,* übersetzt v. Hans Wagner (Werke in deutscher Übersetzung, Bd. 11), Berlin 1989.

Aristoteles: *Über die Teile der Lebewesen,* übersetzt u. erläutert v. Wolfgang Kullmann (Werke in deutscher Übersetzung, Bd. 17/I), Darmstadt 2007.

Aristoteles: *Metaphysik,* übersetzt v. Hermann Bonitz, Hamburg 1966.

Arndt, Andreas: *Der Begriff des Materialismus bei Karl Marx,* in: Bayertz, Kurt/Gerhard, Myriam/Jaeschke, Walter (Hg.): Weltanschauung, Philosophie und Naturwissenschaft im 19. Jahrhundert, Bd. 1: Der Materialismus-Streit, Hamburg 2012, 260–74.

Arndt, Andreas: *Karl Marx. Versuch über den Zusammenhang seiner Theorie,* Berlin ^{2}2012.

Bacon, Francis: *Neues Organon,* hrsg. v. Wolfgang Krohn, 2 Bde., Hamburg 1990.

Bauer, Bruno: *Der christliche Staat und unsere Zeit,* in: Feldzüge der reinen Kritik, Frankfurt/M. 1968, 7–43.

Bauer, Bruno: *Die christliche Glaubenslehre in ihrer geschichtlichen Entwicklung und im Kampf mit der modernen Wissenschaft. Dargestellt von Dr. D. F. Strauß,* in: Deutsche Jahrbücher, 1843, Nr. 21–24.

Bauer, Bruno: *Die gute Sache der Freiheit und meine eigene Angelegenheit,* auszugsweise in: Feldzüge der reinen Kritik, Frankfurt/M. 1968, 91–152.

Bauer, Edgar: *Der Streit der Kritik mit Kirche und Staat,* Bern ^{2}1844.

Bayertz, Kurt/Krohn, Wolfgang: *Engels im Kontext. Natur- und Wissenschaftsphilosophie im Zeitalter des Szientismus,* in: Dialektik, Bd. 12, Köln 1986, 66–98.

Bayertz, Kurt/Gerhard, Myriam/Jaeschke, Walter (Hg.): *Der Materialismus-Streit,* Hamburg 2012.

Bayertz, Kurt: *Materialism,* in: Forster, Michael N./Gjesdal, Kristin (Hg.): The Oxford Handbook of Nineteenth Century German Philosophy, Oxford 2015, 607–21.

Bayertz, Kurt: *Wissenschaftlicher Sozialismus,* in: Quante, Michael/Schweikard, David P. (Hg.): Marx-Handbuch. Leben – Werk – Wirkung, Stuttgart 2016, 280–93.

Bayertz, Kurt: *Dépasser la philosophie pour la science. Le matérialisme naturaliste en Allemagne au 19e siècle,* in: Morel, Charlotte (Hg.): Feux croisés: la «querelle du matérialisme». De la question psycho-physique au néokantisme, Lyon 2017.

Becker, Gary: *Der ökonomische Ansatz zur Erklärung menschlichen Verhaltens,* Tübingen 1982.

Benjamin, Walter: *Das Kunstwerk im Zeitalter seiner technischen Reproduzierbarkeit,* Gesammelte Schriften, Bd. I.2, Frankfurt/M. 1974, 431–69.

Berger, Johannes: *Was behauptet die Marxsche Klassentheorie – und was ist davon haltbar?* In: Giegel, Hans-Joachim (Hg.): Konflikt in modernen Gesellschaften, Frankfurt/M. 1998, 29–60.

Bergeron, Louis/Furet, Francois/Koselleck, Reinhart: *Das Zeitalter der europäischen Revolution 1780–1848,* Frankfurt/M. 1969.

Bernstein, Eduard: *Die Voraussetzungen des Sozialismus und die Aufgaben der Sozialdemokratie,* 2. verbesserte u. ergänzte Aufl., Stuttgart 1921.

Bloch, Ernst: *Das Materialismusproblem, seine Geschichte und Substanz.* Gesamtausgabe, Bd. 7, Frankfurt/M. 1972.

Bloch, Olivier-René: *Marx, Renouvier et l'histoire du matérialisme,* in: La Pensée, Nr. 191 (Jan./Febr. 1977), 3–42.

Bokulich, Alisa/Bokulich, Peter (Hg.): *Scientific Structuralism,* Dordrecht 2011.

Braun, Hermann: *Materialismus – Idealismus,* in: Geschichtliche Grundbegriffe. Historisches Lexikon zur politisch-sozialen Sprache in Deutschland, hg. v. Otto Brunner, Werner Conze u. Reinhart Koselleck, Bd. 3, Stuttgart 1982, 977–1020.

Bucharin, N[ikolai]: *Theorie des historischen Materialismus. Gemeinverständliches Lehrbuch der Marxistischen Soziologie,* Hamburg 1922.

Büchner, Georg: *Werke und Briefe,* München 1965.

Cassirer, Ernst: *Substanzbegriff und Funktionsbegriff. Untersuchungen über die Grundfragen der Erkenntniskritik,* Darmstadt 1976.

Cicero: *Über das Wesen der Götter,* übersetzt von Ursula Blank-Sangmeister, Stuttgart 1995.

Cicero: *Vom Gemeinwesen,* übersetzt von Karl Bücher, Stuttgart 1979.

Cieszkowski, August von: *Prolegomena zur Historiosophie,* Berlin 1838 (ND Nendeln 1976).

Cohen, Gerald A.: *Gleichheit ohne Gleichgültigkeit. Politische Philosophie und individuelles Verhalten,* Hamburg 2001.

Cohen, Gerald A.: *Karl Marx's Theory of History. A Defence,* Princeton 1980.

Comte, Auguste: *Plan der wissenschaftlichen Arbeiten, die für eine Reform der Gesellschaft notwendig sind,* München 1973.

Condorcet, Marie Jean Antoine Nicolas Caritat Marquis de: *Entwurf einer historischen Darstellung der Fortschritte des menschlichen Geistes,* hg. v. Wilhelm Alff, Frankfurt/M. 1976.

Dahrendorf, Ralf: *Karl Marx und die Theorie des sozialen Wandels,* in: Pfade aus Utopia. Zur Theorie und Methode der Soziologie, München 1974, 277–93.

Descartes, René: *Meditationen über die Grundlagen der Philosophie,* Hamburg 1959.

Destutt de Tracy, Antoine Louis Claude: *Grundzüge einer Ideenlehre I–V,* hg. v. Hans Jörg Sandkühler, Bd. 1 u. 2, Stuttgart-Bad Cannstatt 2016 [Bd. 3 u. 4 in Vorbereitung].

Diogenes Laertios: *Leben und Lehre der Philosophen,* hg. u. übersetzt v. Fritz Jürss, Stuttgart 1998.

Elster, Jon: *Making Sense of Marx,* Cambridge 1985.

Epikur: *Brief an Menoikeus,* in: Von der Überwindung der Furcht, München 1983.

Ferguson, Adam: *Versuch über die Geschichte der bürgerlichen Gesellschaft,* hg. v. Zwi Batscha u. Hans Medick, Frankfurt/M. 1988.

Feuerbach, Ludwig: *Das Wesen des Christentums*, Gesammelte Werke, Bd. 5, Berlin 1973.

Feuerbach, Ludwig: *Vorläufige Thesen zur Reform der Philosophie*, in: Kleine Schriften, Frankfurt/M. 1966, 124–44.

Feuerbach, Ludwig: *Grundsätze der Philosophie der Zukunft*, in: Kleine Schriften, Frankfurt/M. 1966, 145–219.

Feuerbach, Ludwig: *Notwendigkeit einer Veränderung*, in: Kleine Schriften, Frankfurt/M. 1966, 220–35.

Feuerbach, Ludwig: *Die Naturwissenschaft und die Revolution*, in: *Gesammelte Werke*, Bd. 10 (Kleinere Schriften III), Berlin 1971, 347–68. Hier zitiert nach dem Abdruck in: Bayertz/Gerhard/Jaeschke (Hg.): *Der Materialismus-Streit*, Hamburg 2012, 15–38.

Gans, Eduard: *Naturrecht und Universalrechtsgeschichte. Vorlesungen nach G. W.F. Hegel*, hg. v. Johann Braun, Tübingen 2005.

Geißler, Rolf: *Matérialisme, Matérialiste*, in: Rolf Reichardt/Eberhard Schmitt (Hg.), Handbuch politisch-sozialer Grundbegriffe in Frankreich 1680–1820, München 1986, 61–88.

Gould, Carol C.: *Marx' Social Ontology. Individuality and Community in Marx' Theory of Social Reality*, Cambridge (Mass.) 1980.

Grandjonc, Jacques/Pelger, Hans: *Die Diskussion über utopischen und wissenschaftlichen Sozialismus um 1840. Ein Beitrag zur Begriffsgeschichte*, in: Ackerl, Isabella/Hummelberger, Walter/Mommsen, Hans (Hg.): Politik und Gesellschaft im alten und neuen Österreich (FS Rudolf Neck), München 1981, 327–40.

Griese, Anneliese/Sandkühler, Hans Jörg (Hg.): *Karl Marx – Zwischen Philosophie und Naturwissenschaften*, Frankfurt/M. 1997.

Gutzkow, Karl: *Die Zeitgenossen. Ihre Schicksale, ihre Tendenzen, ihre großen Charaktere*, aus dem Englischen des E. L. Bulwer, Pforzheim ²1842.

Harstick, Hans-Peter/Sperl, Richard/Strauß, Hanno: *Die Bibliotheken von Karl Marx und Friedrich Engels. Annotiertes Verzeichnis des ermittelten Bestandes*, in: MEGA2 IV, 32, Berlin 1999.

Haym, Rudolf: *Hegel und seine Zeit*, Berlin 1857 (ND Hildesheim 1962).

Hegel, Georg Wilhelm Friedrich: *Phänomenologie des Geistes*, Gesammelte Werke, Bd. 9, Hamburg 1980.

Hegel, Georg Wilhelm Friedrich: *Grundlinien der Philosophie des Rechts*, Gesammelte Werke, Bd. 14,1, Hamburg 2009.

Hegel, Georg Wilhelm Friedrich: *Enzyklopädie der philosophischen Wissenschaften*, Gesammelte Werke, Bd. 19, Hamburg 1989.

Hegel, Georg Wilhelm Friedrich (1812/23 u. 1816): *Wissenschaft der Logik*, Gesammelte Werke, Bde. 21 u. 22, Hamburg 1978 u. 1981.

Hegel, Georg Wilhelm Friedrich: *Vorlesungen über die Philosophie der Geschichte*, Werke, Bd. 12, Frankfurt/M. 1970.

Heine, Heinrich: *Deutschland. Ein Wintermärchen*, in: Werke und Briefe, Bd. 1, Berlin 1972, 429–507.

Heine, Heinrich: *Zur Geschichte von Religion und Philosophie in Deutschland*, in: Werke und Briefe, Bd. 5, Berlin 1972, 167–308.

Heinrich, Michael: *Das ‹Gesetz vom tendenziellen Fall der Profitrate›*, in: Quante, Michael/Schweikard, David P. (Hg.): Marx-Handbuch. Leben – Werk – Wirkung, Stuttgart 2016, 185–90.

Helvétius, Claude Adrien: *Vom Menschen, seinen geistigen Fähigkeiten und seiner Erziehung*, hg. u. übersetzt v. Günther Mensching, Frankfurt/M. 1972.

Henrich, Dieter: *Die Grundstruktur der modernen Philosophie*, in: Ebeling, Hans (Hg.): Subjektivität und Selbsterhaltung. Beiträge zur Diagnose der Moderne, Frankfurt/M. 1976, 97–121.

Herder, Johann Gottfried: *Abhandlung über den Ursprung der Sprache*, hg. u. kommentiert v. Wolfgang Proß, München o. J.

Heß, Moses: *Die heilige Geschichte der Menschheit. Von einem Jünger Spinozas*, in: Philosophische und sozialistische Schriften 1837–1850, 2., bearb. Aufl., Vaduz 1980, 1–74.

Heß, Moses: *Socialismus und Communismus*, in: Philosophische und sozialistische Schriften 1837–1850, 2., bearb. Aufl., Vaduz 1980, 197–209.

Heß, Moses: *Philosophie der That*, in: Philosophische und sozialistische Schriften 1837–1850, Vaduz 1980, 210–226.

Hobbes, Thomas: *Leviathan oder Stoff, Form und Gewalt eines bürgerlichen und kirchlichen Staates*, hg. v. Iring Fetscher, Frankfurt 1976.

Hobsbawm, Eric: *Europäische Revolutionen*, Zürich 1962.

Holbach, Paul Thiry d': *System der Natur oder von den Gesetzen der physischen und der moralischen Welt*, Berlin 1960.

Holbach, Paul Thiry d'/Du Marsais, César Chesneau: *Essay über die Vorurteile. Oder Vom Einfluß der Meinungen auf die Sitten und das Glück der Menschen, eine Schrift, die die Verteidigung der Philosophie enthält*, Leipzig 1972.

Hollis, Martin: *Soziales Handeln. Eine Einführung in die Philosophie der Sozialwissenschaft*, Berlin 1995.

Horstmann, Rolf-Peter: *Hegels Theorie der bürgerlichen Gesellschaft*, in: Siep, Ludwig (Hg.): G. W. F. Hegel. Grundlinien der Philosophie des Rechts, Berlin [4]2017, 189–208.

Kaiser, Bruno/Werchan, Inge (Hg.): *Ex libris Karl Marx und Friedrich Engels. Das Schicksal der Bibliothek von Marx und Engels*, Berlin 1967.

Kant, Immanuel: *Die Metaphysik der Sitten*, in: Kants Werke, Akademie-Textausgabe Bd. VI, Berlin 1968.

Kant, Immanuel: *Idee zu einer allgemeinen Geschichte in weltbürgerlicher Absicht*, in: Kants Werke, Akademie-Textausgabe Bd. VIII, Berlin 1968.

Kant, Immanuel: *Über den Gemeinspruch: Das mag in der Theorie richtig sein, taugt aber nicht für die Praxis*, in: Kants Werke, Akademie-Textausgabe Bd. VIII, Berlin 1968.

Khalil, Elias L.: *Making Sense of Adam Smith's Invisible Hand: Beyond Pareto Optimality and Unintended Consequences*, in: Journal of the History of Economic Thought 22 (2000), 49–63.

Kuzin, Aleksandr A.: *Karl Marx und Probleme der Technik*, Leipzig 1970.

Lange, Friedrich Albert: *Die Arbeiterfrage. Ihre Bedeutung für Gegenwart und Zukunft*, Winterthur [6]1909.

Lange, Friedrich Albert: *Geschichte des Materialismus und Kritik seiner Bedeutung in der Gegenwart*, 2 Bde., Frankfurt/M. 1974.

Lange, Oskar: *Politische Ökonomie*, hg. v. Peter Hess u. Harry Maier, 2 Bde., Frankfurt/M. 1963.

Leibniz, Gottfried Wilhelm: *Neue Abhandlung über den menschlichen Verstand*, übersetzt, eingeleitet u. erläutert v. Ernst Cassirer, Hamburg 1971.

Leibniz, Gottfried Wilhelm: *Die Vernunftprinzipien der Natur und der Gnade*, in:

Hauptschriften zur Grundlegung der Philosophie, hg. v. Ernst Cassirer, Bd. II, Hamburg 1966, 423–34.

Lem, Stanislaw: *Phantastik und Futurologie,* 2. Teil, Frankfurt 1980.

Lenin, W[ladimir] I[ljitsch]: *Was tun?* In: Ausgewählte Werke, Bd. I, Berlin 1966, 139–314.

Lewis, David: *New Work for a Theory of Universals,* in: Papers in Metaphysics and Epistemology, Cambridge 1999, 8–55.

Locke, John: *Über den menschlichen Verstand,* Hamburg 1968.

Luhmann, Niklas: *Soziologie der Moral,* in: ders. u. Stephan H. Pfürtner (Hg.): Theorietechnik und Moral, Frankfurt/M. 1978, 8–116.

Lukrez: *Über die Natur der Dinge,* übersetzt v. Klaus Binder, Berlin 2015.

Machiavelli, Niccolò: *Der Fürst,* in: Politische Schriften, hg. v. Herfried Münkler, Frankfurt/M. 1990, 51–123.

Mandeville, Bernard: *Die Bienenfabel oder Private Laster, öffentliche Tugenden,* Frankfurt/M. 1980.

Mayer, Gustav: *Die Anfänge des politischen Radikalismus im vormärzlichen Preußen,* in: Radikalismus, Sozialismus und bürgerliche Demokratie, Frankfurt/M. 1969, 7–107.

Mayntz, Renate: *Emergenz in Philosophie und Sozialtheorie,* in: Greve, Jens/Schnabel, Annette (Hg.): Emergenz. Zur Analyse und Erklärung komplexer Strukturen, Frankfurt/M. 2011, 156–86.

Mill, John Stuart: *System der deductiven und inductiven Logik. Eine Darlegung der Principien wissenschaftlicher Forschung, insbesondere der Naturforschung,* 2 Bde., übersetzt v. J. Schiel, Braunschweig 1868.

Moggach, Douglas: *German Idealism and Marx,* in: Walker, John (Hg.): The Impact of Idealism. The Legacy of Post-Kantian German Thought, Bd. 2: Historical, Social and Political Thought, Cambridge 2013, 82–107.

Mohl, Robert: *Gesellschafts-Wissenschaften und Staats-Wissenschaften,* in: Zeitschrift für die gesammte Staatswissenschaft 7 (1851), 3–71.

Moleschott, Jakob: *Die Lehre der Nahrungsmittel. Für das Volk,* Erlangen 1850.

Montesquieu, Charles de Secondat: *Vom Geist der Gesetze,* hg. u. übersetzt v. Ernst Forsthoff, 2 Bde., Tübingen 1992.

Moser, Paul K./Trout, J. D.: *Preface,* in: dies. (Hg.): Contemporary Materialism. A Reader, London 1995.

Nagel, Thomas: *Geist und Kosmos. Warum die materialistische neodarwinistische Konzeption der Natur so gut wie sicher falsch ist,* Berlin 2013.

Neurath, Otto: *Empirische Soziologie. Der wissenschaftliche Gehalt der Geschichte und Nationalökonomie,* Schriften zur wissenschaftlichen Weltauffassung Bd. 5, Wien 1931.

Nugel, Bernfried: *The Just Design. Studien zu architektonischen Vorstellungsweisen in der neoklassischen Literaturtheorie am Beispiel Englands,* Berlin 1980.

Osterhammel, Jürgen: *Die Verwandlung der Welt. Eine Geschichte des 19. Jahrhunderts,* München ^{3}2009.

Ostwald, Wilhelm: *Die Überwindung des wissenschaftlichen Materialismus,* in: Bayertz, Kurt/Gerhard, Myriam/Jaeschke, Walter (Hg.): Der Ignorabimus-Streit, Hamburg 2012, 211–31.

Pagel, Ulrich: *Der Einzige und die Deutsche Ideologie. Transformationen des aufklärerischen Diskurses im Vormärz,* Diss., Halle 2015.

Pelger, Hans: *Was verstehen Marx/Engels und einige ihrer Zeitgenossen bis 1848 unter «wissenschaftlichem Sozialismus», «wissenschaftlichem Kommunismus» und «revolutionärer Wissenschaft»?* In: Wissenschaftlicher Sozialismus und Arbeiterbewegung. Begriffsgeschichte und Dühring-Rezeption (Schriften aus dem Karl-Marx-Haus Trier Nr. 24), Trier 1980, 7–17.

Platon: *Gesetze,* in: Sämtliche Dialoge, Bd. VII, hg. u. übersetzt v. Otto Apelt, Hamburg 1988.

Quante, Michael: *After Hegel: The Actualization of Philosophy in Practice,* in: Moyar, Dean (Hg.): The Routledge Companion to Nineteenth Century Philosophy, London 2010, 197–237.

Quante, Michael: *Die Logik ist das Geld des Geistes. Zur Rezeption der Hegelschen Logik im Linkshegelianismus und der Kritik der politischen Ökonomie,* in: Koch, Anton Friedrich/Schick, Friedrike/Vieweg, Klaus/Wirsing, Claudia (Hg.): Hegel – 200 Jahre Wissenschaft der Logik, Hamburg 2014, 413–32.

Quante, Michael: *Dialektik,* in: ders. u. David P. Schweikard (Hg.): Marx-Handbuch. Leben – Werk – Wirkung, Stuttgart 2016, 266–79.

Robbins, Lionel: *An Essay on the Nature and Significance of Economic Science,* London 1935.

Rosenkranz, Karl: *Ästhetik des Hässlichen,* Leipzig 1990.

Rousseau, Jean-Jacques: *Diskurs über die Ungleichheit. Discours sur l'inégalité,* hg., kommentiert u. übersetzt v. Heinrich Meier, Paderborn 1984.

Saint-Simon, Claude-Henri de: *Das Industriesystem,* in: Ausgewählte Schriften, übersetzt u. hg. v. Lola Zahn, Berlin 1977.

Saint-Simon, Claude-Henri de: *Neues Christentum,* in: Ausgewählte Schriften, übersetzt u. hg. v. Lola Zahn, Berlin 1977, 400–55.

Sandkühler, Hans Jörg: *Materialismus,* in: ders. (Hg.): Europäische Enzyklopädie zu Philosophie und Wissenschaften, Bd. 3, Hamburg 1990.

Sandkühler, Hans Jörg: *Zwischen Philosophie und Wissenschaften. Eine epistemologische Kritik der Marxschen Bezugnahme auf die Naturwissenschaften,* in: ders. u. Anneliese Griese (Hg.): Karl Marx – Zwischen Philosophie und Naturwissenschaften, Frankfurt/M. 1997, 45–83.

Schieder, Wolfgang: *Karl Marx als Politiker,* München 1991.

Schieder, Wolfgang: *Zur Geschichte des Begriffs «Wissenschaftlicher Sozialismus» vor 1914,* in: Wissenschaftlicher Sozialismus und Arbeiterbewegung. Begriffsgeschichte und Dühring-Rezeption (Schriften aus dem Karl-Marx-Haus Trier Nr. 24), Trier 1980, 18–24.

Schiller, Friedrich: *Über die ästhetische Erziehung des Menschen in einer Reihe von Briefen,* in: Sämtliche Werke, Bd. V, hg. v. Gerhard Fricke u. Herbert G. Göpfert, München 1967, 570–669.

Schneiders, Werner: *Die Philosophie des aufgeklärten Absolutismus,* in: Philosophie der Aufklärung – Aufklärung der Philosophie. Gesammelte Studien, Berlin 2005, 399–422.

Schulz, Heiner: *Marx und Engels über England oder der ständige Anfang des unvermeidlichen Endes,* Diss., Universität Bielefeld o. J.

Schumpeter, Joseph A.: *Kapitalismus, Sozialismus und Demokratie,* München ^{4}1950.

Searle, John: *The Construction of Social Reality,* New York 1995.

Sève, Lucien: *Marxismus und Theorie der Persönlichkeit,* Frankfurt/M. 1972.

Siep, Ludwig: *Der Staat als irdischer Gott. Genese und Relevanz einer Hegelschen Idee,* Tübingen 2015.

Siep, Ludwig: *Hegel über Moralität und Wirklichkeit,* in: Aktualität und Grenzen der praktischen Philosophie Hegels. Aufsätze 1997–2009, München 2010, 211–28.

Smith, Adam: *Eine Untersuchung über das Wesen und die Ursachen des Reichtums der Nationen,* übersetzt u. eingeleitet v. Peter Thal, 3 Bde., Berlin 1976.

Sorokin, Pitirim A.: *The Fluctuation of Idealism and Materialism in the Greco-Roman and European Cultures from 600 B. C. to 1920 A. D.,* in: Reine und Angewandte Soziologie (FS Ferdinand Tönnies), Leipzig 1936, 321–62.

Sperber, Jonathan: *Karl Marx. Sein Leben und sein Jahrhundert,* München 2013.

Spitz, Hans-Jörg: *Die Metaphorik des geistigen Schriftsinns. Ein Beitrag zur allegorischen Bibelauslegung des ersten christlichen Jahrtausends,* München 1972.

Stahl, Friedrich Julius: *Die Philosophie des Rechts nach geschichtlicher Ansicht, 2. Bd., 1. Abtheilung: Christliche Rechts- und Staatslehre,* Heidelberg 1833.

Stalin, Joseph: *Der Marxismus und die Fragen der Sprachwissenschaft,* Stuttgart 1951.

Stammler, Rudolf: *Wirtschaft und Recht nach der materialistischen Geschichtsauffassung. Eine sozialphilosophische Untersuchung,* Leipzig 1896.

Stein, Lorenz von: *Der Socialismus und Communismus des heutigen Frankreichs. Ein Beitrag zur Zeitgeschichte,* Leipzig 1842.

Stein, Lorenz von: *Geschichte der socialen Bewegung in Frankreich von 1789 bis auf unsere Tage,* 3 Bde., ND Darmstadt 1972.

Stephan, Achim: *Emergenz in sozialen Systemen,* in: Greve, Jens/Schnabel, Annette (Hg.): Emergenz. Zur Analyse und Erklärung komplexer Strukturen, Frankfurt/M. 2011, 133–55.

Stephan, Achim: *Emergenz. Von der Unvorhersagbarkeit zur Selbstorganisation,* Münster ^{4}2016.

Stiehler, Gottfried: *Gesellschaft und Geschichte. Grundlagen und Triebkräfte des historischen Fortschritts,* Köln 1974.

Stirner, Max: *Der Einzige und sein Eigentum,* Stuttgart 1972.

Stuke, Horst: *Philosophie der Tat. Studien zur «Verwirklichung der Philosophie» bei den Junghegelianern und den Wahren Sozialisten,* Stuttgart 1963.

Taylor, Charles: *Hegel,* Frankfurt/M. 1983.

Thatcher, Margaret: Interview in *Women's Own,* 23. 9. 1987.

Tilly, Charles: *Die europäischen Revolutionen,* übersetzt v. Hans-Jürgen Baron von Koskull, München 1993.

Trendelenburg, Adolf: *Logische Untersuchungen.* 2 Bde. 3. vermehrte Aufl., Leipzig 1870.

Ullmann-Margalit, Edna: *Invisible Hand Explanations,* in: Synthese 39 (1978), 263–91.

Vadeé, Michel: *Marx, Penseur du possible,* Paris 1998.

Vico, Giambattista: *Prinzipien einer neuen Wissenschaft über die gemeinsame Natur der Völker,* Hamburg 1990.

Viner, Jacob: *The Role of Providence on the Social Order,* Philadelphia 1972.

Weckwerth, Christine: *Die beste aller möglichen Welten – bei Marx nachgefragt,* in: Marx-Engels-Jahrbuch 2015/16, 238–50.

Wehler, Hans-Ulrich: *Deutsche Gesellschaftsgeschichte, Bd. 2: Von der Reformära bis zur industriellen und politischen «Doppelrevolution», 1815–1845/49,* München 1996.

Weitling, Wilhelm: *Garantien der Harmonie und Freiheit,* Berlin 1955.

Winkler, Heinrich August: *Primat der Ökonomie? Zur Rolle der Staatsgewalt bei Marx und Engels,* in: Revolution, Staat, Faschismus. Zur Revision des Historischen Materialismus, Göttingen 1978, 35–64.

Wippermann, Wolfgang: *Die Bonapartismustheorie von Marx und Engels,* Stuttgart 1983.

Zeltner, H.: *Idealismus,* in: Historisches Wörterbuch der Philosophie, hg. v. Karlfried Gründer u. Joachim Ritter, Bd. 4, Darmstadt 1976, 30–34.

SACHREGISTER